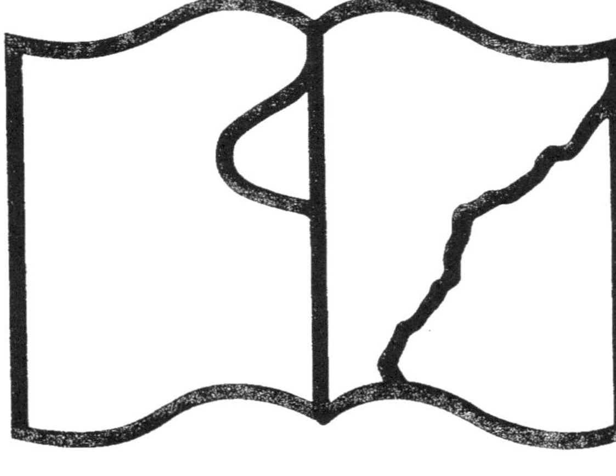

Texte détérioré — reliure défectueuse

NF Z 43-120-11

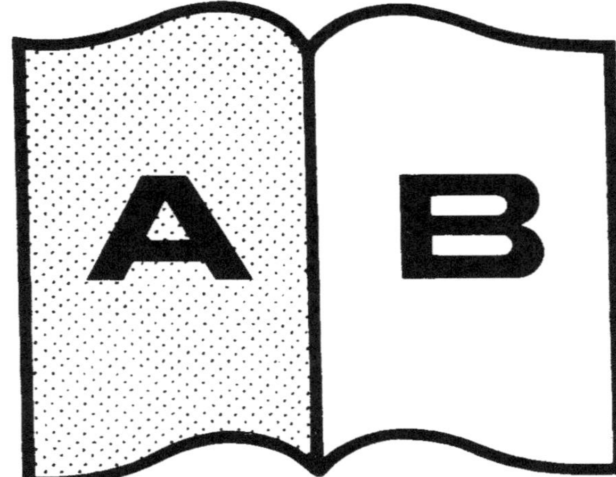

Contraste insuffisant

NF Z 43-120-14

ŒUVRES CHOISIES DE PAUL DE KOCK

MON VOISIN RAYMOND

J'aime assez à examiner les figures ; il y en de bien drôles aux mélodrames. (Page 4.)

CHAPITRE PREMIER

LA GRISETTE

Je me promenais un samedi soir sur les boulevards. J'étais seul et rêveur; je faisais, contre mon ordinaire, des réflexions assez sérieuses sur le monde et ses habitants, sur le passé et le présent, sur l'esprit et le corps, sur l'âme et la pensée, le hasard, le sort, le destin. Je crois même que j'allais en faire sur la lune qui commençait à se montrer, et dans laquelle je voyais déjà des montagnes, des lacs et des forêts (car avec un peu de bonne volonté on y voit tout ce qu'on veut), lorsqu'en regardant en l'air, je heurtai brusquement quelqu'un qui venait contre moi, et que je n'avais aperçu dans la nuit.

— Prenez donc garde, monsieur; vous êtes

bien maladroit! me dit aussitôt une petite voix douce, à laquelle la colère même n'ôtait pas de son charme. J'ai toujours eu un faible pour les voix agréables; et, descendant bien vite des régions éthérées où je n'étais monté que par désœuvrement, je regardai la personne qui m'adressait la parole.

C'était une jeune fille de seize à dix-huit ans, en petit bonnet noué sous le menton, en robe d'indienne, et portant enfin le modeste tablier d'alépine noire. Cela m'a tout l'air d'une jeune ouvrière qui vient de faire sa journée, et rentre chez elle. Voyons vite la figure : charmante, ma foi!... des yeux vifs et malins, un nez mignon, de belles dents, des cheveux noirs, un ensemble agréable, de la physionomie, et une certaine grâce dans la tournure. Il faut avouer que je ne voyais pas d'aussi jolies choses dans la lune.

La jeune fille tient, sous son bras, un carton que j'ai heurté sans le vouloir; elle rattache le ruban qui le tient, et paraît craindre que le contenu n'ait souffert de ma maladresse, je me hâte de lui adresser des excuses :

— En vérité, mademoiselle... je suis désolé... c'est bien gauche à moi...

— Il est certain, monsieur que si vous aviez regardé devant vous, cela ne serait pas arrivé.

— Ne vous ai je pas fait de mal?

— A moi? oh non!... je crains seulement que mes fleurs ne soient chiffonnées... mais je réparerai cela à la maison.

—Bon! me dis-je, c'est une fleuriste; en général ces demoiselles ne sont pas des Lucrèces : voyons s'il y a moyen de lier connaissance avec celle-ci. La jeune ouvrière avait remis son carton sous son bras, et continuait son chemin. Je marchais à côté d'elle ne disant rien encore : j'ai toujours été assez gauche pour entamer les entretiens galants; heureusement qu'une fois en train, cela va tout seul. Je risquais cependant quelques mots de temps à autre :

— Mademoiselle va bien vite... Voulez-vous accepter mon bras?... Je serais charmé d'être votre cavalier... Me permettrez-vous de vous revoir?... Allez-vous souvent au spectacle?... Je pourrais vous offrir des billets... Prenez donc garde! vous allez glisser. Et autres jolies choses de ce genre, phrases d'usage dans les rencontres nocturnes.

A tout cela je n'obtenais que des :

— Oui, monsieur; non, monsieur; laissez-moi, monsieur, je vous en prie... Vous perdez votre temps... Ne me suivez pas.

Quelquefois même on ne me répondait pas; on faisait un mouvement d'impatience, et on passait de l'autre côté du boulevard. Mais je traversais aussi; et, après quelques minutes de silence, je risquais une nouvelle phrase en donnant à ma voix l'inflexion la plus tendre et la plus sentimentale.

Je commençais pourtant à m'apercevoir que ma rencontre était plus sauvage que je ne l'avais pensé d'abord, et que je pourrais bien en être pour ma course, mes petits mots et mes regards en coulisse. Cependant cette résistance ajoutait à mes désirs; j'avais été fort sot un soir, lorsqu'en croyant rencontrer une jeune innocente, que je suivais, depuis peu de temps, ma belle m'avait, à sa porte, engagé à monter avec elle; et je prie mes lecteurs de croire que je n'ai eu garde de monter. Mais, à Paris, les apparences sont si trompeuses!... les plus fins connaisseurs, s'y laissent prendre : je devrais être connaisseur, car j'ai beaucoup vu le monde; cependant je me laisse encore tromper fort souvent.

Je faisais ces réflexions tout en suivant ma gentille fleuriste. Elle me fait faire diablement de chemin : nous passons les boulevards Montmartre, Poissonnière, Bonne-Nouvelle; nous passons les petits théâtres... Allons, nous demeurons au Marais, je vois cela... On prend la rue Charlot, la rue de Bretagne, la vieille rue du Temple... On va toujours : heureusement il fait beau; d'ailleurs, on s'arrêtera enfin!... Oui, et on me ferme la porte sur le nez; mais qu'est-ce que cela me fait? Après tout, j'étais désœuvré, je ne savais ce que je voulais faire; j'ai tout de suite trouvé un but de promenade. A la vérité, celui-ci est à la portée de tout le monde, et il est facile de se donner de l'occupation dans Paris, en suivant le premier minois chiffonné que l'on aperçoit. Je connais pourtant beaucoup de personnes qui ne font pas autre chose, et qui négligent pour cela leurs affaires. Je rencontre surtout un grand nombre de commis de bureau qui, au lieu d'être à leur travail, sont continuellement à courir les grisettes, sous prétexte d'aller acheter un petit pain : il est vrai qu'ils sortent sans chapeau et courent toute la ville en voisin, ce qui est rassurant pour l'administration, qui est toujours sûre que ses commis ne sont pas perdus.

Mais il ne m'appartient pas de censurer la conduite d'autrui; ce serait d'ailleurs prendre bien mal mon temps, puisque je suis en train de *pécher d'exemple*, moi qui, tout à l'heure, faisais des réflexions sur l'instabilité des choses humaines, et qui maintenant poursuis un cotillon qui couvre ce que la nature a créé de plus fragile, de plus faible, de plus trompeur, mais aussi de plus séduisant, de plus enchanteur, de plus attrayant! Je m'égare, mon imagination travaille, et pourtant je ne vois qu'un pied, petit à la vérité, et la naissance d'une jambe que couvre le modeste bas de laine noire. Ah! si je pouvais seulement apercevoir la jarretière!... Ma foi, tout bien considéré, il vaut mieux suivre une jeune fille, quitte à se voir fermer une porte sur le nez, que de chercher à lire dans la lune, et de se creuser la tête dans des idées de métaphysique, d'astronomie, de physiologie et même de métoposcopie : plus on s'enfonce dans le vague, dans l'abstrait, moins on aperçoit le but et la preuve; mais en s'occupant d'un minois fripon, on sait de suite où l'on en veut venir, et près d'une jolie femme on découvre facilement le système de la nature.

Depuis quelques minutes, je ne disais plus rien à ma jeune ouvrière : j'étais piqué de ses refus obstinés; j'avais même ralenti mon pas, de manière qu'elle pût croire que je ne la suivais plus. Mais, quoiqu'à une distance de vingt-pas, je ne la perdais point de vue. Elle s'arrête... je m'arrête... Elle parle à quelqu'un... je m'avance... Ce quelqu'un est un jeune homme. Je me mords les lèvres; mais je tâche d'entendre quelques mots, et je saisis le dialogue suivant :

— Bonsoir, mademoiselle Caroline.

— Bonsoir, monsieur Jules.

— Vous rentrez bien tard.

— Nous avons beaucoup d'ouvrage, surtout le samedi; et puis j'ai eu un carton à porter rue Richelieu; c'est ce qui m'a retardée.

— Et qu'avez-vous donc dans celui-ci?

— Un joli bouquet de roses pour mettre demain sur mon bonnet... c'est moi qui l'ai fait... vous verrez... il est bien élégant... Un maladroit m'a poussée sur le boulevard, et a failli me le faire jeter par terre.

Ici je m'enfonce dans l'allée, contre laquelle je me suis arrêté.

— Il y a des gens qui ne prennent garde à rien en marchant.

— Je crois que celui-là était un savant : il regardait dans le ciel.

— Vous a-t-il au moins demandé excuse?

— Oh oui!... mais je vous quitte : ma tante m'attend; elle me gronderait...

— Je serais bien fâché de vous causer du désagrément. Nous nous verrons demain, toujours?.

— Oui, oui, à moins que ma tante ne veuille plus que j'aille danser... Elle est si contrariante!... Vous avez des billets pour Tivoli?

— Oui, mademoiselle... pour quatre... Je viendrai vous prendre...

— De bonne heure, monsieur Jules.

— Oh! soyez tranquille... mais n'oubliez pas que nous dansons ensemble la première contredanse...

— On n'oublie jamais ces choses-là!

« Adieu, mademoiselle Caroline.

— Adieu, monsieur Jules.

M. Jules s'approche davantage; la jeune fille tend la joue... J'entends un baiser... Parbleu! c'était bien la peine que je vinsse jusqu'à la rue des Rosiers pour voir cela.

Le jeune homme s'éloigne en chantant; la jeune fille fait encore quelques pas, puis entre dans une allée, dont elle referme la porte sur elle, et moi je reste immobile contre le ruisseau.

Ce Jules est un amant... oui, cela m'a tout l'air d'un amant, honnête à la vérité, car je suis bien certain qu'il n'a baisé que sa joue, et d'ailleurs sa conversation n'annonce pas un séducteur. Demain dimanche, on va à Tivoli avec la tante sans doute, puisqu'il y a des billets pour quatre. Allons, décidément, j'en serai pour ma course... Ce ne sera pas la première fois! c'est dommage, elle est gentille! fort gentille! Examinons bien la maison... On ne sait pas... le hasard peut quelquefois nous servir... Cette rue est sombre, la lune est cachée, je ne puis voir le numéro... Oh n'importe! je reconnaîtrai cette allée... cet angle... cet auvent...

— Ah! que diable! prenez donc garde!... vous avez manqué de jeter cela sur moi...

Un habitant de la maison de ma belle avait ouvert sa fenêtre, et vidé un vase dans la rue au moment où je regardais la couleur de la muraille. Heureusement je n'eus que quelques éclaboussures; mais cela mit un terme à ma curiosité, et je quittai la rue des Rosiers en essuyant avec mon mouchoir les pans de mon habit.

CHAPITRE II

LA PETITE MAITRESSE

Il n'est pas encore tard lorsque j'arrive sur les boulevards; les petits théâtres n'ont pas encore fini. Une douzaine de colporteurs accourt vers moi en m'offrant des contre-marques.

— Il y a encore un acte, monsieur, me crient-ils aux oreilles; c'est *la plus belle;* vous verrez le combat au sabre et *à l'ache*, l'incendie et le ballet. C'est une pièce qui fait courir tout Paris... Vous trouverez de la place partout.

Ne pouvant résister à d'aussi pressantes sollicitations, j'achète une contre-marque avec laquelle je devais entrer à toute place; cependant on ne me laisse entrer qu'au parterre ou circuler derrière le pourtour. Je prends ce dernier parti. Pour voir un acte, je serai toujours assez bien, et d'ailleurs ce qui se passe dans la salle est souvent plus amusant que ce qui se passe sur la scène. J'aime assez à examiner les figures, et il y en a de bien drôles aux mélodrames : ces théâtres sont, en général, fréquentés par le peuple, et une classe moyenne qui ne sait pas ce que c'est de cacher ses sensations, et qui, par conséquent, se livre sans réserve à tout ce que lui fait éprouver une scène d'amour ou de remords.

— Ah! le chien!... ah! le gredin! disait mon voisin toutes les fois que le tyran paraissait, il va avoir son paquet tout à l'heure. Je regardai mon voisin; je jugeai à sa tournure et à ses mains que ce devait être un tanneur : ses yeux étaient plus animés que ceux de l'acteur qui faisait le traître, et contre lequel il vociférait à chaque instant. Devant moi, au pourtour, je remarquai une blanchisseuse qui sanglotait en écoutant le récit des malheurs de la princesse, et un petit garçon qui se cachait sous la banquette pour ne pas voir le combat.

Comme ces gens-là s'amusent! me dis-je : ils ne sont pas blasés sur le spectacle; ils sont tout entiers à l'action; ils ne perdent pas un mot, et pendant huit jours ils penseront à ce qu'ils auront vu ce soir. Montons aux premières; on y a meilleur ton, mais on s'y ennuie.

J'aperçois, à travers un carreau, une figure fort piquante; je donne la pièce à l'ouvreuse; j'entre dans la loge, décidé à faire mon possible pour réparer le temps perdu auprès de mademoiselle Caroline.

La dame, qui m'a semblé charmante derrière le carreau, est moins bien de près. Cependant elle peut plaire; elle a de l'éclat, de l'élégance, de la tournure. Elle est jeune encore : je vois déjà qu'elle est très-coquette, et que l'arrivée d'un jeune homme dans sa loge la distraira un moment.

Vous voyez, lecteur, que je suis un jeune homme : je crois que je ne vous l'avais pas encore dit. Plus tard, je vous apprendrai ce que je suis, quels sont mes talents, mes agréments, mes qualités : ce ne sera pas long.

Un monsieur est assis auprès de cette dame; il a une figure ordinaire, une mise recherchée, des manières assez distinguées. Est-ce le mari et la femme? Je suis tenté de le croire, car ils ne se disent presque rien.

C'est dommage que nous n'ayons plus que la moitié d'un acte à voir; j'aurais pu causer, faire l'aimable, nouer connaissance. Il me semble que je ne déplais pas; on me lance des regards fort doux; en est placée de manière à me regarder sans que le monsieur s'en aperçoive. Ces dames ont pour cela une habitude!... Ah! si je me marie jamais, je me mettrai toujours derrière ma femme, parce qu'alors... Oui, mais si l'on s'assied près d'elle, pourrai-je empêcher les pieds, les genoux d'aller leur train.... C'est bien embarrassant...

— Cette pièce n'est pas mauvaise, dit enfin la dame à son voisin; on ne joue pas trop mal ici...

— Oui, oui; et toujours des oui!... Ah! c'est nécessairement un mari, écoutons bien; c'est pour moi que l'on parle.

— Je me suis ennuyée hier aux Français; Mars ne jouait pas... Ne devons-nous pas aller demain à l'Opéra? Il y a une représentation extraordinaire.

— Comme vous voudrez.

— Au fait! il fait trop chaud pour se plaire au spectacle. Si ce n'était pas si mal composé le dimanche dans les jardins publics, je préférerais y aller à m'enfermer ainsi... qu'en pensez-vous?

— Moi, cela m'est indifférent.

La dame fit un mouvement d'impatience. Le monsieur ne s'en aperçut pas, et s'avança sur le devant de la loge; je me levai pour regarder la décoration, et ma main se trouva par hasard contre le bras de cette dame, qui ne se dérangea pas.

— Ces théâtres sont mal aérés... il y règne une odeur désagréable, dit ma voisine au bout d'un moment. Je songeai alors aux basques de mon habit, qui en effet ne sentaient pas bon. Je ne pus retenir un sourire, mais j'offris à l'instant un flacon. On l'accepta, et, en me le rendant, on ne parut point s'offenser de ce que je serrais la main qui me le présentait.

En ce moment la pièce finissait. Diable! répétais-je en moi-même, c'est dommage!... je suis venu trop tard. C'est mademoiselle Caroline qui est cause de cela... Mais que dis-je? sans elle je serais encore sur le boulevard Montmartre à regarder les étoiles; c'est parce que je l'ai suivie que je suis revenu ici voir un acte, et c'est en courant après une grisette que j'ai rencontré cette petite-maîtresse qui peut-être ne vaut pas la grisette!... Comme tout cela s'enchaîne!... C'est parce qu'on m'a jeté une certaine chose sur mon habit, que cette dame s'est plainte de l'odeur, et que je lui ai donné mon flacon et de plus serré la main. Qu'on dise après cela qu'il n'y a pas une destinée : certainement, si je faisais ce monsieur cocu, ce serait la faute de mademoiselle Caroline qui n'a pas voulu m'écouter.

On sort. J'aide cette dame à enjamber les banquettes qui ne se lèvent point, pour la commo-

Je me promenais un samedi sur les boulevards. (Page 1.)

dité du public. Mais le mari prend le bras, et je suis forcé de passer derrière.

— Suivrai-je, ne suivrai-je pas? telle est la réflexion que je fais en descendant l'escalier. D'après ce qui venait de m'arriver peu de temps auparavant, j'aurais dû me tenir tranquille le reste de la soirée; mais j'ai vingt-quatre ans, j'aime passionnément les femmes : d'ailleurs ma dernière maîtresse vient de m'être infidèle (c'est même ce qui m'avait plongé dans des réflexions mélancoliques), et un jeune homme qui a une forte dose de sensibilité ne peut pas vivre sans avoir un sentiment; décidément je suis...

A peine est-on sur le boulevard, qu'on marche vers la chaussée.

— Bon! me dis-je; on va prendre une voiture : j'écouterai ce que l'on dira au cocher, et par ce moyen je saurai l'adresse sans me déranger.

Mais il était dit que je me tromperais encore dans mes conjectures.

C'est vers un joli vis-à-vis que l'on se dirige : on appelle André; le valet accourt, ouvre la portière, et fait monter monsieur et madame.

Voilà qui pique davantage mon amour-propre : une femme qui a équipage!... C'est une conquête qui mérite que l'on se donne quelque peine... Allons, suivons la voiture de madame... non pas à pied, cela serait trop fatigant! passe encore si elle était en fiacre! mais des chevaux bourgeois... cela me donnerait une fluxion de poitrine. Ah! j'aperçois un cabriolet... c'est mon affaire... dépêchons-nous, car la voiture va partir.

— Holà! cocher!

— Montez, monsieur...

— J'y suis...

— Où allons-nous, mon bourgeois?

— Suis cette voiture qui part devant nous, et tu auras pour boire.

Le coquin n'en avait pas besoin; je m'aperçus qu'il était déjà gris. J'aurais voulu alors en avoir pris un autre, mais il n'est plus temps de changer.

Il fouette de toutes ses forces son cheval efflanqué; la maudite bête prend un galop de désespoir, et dépasse parfois la voiture bourgeoise.

— Prenez garde, dis-je à mon conducteur; ne le fouettez pas tant; ne faisons point de malheur.

— Soyez tranquille, mon bourgeois, je connais mon état : vous entendez bien que je ne suis pas cocher depuis vingt ans sans savoir ce que c'est que de conduire... Vous êtes avec des amis qui sont dans le fiacre vert, là-bas... eh bien! moi, je veux vous faire arriver avant eux.

— Mais je ne vous ai pas dit que j'étais avec quelqu'un : je vous prie de suivre cette voiture... si vous la dépassez, comment la suivrez-vous?

— Je vous dis, not' bourgeois, que c'est eux qui nous suivront; je leur ferai voir que mon cheval en vaut deux. Quand Bélotte est en train, il n'y a pas moyen de l'arrêter.

— Morbleu! vous allez trop vite! nous avons passé la voiture... où est-elle maintenant?

— Ah! ils vont tâcher de nous rattraper... mais le cocher est vexé... J' dis que je vous mène bien, mon bourgeois.

— Mais arrêtez... arrêtez donc, vous dis-je...

— Est-ce que nous sommes arrivés?

— Eh oui! nous sommes arrivés.

— Ah! dame! c'est que Bélotte est lancée, et j' dis que ça va bien... Ho! ho!... vous y v'là, not' maître... où faut-il frapper?

— Nulle part...

— Ah! ah! pas pus d'fiacre que dessus ma main!... Quand je vous disais que vous arriveriez avant les autres! Ah! c'est que moi, j'ai à cœur de dépasser tout le monde.

Je descends de cabriolet. Je regarde au loin... plus de voiture; nous l'avons perdue. J'enrage!... et il me faut encore entendre les jactances de mon ivrogne qui me demande pour boire. Je suis tenté de lui casser son fouet sur le dos; mais je me contiens, et prends le parti le plus court, qui est de le payer et de le renvoyer.

— Quand vous voudrez un bon cocher et une bonne bête, not' bourgeois, vous voyez que je suis vot'affaire... vous me trouverez toujours sur la place Taitbout, auprès de *Torchoni*... dans le beau quartier. Vous demanderez François; je suis connu comme le grimacier.

— C'est bon! je m'en souviendrai.

Le drôle s'éloigne enfin, et me voilà seul dans une rue que je ne connais pas. Cependant, comme il se fait tard, et que je n'ai pas envie de passer la nuit en promenade, je cherche à m'orienter. Après avoir marché quelque temps, je me trouve dans un endroit que je reconnais : je suis rue des Martyrs, près de la barrière Montmartre. Heureusement je demeure rue Saint-Florentin, et, pour arriver là, il n'y a qu'à descendre.

Je me mets donc à descendre, en faisant des réflexions. C'était là le cas, et j'en avais le temps. Cependant mes rêveries sont encore troublées par des cris. Comme le quartier des Porcherons n'est pas fréquenté par une société choisie, et que me je ne sens pas l'envie de chercher une troisième aventure au Grand-Salon, je double le pas pour éviter les rencontres fâcheuses.

Mais le bruit continue : on crie, on jure, on se bat. Les femmes appellent la garde, le commissaire et toute la justice du quartier; les hommes se poussent, se cognent, se roulent dans le ruisseau. On ouvre les fenêtres; on se montre en bonnet de coton ou en coiffe de nuit; on écoute, on rit, on jase d'une fenêtre à l'autre : on se demande réciproquement ce que c'est, mais on ne descend pas, parce qu'il n'est pas prudent de se mêler, la nuit, dans une dispute.

La vue des fenêtres ouvertes et des visages à bonnet de coton me rappelle mon petit accident de la rue des Rosiers; je ne marche plus, je vole! croyant déjà être poursuivi par la fatalité... mais on court aussi derrière moi : je prends une rue à droite; j'entends qu'on me suit, je m'arrête enfin pour reprendre haleine, et aussitôt on m'atteint et on s'empare de mon bras.

CHAPITRE III

LA BOUQUETIÈRE.

— Ah! monsieur!... sauvez-moi... conduisez-moi... protégez-moi contre ce vilain Beauvisage, qui a dit comme ça qu'il m'enlèverait à la barbe d'un chacun. Entendez-vous comme il rosse Cadet Finemouche qu'est pourtant un malin? Ma sœur n'a point z'été bête; elle a filé drès que les coups de poing ont roulé; elle m'a laissée là pour avoir tout sur le dos, et va peut-être faire à ma mère des rapports incendiaires!... J'n'avons que vous pour appui, monsieur, ou ben j'sommes une fille perdue.

Pendant que celle qui m'arrête débite son chapelet, ne s'interrompant que pour essuyer, avec le revers de sa main, les larmes qui coulent de ses yeux, je considère ma nouvelle rencontre, et tâche, à la lueur d'un triste réverbère, de distinguer ses traits.

Le langage et la mise m'apprennent bien vite à qui j'ai affaire : un déshabillé rouge attaché avec une ceinture de velours noir, un bonnet rond à grands bords de dentelle, un fichu de couleur, noué par devant, et sur lequel se balance une grande croix à la Jeannette : cette fois je ne puis craindre de me tromper, je vois clairement que j'ai devant moi une marchande à éventaire, ou dont la boutique est établie près des charniers des Innocents.

Voyons au moins si elle est jolie... mais oui... très-bien vraiment; ses yeux, quoique pleins de larmes, ont une expression de candeur, qui la rend tout à fait intéressante; sa petite moue, son air chagrin sont parfois tempérés par un sourire qui s'adresse à moi; et ce sourire, qu'une coquette ne saurait rendre aussi agréable, me montre deux rangées de dents bien blanches, que l'émail, le corail et toutes les poudres du parfumeur n'ont pas encore gâtées.

Cependant, malgré la gentillesse de ma nouvelle connaissance, j'hésite beaucoup à garder son bras, qui entoure le mien. A coup sûr, avec d'aussi jolis traits, on ne doit vendre ni poisson, ni viande. C'est une bouquetière, j'en répondrais; mais je ne ferai pas ma maîtresse d'une bouquetière : on pourrait tout au plus, si l'occasion se présentait, se permettre un caprice, une fantaisie... Mais je ne suis pas en bonheur ce soir, je ne veux plus rien tenter. Débarrassons-nous de cette jeune fille.

Je dégage, le plus doucement possible, le bras qui est passé sous le mien; je prends un air bien froid, et je dis à la demoiselle :

— Je suis bien fâché de ne pouvoir vous être agréable; mais je ne vous connais pas. Les querelles de M. Beauvisage avec Cadet Finemouche ne sont pas de ma compétence. Votre sœur s'est sauvée, faites de même. Que votre mère en pense ce qu'elle voudra, cela m'est égal. Il est plus de minuit : voilà assez longtemps que je cours les rues, et je veux aller me coucher.

— Comment, monsieur!... vous me refusez!... vous allez me laisser là!... Ne pas vouloir se déranger de son chemin pour rendre service à une pauvre fille qu'est dans la douleur, à cause d'un accident qui peut arriver à tout le monde! J'vous répète que ma mère est capable de ne pas m'ouvrir, si je reviens sans un répondant qui puisse affirmer que j'suis innocente.

— Et vous voulez que j'affirme cela, moi?

— Pardine, est-ce que ça vous écorchera la bouche!... d'ailleurs, vous êtes un beau monsieur; un queuq'z'un du grand monde : all'n'osera pas se mettre en colère devant vous, et elle m'écoutera. Mais si je reviens seule... queu train!... Ah! Dieu! ai-je du guignon!... je n'voulais pas y aller, à ce Grand-Salon! j'avais une doutance de tout ça.

Et là-dessus, les larmes, les gémissements, de recommencer; les trépignements s'en mêlent : on va peut-être s'arracher les cheveux... ce serait dommage; ils accompagnent si bien cette petite figure si naïve, si fraîche. Je n'ai pas un cœur de roche; je me sens ému par le désespoir de cette jeune fille, et je me dis :

— Si, au lieu d'un déshabillé, elle avait une robe de soie ou même de mérinos; si à la place de ce bonnet rond, était un petit chapeau; si au lieu de cette croix à la Jeannette, pendait un joli charivari; il y a longtemps que je me serais empressé d'offrir mes services à cette pauvre petite; je ferais le galant, l'aimable; je me mettrais en quatre pour être écouté, et je regarderais comme une faveur la permission de lui donner le bras; et maintenant, ce costume me rendrait cruel... insensible... je refuserais de rendre un léger service, que l'on implore les larmes aux yeux!... Ah! ce serait mal; très-mal : J'ai suivi une grisette et une grande dame, qui peut-être ne valaient pas cette pauvre fille; j'ai passé ma soirée à des niaiseries, je puis bien donner une heure à une bonne action : c'est décidé; je vais reconduire la bouquetière.

Vous voyez lecteur, que j'ai du bon quelquefois; il est vrai que la jeune fille me plaît aussi beaucoup. Toutes les femmes vous plaisent, allez-vous dire. Oui, lecteur; toutes celles qui sont jolies, et je gage bien que vous êtes de même.

Je m'approche de ma belle fugitive. Elle s'était assise contre une borne, tenant un coin de son tablier sur ses yeux; elle sanglottait.

— Mademoiselle...

— Mon... monsieur.

— Comment vous appelez-vous :

— Ni... i... icette, monsieur...

— Eh bien! ma petite Nicette, consolez-vous; ne pleurez plus, et reprenez mon bras. Je vais vous conduire chez votre mère.

— En... en vérité?..,

Elle fait un saut de joie; je crois même qu'elle va m'embrasser... mais elle se contente de prendre mon bras, le serre bien fort contre le sien, et me dit :

— Ah! j'étais bien sûre que vous n'étiez pas capable de me laisser dans l'embarras... J'suis une honnête fille, allez, monsieur; tout l'quartier vous dira que Nicette a la réputation claire comme l'eau de roche... Mais ma mère est si méchante!... et puis ma sœur qui est jalouse, parce qu'elle prétend que je fais des yeux de sirène à Finemouche...

— Vous me conterez tout cela en chemin. Où allons-nous ?

— Ah! dame!... il y a un peu de chemin... J'étale à la Croix-Rouge, et je demeure rue Sainte-Marguerite, où ma mère est fruitière.

Du faubourg Montmartre à la Croix-Rouge!... c'est pour en mourir!... Si du moins je rencontrais un fiacre... Je crois que je remonterais même dans le cabriolet de François, quitte à voir Bélotte prendre le mors aux dents; mais il ne passe aucune voiture. Il faut prendre bravement son parti; je tiens Nicette sous le bras, je la fais marcher au pas redoublé.

- Vous êtes marchande, Nicette; et que vendez-vous ?

— Des bouquets, monsieur, et qui sont toujours frais, je m'en vante.

C'est une bouquetière, j'en étais sûr. Cela me redonne un peu de courage, et fait disparaître à mes yeux la longueur du chemin. Je n'aurais pas été flatté de servir de cavalier à une harengère; et cependant, lorsqu'il s'agit de rendre service, doit-on s'arrêter à toutes ces misères?... Que voulez-vous?... D'ailleurs, je ne vaux pas mieux qu'un autre... Je vaux peut-être moins : vous en jugerez.

— Ah! vous vendez des bouquets?...

— Oui, monsieur; et quand vous en voudrez de beaux, venez me voir, j'en aurai toujours à votre service, la nuit comme le jour.

— Je vous remercie. Mais comment se fait-il que demeurant faubourg Saint-Germain, vous alliez danser près de la barrière Montmartre? Il me semble que vous pourriez trouver des bals dans votre quartier...

— J'vas vous expliquer ça. Ma sœur Fanchon a un amoureux, Finemouche, garçon brasseur, un bel homme, un brun dont toutes les filles du quartier raffolent. Ma mère, qui dit que c'est un coureur, ne veut pas que Fanchon l'écoute: mais Fanchon en tient, et elle tâche par-ci par-là de se trouver avec Finemouche, à condition qu'i n'lui fera la cour que pour le bon motif. C'matin, elle a consenti à venir promener à la brune à Montmartre, sentimentalement, pour boire du lait. Mais il a bien fallu qu'all m'emmène; ma mère ne l'aurait pas laissée sortir seule. Nous avons pris le prétexte d'une tante qui vend des oranges sur le boulevard; c'était une frime de Fanchon. Je n'la suivais qu'à contre-cœur, d'autant plus que Finemouche me lance ben aussi queuques zœillades auxquelles je ne corresponds pas... foi d'honnête fille!... Arrivées à Montmartre, nous avons trouvé l'brasseur, qui nous a fait la galanterie d'un âne à chacune. Enfin, après deux heures de cavalcade, j'ai dit : Faut tourner les talons vers le toit maternel. Mais Finemouche a dit : Reposons-nous un quart d'heure au Grand-Salon, le temps de manger une salade et de pincer une valse. Moi, je ne n'voulais point z'accepter; mais ma sœur aime la valse et la salade; il a bien fallu céder. Nous v'là donc au Grand-Salon. Fanchon danse avec Finemouche; jusque-là il n'y avait aucun mal, v'la-t-il pas que l'hasard fait arriver là Beauvisage, garçon charcutier, de not' rue. C'est encore un cadet qui en conte à toutes les jeunesses, et qui s'avise d'avoir une passion pour moi.

— Il me paraît, Nicette, que vous ne manquez pas d'adorateurs?

— J'en ai d'reste, c'n'est pas ma faute; Dieu sait que je les reçois toujours à poings fermés... mais ces hommes! pus on est cruelle, pus ils s'entêtent! J'ons pourtant signifié à M. Beauvisage que toutes ses giries me déplaisaient, j'lui jette au nez tous ses cadeaux; eh ben! c'est tout de même : drès que j'quittons un moment ma place, j'sommes sûre, à mon retour, de trouver une saucisse parmi mes roses, et un pied de cochon sur ma chaufferette; l'autre jour encore, est-ce qu'il n'est pas venu me souhaiter ma fête avec un boudin blanc... et aux truffes encore!... Mais tout cela ne me touche pas le cœur; je lui ai dit que je n'voulions pas de lui, au vis-à-vis de toutes les commères du quartier; j'lui ons jeté son boudin par le nez. Il est parti furieux, en jurant qu'il m'enlèverait. Vous sentez ben qu'en l'voyant entrer au Grand-Salon, j'avons eu un frisson d'effroi, d'autant plus que je sais qu'il est mauvaise tête. Croiriez-vous, monsieur, qu'il a osé m'inviter à danser, comme si de rien n'était!... Je l'ons refusé net, parce que je ne suis pas à deux faces : il a voulu m'entraîner de force, Finemouche est accouru et il a ordonné à Beauvisage de m'lâcher bien vite, sur quoi celui-ci m'a serrée davantage. Cadet l'a poussé si ben, qu'il sont sortis pour se battre. Ma sœur Fanchon me donnait tort, parce qu'elle était en colère de voir son amoureux se battre pour moi. Mais l'pis, c'est que Finemouche, qui avait bu souvent en mangeant d'la salade, a été rossé par Beauvisage. Fanchon s'est sauvée dés qu'elle a vu son amant sus l'pavé : j'voulais en faire autant; mais mon enjôleur courrait après moi... Enfin j'vous ai aperçu, monsieur, ça m'a donné du courage; j'étais sûre que vous me protégeriez : j'vous ai saisi par le bras, et v'là tout.

L'histoire de Nicette m'avait amusé, et, ce

M. Raymond ouvrit brusquement sa porte et parut devant nous en chemise. (Page 12.)

qui me plaisait le plus dans tout cela, c'est qu'elle paraissait sage et n'avait pas d'amoureux. Vous allez me dire : Qu'est que cela vous fait? puisque vous êtes un jeune homme du grand monde, vous ne ferez pas la cour à une bouquetière. C'est juste; je n'en ai nullement l'intention; et pourtant je m'aperçois que, depuis quelques instants, je presse plus tendrement le bras de la jeune fille.. Oh! c'est par distraction.

— Monsieur, croyez-vous que ma mère me battra?

— Je ne vois pas pourquoi elle se fâcherait : vous n'avez aucun tort.

— Bah! d'abord, nous ne devions pas aller au Grand-Salon.

— C'est la faute de votre sœur.

— Oh oui! mais Fanchon dira que c'est la mienne. Ensuite j'vas vous dire! Ma mère protége un brin Beauvisage, qui lui bouche l'œil avec de la galantine, et qui n'vient jamais à la maison sans avoir une andouille de huit pouces. Ma mère aime passionnément les andouilles, et elle voulait que j'épouse le charcutier afin d'avoir toujours un boudin sous la main. Mais moi, je n'ai pas voulu entendre de c't'oreille-là et depuis ce temps on me regarde de travers à la maison. Donc on va me mettre la querelle et tout l'tapage sur l'dos!... ah! mon Dieu!... c'est sûr.

— Pauvre Nicette! je vous promets que je parlerai pour vous à votre mère.

— Ah! j'vous en prie!... c'est qu'elle serait femme à n'pas me recevoir!... à m'faire coucher dans la rue... C'vilain Beauvisage! c'est lui qui me vaut tout ça!... j'aimerais mieux me jeter à l'eau que d'être sa femme.

— En diriez-vous autant de Finemouche?

— Oui, monsieur; j'veux un mari à mon goût, et tous ces malins-là ne me plaisent pas.

— Vous n'avez donc pas d'amoureux?

— Non, monsieur...

— A votre âge, on doit aimer cependant.

— Oh! je ne suis pas pressée. Mais nous approchons, monsieur, nous approchons... Ah! v'là que le cœur me bat.

En effet, je sentais qu'elle tremblait; et, pour la rassurer, je prenais une de ses mains, que je serrais dans la mienne. Elle se laissait faire; elle ne pensait qu'à sa mère.

Nous voici dans la rue Saint-Marguerite; Nicette n'ose plus avancer.

— C'est là, monsieur, me dit-elle, cette maison... après la porte cochère...

— Eh bien! approchons.

— Ah! encore un moment... attendez que je respire...

— Pourquoi cette frayeur?... ne suis-je pas là?

— Ah! pardine! ma mère n'va peut-être pas ben vous recevoir!...

— Nous lui ferons entendre raison.

— Ça sera difficile.

— Votre sœur est plus répréhensible que vous.

— Oui, mais on aime ma sœur et on ne m'aime pas.

— Enfin nous ne sommes pas venus jusqu'ici pour ne point tenter l'entreprise.

— C'est juste, monsieur; allons, avançons.

Nous voici devant la boutique de madame Jérôme : Nicette m'apprend que c'est le nom de sa mère. Tout est clos, tout est fermé, tout est calme; on n'aperçoit aucune lumière dans l'intérieur.

— Votre mère couche-t-elle dans la boutique?...

— Oui, monsieur, au fond.

— Il faut frapper...

— Ah! si ma sœur pouvait ne pas être rentrée...

— Frappons toujours.

Je frappe, car Nicette n'en avait pas le courage; on ne répond pas.

— Elle dort bien fort, dis-je à la petite.

— Oh non! monsieur... c'est qu'elle ne veut pas m'ouvrir.

— Parbleu! il faudra bien qu'elle réponde.

Je frappe de nouveau, nous entendons du bruit; on approche, et une voix rauque demande :

— Qui vient frapper à cette heure?

— C'est moi! ma mère.

— Ah! c'est toi! dévergondée!... et tu crois que je te recevrai au milieu de la nuit, après avoir fait battre des hommes et mis un quartier sens dessus dessous! File ben vite, et que je ne te revoie plus!

— Ma mère!... ouvrez-moi... je vous en prie... ma sœur vous a trompée.

— Non, non, je sais tout. Tu es une maudite entêtée. Ah! tu ne veux pas être charcutière... eh! bien! va, cours les rues! nous verrons si tu mangeras tous les jours du boudin.

Nicette pleurait. Je crus qu'il était temps de m'interposer dans la querelle.

— Madame! criai-je à travers la porte, d'une voix que je tâchai de rendre imposante, votre fille n'a aucun tort, vous la grondez mal à propos, et, si vous la laissez dans la rue, c'est l'exposer volontairement à faire des sottises.

J'attends une réponse, on n'en fait point; mais j'entends que l'on ôte des barres de fer, comme pour ouvrir la boutique.

Je vais à Nicette.

— Vous le voyez, lui dis-je, ma voix et ma remontrance ont produit de l'effet. J'étais bien certain de calmer votre mère. Allez, séchez vos pleurs; elle va venir; je vous réponds que je lui ferai entendre raison, et qu'elle ne vous fera pas coucher dans la rue.

Nicette m'écoutait, et doutait encore que je parvinsse à obtenir son pardon. Cependant le bruit continuait... en effet, on ouvre la boutique. Madame Jérôme paraît à la porte, en camisole et en bonnet de nuit. Je m'avance pour intercéder en faveur de la petite qui n'ose bouger : je vais commencer une phrase que je crois propre à toucher le cœur d'une mère... madame Jérôme ne m'en laisse pas le temps.

— C'est donc toi! s'écrie-t-elle, qui accompagnes c't'effrontée et qui veux te mêler de me faire de la morale et m'apprendre à gouverner mes filles! Tiens! v'là pour te payer d'ta peine.

Au même instant, la fruitière me donne un soufflet qui me fait pirouetter vers l'autre côté de la rue; puis, rentrant dans sa boutique, elle referme brusquement la porte sur nous.

CHAPITRE IV

MON VOISIN RAYMOND.

Je reste cinq minutes sans parler à Nicette. Le soufflet de madame Jérôme a refroidi considérablement mon zèle pour la jeune fille. Je ne puis m'empêcher de réfléchir aux suites de mes rencontres de la soirée, et je remarque une secrète fatalité qui semble me faire payer cher toutes mes tentatives de séduction.

Pour avoir suivi une petite ouvrière à laquelle je ne me suis pas permis de pincer le bout du doigt, j'ai été arrosé dans la rue des Rosiers; pour avoir fait le galant, l'aimable avec une petite maîtresse qui me lançait des regards fort tendres, j'ai trouvé un maudit cocher qui m'a égaré dans un quartier très-éloigné du mien; enfin, pour avoir consenti à servir de protecteur à une jeune bouquetière que je veux réconcilier avec sa mère, je reçois maintenant le soufflet le mieux conditionné... Ce dernier événement me paraît une grande injustice de la Providence; car, en ramenant Nicette chez madame Jérôme, je faisais une fort belle action. Qu'on vienne encore me chanter qu'un bienfait n'est jamais perdu. Mais la chaleur de ma joue commence à se dissiper, et ma mauvaise humeur se calme un peu. Ce n'est pas la faute de Nicette si j'ai été souffleté, prenons bravement notre parti; et consolons cette pauvre petite, dont ce dernier accident a augmenté la douleur.

— Vous avez raison, Nicette; votre mère est méchante.

— Oh oui! monsieur! quand j'vous le disais! j'suis bien désolée de ce qui vous est arrivé... mais si vous n'aviez pas été là, j'en aurais reçu bien d'autres.

— En ce cas, je vois que tout est pour le mieux.

— Ma mère est vive!

— C'est vrai.

— Elle a la main légère!

— Je la lui ai trouvée très-lourde!

— Pour un oui, un non, elle me tape; mais c'est surtout depuis que j'ai refusé Beauvisage... Ah! j'suis ben malheureuse!... pour un rien j'f'rais un plongeon dans l'canal de l'Ourcq.

— Allons, allons, calmez-vous; le plus pressé, maintenant, c'est de savoir où vous pouvez aller coucher, puisque, décidément, votre mère ne veut pas vous recevoir. Avez-vous quelques parentes dans ce quartier?

— Ah! mon Dieu! non, personne..... une tante qui demeure faubourg Saint-Denis; mais elle ne me recevrait pas, elle aurait trop peur de se fâcher avec ma mère!...

— Je vois que madame Jérôme est la terreur générale.

— Hélas! oui.

— Où donc coucherez-vous?

— Cheux vous, monsieur, si vous voulez ben le permettre, ou sans ça sur l'pavé.

Il y avait, dans la demande de Nicette, quelque chose de si candide ou de si hardi, que je ne fus pas maître d'un mouvement de surprise. Dans une marchande de bouquets, on a peine à croire à l'innocence, à la candeur. Cependant son langage avait un je ne sais quoi si vrai, si persuasif... d'un autre côté, ses yeux pleins d'une tendre expression lorsqu'ils n'étaient pas baignés de larmes... son petit nez retroussé... la manière dont elle m'avait pris par le bras... cette proposition de venir passer la nuit chez un jeune homme! tout cela me jetait dans une incertitude que je cherchais en vain à fixer.

Il faut pourtant se décider : Nicette me regarde... elle attend ma réponse... ses yeux sont suppliants. Mon cœur est faible!...

— Venez avec moi... lui dis-je enfin.

— Ah! monsieur!... que vous êtes bon! que je vous remercie!

Et elle s'empare de nouveau de mon bras, et nous nous acheminons vers la rue Saint-Florentin. Cette fois, la route se fait silencieusement: je songe à la singularité de l'aventure qui m'arrive. Amener coucher chez moi une marchande du coin de la rue!... Et remarquez, lecteur, que je loge rue Saint-Florentin, près des Tuileries : vous devez penser, d'après cela, que je suis un peu petit-maître, mais un petit-maître qui suit les grisettes... Ah! c'était pour passer le temps. Je ne suis point un fat d'ailleurs, je vous prie de le croire ; et si un penchant que je ne puis maîtriser m'entraîne sans cesse vers un sexe charmant et me fait oublier les rangs et les conditions, je dirai comme le poëte :

Ce fut par la faute du sort!...

Mais je ne suis pas non plus de ces gens qui bravent toutes les convenances; je tiens à ne point passer, dans la maison où je demeure, pour un homme qui va avec la première venue; et dans ma maison comme partout, il y a tant de mauvaises langues!... J'ai surtout un certain voisin... ah!...

Il faut donc éviter que Nicette soit aperçue. Pour entrer, j'espère que cela sera facile. Il est au moins une heure du matin, ma portière sera couchée; alors, quand on frappe, elle se contente de demander de son lit : Qui est là? puis tire le cordon sans se déranger. Nicette pourra donc monter chez moi sans être vue. Mais demain, pour m'en aller!... Madame Dupont, ma portière, est curieuse et bavarde..... comme une portière, c'est tout dire. On se moquera de moi!... toute la maison saura cette aventure; on la répandra dans le monde... C'est bien embarrassant!... mais je ne puis laisser Nicette sur le pavé. Pauvre petite! la patrouille qui la rencontrerait, qui l'emmènerait au corps de garde comme une vagabonde!... et je crois, moi, qu'elle est honnête, je crois presque qu'elle est innocente; au reste, nous verrons bien.

Nous avons traversé les ponts, suivi les quais; nous approchons enfin. Nicette ne va plus si vite, elle est fatiguée de la soirée ; et moi, donc!... je vous le demande.

— C'est ici! dis-je enfin.

— Ah! tant mieux, car je suis bien lasse.

— Moi aussi, je vous le jure. Je vais frapper.

— Ah! la belle rue, la belle maison!

— Nicette, vous ne ferez pas de bruit en montant l'escalier; vous ne parlerez pas!

— Non; monsieur... soyez tranquille ; je n'voulons éveiller personne.

— Chut!... on ouvre.

Madame Dupont a demandé qui est-là, j'ai répondu; nous sommes dans la maison! le réverbère est éteint, il fait très-sombre; c'est ce que je voulais.

— Donnez-moi la main, dis-je bas à Nicette, et

laissez-vous conduire... mais surtout point de bruit !

— Oui, monsieur.

Je la guide dans l'escalier, que nous montons le plus doucement possible. Cependant je voudrais déjà être chez moi. Si quelqu'un ouvrait sa porte, je ne pourrais cacher Nicette ; je n'ai pas

Un habitant de la maison de ma belle avait ouvert sa fenêtre.

même un carrick à mettre sur elle . nous sommes en été.

Je demeure au quatrième; car, pour avoir un joli appartement de garçon, rue Saint-Florentin, il faut payer très-cher, même en logeant très-haut. Sur le même carré que moi demeure un original de trente-six à quarante ans, d'une figure qui serait insignifiante si ses prétentions ne la rendaient comique; d'une taille moyenne, et voulant se donner une tournure leste, malgré un embonpoint qui prend chaque jour plus de dimension; ayant quatre mille livres de rente, ce qui lui laisse la faculté de ne s'occuper que des affaires des autres; de plus poëte, peintre, musicien ; réunissant tous les talents, à ce qu'il dit et à ce qu'il croit, mais se faisant moquer de lui par les hommes et plus encore par les femmes; néanmoins se fourrant partout, étant de chaque réunion, de chaque bal, de chaque concert, parce que dans le monde on aime les gens qui font rire soit par leur esprit, soit par leurs ridicules.

Nous mettions le pied sur mon carré, lorsque M. Raymond ouvrit brusquement sa porte et parut devant nous en chemise, en foulard, une chandelle d'une main, une clef et du papier dans l'autre.

Je ne sais plus si je dois avancer ou reculer. M. Raymond ouvre de grands yeux et Nicette part d'un éclat de rire.

Je veux au moins qu'il n'ait pas le temps de considérer la jeune fille; je fouille vivement dans ma poche pour prendre ma clef ; mais elle s'entortille avec mon mouchoir... je ne puis en finir... je ne trouve plus la serrure... plus je me presse, moins je réussis... il semble que le diable s'en mêle ?...

M. Raymond, qui voit mon embarras, s'approche de moi avec un sourire malin, et me met sa lumière sous le nez en me disant :

— Permettez que je vous éclaire... mon voisin ; vous n'y voyez pas...vous mettez à côté.

Je lui rendrais de bien bon cœur le soufflet que m'a donné la mère Jérôme !... mais il faut se contenir; je remercie... j'ouvre, je pousse Nicette devant moi... j'entre; je referme ma porte sans écouter M. Raymond, qui m'offre d'allumer ma chandelle.

Mais une idée subite s'offre à moi, je prends un flambeau, je rouvre ma porte, je cours après Raymond, je l'atteins par le pan de sa chemise au moment où il entrait dans un certain lieu... Je serre mystérieusement mon doigt contre mes lèvres. Vu l'endroit et la situation, j'aurais dû aussi me serrer le nez.

— Qu'est-ce donc? demanda Raymond en retirant de ma main le pan de sa chemise.

— Ne dites pas que vous avez vu Agathe ce soir avec moi !...

— A... Agathe... comment?... mais vous plaisantez !

— Nous venons d'un bal masqué... elle s'était déguisée exprès, et...

— Est-ce qu'il y a encore des bals masqués au mois de juillet?

— Il y en a tant qu'on veut. C'était pour la fête de quelqu'un.

— Mais cette jeune fille.,.

— Elle est bien déguisée, n'est-ce pas? Je gage que, dans le premier moment, vous ne l'aviez pas reconnue. Mais le costume... le rouge... cela change tout.

— Ma foi! je vous avoue que je ne trouvais pas même de ressemblance.

— Je compte sur votre discrétion... Demain je vous expliquerai pour quel motif vous... vous rirez de mon aventure... Au revoir, mon voisin... bonne nuit! Permettez maintenant que j'allume ma chandelle.

— Bien du plaisir, monsieur Dorsan!

Je quitte Raymond et je rentre chez moi. Mon voisin n'est pas très-persuadé que c'est Agathe qu'il vient de voir, mais du moins, par cette ruse, je me suis réservé une réponse à ses bavardages; et s'il jase, je persuaderai facilement qu'il était endormi et a vu les objets différents de ce qu'ils étaient.

Mais, me direz-vous, par ce mensonge vous

Nicette la bouquetière.

perdez une autre femme de réputation. Quelle est cette Agathe que vous mettez si légèrement en avant?

Cette Agathe est ma dernière maîtresse, celle avec qui j'ai rompu depuis peu de temps; c'est une petite marchande de modes très-vive, très-agaçante, très-délurée; elle m'a fait le plaisir de venir quelquefois me demander l'hospitalité pour la nuit. Mon voisin l'a souvent vue entrer ou sortir de chez moi : par conséquent une fois de plus ou de moins ne saurait nuire. Vous voyez que sa réputation n'a rien à craindre.

Maintenant que je vous ai appris ce que c'est que mademoiselle Agathe, avec laquelle M. Raymond ignore que je suis brouillé, parce qu'il n'est pas mon confident, je retourne près de Nicette; elle est chez moi, elle m'attend... Il est une heure et demie du matin; mais jusqu'au jour on peut encore faire bien des choses!... Le cœur me bat?... ma foi! je ne sais pas comment la nuit se passera.

CHAPITRE V

ELLE EST PASSÉE, ENFIN

— Qu'il est donc drôle, c'monsieur! dit Nicette en me voyant entrer avec de la lumière. En apercevant c'te tournure, en chemise... ce fichu noué en Amour, ce gros nez... ces yeux étonnés, je n'ai pas pu m'empêcher de rire.

— Il faut avouer, mademoiselle Nicette, que vous me donnez bien du tourment!...

— Moi, monsieur! ah!... j'vous en demande bien pardon!...

— Enfin, Dieu merci, nous voici chez moi. Je ne sais pas trop, à la vérité, comment vous en sortirez!...

— Pardine! par la porte, comme j'suis venue,

— Oh! cela vous est facile à dire!... Enfin nous verrons demain!...

Nicette regarde autour d'elle. Elle examine mon logement, mes meubles; elle me suit dans chaque pièce, je n'en ai que trois ; une petite antichambre, une chambre à coucher, et un cabinet où je travaille, où je lis, où je touche du piano, où je fais ce que je veux.

— Reposez-vous donc, dis-je à Nicette.

— Ah! monsieur, tout à l'heure... c'est que...

Elle regarde mon canapé, mes fauteuils, mes chaises; elle semble craindre d'en approcher. Je ne puis m'empêcher de sourire de son embarras.

— Est-ce que mon logement ne vous plaît pas?

— Oh! que si fait! monsieur! bien au contraire, mais tout ça est si beau, si luisant!... j'ai peur de gâter quelque chose.

— Oh! ne craignez rien.

Je la conduis devant le canapé, je la force presque à s'asseoir près de moi.

— Vous le voyez, Nicette ; je suis seul, vous êtes venue chez un garçon.

— Oh! ça m'est égal, monsieur; d'ailleurs je n'avais pas le choix!...

— Vous ne craignez donc pas de passer la nuit avec moi?

— Non; j'vois ben que vous êtes honnête et que je n'ai rien à craindre chez vous.

Ah! elle voit que je suis honnête, dis-je en moi-même; j'ai donc une physionomie bien heureuse. Cependant je ne suis pas mal; quelques femmes disent que je suis fort bien, et cette jeune fille ne craint pas de passer la nuit seule avec un joli garçon!... Je lui parais peut-être laid.

Ces réflexions me taquinaient; tout en les faisant, je regardais Nicette plus attentivement que je n'avais pu le faire jusqu'alors. Elle est vraiment fort bien!... une figure à la fois piquante et douce, de la physionomie, rien qui ressemble à ce que l'on rencontre ordinairement dans une bouquetière : elle n'a de ses fleurs que la fraîcheur et les charmes, et c'est la fille d'une fruitière!... de la mère Jérôme! Il y a comme cela des bizarreries dans la nature : mais il faut avouer que le hasard m'a cette fois été favorable. Je commence à ne plus me plaindre de ma soirée; j'oublie la grisette et la petite-maîtresse, je ne pense plus qu'au charmant minois qui est à mes côtés.

Tout en regardant la jeune fille, je me suis rapproché d'elle; j'ai passé doucement mon bras autour de sa taille, et plus l'examen est favorable, plus je serre le déshabillé rouge.

Nicette ne parle pas, mais elle me semble agitée; son sein se soulève plus fréquemment, sa respiration devient plus courte... elle tient ses yeux baissés... Tout à coup elle se dégage brusquement, se lève et me demande d'une voix tremblante où elle doit passer la nuit.

Cette question m'embarrasse : j'avoue que je n'ai pas encore songé à cela. Je regarde Nicette... elle tient toujours ses yeux baissés... Craindrait-elle de rencontrer les miens?... m'aimerait-elle déjà? et... Allons... voilà le maudit amour-propre qui va au galop!

— Nicette... nous avons le temps de penser à cela... Est-ce que vous avez envie de dormir?

— Oh! non, monsieur, ce n'est pas cela.

— Ah! c'est donc une autre raison?

— Je ne veux pas vous gêner... vous m'avez dit aussi qu'vous étiez fatigué.

— C'est fini, je n'y pense plus...

— Oh! c'est égal, monsieur; dites-moi où je puis rester... J'vas aller dans l'autre chambre... J'serai très-bien sur une chaise, et...

— Passer la nuit sur une chaise!... allons vous n'y pensez pas!

— Oh que si! monsieur; je n'suis pas difficile

— N'importe, je n'y consentirai point; mai asseyez-vous donc, Nicette, rien ne nous press maintenant... venez donc... Est-ce que vou craignez d'être près de moi?

— Non, monsieur.

Elle se met cependant à l'autre bout d canapé. Sa rougeur, son trouble me décèlen une partie de ce qu'elle éprouve. Moi-même j suis embarrassé... quoi? avec une bouquetière?.. et précisément c'est parce que c'est une bouqu tière que je ne sais comment m'y prendre. J vous jure, lecteur, qu'auprès d'une dame d grand monde ou d'une grisette, je serais déj plus avancé.

— Nicette, savez-vous que vous êtes cha mante!

— On m'la dit quelquefois, monsieur.

— Bien des hommes doivent vous faire la cou

— Ah! il y en a qui veulent m'enjôler e venant m'acheter des bouquets; mais je ne l écoute pas.

— Pourquoi pensez-vous qu'ils veulent vo enjôler?

— Ah! parce que ce sont de beaux messieurs, comme vous.

— Si je vous parlais d'amour, vous penseri donc...

— Que vous voulez vous moquer de mo Pardi! c'est tout simple!

Voilà un début qui ne me promet rien de bo N'importe, je continue, et insensiblement je m rapproche de la petite.

— Je vous jure, Nicette, que je ne me moq jamais de personne!...

— Tous les hommes disent ça !...

— D'ailleurs, vous êtes assez jolie pour inspirer une passion.

— Oui !... une passion d'quinze jours !... Oh ! je ne donne pas là-dedans !

— D'honneur ! vous êtes trop bien pour une bouquetière...

— Bah ! vous plaisantez...

— Si vous vouliez, Nicette, vous pourriez trouver mieux que cela...

— Non, monsieur ; non, je n'veux vendre que des bouquets... Oh ! je n'suis pas vaniteuse... J'ai refusé Beauvisage, qui a des écus et qui m'aurait donné des déshabillés d'indienne, des bonnets à la glaneuse et des chaînes de similor ; mais tout ça ne m'a pas tentée. Quand on n'me plaît pas, rien ne peut me faire changer idée.

Elle n'est pas intéressée : il faut donc lui plaire pour en obtenir quelque chose ; tâchons de lui plaire... Mais j'ai un malheur, lorsque je veux faire l'aimable : je ne sais plus ce que je dis ; c'est ce qui fait que je reste pendant dix minutes sans rien dire à Nicette, me contentant de pousser de profonds soupirs et de tousser pour ranimer la conversation. Mais Nicette n'y entend pas malice, ou c'est peut-être pour se moquer de moi qu'elle me dit avec un grand sang-froid :

— Vous êtes ben enrhumé, monsieur ?

Alors je rougis de ma sottise : rester gauche et timide près d'une marchande de bouquets ! ah ! je ne me reconnais plus.

Et pour me reconnaître, j'enlace Nicette dans mes bras et je cherche à l'attirer sur mes genoux.

— Laissez-moi, monsieur... laissez-moi, j'vous en prie.

— Nicette, quel mal faisons-nous ?...

— Je ne veux pas que vous me serriez si fort...

— Un baiser, et je vous laisse...

— Rien qu'un, à la bonne heure...

Il me faut son consentement, car elle sait très-bien se défendre ; elle est forte ; elle joue avec adresse des mains et des genoux ; et comme je n'ai pas l'habitude de ces sortes de luttes, auxquelles nos dames du grand monde ne nous ont pas habitués, je crois que je parviendrai difficilement à triompher de la jeune fille.

Elle m'a permis de l'embrasser, et j'en profite : confiante dans ma promesse, elle me laisse le prendre, ce baiser si désiré, et me tend ses joues fraîches et vermeilles, parées encore du duvet de la jeunesse et de la candeur.

Mais j'envie un bonheur plus grand : c'est sur une bouche charmante que je veux cueillir un baiser bien plus délicieux ! Nicette veut, mais trop tard, s'y opposer... j'en prends un..., j'en prends mille... Ah ! qu'ils sont doux les baisers que j'imprime sur les lèvres de Nicette ! Saint-Preux trouvait âcres ceux de Julie ; mais moi, je n'ai jamais senti d'âcreté dans les embrassements d'une jolie femme : il est vrai que je ne suis pas un Saint-Preux, grâce au ciel.

Un feu dévorant circule dans mes veines. Nicette partage mon ardeur ; je le vois à l'expression de ses yeux, au frémissement de tout son être ; je vais profiter de son trouble pour oser davantage... mais elle me repousse... elle se dégage de mes bras... elle court vers la porte ; elle est déjà sur le carré, lorsque je l'atteins et la retiens par son jupon.

— Où donc courez-vous, Nicette !...

— J'm'en vas, monsieur...

— Que dites-vous...

— Oui, monsieur j'm'en vas... j'vois ben que je ne dois pas passer la nuit cheux vous... j'n'aurais jamais cru qu'vous voudriez abuser de ma peine pour... mais puisque je m'suis trompée... j'm'en vas...

— Arrêtez, de grâce... où iriez-vous ?

— Oh ! je n'en savons rien... mais c'est égal ! j'vois ben que je s'rai plus en sûreté dans la rue... que seule avec vous.

Je sens que je mérite ce reproche. Cette jeune fille est honnête : elle s'est confiée à moi sans défiance ; elle m'a demandé l'hospitalité, et j'allais profiter de cela pour la séduire ! c'est fort mal. Mais disons aussi, pour ma justification, que je ne connaissais pas Nicette et que, malgré la simplicité de son langage, une jeune fille qui propose à un homme d'aller coucher chez lui doit au moins donner lieu à beaucoup de soupçons, surtout à Paris où l'on rencontre si peu d'innocentes.

Elle tient toujours entr'ouverte la porte du carré, et moi je ne lâche point sa jupe ; je regarde Nicette, et je vois de grosses larmes tomber de ses yeux. Pauvre petite c'est moi qui les fais couler !... Elle me semble encore plus jolie... je suis tenté de me jeter à ses genoux et de la supplier de me pardonner... Qui ? moi ?... à genoux devant une marchande des rues !... Ah ! rassurez-vous ! les convenances ne seront pas blessées à ce point.

— Nicette, lui dis-je enfin, de grâce, restez...

— Non, monsieur, je vous ai mal jugé... il faut que je m'en allions...

— Écoutez-moi : d'abord vous ne pourriez pas sortir seule de la maison ; à l'heure qu'il est, la portière n'ouvre que quand on se nomme...

— Oh ! j'ai bien retenu vot' nom : vous vous appelez Dorsan.

— Il ne suffit pas de dire mon nom ; elle ne reconnaîtrait pas ma voix.

SCEAUX. — IMP. CHARAIRE ET FILS

— Eh bien ! je resterai dans la cour jusqu'au matin.

— C'est cela : et tout le monde vous verra ; et les propos, et les caquets des cuisinières ! Ah ! c'est déjà bien assez que ce maudit Raymond vous ait aperçue. Rentrez chez moi, Nicette ; je vous promets..., je vous jure d'être sage et de ne plus vous faire de peine.

Elle hésite, elle me regarde... Sans doute mes yeux disent bien tout ce qui se passe en moi, car elle ferme la porte du carré, et me sourit en disant :

— Je vous crois, et je reste.

Dans ma joie j'irais l'embrasser encore... mais je me modère et je fais bien : les serments tiennent à si peu de chose !...

— Mais, monsieur, me dit-elle, nous ne pouvons pas passer la nuit assis tous les deux sur vot' grand fauteuil.

Elle a raison ; ce serait trop dangereux.

— Vous allez vous coucher dans mon lit, dis-je à Nicette, et moi je passerai la nuit dans mon cabinet, sur l'ottomane... Oh ! point d'objection, mademoiselle ; je le veux ainsi. Vous serez la maîtresse de fermer à double tour la porte de mon cabinet ; vous pourrez dormir sans crainte : cela vous convient-il ?

— Oui, monsieur.

Nous rentrons dans ma chambre à coucher, j'allume une seconde lumière ; je transporte le canapé dans mon cabinet, Nicette m'aide à le porter... Ah ! je l'avoue, ce déménagement me coûte beaucoup... Enfin tout est fini.

— Vous pouvez vous coucher et dormir tranquille... Bonne nuit, Nicette !

— Bonne nuit, monsieur !

Je prends ma chandelle et j'entre dans mon cabinet, dont je tire la porte sur moi ; nous voilà chacun chez nous. Je souffle la chandelle et je me jette sur le canapé. Si je pouvais dormir... le temps passe si vite alors... et pourtant nous dormons au moins le tiers de notre vie !... et c'est toujours avec plaisir que nous nous plongeons dans ce néant ; et nous craignons la mort qui n'est qu'un sommeil éternel ! pendant lequel, à coup sûr, on ne fait point de mauvais rêve !...

Ah bien oui ! dormir !... J'ai beau m'étendre, me retourner en tout sens... je ne puis pas dormir : c'est impossible. Allons, prenons notre parti... Réfléchissons à ma singulière soirée ; pensons à Caroline... à cette belle dame... à ce maudit cocher... éloignons Nicette de ma pensée... mais elle y revient sans cesse... c'est en vain que je m'efforce à l'en bannir ; l'idée qu'elle est là... à quelque pas de moi... qu'une légère cloison me sépare d'elle... cette idée me poursuit !... Quand je songe que je pourrais être couché près d'elle, la presser dans mes bras, lui donner les premières leçons de l'amour et du plaisir... alors ma tête s'égare... mon sang s'allume... Pour nous rendre heureux, il ne faudrait que la volonté de Nicette... et elle ne veut pas !... il est vrai que ce bonheur-là pourrait avoir pour elle des suites fort embarrassantes.

J'ai des inquiétudes dans les jambes. Levons-nous, marchons... mais marchons doucement ; elle dort peut-être ! ne l'éveillons point. Pauvre enfant ! elle a eu assez de chagrins dans la soirée : je crains que de plus grands ne l'attendent encore ; car si sa mère refuse toujours de la recevoir... que fera-t-elle ?... Jusqu'à présent je n'ai pas songé à son avenir.

Mais je n'ai pas entendu tourner la clef dans la serrure... elle ne s'est donc pas enfermée ; c'est singulier... elle compte donc sur mon serment... Croire aux promesses d'un jeune homme... quelle imprudence !...

Dort-elle ? ne dort-elle pas ?... voilà ce qui me tourmente. Depuis une demi-heure je suis contre la porte... je tourne et retourne... j'écoute... je n'entends rien... Je regarde par le trou de la serrure : il y a toujours de la lumière dans sa chambre. Est-ce précaution ? est-ce oubli ?

Mais cette porte qu'elle n'a pas fermée... ah ! peut-être l'a-t-elle fermée sans que je l'entende... il est bien facile de s'en assurer... Je tourne le bouton bien doucement... la porte s'ouvre... Je m'arrête... je crains d'avoir fait du bruit. Cependant je n'entends rien. Si je pouvais la voir un moment endormie, la voir au lit enfin... C'est là, ce n'est que là que l'on peut bien juger de la beauté d'une femme. J'avance la tête... La lumière est placée sur la commode, un peu loin du lit. Je fais quelques pas... je retiens ma respiration... j'approche... Elle n'est pas déshabillée... j'aurais dû m'en douter... Éloignons-nous bien vite... Oh ! les maudits souliers !... ils craquent... Nicette s'éveille !... Je changerai de cordonnier.

— Est-ce que vous désirez quelque chose, monsieur ? me dit-elle aussitôt.

— Non... Ah !... c'est que... si fait... je cherchais... un livre. . mais je l'ai trouvé.

Je rentre bien lestement dans mon cabinet ; j'ai dû avoir l'air bien sot !... La porte est fermée, je ne l'ouvrirai plus. Ah ! que la nuit m'a paru longue !... Voilà le jour enfin !

— Mademoiselle Nicette vend sans doute des brochets au marché des Innocents? (Page 20.)

(Page 20.)

CHAPITRE VI

MADEMOISELLE AGATHE

Il est jour depuis longtemps. On va et on vient déjà dans la maison, et je n'ai pas encore osé réveiller Nicette... Elle dort si bien!... et la veille a été un jour d'orage après lequel le repos était nécessaire. Mais j'entends du bruit enfin... elle se lève, elle ouvre ma porte, elle vient à moi en souriant :

— Monsieur, voulez-vous me permettre de vous embrasser?

Je la comprends : c'est la récompense de ma sagesse de la nuit... cela valait bien cela. Elle m'embrasse avec un plaisir... Je commence à sentir qu'on en éprouve aussi quand on n'a point de reproche à se faire.

— Maintenant, Nicette, parlons raison... mais non, déjeunons d'abord; nous causerons tout aussi bien à table. Vous devez avoir besoin de prendre quelque chose?

— Oui, monsieur, je déjeunerais volontiers.

— J'ai toujours chez moi quelques provisions pour les visites inattendues.

— Dites-moi où tout cela est, monsieur; je vais mettre le couvert.

— Tenez, voilà le buffet... les tiroirs...

— Bon, bon !

Elle court prendre ce qui nous est nécessaire. En deux minutes la table est dressée, le couvert mis. J'admire la grâce, la vivacité de Nicette;

une petite bonne comme cela me conviendrait infiniment mieux que madame Dupont, ma portière, qui fait mon ménage. Mais à propos de madame Dupont, si elle venait... Oh! nous avons le temps; il n'est que sept heures du matin, et la portière, qui sait que je suis un peu paresseux, ne monte jamais avant huit heures. Nous pouvons déjeuner tranquillement.

— Causons un peu, Nicette; je m'intéresse à votre sort, vous n'en doutez pas...

— Vous me l'avez prouvé, monsieur.

— Qu'allez-vous faire en sortant de chez moi.

— Retourner chez ma mère.

— C'est fort bien; mais si elle refuse encore de vous garder?

— Je tâcherai de trouver de l'ouvrage; je me mettrai, s'il le faut, en maison... je ne serai peut-être pas refusée partout.

— Non sans doute; mais qui sait à quelles mains vous tomberez? Jeune et jolie comme vous êtes, vous serez plus difficile à bien placer qu'une autre si, comme je le pense, vous voulez rester sage.

— Oh! certainement, monsieur, que je veux rester sage.

— Je connais les hommes : ils sont presque tous libertins; le mariage n'est point un frein à leurs passions. Partout où vous servirez, vos maîtres vous feront des propositions fort claires; ils vous traiteront mal si vous les rebutez.

— Alors je quitterai la maison... j'entrerai chez une dame seule.

— Les vieilles sont exigeantes, et tiennent en prison les jeunes servantes, de crainte qu'elles ne courent et ne fassent des connaissances. Les jeunes reçoivent beaucoup de monde, et vous donneront des exemples dangereux.

— Comme vous parlez sagement à c't'heure!

— Ne vous en étonnez pas : un ivrogne se connaît en vin, un maquignon en chevaux, un peintre en tableaux, un libertin en séductions. C'est justement parce que je ne suis point sage, que je puis, mieux qu'un autre, vous avertir des dangers que vous allez courir. L'expérience instruit. Vous n'avez pas succombé avec moi, je veux vous préserver pour l'avenir; ne m'en sachez pas gré!... ce n'est peut-être qu'amour-propre de ma part, mais je sens qu'il me serait pénible de voir profaner une fleur que je n'ai point cueillie... Vous n'entendez, Nicette?

— Oui, oui, monsieur; je n'suis pas une prude, j'comprends ben ce que vous voulez dire!... mais ne craignez rien!... Comment pourrais-je accorder à un autre ce que je vous ai refusé!...

Elle dit cela avec un sentiment... une vérité.... Ah! je lui plais, je n'en saurais douter: elle en a plus de mérite à m'avoir résisté.

— Enfin, ma chère amie, je ne vois point pourquoi vous ne continueriez pas votre commerce de fleurs; il vous convient mieux qu'une condition.

— C'est juste, monsieur, mais...

— Je vous entends... Tenez, Nicette, prenez cette bourse... vous pouvez l'accepter sans rougir : elle n'est point le prix de votre déshonneur. C'est un service que je vous rends... de l'argent que je vous prête, si cela vous arrange mieux...

— Ah! monsieur, de l'argent... d'un homme... que pensera-t-on?...

— Vous ne direz pas de qui vous le tenez.

— Un jeune fille qui a tout de suite de l'argent à sa disposition... on croit... on s'imagine...

— Laissez dire les commères, et forcez-les à se taire par la manière dont vous vous conduirez.

— Ma mère...

— Une mère qui refuse du pain à son enfant n'a plus le droit de lui demander compte de ses actions.

— Mais cette somme... vous me donnez trop, monsieur.

— Cette bourse ne contient que cent écus... Je les ai gagnés, il y a deux jours, à l'écarté... En vérité, Nicette, si vous saviez avec quelle légèreté l'argent se perd au jeu, vous me feriez moins de remerciments pour cette bagatelle.

— Une bagatelle! cent écus! de quoi former un établissement!... ah! monsieur, c'est un trésor!...

— Oui, pour vous qui connaissez tout le prix de l'argent, et en faites un juste emploi. Mais les choses n'ont de valeur qu'autant qu'elles sont à leur place.

— Tout ça veut dire sans doute que vous êtes très-riche?

— Cela veut dire qu'élevé dans l'aisance, habitué à satisfaire toutes mes fantaisies, je ne connais pas assez le prix de l'argent. Ces cent écus que je vous offre, je les perdraits au jeu sans éprouver de chagrin : acceptez-les donc, Nicette; vous me les rendrez, si un jour ils me deviennent nécessaires.

— Oh! oui! monsieur, quand vous voudrez!... tout ce que j'aurai sera à votre service.

— Je n'en doute pas, ma chère amie; voilà donc une affaire terminée.

— Oui, monsieur; si ma mère me renvoie, je louerai une petite chambre, j'achèterai des fleurs, j'aurai de l'économie, de l'ordre, et je parviendrai peut-être un jour à avoir une jolie boutique.

— Alors vous vous marierez à votre goût, et vous serez heureuse.

— Ah! peut-être... ne parlons pas de ça, monsieur.

— Mais le temps s'écoule, bientôt huit heures; il faut vous en aller, Nicette.

— Oui, monsieur... c'est vrai... quand vous voudrez... mais je... est-ce que?...

— Que voulez-vous me dire?

— Est-ce que je ne vous reverrai plus?

— J'espère bien, au contraire, vous voir souvent. Si vous changez de quartier, vous pourrez mettre chez ma portière l'adresse de la place où vous vous établirez.

— Ça suffit, monsieur... je n'y manquerai pas...

La petite est troublée; elle détourne les yeux, elle me cache des larmes... Serait-ce le chagrin de me quitter?... quel enfantillage!... nous nous connaissons depuis hier!... et cependant, moi aussi j'ai de la peine à me séparer d'elle.

Elle rencontrera sans doute quelques domestiques dans l'escalier; mais qu'y faire?... Il n'y a pas d'autre chemin; elle me promet de descendre les marches très-vite, et de passer lestement sous la porte cochère.

Je l'embrasse... tendrement? trop tendrement, pour un homme qui a donné cent écus : c'est presque en prendre le remboursement.

J'ouvre la porte du carré... je vais faire passer Nicette devant moi... Des éclats de rire me font lever les yeux... la porte du maudit Raymond est ouverte... Il est là... avec une jeune femme... et cette jeune femme... c'est Agathe.

Le trait est perfide. J'y reconnais la curiosité de Raymond et la malice d'Agathe. Ils me guettaient sans doute... peut-être sont-ils en faction depuis le point du jour... Mais comment se fait-il qu'Agathe!... elle n'avait jamais parlé à Raymond... il me le payera.

Nicette me regarde; elle cherche à lire dans mes yeux si elle doit avancer ou reculer. Il serait inutile de feindre davantage; peut-être même que, si je tardais encore, M. Raymond parviendrait à rassembler une partie de la maison sur mon carré. Je pousse Nicette vers l'escalier...

— Adieu, monsieur Dorsan, me dit-elle tristement.

—Adieu... adieu, mon enfant... j'espère que... votre mère... Je verrai... vous saurez... nous pourrons... adieu.

Je ne sais plus ce que je dis; la colère, le dépit m'empêchent de parler. Mais Nicette, qui n'éprouve qu'un seul sentiment, le regret de me quitter, Nicette essuie avec son tablier quelques larmes qui coulent de ses yeux.

— Ah! ah! c'est vraiment sentimental! dit mademoiselle Agathe en regardant la petite bouquetière descendre l'escalier; comment donc! des pleurs! des soupirs!. . ah! ah! c'est à mourir de rire!... Mais je vous serais fort obligée, monsieur, de m'apprendre comment il se fait que, sans le savoir, j'aie été cette nuit, déguisée, au bal avec vous... Eh bien!... parlez donc; est-ce que vous ne m'entendez pas?

Un autre objet m'occupait. J'avais les yeux fixés sur mon voisin, et mes regards l'embarrassaient sans doute; car, dans la même minute, je le vis rougir, se troubler, se dandiner, essayer de sourire, puis enfin rentrer chez lui en ayant soin de s'y enfermer.

—Ah! monsieur Raymond, je ne vous tiens pas quitte... nous nous reverrons! dis-je en m'approchant de sa porte. Je me retourne ensuite pour répondre à mademoiselle Agathe, mais elle est entrée chez moi; et, comme elle connaît parfaitement les localités, je la trouve dans mon petit cabinet, assise nonchalamment sur l'ottomane.

— Mais dis-moi donc, Eugène, ce que signifie tout cela?... Ah! mon Dieu! quel changement ici!... quel bouleversement!... le canapé dans le cabinet... un lit à demi défait... les débris d'un déjeuner... Que s'est-il donc passé ici cette nuit?

— Rien, je vous assure.

— Oh! rien que de très-ordinaire, je le conçois fort bien... mais ce canapé m'intrigue... Eugène... mon petit Eugène... conte-moi cela... Parce que tu n'es plus mon amant, ce n'est pas une raison pour que nous ne soyons pas amis.

Vous savez, lecteur, que mademoiselle Agathe est la marchande de modes avec laquelle j'étais brouillé, parce que je me suis aperçu qu'elle me faisait des infidélités; c'est même l'humeur que j'en ai ressentie qui m'a fait faire des réflexions mélancoliques, dans ma promenade d'hier au soir, sur les boulevards. Mais, depuis ce temps, mon faible cœur a éprouvé tant de sensations nouvelles, que le souvenir de la perfidie d'Agathe s'est tout à fait effacé; je ne la regrette plus, par conséquent je ne lui en veux plus. Je sens qu'elle a raison de me plaisanter sur mon air grave, qui ne convient pas du tout à notre ancienne liaison, et qui donnerait à penser que je croyais trouver une Pénélope dans une marchande de modes. Je reprends donc ma gaieté, et je questionne à mon tour :

— Par quel hasard étais-tu là, sur mon carré, et causant avec Raymond, que tu n'as jamais pu souffrir?..

— Mais ce canapé... ce canapé dans ce cabinet?...

— Tu le sauras, mais réponds-moi d'abord.

— Oh! je le veux bien ; je suis allée hier à la campagne avec Gerville... tu sais... ce jeune employé qui demeure ici dessous...

— Oui, mon successeur enfin.

— Ton successeur, soit. Nous sommes revenus tard; j'étais fort lasse... et...

— Tu as passé la nuit chez lui, cela va tout seul, et je ne vois rien jusqu'ici que de très-naturel. Après?

— Après, il a bien fallu se quitter ce matin. A six heures et demie, je descendais bien légèrement l'escalier, et j'allais passer la porte cochère, quand j'ai aperçu Raymond en faction au coin de la borne. Il m'examine et sourit avec malice :

— D'honneur, me dit-il, je ne croyais pas que c'était vous; vous étiez parfaitement déguisée : le costume poissard vous va très-bien, et cependant il vous change étonnamment; j'aurais juré que M. Dorsan se moquait de moi.

Je l'écoute sans le comprendre ; mais ton nom et ce qu'il me dit piquent ma curiosité. Je soupçonne quelque méprise : je force Raymond à me raconter tout ce qu'il sait; je ris déjà de l'aventure. Raymond est enchanté lorsqu'il apprend que ce n'est pas moi qui étais avec toi. Je lui demande s'il est certain que ta nouvelle conquête soit encore dans la maison... Il me répond qu'il en est sûr; car il a passé une partie de la nuit sur le carré, et dès le point du jour il s'est mis en faction contre la porte cochère. Aussitôt je remonte avec lui, afin de rendre le tableau plus piquant, et nous attendons, pendant une heure au moins, qu'il te plaise d'ouvrir ta porte. Nous y serions, je t'assure, restés jusqu'à ce soir, plutôt que de ne point satisfaire notre mutuelle curiosité.

— Ah! quel homme que ce Raymond!... une vieille femme n'aurait pas fait mieux.

— Ah çà! j'ai tout dit, c'est à ton tour.

— Que veux-tu que je t'apprenne? Tu as vu une jeune fille sortir de chez moi?

— Oui, elle est gentille... un minois de fantaisie... la bouche un peu grande... mais ce costume!... Comment, monsieur Eugène, vous, petit-maître!... vous donnerez dans les bonnets ronds! ah! je ne vous reconnais plus...

— Mademoiselle, pour ce que j'en veux faire, bonnet ou chapeau, cela est fort indifférent.

— Sans doute, tu n'en veux plus rien faire, parce que tu en as assez.

— Tu te trompes, Agathe, cette jeune fille est sage, honnête... elle ne m'est rien, ne me sera jamais rien.

— Comment donc! mais cela me paraît juste; elle est venue coucher ici pour ne pas avoir peur la nuit, voilà tout!... *Va-t'en voir s'ils viennent, Jean!...*

Je sens que les apparences sont contre nous; et cependant rien n'est plus vrai... voilà l'explication du canapé : elle a couché dans ma chambre, et moi ici.

— Oui, pendant dix minutes, c'est possible; mais ensuite tu as été la rejoindre.

— Non, je te le jure.

— Tu n'aurais pas été assez nigaud pour rester ici.

— Je conçois qu'à tes yeux, la sagesse, l'innocence ne sont que de la sottise.

— Ah! vous n'êtes pas honnête, monsieur. Mais, comme je ne vous ai jamais connu ni sage, ni innocent, il m'est permis de m'étonner de vos vertus, qui sont toutes nouvelles pour moi.

— Je ne prétends pas me faire meilleur que je suis, et je t'avoue franchement que j'ai essayé de triompher de cette jeune fille : mais sa résistance a été si naturelle, ses larmes si vraies, ses prières si touchantes, que vraiment je me suis senti attendri et presque repentant de ce que j'avais voulu faire.

— Tout cela est magnifique!... et c'est probablement pour que la résistance soit encore plus appréciée, que la vertueuse et candide orangère est venue chez vous... Ah!... ah!... ah!... quelle histoire tu me fais là!...

— Croyez-en ce que vous voudrez. Il n'est pas moins vrai que Nicette est sage et n'est point orangère.

— Ah!... pardon, monsieur... si j'ai involontairement offensé votre objet!... Mademoiselle Nicette vend sans doute des brochets au marché des Innocents?

— Non, mademoiselle, elle ne vend que des bouquets!...

— Des bouquets!... mais c'est superbe!... Ah! c'est une bouquetière! je ne m'étonne plus de la considération qu'on lui témoigne.

— A coup sûr, elle en mérite plus que bien des femmes qui portent des chapeaux élégants!

— Et même qui en font, n'est-ce pas?

— A plus forte raison.

— Monsieur est piqué, parce qu'on ose douter de la vertu des mœurs d'une jeune fille qui vient, bien innocemment, coucher avec un jeune homme, lequel, à la vérité, est devenu un Caton en vingt-quatre heures! Tiens, Eugène, tu diras ce que tu voudras, mais ce n'est pas possible.

— Monsieur, voilà une petite croix à la Jeannette que je viens de trouver devant votre lit. (Page 22.)

— Je ne dirai plus rien, parce que je n'attache aucun prix à votre opinion.

— Encore!... Allons, faisons la paix, et je croirai, si ça te fait plaisir, que c'était la Pucelle d'Orléans.

Mademoiselle Agathe se rapproche de moi et m'embrasse; elle est presque sur mes genoux; elle me serre fort tendrement; et je crois qu'il ne tiendrait qu'à moi de tromper à mon tour mon successeur, mais je n'en ai nullement le désir : c'est encore Nicette qui m'occupe; j'en veux à celle qui refuse de croire à sa candeur, à sa sagesse, et qui tourne encore en dérison la conduite que j'ai tenue. Lorsqu'il nous a fallu tant d'efforts pour faire quelque chose de bien, celui qui veut nous ôter notre propre satisfaction est toujours fort mal venu. Je reçois donc avec beaucoup de froideur le baiser de mademoiselle Agathe.

La jeune marchande de modes est piquée à son tour, et cependant elle n'a plus d'amour pour moi; elle n'en a probablement jamais eu; mais, chez bien des gens, c'est l'amour-propre qui en tient lieu, et qui, seul, fait naître la jalousie. Agathe reprend son châle qu'elle avait quitté en entrant, renoue son chapeau et me fait un salut accompagné d'un sourire qu'elle veut rendre ironique, mais dans lequel le dépit et la contrariété sont très-marqués.

— Adieu, monsieur; je m'aperçois que les événements de cette nuit vous ont beaucoup fatigué; vous avez besoin de repos... et d'un peu de solitude... je vous laisse rêver à votre aise à la brillante conquête qui va désormais charmer tous vos moments!... Je vous prie de vouloir bien donner mon adresse à mademoiselle *de* Nicette : je serai flattée d'avoir sa pratique, dans le cas où elle voudrait changer de costume, à moins, cependant, que votre intention ne soit de la mener avec vous, dans ce modeste déshabillé. Je conçois que, pour une âme sensible et aimante, le bonnet rond de la vertu est bien préférable à la toque de la frivolité.

Et mademoiselle Agathe s'éloigne en fredonnant :

Quand on sait aimer et plaire,
A-t-on besoin d'autre bien?

CHAPITRE VII

UN MOT SUR MOI

Agathe est partie depuis longtemps, et je suis encore dans mon cabinet, songeant à ma nuit et à ma soirée. On ouvre la porte de mon appartement; c'est madame Dupont, ma portière, qui vient, comme de coutume, pour faire mon ménage. La chère femme ne manque pas de jeter, en entrant, un coup d'œil sur tout; et les femmes, en un coup d'œil, voient plus de choses que nous autres en un quart d'heure.

Imbécile que je suis! j'ai oublié de remettre le canapé à sa place!... c'est cette Agathe qui est cause de cela!... Au bout du compte, je suis maître chez moi; je puis ranger mes meubles comme cela me plaît. Je ne cause point avec ma portière; madame Dupont le sait. Cependant je vois qu'elle tourne autour de moi, et vois qu'elle cherche à entrer en conversation.

— La journée sera superbe... c'est heureux, le dimanche ; il y a tant de gens qui n'ont que ce jour-là pour se promener!...

— Oui, c'est fort heureux.

— Ah! ah! monsieur a dérangé ses meubles... Est-ce que monsieur veut laisser maintenant ce canapé dans son cabinet de travail?

— Non, vous pouvez le remettre à sa place... je vais vous aider.

— Ah!... c'est un essai que monsieur a voulu faire?

— Oui, c'est un essai...

— C'est comme ma fille, qui, à chaque instant, change de place le berceau de son fils. Elle l'avait mis cette nuit dans la ruelle, mais mon gendre ne veut pas qu'il y reste, parce que le petit commence à avoir quatre ans, et au fait... c'est gênant pour un mari et une femme... on est bien aise de... Tiens, c'est drôle! votre lit n'est presque pas défait, monsieur.

— C'est que je n'ai pas remué, apparemment.

— Monsieur a déjà déjeuné, à ce qu'il paraît?... Monsieur a eu faim aujourd'hui plus tôt qu'à l'ordinaire.

Je ne réponds plus; je fais ma toilette, impatient de sortir. Madame Dupont se baisse; elle ramasse quelque chose... et me l'apporte d'un air malin.

— Monsieur, voilà une petite croix à la Jeannette que je viens de trouver devant votre lit...

— Ah!... donnez, madame Dupont, donnez; je sais ce que c'est : je l'ai achetée hier... Il faut que je l'envoie à quelqu'un... c'est pour la campagne... pour la fille de notre fermier...

— Elle est jolie, cette croix; mais on ne dirait pas qu'elle est neuve...

— Vous ne savez ce que vous dites, madame Dupont.

Et je mets bien vite la croix dans ma poche, afin de la soustraire aux regards de cette maudite portière, qui, voyant que je ne lui réponds plus, parle toute seule, pour ne pas laisser languir la conversation.

— On dit que cette jeune fille était fort jolie... on dit aussi qu'elle pleurait!... c'est bien singulier...

— De quelle jeune fille parlez-vous?

— Ah! c'est une petite... une espèce de... ma foi! je ne sais pas trop comment elle était, car je ne l'ai pas vue. Elle a cependant passé devant la loge, mais si lestement!... prrr!... comme une fusée!...

— Qui donc vous a parlé d'elle?

— C'est madame Martin, la cuisinière de madame Bertin, qui l'a aperçue en descendant pour chercher son lait...

— Et d'où venait cette jeune personne?

— Ah!... je... on... c'est... je n'en sais rien, monsieur.

La manière dont madame Dupont me dit qu'elle n'en sait rien me prouve qu'elle le sait fort bien au contraire. Raymond aura parlé à madame Martin, celle-ci à la portière, et puis le canapé, la croix d'or... me voilà la fable de toute la maison!... Madame Bertin saura tout cela la première, et madame Bertin est justement mère de deux jolies demoiselles dont je tiens beaucoup à conserver l'estime!... Voilà pourtant une bonne action, une action superbe de la part d'un jeune homme, et qui va me nuire dans l'esprit de bien des gens : ah! les apparences.

Je veux mettre fin au bavardage de ma portière en sortant de chez moi lorsqu'elle m'arrêta encore :

— Ah!... monsieur... pardon... j'oubliais; j'ai quelque chose à vous remettre...

— Qu'est-ce donc ?

— Je l'avais totalement oublié... cette jeune fille me trotte dans la tête... c'est une lettre...

— Une lettre !... qui vous l'a remise ?

— C'est le facteur, monsieur, qui l'a apportée hier au soir ; vous étiez déjà parti, et ensuite, quand vous êtes rentré, il était fort tard et j'étais couchée ; car même je n'ai pas pu vous voir... c'est ce qui fait...

— Eh ! morbleu ! madame Dupont, donnez-moi cette lettre, et faites-moi grâce de vos réflexions !...

— La voici, monsieur.

Je reconnais l'écriture : le timbre ; c'est de ma sœur, de ma chère Amélie !... Mais, à propos : j'aurais déjà dû vous dire qui je suis, d'où je viens, ce que je fais ; je vous avoue que je n'y songeais pas ; j'aurais même été capable d'aller mon train sans vous en apprendre davantage, et mes aventures n'en auraient pas été moins claires à vos yeux ; car, n'ayant à vous raconter ni mystère, ni assassinat, ni enlèvement, ni empoisonnement, ni substitution d'enfant... (ce qui fait toujours un très-bon effet), ni promenades dans les galeries de l'Ouest, ni visites dans les souterrains, ni vision au clair de la lune, ni rencontre dans les cavernes, etc., etc., je n'aurai par conséquent, rien à expliquer ni même à dénouer pour mon dénoûment, et je serai probablement forcé de finir aussi simplement que j'ai commencé.

Mais enfin, me direz-vous, il est toujours bon de savoir à qui l'on a affaire ; c'est même ordinairement par là que l'on commence. C'est juste ; mais moi je ne me soucie guère de faire comme les autres, et puis il me semble que ces éternelles histoires de naissance et de famille ne doivent pas vous amuser beaucoup : c'est pour cela que je serai bref.

Je me nomme Eugène Dorsan ; ma famille est de Paris, mon père était procureur (maintenant on dit avoué, cela prête moins à la plaisanterie). Au reste, mon père fut un très-honnête homme, à ce que l'on m'a dit, et je n'en ai jamais douté. Il gagna beaucoup d'argent, et il fit bien ; mais il mourut jeune encore, et il eut tort : d'autant plus que ce fut des suites d'un excès de travail. Ma mère resta veuve avec deux enfants, ma sœur Amélie, mon aînée d'un an, et votre serviteur. Madame Dorsan était riche ; elle pouvait se remarier, elle préféra garder sa liberté ; elle eut raison pour elle et pour nous ; car je crois que le mariage est une excellente chose, mais dont il faut user modérément.

Nous reçûmes, ma sœur et moi, une bonne éducation. Nous en profitâmes assez bien, surtout ma sœur qui est naturellement douce, aimable, bonne, et qui ne cherchait qu'à satisfaire ses maîtres et à prouver à notre mère sa tendresse et son obéissance. Moi, je ne suis pas un phénix, mais je n'ai pas non plus de grands défauts. Ma passion dominante est l'amour que m'inspirent les femmes ; mais comme, dans mon enfance, ce sentiment ne pouvait être développé, il ne put nuire à mes progrès.

Ma mère avait acheté une charmante maison de campagne près de Melun ; nous y passions la belle saison. Notre enfance, notre adolescence s'écoulèrent sans secousses, sans troubles, sans événements importants et je pourais dire aussi sans chagrins, sans peine !... et, en effet, quels sujets d'affection peut-on connaître jusqu'à quinze ans, lorsqu'on est entouré de parents riches et bons ?

Que je plains ces petits infortunés élevés dans la misère par des parents que le malheur rend souvent brusques et insensibles ! Dans les jours de l'innocence ils connaissent déjà les peines de l'âge mûr : quel triste apprentissage de la vie !

A seize ans, ma sœur se maria avec un jeune homme de vingt-quatre ans, garçon sage, rangé grand travailleur, et qui avait une filature de coton à Melun. Trois ans après cet hymen, notre mère mourut. Elle avait économisé pour ses enfants : elle nous laissa à chacun dix mille livres de rente. Amélie, devenue madame Déneterre, se fixa avec son mari dans notre maison de campagne ; et moi je pris le chemin de Paris, autant pour me distraire de la perte de ma mère que pour achever de connaître le monde.

Depuis ce temps, et il y six ans de cela, je me suis attaché à cette ville séduisante, au point que je ne passe plus que six semaines de l'été près de ma sœur ; encore n'y suis-je point allé cette année, et c'est pour cela sans doute qu'Amélie m'écrit. Cette chère sœur, qui sait que je ne suis pas fort sage, désire beaucoup que je me marie, dans l'espérance que cela mettra fin à mes folies ; et tous les étés je trouve chez elle une nouvelle demoiselle bien jolie, bien douce, bien élevée, possédant des talents, des attraits et une dot très-convenable. On me la présente sans affectation, mais je devine où l'on en veut venir. Cependant, malgré les prévenances des parents, les beaux sermons de ma sœur, sur le bonheur de l'hymen, et les soupirs, les regards à la dérobée de la demoiselle, je pars au bout de six semaines, sans avoir fait de déclaration...

— Patience ! dit ma sœur à son mari ; l'année prochaine je gage que je lui en trouverai une qui lui tournera la tête.

— Ainsi soit-il ! répond tranquillement Déneterre ; remettons cela à l'année prochaine.

Maintenant, lisons la lettre de ma sœur :

« Mon cher Eugène, nous sommes à la fin de juillet, et tu n'es pas encore venu nous voir : le séjour de Paris te ferait-il oublier entièrement des parents qui t'aiment, et s'occupent sans cesse de toi et de ton avenir ?... »

De mon avenir ! ah ! je comprends : encore un mariage que l'on projette. Mais quelle fureur a donc Amélie, de vouloir toujours me marier ? c'est pire qu'un tuteur de comédie. Continuons :

« Il me semble que tu dois être las de ces nombreuses conquêtes, de ces aventures galantes, de ces femmes enfin que le plaisir seul dirige et qui t'oublieront aussi vite qu'elles t'ont vite adoré... »

Ah ! ah !... des sarcasmes !... Vous vous trompez, ma chère sœur ! je ne suis point las de faire des conquêtes ; celles que je fais ne sont pas toutes aussi faciles que vous le pensez. Mais en province ils sont encore plus méchants, plus médisants qu'à Paris ; et depuis que ma sœur a quitté la capitale, elle se donne le ton de me sermonner. Mais au fond elle est si bonne !... je ne puis lui en vouloir de s'occuper sans cesse de moi. Voyons, où en étais-je ?...

« Qu'elles t'auront vite adoré. J'ai souvent de tes nouvelles par des personnes qui viennent de Paris : je sais que tu es plus étourdi que jamais, que tu ne songes qu'à tes plaisirs, que tu trompes toutes tes maîtresses... et qu'elles te le rendent bien... »

Comme elle devine juste !... c'est étonnant !...

« On ne m'a pas cité de toi une action raisonnable... »

Ah ! ma chère sœur ! si vous connaissiez l'histoire de cette nuit !... et on me calomnie !... on me traite de libertin !... Ah, Nicette !... tu es cependant bien jolie !... et j'ai vraiment eu beaucoup de mérite à rester sage.

« J'espère cependant que tu n'es pas incorrigible. Viens nous voir bien vite. Nous avons aussi de jolies femmes ici ; elles sont honnêtes et sages, il me semble que cela doit les embellir encore... »

Oh ! sans doute !... de très-jolies femmes !... guindées, apprêtées, prudes ou minaudières !... et des tournures !... de province enfin, et c'est tout dire. Quant à la vertu, il est possible que... mais il ne faut pas se fier aux apparences, je le sais mieux que personne ; car j'aurais juré que Nicette était une petite dévergondée.

« Mon mari t'envoie la note de quelques commissions qu'il te prie de faire. Il prépare pour ton arrivée de superbes parties de pêche, et moi je me fais une fête de t'embrasser.

« Amélie Dénneterre. »

Allons ! j'irai... dans quelques jours. Il faut auparavant que je termine mes affaires. Je suis bien aise, d'ailleurs, de savoir ce que fera Nicette ; je m'intéresse à cette jeune fille, et je ne veux pas la perdre de vue.

Je sors de chez moi ; je vais descendre... mais je ne puis résister au désir de parler à mon voisin Raymond. Je veux le remercier de sa discrétion. Je sonne... on ne répond pas... j'ai cependant entendu du bruit. Je sonne encore, et cette fois le cordon me reste dans la main. On n'ouvre pas. Je gage qu'il a fait quelque trou à sa porte, et qu'il a vu que c'était moi. N'importe il ne pourra pas toujours m'éviter : en attendant, pour qu'il sache que c'est moi qui ai cassé son cordon de sonnette, je le noue après celui qui est à ma porte.

Je descends enfin : sur le palier du premier je rencontre madame Bertin et ses deux filles, qui vont à la messe.

Je salue... on me rend mon salut, mais avec une froideur bien différente de l'accueil aimable que l'on a coutume de me faire. Les deux demoiselles se rangent sans lever les yeux, et la maman a un air glacé qui ne me permet pas d'oser lui parler. — Voilà le résultat des bavardages de Raymond, de madame Martin et de la portière. On sait que Nicette a passé la nuit chez moi, c'est-à-dire la maman le sait, et voilà pourquoi elle avait ordonné à ses filles de passer près de moi sans lever les yeux... sans me sourire, et surtout sans me parler.

Mais, me direz-vous, la marchande de modes passait aussi la nuit chez vous. Ah ! c'est bien différent, Agathe est mise comme tout le monde, et on ne la remarquait point ; d'ailleurs, il y a dans la maison quelques personnes pour qui elle fait des modes, et l'on ne sait jamais précisément chez qui elle vient.

J'ai donc pu conserver les bonnes grâces de madame Bertin et être admis dans sa société, lorsque mademoiselle Agathe m'honorait de ses faveurs ; et me voilà fort mal vu, parce que Nicette, la gentille bouquetière, a passé la nuit

Le soldat porte la main à son sabre. (Page 28.)

chez moi. Et vous savez comment tout s'est passé. Mais le monde est ainsi fait; il juge sur la forme avant de connaître le fond. Soyez tout ce que vous voudrez, mais respectez les bienséances; sauvez les apparences, et vous serez reçu partout.

Ces réflexions me donnent de l'humeur. Je sors de chez moi en pestant contre ceux qui voient tout sous le même aspect, et ne veulent point sortir du cercle étroit que l'usage a tracé. Je me promène avec humeur, je dîne avec humeur, je prends mon café avec humeur, et c'est dans la même disposition d'esprit que je me trouve à l'entrée des Champs-Élysées, et que je m'assieds sur une chaise adossée à un gros arbre.

CHAPITRE VIII

LA LANTERNE MAGIQUE

J'étais depuis quelque temps assis contre le gros arbre; la nuit avait dispersé une partie des promeneurs : ceux qui restaient s'enfonçaient plus avant dans les contre-allées, et semblaient chercher de préférence les endroits les plus sombres et les moins fréquentés. Ils avaient sans doute leurs raisons pour cela. Je ne sais pas précisément quelle idée m'occupait, lorsque j'entendis des pas pesants s'arrêter derrière moi. Je me retourne j'aperçois un homme chargé de ce que nous appelons une lanterne magique. Il établit sa curiosité contre l'arbre ; il ne m'a pas vu, ou ne fait pas attention à moi. Il bat le briquet pour donner de la lumière à ses tableaux ; je me rappelle alors le singe de Florian ; le souvenir de la fable me fait rire ; et je me dispose à écouter le maître de la lanterne, quoique je craigne pour lui la comparaison.

Je l'entends murmurer entre ses dents, tout en plaçant ses lumières :

— Ah ! la coquine !... la scélérate !... où est-elle depuis trois heures qu'elle m'a quitté sous prétexte d'aller donner z'à manger au petit?... Alle me fait quouque farce... Si ça n'était point jour de recette, comme je lâcherais le commerce!... C'est bon, madame Trousquin... j'éclaircirai mes doutes!... et, si je vois du louche, il y aura une dégelée conséquente et effective!

Il me paraît que le pauvre homme est jaloux ; il jure, frappe du pied, regarde de côté et d'autre, mais madame Trousquin ne revient pas. En revanche, l'éclat de la lanterne magique attire une jeune fille et un jeune soldat qui se place contre la jeune fille, en recommandant à l'homme de bien fermer le rideau sur eux. Celui-ci les enveloppe d'une vieille toile bleue ou grise (on ne peut guère distinguer la couleur), et je ne puis m'empêcher de songer qu'une lanterne magique peut être quelquefois d'une grande commodité.

Le père Trousquin commence son spectacle, tout en s'interrompant assez souvent pour jurer après sa femme, qui ne revient pas, et moi j'écoute attentivement, quoique je ne voie rien et que je ne suis pas sous le rideau ; mais j'ai dans l'idée que les spectateurs pour qui on explique ne s'occupent pas à examiner les tableaux.

— Vous... voyez premièrement, messieurs, mesdames, le soleil, la lune, les étoiles et les poissons. Plus loin, des produits de la terre, comme arbres, légumes, animaux, végétaux, cavernes, torrents, serpents à sonnettes... Examinez monsieur le soleil que vous ne pouvez pas regarder, tant il est reluisant, et madame la lune, qui est dans son plein, parce que c'est le premier quartier. Voyez-vous ces étoiles qui filent comme si le diable les emportait?... (Trois heures pour coucher Fifi!... Ah, la chienne!... comme elle la dansera ce soir!...) Voyez-vous Vénus qui brille comme une épingle de similor? Voyez-vous l'étoile du berger? C'est sans doute le berger Tircis, vu sa réputation. Voyez-vous les Trois Rois qui ne se promènent jamais les uns sans les autres? Voyez-vous le Chariot... qui roule comme ceux des montagnes russes? Voyez-vous Mercure et Jupiter? Voyez-vous la Vierge et les Gémeaux? Voyez-vous le Taureau et le Capricorne?... ceux-là sont à la portée de tout le monde. Voyez-vous la Balance? Voyez-vous le Scorpion... qui est une vilaine bête? Tout ceci, messieurs, mesdames, sont autant de planètes qui gouvernent les *infections* nerveuses des individus qui sont nés sous leur *affluence*. La planète de Vénus est pour les femmes galantes, celle du Berger pour les jolis garçons, les Trois Rois sont pour les z'héros, le Chariot pour les cochers, Jupiter pour les lurons, Mercure pour les apothicaires, la Vierge pour les petites filles, et le Capricorne pour beaucoup de particuliers que vous connaissez bien... Remarquez, messieurs et dames, au milieu de ce gros nuage noir tout plein d'étoiles, entre l'Ours et le Bélier, vous apercevez une grande comète *chevelue* dont la queue est plus longue que celle d'un renard. Ce brillant météore a, de tout temps, annoncé la fin du monde ; il peut, avec sa tête ou sa queue, renverser notre globe, qui ne tient qu'à un fil, et nous griller tous comme des marrons.

Ici il se fit beaucoup de mouvement sous le rideau, et je présumai que la jeune fille s'assurait de la longueur de la queue de la comète.

— Un moment, messieurs, mesdames, vous allez voir ce que vous allez voir.

Le père Trousquin tire sa ficelle pour changer le tableau, et, après quelques jurements bien énergiques, reprend son explication sans que la voix ait varié d'un quart de ton.

— Ceci, messieurs, mesdames, vous représente l'intérieur du palais du grand Kin-Kin-li-King, empereur de la Chine et roi des Pékins. Vous le voyez lui-même assis dans son beau fauteuil doré, et en grand costume de cérémonie, entouré de mandarins *lettés* et de gardes nationales. Il donne audience publique, et reçoit les pétitions de tous les Chinois de la banlieue... Voyez, dans un coin, ce père appuyé sur sa fille et sur un bambou ; il vient demander justice d'un séducteur qui a fait cinq enfants à cette pauvre innocente, et qui ne leur donne que des coups de fouet pour toute nourriture. Remarquez, messieurs, comme les traits de ce père infortuné sont animés par la colère et le ressentiment ; voyez dans les yeux de la jeune fille la douleur, la tristesse et le repentir. Un peu sur la gauche, cet homme enveloppé dans un manteau brun, qui ne laisse voir que son nez, c'est le séducteur qui attend son arrêt. Voyez comme sa figure est pâle et blême, ses yeux caves et sa démarche tremblante ; il sait bien qu'il n'en sera pas quitte à bon marché... Plus loin, dans le fond du tableau...

Une grosse commère, qui accourt alors tout

essoufflée, interrompit l'explication du spectacle. Je présume que c'est madame Trousquin ; et en effet, le dialogue qui s'établit entre elle et le maître de la lanterne magique me prouve que j'ai deviné juste.

M. TROUSQUIN : Ah! te v'là donc enfin, maudite coureuse!... Plus loin, dans le fond du tableau... (*A sa femme.*) Tu me le payeras, je ne te dis que ça!... Plus loin, dans le fond du tableau, ce malheureux, que des gardes amènent et qui se débat comme s'il avait la colique : c'est un déserteur qui vient de déserter et qui allait dans le camp des ennemis par trahison; son affaire ne sera pas longue, il sera fusillé et pendu après.

MADAME TROUSQUIN, *pendant que son mari explique :* Eh bien! quoi que t'as donc à crier? Est-ce qu'il ne fallait pas coucher Fifi et faire la soupe? Est-ce que ça n'est pas une fameuse trotte, des Champs-Elysées à la rue Jean-Pain-Mollet?

M. TROUSQUIN : Tu mens, j'te dis; t'es partie depuis cinq heures, et v'là qu'il en est neuf. D'où est-ce que tu viens?... Tire la ficelle.

Madame Trousquin dépose sur un escabeau une écuelle qu'elle tenait sous son tablier, puis se met à son poste, qui est sur le côté de la lanterne où s'opère le changement des tableaux.

M. TROUSQUIN : Ceci, messieurs, mesdames, vous représente une vue d'Athènes, dans la Grèce... (*A sa femme.*) Mets ma soupe sur le gueux... et réponds d'où est-ce que tu viens?...

MADAME TROUSQUIN : Et! je viens de cheux nous, fichu jaloux! j'ai rencontré Angélique, avec qui j'ai causé un moment... As-tu beaucoup de public?...

M. TROUSQUIN : Remarquez la beauté du ciel et des eaux. Remarquez ces palais, ces colonnes et ces temples bâtis par les Romains; voyez ces statues superbes, dont il ne reste que quelques morceaux... Voyez ce cirque dans lequel on jouait au combat du taureau, pour exercer la jeunesse à être *fort*... (*A sa femme.*) Je suis sûr que t'as été promener avec Grugeon... Plus loin, voyez ces fameux *Partiates* qui se battent à coups de poing comme des Anglais, qui *se luttent* les uns sur les autres... qui jouent au jeu de Siam avec une grande roulette... (*A sa femme.*) Il t'aura proposé un canon dans un cabinet particulier... Ce beau jeune homme que vous voyez à droite, c'est Alcibiade avec son précepteur Socrate, qui lui apprend des choses qu'il ne savait pas...

Tout en écoutant, je vois le rideau s'agiter davantage; j'entend la jeune fille, qui dit à demi-voix : — Ah! que c'est bête!... ah!... que c'est bête!... je vous dis que je ne veux pas!...

Le père Trousquin fait signe à sa femme de tirer la ficelle, et il reprend son discours.

— Ceci, messieurs, mesdames, est tiré de la mythologie; c'est le magnifique jugement du grand Salomon, dit le Sage, qui s'apprête à faire couper un enfant en deux, ni pus ni moins qu'un pâté... Voyez la consternation de ce petit qui attend son sort, les jambes en l'air; voyez la joie de c'te marâte, qui regarde tout ça d'un œil *sèche*, comme si on allait lui donner la moitié d'un lapin; mais voyez la douleur de la vraie mère, qui veut écarter le tranche-lard qui menace déjà le nombril de l'innocent.

LA JEUNE FILLE *sous le rideau* : Ah! le méchant!... ah! le méchant!... il va toujours... ah! que c'est bête!

M. TROUSQUIN : Rassurez-vous, on ne lui coupera rien ; la nature va parler. (*A sa femme.*) Donne-moi ma soupe, j'ai faim... Le grand Salomon, qui regarde les deux mères avec des yeux d'argus, s'est dit en lui-même... (*A sa femme.*) Pourquoi donc qu'elle est toujours à l'oignon?... Cet enfant ne peut pas avoir deux mères : si c'était deux pères, encore passe!... ça peut se voir... (*A sa femme.*) Tu ne m'en fais jamais d'autre... Or, il y a ici anguille sous roche, la tendresse de la vraie mère se déclare par un déluge de larmes; mais c'te marâte de mère qui reste tranquille comme Baptiste... (*A sa femme.*) Et elle sent le brûlé encore!... n'a pas des entrailles maternelles : là-dessus, adjugez... Tire la ficelle... Ceci, messieurs, mesdames, vous représente le roi David se battant avec le géant Goliath, la terreur des Philistins. (*A sa femme.*) Regarde donc si c'est ça!... Voyez avec quelle vigueur David lance un caillou qui étend le grand géant sur la poussière...

MADAME TROUSQUIN *regardant par-dessus la lanterne* : Ça n'est pas ça... tu leur montres à c'te heure la bataille de Marengo.

M. TROUSQUIN : Nous disons donc, messieurs, mesdames, que vous voyez la célèbre bataille de Marengo, gagnée par les troupes françaises... (*A sa femme.*) Tu me mets toujours des carottes à foison.

MADAME TROUSQUIN : Tiens! faut-il pas te choisir tes légumes! Tu deviens bien difficile. Combien que t'as fait aujourd'hui?

M. TROUSQUIN : Dix-huit sous... Remarquez ces canonniers et ces cuirassiers; voyez comme les sabres vont leur train, tandis que les balles se choquent et que les boulets mettent tout à feu et à sang; voyez les hussards, les dragons, les trompettes et les tambours; entendez-vous les cris des morts et des mourants, les plaintes des blessés et des vaincus!... Voyez, sur la droite, ce jeune soldat qui défend son drapeau avec ses dents, parce qu'on lui a déjà coupé les deux bras; et sur la gauche, cet officier qui a trois chevaux tués sur lui, et qui oublie qu'il étouffe pour coucher en joue un général ennemi. Voyez la poussière, la flamme, la fumée, le carnage et la mort qui embellissent le tableau. Voyez, l'action est superbe... le combat s'anime, on s'échauffe...

Ici l'explication est interrompue par une catastrophe inattendue; la jeune fille et le soldat, qui prenaient sans doute une grand part à la bataille, car j'entendais à chaque instant les exclamations de la demoiselle et les demi-mots énergiques de son compagnon, non content de faire remuer le rideau qui les cachait, se jettent avec violence sur la lanterne magique, dans le plus bel endroit du récit de la bataille de Marengo; mais la secousse est si brusque que le théâtre ambulant n'y résiste pas, il tombe en arrière, et les spectateurs tombent par-dessus, tandis que le directeur de l'établissement est renversé avec son écuelle et que madame Trousquin est entraînée par les ficelles qu'elle tient de chaque main.

Seul, je suis debout au milieu du désastre, car mon gros arbre m'a préservé de toute atteinte. Mais quel tableau grotesque s'offre alors à ma vue! Salomon et le grand Kin-Kin-li-King sont couchés pêle-mêle avec les jardins du Luxembourg et d'Athènes; le soleil est sans éclat, la lune couverte d'huile, la comète n'a plus de queue. Le père Trousquin se débat sous la lanterne brisée, tenant encore en main le manche de son écuelle: la demoiselle est tombée si singulièrement qu'elle met en évidence un objet qui ferait honte à la lune la mieux conditionnée d'une lanterne magique.

La tête du jeune soldat se trouve précisément dans l'écuelle du père Trousquin; les carottes et les oignons lui couvrent le visage: il semble pris de manière à ne plus pouvoir se retirer du trébuchet. Quant à la mère Trousquin, elle est tombée avec grâce; ses ficelles l'ont soutenue, et le rideau de la lanterne cache ce qui pourrait faire rougir sa pudeur. Cependant, comme les moins blessés sont ceux qui crient le plus, madame Trousquin pousse des cris assourdissants; son mari fait entendre des jurons effrayants, et la jeune demoiselle jette des gémissements plaintifs. Le soldat seul ne crie pas; je crois qu'il trouve à son goût la soupe et les légumes. Au bruit, aux cris, aux jurements, tous les promeneurs accourent près de la lanterne cassée; et je suis, en un instant, entouré d'une foule de gens qui sortent de je ne sais où, car la minute d'auparavant je n'apercevais personne dans les Champs-Élysées. On me coupe la retraite: je ne puis plus sortir du groupe, mais je ne suis pas fâché de voir comment cela va se terminer. Après avoir bien crié, bien juré, on tâche de se tirer d'embarras: le soldat parvient à ravoir sa figure; la jeune fille se relève et rebaisse ses jupons; la mère Trousquin se débarrasse de ses ficelles; on relève la lanterne magique, et le père Trousquin est sur un pied. Le militaire cherche à emmener sa connaissance; mais il n'y a pas moyen d'éviter le propriétaire de la lanterne, qui veut qu'on lui paye le dégât.

— Mes verres sont cassés, dit le père Trousquin au soldat; vous m'avez fait des taches dans le soleil et dans la lune, vous avez brisé mon Jugement de Salomon et mon palais chinois, vous avez gâté mes vues de la Grèce: il faut me payer tout cela.

— Va te promener, dit le militaire en réparant le mieux qu'il peut le désordre de sa toilette, je ne te payerai rien du tout. Je me moque de tes Chinois et de ton Salomon, ton soleil et ta lune ressemblent comme deux gouttes d'eau à des veilleuses d'un sou; et quant à ta graisse, tu n'as qu'à la remettre dans tes quinquets.

— Vous avez brisé ma lanterne, vous me la payerez.

— C'est toi, qui es un vieil ivrogne: si ta lanterne n'était pas solide, ça n'est pas de ma faute.

— Vous vous êtes jeté dessus pendant la bataille de Marengo.

— C'est toi, en faisant le canon, qui l'auras renversée.

— Vous m'avez fait casser mon écuelle.

— Tu es cause que j'ai déchiré ma culotte.

— D'ailleurs ma lanterne est un spectacle honnête et moral, et je n'entends pas qu'on s'en serve pour...

— Ah! n'achève pas, ou je te coupe la langue!

Le soldat porte la main à son sabre; la foule fait aussitôt un mouvement rétrograde, la demoiselle retient le bras de son ami, et la mère Trousquin fait reculer son mari, en prenant l'escabeau pour bouclier. Chaque parti se mesurait des yeux, sans bouger, depuis quelques minutes. Le militaire ne faisait point mine de payer, et le père Trousquin ne semblait pas d'humeur à le laisser s'éloigner sans être dédommagé de ses pertes. Je jugeai alors qu'il n'y avait qu'un seul moyen pour arranger l'affaire sans effusion de sang. L'aventure de la lanterne m'avait amusé, elle avait totalement dissipé ma mauvaise humeur; il était bien juste que je servisse de médiateur dans la querelle. Seul, j'étais resté près des combattants, car les curieux se tenaient à une distance respectueuse du sabre et de l'escabeau. Je fouille à mon gousset; j'en tire deux pièces de cent sous, que je jette sur le spectacle endommagé.

— Tenez, dis-je au maître de la lanterne magique, voilà de quoi remettre à neuf vos palais et vos étoiles : prenez; mais une autre fois, croyez-moi, ne fermez plus aussi hermétiquement votre rideau sur les spectateurs. Les théâtres d'enfants sont maintenant visités par des gens de tout âge; demandez plutôt à Séraphin, qui reçoit chez lui des petites-maîtresses, grâce à l'obscurité qui règne dans la salle pendant les feux arabesques.

Le père Trousquin ouvre de grands yeux; sa femme saute sur les deux écus, et on laisse le soldat s'éloigner avec sa connaissance : ce qu'il ne fait pas sans m'avoir salué fort respectueusement.

Je m'éloigne aussi, et je gagne la rue de Rivoli. Je regarde à ma montre : il n'est que neuf heures; et je n'ai jamais aimé à me coucher de bonne heure, surtout quand je suis en train de m'amuser. Or, comme la scène de la lanterne m'a mis en goût, je veux entretenir d'aussi belles dispositions.

Tivoli.

Comment m'amuser? A Paris il y a mille moyens, me direz-vous; mais en fait de plaisir, il ne faut jamais trop s'en promettre, si l'on veut en avoir un peu. Dans une grande réunion, si vous trouvez six personnes aimables, vous en rencontrerez vingt qui vous ennuieront; en petit comité, vos amis peuvent avoir des affaires qui les attristent; les dames, des migraines ou des vapeurs et l'on passe souvent des instants fort maussades là où l'on se promettait beaucoup d'amusement. Le plus sage est donc de ne compter sur rien. Mais je me souviens qu'il y a une grande fête à Tivoli. Il est neuf heures; prenons un cabriolet, j'arriverai justement au plus beau moment de la soirée.

CHAPITRE IX

TIVOLI

Ah! le beau jardin que ce Tivoli! En mettant le pied dans son enceinte, il me semble entrer dans un de ces séjours enchantés, si bien dépeints dans *les Mille et une Nuits.* La musique, les illuminations, les jeux de toute espèce, le feu d'artifice, tout se réunit pour éblouir les yeux et flatter les sens. Quel dommage lorsqu'une figure commune et une tournure de harengère vient gâter ce tableau, et me rappeler que je suis dans un jardin public, où, avec une mise décente et trois livres douze sous, chacun peut entrer !

Je n'ai fait encore que quelques pas, et j'ai déjà vu bien des choses. Que ces allées sont belles! Comme ses guirlandes de feu étonnent la vue! Là, on se presse, on se regarde, on examine les toilettes, on cherche ses connaissances : c'est le boulevard de Gand de Tivoli. Allons plus avant : la lumière devient plus rare ; quelques lampions placés de loin à loin, vous guident sans vous trahir. Ici, les couples sont plus disséminés; on ne va plus pour se faire voir; quelques-uns même paraissent se cacher et chercher l'ombre et le mystère. Heureux bosquets!... vous avez protégé l'amour et le plaisir! Que de baisers donnés et reçus à la faveur de votre épais feuillage!... Ah! si vous pouviez parler!... Mais je crois qu'on parle près de moi ; je me suis, sans y songer, enfoncé sous ces bosquets solitaires où je n'ai rien à espérer, puisque je suis seul ! En tournant un buisson, j'aperçois quelque chose de blanc sur le gazon... c'est un monsieur et une dame qui causent sans doute d'affaires très-importantes et très-secrètes ; car je crois qu'ils se parlent à l'oreille.... Mais ma présence les a dérangés, la dame a poussé un petit cri en repoussant son monsieur; éloignons-nous bien vite!... Quel plaisir peut-on trouver à troubler celui des autres?

Allons rejoindre le monde, quittons ces bosquets où j'ai presque de l'humeur de me trouver seul. Me voici de nouveau au grand jour. J'entends le roulement des chars; je suis près des montagnes où se font ramasser la grande dame et la petite ouvrière, la marchande de modes et la modeste lingère; la femme entretenue et la petite pensionnaire. Quelle jouissance toutes ces dames paraissent trouver à dégringoler! Cependant, la pression de l'air dérange leur coiffure, détache leur chapeau, fait voltiger leurs boucles de cheveux ; mais on sacrifie tout cela au bonheur d'aller pendant vingt secondes aussi vite que le vent. Le plaisir se peint sur tous ces visages que les chars emportent, quelques Anglais seuls conservent encore leur gravité en se faisant ramasser.

Je suis seul, je ne dégringolerai point; je sens que, pour trouver du charme à cet exercice, il faut être assis près d'une femme qui nous plaise : on peut alors passer son bras autour d'une taille élégante, se serrer contre des formes agréables : on peut, en roulant, risquer bien des choses ; car on est certain de ne pas être repoussé... et celle qui roule est toujours tellement étourdie par la rapidité de sa course, qu'elle n'a pas le temps de se fâcher.

Tous les plaisirs tournent au profit de l'amour. Quel est celui qui n'est pas doublé par la présence de ce qu'on aime? A la danse, sur les montagnes, sous les bosquets, il faut être deux pour être heureux; sans une femme, comment se livrer aux plus douces sensations, aux plus tendres épanchements? Ce n'est que par elle que l'on connaît son cœur. Mais éloignons ces idées, que ce jardin fait naître malgré moi. Traversons ces carrés; la musique m'appelle : c'est un chanteur... Ah! ne nous arrêtons pas là, Tivoli cesserait d'être un séjour enchanté.

Que vois-je là-bas? Des fauteuils qui tournent en se balançant dans l'air, et en ballottant des dames placées dessus : c'est une balançoire russe. Pourquoi tous ces messieurs se portent-ils du même côté, et, le nez en l'air, regardent-ils en ricanant tourner les siéges?... Ah! je m'aperçois que le vent relève légèrement le bas des robes de ces dames... on distingue la jambe, quelquefois même le genou... Voilà un jeu qui amuse autant les spectateurs que les acteurs.

Ces dames, à ce qu'il paraît, ne s'aperçoivent pas de ce qui captive l'attention de ces messieurs, et n'entendent point les plaisanteries indécentes que se permettent la plupart des curieux ; car elles continuent à voltiger dans les airs, en riant comme de petites folles... Mais le tourneur s'arrête ; il faut descendre. Je reste pour voir ces dames de plus près... Eh ! mon Dieu! messieurs, il ne fallait pas vous donner le torticolis pour apercevoir le bas d'une jambe !... Autant que j'en puis juger, vous pourrez, sans beaucoup de peine, en voir bien davantage. Je quitte la balançoire russe pour le spectacle de Bobèche, une foule immense est devant le théâtre. Je cherche en vain une chaise pour voir comme les autres ; impossible d'en trouver une de libre.

Il faut donc rester debout. Je me faufile entre les élus; et, si je ne vois pas Bobèche, je vois du moins quelque chose : je remarque le plaisir que semblent goûter tous ces jeunes gens debout comme moi : Ils ne doivent cependant rien voir ; mais ils sont avec des dames montées sur des chaises ; et ils les soutiennent, de crainte d'accident ; leurs bras entourent le bas de la robe, on s'appuie sur leurs épaules : je conçois que tout cela doit avoir son agrément. Ah, mon Dieu ! voilà une dame qui va tomber!... Pourquoi personne ne la soutenait-il ?... C'est une maman. Cependant une jeune personne bien coiffée, bien bouclée, et qui serait jolie si sa mise n'était pas ridicule pour un jardin public, s'empresse de venir auprès de la vieille dame.

— Attends, maman, lui dit-elle, je vais mettre ma chaise derrière la tienne, et par ce moyen tu pourras t'appuyer sur moi ; je te soutiendrai.

La maman consent à cet arrangement, et la jeune personne remonte sur sa chaise, qu'elle pose derrière celle de sa mère, mais je m'aperçois qu'on la soutient aussi : un grand blondin ne la perd pas de vue. Il se place contre elle, il la regarde... il fait de petits signes... La demoiselle ne regarde que Bobèche, et, tout en expliquant le spectacle à sa mère, elle sort de son gant un petit billet qu'elle laisse tomber dans la main du jeune homme, et tout cela sans trouble, sans affectation, sans interrompre sa conversation. En vérité, nos demoiselles mettent une grâce charmante à tout ce qu'elles font ; le monde marche vers la perfection.

Le grand blondin roule le billet dans sa main ; il a grande envie de le lire tout de suite, mais il n'ose. Je m'amuse de son impatience ; je veux voir ce qu'il fera... Mais un vieux couple arrive, traînant ses chaises après soi ; la dame se place positivement devant moi, elle appuie presque ses fesses sur mon visage, et son époux achève de m'ôter le peu de vue qui me reste en se mettant auprès de sa moitié.

Il n'y a pas moyen d'y tenir : pour demeurer ainsi au niveau de tous ces appas qui sont grimpés autour de moi, je sens qu'il faut trouver quelque chose qui nous intéresse. Je ne me soucie pas du tout de rester derrière l'énorme circonférence qu'on approche de mon visage. Je me tire, non sans peine, des chaises, des jambes, des robes qui m'entourent. Me voilà dehors ; respirons un peu : il fait bon prendre l'air lorsque l'on vient de voir Bobèche, même en plein vent.

Je suis une belle allée de tilleuls qui touche au grand carré de verdure dans lequel on s'exerce au casse-cou, à la bascule, à la balançoire, à l'oiseau égyptien et à mille autres choses, dont les plus jolies sont celles qu'on ne voit pas. J'entends la voix des dames que le filet emporte, et qui supplient leurs cavaliers de ne point aller si fort ; tandis que ceux-ci, pour montrer de la force et de la vigueur, poussent tant qu'ils peuvent des reins et des genoux, au risque de faire perdre connaissance à celles qui ont consenti à se balancer avec eux : c'est une nouvelle manière d'être aimable.

Mais on pleure là-bas... C'est un petit garçon de douze à treize ans qui a voulu aller sur la bascule avec un grand dadais de dix-huit ans au moins. A peine ce dernier s'est-il laissé retomber avec la poutre qui sert de cheval que le petit a ressenti à l'autre bout une secousse violente qui l'a fait sauter par-dessus la petite barre de fer après laquelle se tiennent les joueurs : le pauvre enfant est tombé, heureusement c'est sur le gazon, et il ne s'est pas blessé ; mais il s'éloigne clopin-clopant tandis que le grand nigaud est tout fier du *tapecul* qu'il lui a donné. C'est un bien joli jeu que la bascule ; mais je conseille à ceux qui veulent s'y livrer de faire matelasser le terrain, car je sais, par expérience, que les chutes y sont fréquentes et dangereuses.

Mais, quelle détonation !... cela m'a arrêté malgré moi... suis-je près d'une boîte d'artifice? Non, c'est l'oiseau égyptien qui vient de partir. Comme celui qui a atteint le but semble fier !... Il est vrai qu'il n'avait encore lâché l'oiseau que onze fois. Un gros monsieur s'empare du fil de fer... Je le reconnais : c'est Raymond. J'aurais été étonné de ne point le rencontrer : cet homme-là est partout.

— Je parie, dit-il d'un air goguenard à celui qui vient de jouer et en ayant soin d'élever la voix pour attirer l'attention, je parie, mon cher (tout le monde est de sa connaissance), que je fais partir la détente en trois coups.

— Je gage que non... cela n'est pas aussi aisé que vous semblez le croire.

— Aisé !... aisé ! si cela était aisé, il n'y aurait pas de mérite... J'ai un coup d'œil parfait. Enfin, je vous parie une glace...

— Que vous l'attraperez en trois fois ?

— Oui, je suis même certain que je n'aurai pas besoin de m'essayer à trois fois.

— Je gage que non.

— C'est entendu ; vous allez voir.

Je m'arrête, bien certain pour mon compte que mon voisin fera quelque sottise. L'homme chargé du jeu était alors occupé à recharger la boîte de fer à laquelle est adaptée la détente.

— Otez-vous ! lui crie Raymond impatient de faire voir son adresse et élevant l'oiseau aussi haut que ses bras lui permettent.

La boîte est refermée, l'homme s'éloigne ; Raymond lâche son oiseau avec une telle précision que le morceau de fer, apres avoir fait plusieurs zigzags, va frapper à six pouces du but. Mon voisin ne se décourage pas, il renvoie l'oiseau aussi malheureusement.

— Il n'y a point d'équilibre, s'écrie-t-il, le fil de fer va de travers, ce n'est pas ma faute.

— Voilà votre dernier coup.

— Oh ! ce sera le bon !...

Cette fois Raymond vise pendant trois minutes au moins ; enfin l'oiseau traverse l'espace... Il fournit sa carrière ; mais le coup ne part point.

— J'ai gagné ! j'ai gagné !... s'écrie l'antagoniste de Raymond, vous me devez une glace...

— Oh ! vous avez gagné ! c'est selon. Je suis

sûr que le bec de l'oiseau a touché la détente, et, si elle n'a point parti, c'est que la poudre est mouillée.

— Mauvaise défaite ! vous avez perdu, vous me devez une glace !...

— Eh bien ! je veux ma revanche !

— Oh ! c'est trop juste : j'y consens. Cela fera deux glaces au lieu d'une.

— C'est ce que nous allons voir. Dites donc, l'homme, allez donc retoucher la détente : je suis sûr qu'il y a quelque chose de dérangé qui a empêché le coup de partir.

Pour faire plaisir au joueur, le maître du jeu retourne ouvrir la boîte et l'examine. Pendant ce temps, mon voisin a repris l'oiseau ; et, piqué d'avoir perdu son premier pari, il mesure, considère le bec de fer, cherche à donner un équilibre parfait à l'oiseau, le prend bien délicatement par les deux ailes. — Je vois ce que c'est... je vois ce que c'est, dit-il avec assurance : si j'avais regardé comme cela tout à l'heure, je n'aurais pas manqué un coup. Il faut tenir l'oiseau bien légèrement, du bout du doigt, et puis le lâcher bien également.

En disant cela M. Raymond laisse échapper l'oiseau, qui va frapper à la tête du malheureux occupé à regarder si la détente était bien disposée. Le pauvre homme est blessé grièvement ; il tombe en poussant des cris horribles : tout le monde vole vers lui, et M. Raymond profite du désordre pour s'esquiver. Il se fraie un passage dans la foule, en repoussant des bras et des coudes tout ce qui est devant lui : il saute pardessus les chaises, marche comme un fou à travers les groupes assis sur le gazon, s'embarrasse dans les jambes d'une petite-maîtresse qui causait nonchalamment sur l'herbe avec un jeune officier, tombe lourdement sur elle, et, avec son ventre, écrase une gorge qui heureusement n'était que de gaze. La dame crie pour faire croire que c'est son sein que l'on a aplati, l'officier se lève furieux de ce qu'on ait fait disparaître des appas qu'il croyait véritables ; il se saisit d'une chaise, et poursuit Raymond, qui est déjà loin, car la peur lui donne des ailes.

Je m'amuse à suivre mon voisin, qui a perdu son chapeau dans la bagarre. Je le vois courant toujours, et faisant à chaque instant des bévues : il se jette contre une balançoire, se cogne contre des chevaux de bois, renverse deux demoiselles qui valsaient dans un petit carré, fait tomber toutes les caisses d'arbuste qui se trouvent sur son passage ; enfin, pour se dérober aux regards de ceux qui le poursuivent, il se précipite dans la grande allée, espérant s'y perdre dans la foule. Mais là, en passant sous une guirlande de verres de couleur, qui n'était pas assez remontée et pendait un peu bas sur les côtés, M. Raymond, qui veut passer devant tout le monde, s'accroche dans l'illumination : la corde casse et tous les petits verres de couleur tombent sur les promeneurs, qui se voient en un instant couverts de taches. Les dames poussent des cris déchirants à l'aspect de leurs toques, de leurs plumes, de leurs robes trempées d'huile à quinquet ; les jeunes gens ne sont pas moins furieux : leur habit, leur gilet, leur jabot, tout est perdu, abîmé, et cela répand une odeur détestable. Raymond se voit de nouveau l'objet de la colère générale ; le pauvre diable, encore tout essoufflé, est obligé de reprendre la fuite : il saute par-dessus une charmille pour sortir plus vite de l'allée ; il ne sait plus où donner de la tête : il entre dans l'enceinte destinée au feu d'artifice, malgré les cris d'un invalide qui lui dit qu'on ne passe pas là. Il marche à travers les fusées, les boîtes, les bombes, les artichauts, les chandelles romaines ; l'invalide appelle les gendarmes pour que l'on arrête un homme qui brise tout et paraît vouloir empêcher la représentation pyrotechnique que l'on prépare. La garde arrive ; Raymond n'a que le temps de se jeter dans un transparent qu'il crève avec sa tête, comme le cerf de Franconi : il disparaît enfin. Tout se calme, on tâche de réparer le mal que mon voisin a commis ; et je reviens vers le centre des jeux en riant des infortunes de Raymond, qui m'ont déjà vengé de sa petite espièglerie du matin.

—Ma foi, me dis-je en prenant le chemin de la danse, quand je ne serais venu à Tivoli que pour être témoin des prouesses de Raymond, ce serait déjà suffisant pour ma soirée. Mais je suis en bonheur ; peut-être le sort me réserve-t-il d'autres rencontres.

Je m'arrête près du théâtre d'un escamoteur : la foule est aussi considérable que devant Bobèche ; mais ici du moins il y a un peu plus d'ordre. La plupart des spectateurs sont assis, et je parviens, quoiqu'au dernier rang, à apercevoir quelque chose : on fait tirer des cartes, on escamote des anneaux, on change en fleurs un verre de vin. Tout cela enchante la compagnie qui veut bien ne point reconnaître les compères, et ne pas voir les apprêts que nécessitent les tours faits *sans préparation*.

— C'est un sorcier ! dit un petit monsieur en ouvrant de grands yeux et en regardant bêtement autour de lui. Ma foi, je n'y conçois rien ; et toi, ma femme ? — Oh ! moi, je veux voir par moi-même, répond la moitié du petit monsieur ; et elle fait signe à l'escamoteur qu'elle veut tirer une carte. Celui-ci s'approche en baragouinant

L'officier se lève furieux. (Page 32.)

de l'italien, de l'allemand et de l'anglais, ce qui fait un jargon tout à fait incompréhensible, qui achève de charmer la société.

La dame tire un huit de pique, qu'elle remet dans le jeu en mêlant les cartes ; mais notre sorcier est certain de deviner la carte, parce qu'il n'y a que des huit de pique dans le jeu qu'il a présenté, et, tout en étourdissant son monde, il glisse, sa main derrière le petit monsieur, qui, lorsqu'on est occupé d'un autre tour, est tout à coup prié de se lever, et reste ébahi en apercevant sous sa culotte la carte que son épouse a tirée.

Je m'éloigne du théâtre des sortilèges ; mais en fouillant dans ma poche, je n'y trouve plus mon mouchoir... Ce tour-là vaut bien ceux de l'escamoteur ; il a été fait très-adroitement, heureusement que j'avais rentré mon cachet.

Me voici devant l'enceinte consacrée à la danse. Mais il n'est plus du bon ton de danser dans les jardins publics ; ce n'est qu'aux fêtes de village que nos élégantes de Paris consentent à faire, en plein air, un balancé et une queue du chat. Ici les marchandes, les petites bourgeoises, les grisettes, osent seules se livrer au plaisir de la danse ; elles ne connaissent point la gêne, le bon ton : elles veulent s'amuser, et elles sont si contentes en dansant ! le plaisir se peint sur leur visage : elles sautent de si bon cœur !.. Je vois sur la physionomie de ces belles demoiselles qui regardent danser, que le bon ton est quelquefois bien maussade ; mais on s'en venge en critiquant ceux qui le bravent. On raille, on se moque des autres, on dit des méchancetés, la bienséance et le bon ton ne défendent jamais cela. On tourne en ridicule ce qu'on ne peut pas faire ; on persifle ce que l'on aime en secret : c'est partout la fable du renard et des raisins.

Mais les spectateurs se portent vers un autre quadrille : la foule grossit ; les danseurs sont entourés d'un triple rang de curieux. Il faut qu'il y ait là quelques jolis minois, ou une tournure bien ridicule. Je m'approche ; je parviens à me faire jour... Je regarde la danseuse : une figure insignifiante, une mise ordinaire ; ce ne peut être l'objet de l'empressement général.

— Elle est vraiment gentille.

— Ah ! tu vas voir comme elle a de la grâce en dansant, disent deux jeunes gens à côté de moi. Mes yeux parcourent alors l'étendue du quadrille, et s'arrêtent bientôt sur une jeune personne coiffée d'un petit bonnet sur lequel est un bouquet de roses.

J'admire les traits piquants de la jeune fille : ses yeux sont animés par la danse; le plaisir fait plus fréquemment palpiter son sein et le murmure flatteur qui retentit autour d'elle colore ses joues d'un vif incarnat. Quelle femme est insensible à la louange? En avez-vous rencontré, lecteur? Si cela est, je vous engage à les mettre sur vos tablettes.

Mais, en examinant la jolie danseuse, un souvenir subit me frappe : ces traits, cette taille, ce bouquet de roses, et ce projet de venir à Tivoli... Plus de doute, c'est mademoiselle Caroline; c'est ma petite fleuriste d'hier. Etourdi que je suis! je l'avais oubliée, et je me promenais dans ce jardin sans la chercher! Ah! puisque le hasard me la fait retrouver, sachons en profiter, et, en dépit du bon ton, tâchons de danser avec elle, afin de pouvoir lui parler.

Cependant, si des personnes qui me connaissent me voyaient danser à Tivoli... Mais je brave les critiques, les railleries des jeunes gens, le persiflage des dames, et, en regardant les traits séducteurs de Caroline, je me dis avec Rousseau : « Il faut être heureux! c'est le premier besoin de l'homme!... Or, pour devenir heureux, il faut d'abord que je danse avec Caroline.

CHAPITRE X

LE FEU D'ARTIFICE. — LE DISEUR DE BONNE AVENTURE. — LE CABINET AUX SILHOUETTES.

La contredanse vient de finir on a reconduit les danseuses à leur place. J'ai suivi des yeux ma petite fleuriste. Je la vois s'asseoir près d'une vieille femme mise bien simplement : c'est la tante. Le danseur reste auprès d'elle : c'est le Jules d'hier au soir. Enfin une autre jeune fille est ramenée par son cavalier, et s'assied près de Caroline : cela complète la société, qui, comme je me le rappelle maintenant, devait en effet être composée de quatre personnes.

Je tourne et retourne pendant longtemps autour de mademoiselle Caroline et de sa compagnie; je passe devant le groupe, je regarde la jolie fille... mais on ne fait pas attention à moi. Je sens qu'il faut me décider à inviter; j'ai de la peine à m'y résoudre : je vais avoir l'air d'un petit commis marchand, d'un courtand de boutique qui vient danser tous les dimanches à Tivoli. Pendant que je fais ces réflexions, l'orchestre joue le prélude : cela me décide; je m'approche des danseuses. Mais, au moment où je vais faire mon invitation, la jolie fleuriste se lève et donne sa main à un jeune homme qui m'a devancé et qui la conduit à la danse, je suis arrivé trop tard : voilà ce que c'est que d'écouter un sot amour-propre; mais pour la première contredanse, je réponds bien que je ne la manquerai point, et, de crainte d'être encore prévenu, je cours au quadrille où figure mademoiselle Caroline, et je l'engage pour la première contredanse. Elle accepte : je suis enchanté; je reste près d'elle; je mêle mes éloges à ceux de plusieurs jeunes gens; et, pendant que son danseur va en avant deux, je lui fais compliment de son bouquet de roses, et lui demande excuse pour ma gaucherie de la veille. Alors on me regarde, on me sourit, on fait plus attention à moi; j'ai lieu de croire que l'examen ne tourne pas à mon désavantage. Je risque, de temps à autre, quelques mots pour faire entendre que je ne suis venu à Tivoli que dans l'espoir de la rencontrer : on ne me répond pas, mais je vois que l'on m'écoute : pour peu qu'elle soit coquette, je ferai du chemin!... et elle l'est, elle doit l'être; toutes les femmes le sont. La contredanse finit. J'attends la suivante avec impatience : je pourrai causer avec Caroline, et il me sera facile alors de savoir ce que je puis espérer. Dans le plus court entretien je juge assez ordinairement à qui j'ai affaire, et je me trompe rarement; non que je croie tout ce qu'on me dit, mais je devine ce qu'on veut bien que j'espère. Les dames, plus expansives que les hommes, ont un certain laisser aller qui en dit beaucoup pour les gens habitués à leur commerce. Quand elles ont de l'esprit, deux mots le font connaître, quand elles n'ont que du jargon, elles vous en assomment; quand elles n'ont rien à dire, il n'y a pas moyen de s'y tromper. Montaigne a dit : Le style est l'homme; je crois qu'il aurait pu dire aussi : La conversation est la femme : tout en lui demandant bien pardon d'oser émettre mon opinion après la sienne.

Mademoiselle Caroline vient d'être ramenée à sa place. En attendant la prochaine contredanse, qui doit me fournir les moyens de la juger mieux, je me promène dans les bosquets qui environnent l'enceinte consacrée à la danse. Je ne veux pas rester comme un benêt près de la petite fleuriste ni affecter de passer sans cesse devant elle. Mais le moment approche où je vais serrer ses petits doigts, presser bien tendrement ses mains dans les miennes. Vive la danse pour les amoureux! on peut sans crainte laisser connaître ses secrets sentiments, on peut les déclarer sans parler. Je crois que c'est un peu pour cela que les jeunes demoiselles ont un si grand penchant pour cet exercice et goûtent tant de plaisir

SCEAUX. — IMP. CHARAIRE ET FILS.

au bal. Combien d'aveux faits et rendus en formant une chaîne ou une trénis! et, malgré leur active surveillance, les mamans ne sauraient empêcher cela.

Mais le temps s'écoule; rapprochons-nous de ma danseuse... Ah! mon Dieu! quel bruit!... quel vacarme!... quel bouleversement dans ce jardin!... C'est une bombe que l'on vient de tirer; et tout le monde court vers le grand carré du milieu, en traînant ses chaises ou en les portant sur son bras.

— C'est le feu!... c'est le feu! répète-on de tous côtés! Ah! quel empressement! Ces gens-là n'ont donc jamais vu de leur vie un feu d'artifice!... Comme ils se poussent, se heurtent, se disputent le passage!... quel tumulte!... Mais que sera devenue Caroline! Je cours à la danse... l'enceinte est déserte... tous ceux qui la remplissaient l'ont abandonnée pour le feu d'artifice... A la place où était assise ma jolie grisette, je ne vois que deux hommes qui se disputent une chaise qu'ils tirent chacun de leur côté, et dont ils finissent par emporter chacun la moitié, ce qui leur sera d'une grande utilité. Je joue de malheur avec mademoiselle Caroline! elle disparaît au moment où je crois me rapprocher d'elle. Cependant ne perdons pas encore tout espoir : elle est au feu d'artifice; tâchons de l'y trouver.

Je me dirige vers le lieu où la foule s'est portée; mais à l'aspect de cette cohue, dont une moitié cache l'autre (car les uns sont grimpés sur leur chaise et les autres s'accrochent aux bâtons), je sens qu'il y aurait folie à chercher quelqu'un là. Attendons la fin du feu; peut-être on retournera à la danse, et alors je la verrai. En attendant je me promène autour des spectateurs, et j'en vois presque autant que ceux qui sont montés sur des chaises. J'aperçois aussi plusieurs couples, qui, au lieu de se diriger du côté de la foule, s'en éloignent et vont s'éclipser dans de sombres bosquets : à coup sûr, ces personnes là ne sont pas venues à Tivoli pour le feu d'artifice; mais je suis sûr, malgré cela, qu'elles le désireraient avec impatience, et que le bouquet leur fera autant de plaisir qu'à ceux qui l'attendent le nez en l'air.

On représente une scène pyrotechnique : c'est Ixion foudroyé par Jupiter; et j'entends un monsieur qui, tout en soutenant *son épouse*, et en élevant en l'air sa petite fille, qui pousse un cri à chaque pétard, tandis que le petit frère s'est caché sous les chaises, explique la pantomime à sa famille.

— Qu'est-ce que ce grand homme en manteau rouge qui est à cheval sur un oiseau? demanda la petite.

— C'est Jupiter, mon enfant; il est sur un oiseau de paradis.

— Et cette verge qu'il remue dans sa main?

— C'est sa foudre pour frapper les hommes qui ne sont pas sages.

— Ah oui !... c'est comme le martinet de ma maîtresse d'école.

— Et quel est cet Ixion, mon ami? demanda l'épouse.

— C'est, je crois, un Romain... Attends que je me rappelle... Ah oui! c'est celui qui voulait conduire le char de Jupiter... Tu vas voir, il sera foudroyé...?

— Qu'est-ce que cela veut dire, mon ami?

— Cela veut dire qu'on le jettera dans ce grand trou, qui est l'enfer, et une fois là...

— Ah oui! j'entends, il sera fou... foudroyé; c'est juste.

— Ah! là, là, j'ai peur! crie le petit garçon caché sous les chaises.

— Taisez-vous, Octave; si vous remuez tant, vous nous ferez tomber. Je ne vous amènerai plus à Tivoli; vous êtes trop poltron. Fi! un grand garçon de neuf ans, qui joue toute la journée avec mon bonnet de garde national, et qui n'ose pas voir une fusée!...

Dans ce moment, un pétard éclate avec fracas et Octave fait un saut qui renverse la chaise de sa maman : celle-ci tombe en entraînant son époux et sa fille qui veut se retenir au pan de l'habit d'un monsieur, lequel habit, étant très-mûr, ne résiste pas à la secousse; le morceau reste dans la main de la petite fille, et le monsieur crie au voleur, croyant qu'on lui a dérobé son mouchoir, et ne trouvant même plus sa poche. Dans le même instant, une détonation plus violente et plus prolongée retentit dans les airs; mille feux brillent, se croisent, éclatent en serpentant, en éblouissant la vue, et répandent pour un moment un jour magique, une lumière extraordinaire dans les jardins, qu'ils semblent vouloir embraser; mais ce bruit, cet éclat, ce jour trompeur ne durent qu'un instant; quelques baguettes, des cartouches, des débris de bombes retombent seuls dans le jardin, et souvent sur les curieux, parmi lesquels ils mettent l'effroi et le désordre. Je vois une dame dont le chapeau est brûlé, une autre dont le châle est criblé de petits trous causés par les étincelles d'un restant de fusée, et je trouve que c'est payer un peu cher le plaisir de voir un feu d'artifice. Je m'éloigne fort content de n'avoir reçu aucune éclaboussure de la scène pyrotechnique, mais très-surpris de n'avoir pas aperçu mon voisin Raymond dans quelque transparent; car, l'ayant perdu de vue parmi les apprêts du feu, je m'attendais à le voir figurer dans le bouquet.

Caroline en grisette.

Je retourne à la danse; celle que j'ai invitée n'y est pas. Il faut donc renoncer à l'espoir de retrouver Caroline; je laisse s'éloigner cette foule de bons bourgeois qui, dès que le feu est tiré, retournent tout de suite dans leurs foyers, contents d'avoir pris du plaisir pour toute la semaine. Je marche au hasard dans ces allées où les verres de couleur ne jettent plus qu'une lumière incertaine. Une clochette se fait entendre; et, quoique les éclats de rire de quelques jeunes gens, les chuchotements des dames et le bruit éloigné de la danse m'ôtent toute illusion sur l'ermitage, je monte cependant vers la demeure du soi-disant sorcier, qui, au moyen d'une baguette, d'une grande barbe, d'un chapeau pointu, d'une robe grise et d'un cornet de trois pieds de long, se charge de dire la bonne aventure à un prix très-modéré.

Les jeunes filles ont toujours eu beaucoup de penchant pour se faire dire la bonne aventure. Celles qui sont novices brûlent de savoir si un beau brun ou un petit blond leur apprendra bientôt quelque chose; celles qui ne le sont plus veulent connaître la fidélité de leur amant, tout en demandant si un autre est amoureux d'elles; les jolies savent bien qu'elles feront des conquêtes, les laides se font illusion; le désir donne à toutes des espérances, et chacun est content. Je suis agréablement surpris en apercevant ma jeune fleuriste qui attend son tour pour se faire dire la bonne aventure. Je m'approche: elle me voit et rougit; c'est bon signe. Mais sa tante et le monsieur Jules sont auprès d'elle. Je ne pourrai lui parler... Une idée s'offre à moi pendant que le devin achève son commerce avec la demoiselle qui accompagne Caroline; je tire mes tablettes (un garçon prévoyant en porte toujours), je me retire près d'un lampion, et avec un crayon je griffonne une déclaration, bien tendre, bien passionnée, qui n'a pas le sens commun, mais qui, j'en sûr, flattera la petite.

Je me rapproche des curieux et particulièrement du devin. Caroline vient remplacer son amie, déjà le cornet magique est appliqué à son oreille; je tire la robe du sorcier; je lui montre mon billet, sur lequel j'ai mis une pièce de cent sous; il tend la main et s'en saisit: ces gens-là comprennent facilement ce qu'on veut dire. Tout cela s'est fait sans que les curieux aient rien aperçu. On dit à mademoiselle Caroline mille choses fort jolies sans doute, car elle rit comme une folle: quelquefois elle paraît troublée, surprise; elle me jette un regard à la dérobée. Je gage que le sorcier lui parle de moi: cet homme-là connaît son métier; je le recommande aux dames. Le devin prend enfin la main de la jeune fille et lui remet son horoscope tout en lui glissant mon billet, et en lui recommandant de ne lire cela que le soir avant de se coucher. Je crois que mademoiselle Caroline a compris; car elle fourre le papier dans son sein avant de rejoindre sa tante.

Je la vois enfin s'éloigner avec tout son monde et je ne la suis pas. J'ai dans l'idée que mon ermite me dira tout ce que je veux savoir; car il a parlé bas à la petite et elle lui a souvent répondu par le moyen du cornet.

Mon homme vient à moi et me fait passer dans son ermitage, où, sans attendre que je l'interroge, il entre sur-le-champ en matière

— Elle se nomme Caroline.

— Je le sais.

— Elle est fleuriste.

— Je le sais encore.

— Elle a dix-huit ans.

— Je le crois.

— Elle n'a point d'amant.

— Je l'espérais.

— Elle veut rester sage.

— J'en doute.

— Elle vous a remarqué.

— Je le conçois.

— Vous lui plairez.

— Je le désire.

— Elle travaille rue Sainte-Apolline, depuis huit heures du matin jusqu'à huit heures du soir.

— Je n'en veux pas savoir davantage.

Je récompense le précieux devin et redescends dans les jardins, qui commencent à être déserts. Je prends le chemin de la sortie, enchanté de savoir enfin où je pourrai retrouver mademoiselle Caroline.

En passant devant la boutique à silhouettes, il me semble entendre une voix qui ne m'est pas étrangère. Je m'arrête... on se dispute dans le petit cabinet de papier huilé ; et je reconnais la voix de mon voisin Raymond. Que diable fait-il là?... Ecoutons : c'est le faiseur de silhouettes qui parle dans ce moment.

— Monsieur, il est onze heures et demie ; tout le monde est parti, il faut que je détale aussi....

— Encore une silhouette, mon ami, et je m'en vais.

— Monsieur, voilà plus de deux heures que vous êtes dans mon cabinet ; je vous ai déjà découpé dix-sept fois...

— Eh bien ! cela fera dix-huit. Oh ! je ne suis pas embarrassé de mon portrait ; je trouverai à le placer de reste !... on me le demande partout.

— Monsieur, je vous dis qu'il faut que je ferme ma boutique...

— Fermez-la si vous voulez, je reste dedans ; je ne veux pas encore sortir...

— Vous sortirez, monsieur !...

— Encore une silhouette...

— Non monsieur, cela ne se peut pas.

Je ne puis retenir un éclat de rire que m'inspire la résolution de Raymond, qui de crainte d'être arrêté pour toutes les sottises qu'il a faites dans la soirée, est allé se cacher dans le cabinet aux silhouettes, dont il ne veut pas à toute force déguerpir. Mais ma voix porte le trouble dans l'âme de mon voisin.

— Tenez, dit-il à son peintre en ciseaux, entendez-vous ?... Il y a du monde près de nous ; vous me disiez que le jardin était désert.

— Monsieur, payez-moi et allez-vous-en ! ou je vais aller chercher l'adjudant pour qu'il vous mette dehors.

La menace de l'adjudant fait frémir Raymond, il sent qu'il faut quitter le cabinet protecteur ; mais, avant de se risquer dans le jardin, il passe sa tête en dehors de la porte, afin de voir si personne ne le guette. La première personne

Madame Dupont, ma portière

qu'il aperçoit est votre serviteur, qui, à l'espect de la figure pâle et décomposée de son voisin, sent redoubler son envie de rire. Raymond, en me voyant, ne sait s'il doit se cacher encore ; mais il prend son parti, et, bien certain que je n'abuserai pas de sa situation malheureuse, il s'accroche à moi comme à l'ancre de salut.

— Mon cher monsieur Dorsan... que je suis aise de vous rencontrer !... si vous saviez ce qui m'est arrivé ce soir dans ce maudit jardin !

— Oh ! je le sais !... cela a fait assez de bruit.

— Ah ! mon Dieu ! est-ce qu'on a l'intention de m'arrêter ?...

— Mais cela serait possible. L'homme que vous avez blessé est très-mal ; les jeunes gens dont vous avez gâté les habits se sont rassemblés à la porte de sortie ; les dégâts que vous avez commis dans le jardin sont considérables ; et...

— Ah! malheureux!...

Et Raymond rentre dans le cabinet aux silhouettes malgré le propriétaire, qui le prend par son habit pour le mettre dehors.

— Sauvez-moi, mon voisin, je n'ai d'espoir qu'en vous.

— Allons, j'y consens, quoique cette nuit vous m'ayez joué un tour bien perfide...

— Ah! je vous jure... je vous assure... c'est le hasard... Je démentirai tout ce que j'ai dit, si cela peut vous faire plaisir... je dirai que la jeune fille a couché avec moi...

— Non pas, s'il vous plaît, monsieur Raymond, gardez-vous bien de jamais parler d'elle; mais commencez par sortir de cette boutique de découpures, et suivez-moi.

— Je vous suis, mon cher voisin... Donnez-moi mes portraits... combien ces silhouettes.

— Dix-sept, à quarante sous, ça fait juste trente-quatre francs, monsieur.

— Diable! c'est un peu cher!

— C'est le prix.

— Allons, dis-je à Raymond, dont la figure piteuse ne valait pas alors trente-quatre francs, vous aurez là de quoi faire des heureuses: c'est un petit dédommagement.

Raymond s'exécute; il paye en soupirant, et s'empare de mon bras en me suppliant de le protéger.

— Je ne demande pas mieux, lui dis-je; mais vous sentez bien que je ne puis pas seul tenir tête à une cinquantaine de jeunes gens qui vous attendent à la porte, et paraissent décidés à vous faire un mauvais parti.

— Oui... oui, je le sens; je ne puis cependant pas passer la nuit ici... et sans chapeau, je m'enrhumerais, et je dois demain chanter l'air de *Joconde* dans une soirée d'amateurs.

— C'est fort embarrassant. Voulez-vous risquer de passer par la porte?

— Non certes... Ces jeunes gens, quand ils ont la tête montée... ils sont très-brutaux...

— Alors, je ne vois plus qu'un moyen, c'est d'escalader les murs...

— Mais si l'on me prend pour un voleur?...

— Ne craignez rien; j'ai mon projet... Venez.

Nous prenons les chemins les plus sombres. Raymond me suit en tremblant: je le mène contre les murs de la rue de Clichy; je le fais s'asseoir à terre derrière une charmille.

— Restez là; je vais sortir et revenir me placer dans la rue de Clichy contre cette muraille. J'attendrai le moment favorable où vous pourrez descendre sans danger; alors je vous donnerai le signal.

— Quel signal?

— Deux coups dans la main.

— C'est entendu... Ce mur est un peu haut... mais enfin plutôt que d'être assommé... il n'y a pas à balancer.

— Adieu, de la patience; ne faites pas de bruit, ne bougez pas, et attendez bien le signal...

— Oh! je n'ai garde d'y manquer... Vous ne pourriez pas me prêter votre chapeau?

— Impossible; je chante demain un duo.

— Alors je vais mettre mon mouchoir sur ma tête.

— Vous ferez fort bien.

— Ah! si on vous questionne à la porte, vous direz que je suis parti.

— Cela va sans dire.

— Ne me laissez pas trop longtemps...

— Tant que je verrai rôder du monde, vous sentez que je ne vous engagerai pas à vous montrer.

— Mon cher Dorsan!... que d'obligations!...

— Adieu, je vais veiller sur vous!

Je m'éloigne en riant de la position et de la poltronnerie de Raymond. Je sors enfin du jardin; il était temps, on allait fermer les portes: je donne en passant un coup d'œil à la rue de Clichy, où mon voisin me croit en sentinelle pour sa sûreté, et je regagne ma demeure, laissant le cher Raymond attendre le signal. Sa conduite de la veille méritait bien cette petite vengeance: d'ailleurs les plus promptes sont toujours les meilleures.

CHAPITRE XI

AU CLAIR DE LA LUNE

Je continue mon chemin en me félicitant de ma petite espièglerie, et riant de la peur de Raymond et de la figure qu'il doit faire en m'attendant. Mais bientôt ma pensée se reporte vers un objet plus agréable: je pense à la charmante Caroline. Elle a lu mon billet, je n'en saurais douter, et demain j'irai à son magasin et je saurai bientôt ce que je puis espérer. Voilà sans doute un projet qui n'est pas très-moral!... Je cherche à séduire une jeune fille pour satisfaire un caprice qui ne durera qu'un moment, que voulez-vous!... J'ai de grands défauts; je crois que les garçons sont au monde pour faire la cour aux filles. C'est à celles qui veulent rester sages à faire comme Nicette, à ne point se laisser séduire.

Tout en rêvant, me voilà chez moi. Le chemin m'a paru court. Il est vrai que le temps est superbe : la lune est au moins aussi belle qu'hier, mais ce n'est point du firmament que je m'occupe ce soir. Je vais frapper... lorsqu'une personne, qui était assise sur le banc de pierre près de la porte cochère, se lève vivement et vient à moi.

— Ah ! vous voilà, monsieur Dorsan... je vous attendais...

Je reconnais ma petite bouquetière, que la vue de mademoiselle Caroline avait bannie de mon souvenir... Elle ne m'a pas oublié,.. elle m'attendait dans la rue !... et il est près de minuit !

— Depuis quand êtes-vous là, Nicette?

— Depuis neuf heures, monsieur.

— Et pourquoi m'attendre si longtemps?

— Ah! monsieur... pardon ; mais j'pouvais pas y tenir, je voulais vous remercier encore... et vous dire l'emploi que j'ai fait de mon argent.

— Ma chère amie, cela n'était pas nécessaire ; je suis sûr que vous vous conduirez bien.

— Monsieur, est-ce que cela vous fâche que je vous aie attendu?... Je vais m'en aller...

Je devine au son de sa voix qu'elle est prête à pleurer. Lui aurais-je parlé durement? Elle va s'éloigner le cœur gros... je lui prends la main, je l'arrête... elle pousse un profond soupir... Pauvre Nicette !... serait-ce pour moi?... Si cela est, je la plains. Je ne mérite vraiment pas d'être aimé par une âme sensible et constante, et pourtant je veux que l'on m'adore et que l'on me soit fidèle ; arrangez cela, si vous pouvez.

— Voyons, ma chère Nicette, comptez-moi tout ce que vous avez fait depuis hier ?...

— Cela ne vous ennuiera donc pas, monsieur?

— Non, sans doute : est-ce que je ne m'intéresse pas à tout ce qui vous regarde?

— Ah! monsieur!... si vous!... m'y v'là, monsieur : d'abord je suis allée chez ma mère... parce qu'enfin... c'est ma mère, et, quoiqu'elle m'ait mise à la porte, j' lui dois toujours du respect.

— C'est juste, vous avez fort bien fait. Et comment vous a reçue madame Jérôme?

— Très-mal, monsieur !... oh ! très-mal !... Elle ne m'a pas seulement demandé où j'avais passé la nuit !... Cependant elle m'a encore proposé d'épouser Beauvisage, et qu'alors elle me pardonnerait ce qu'elle appelle mes caravanes... Est-ce que j'ai fait des caravanes avec vous, monsieur?

— Non certainement, et après?

— Oh ! dame, j'ai refusé, parce que, pour ce qui est du mariage, j'ai d'la tête aussi... Alors... elle m'a encore battue et cette fois, vous n'étiez pas là pour l'empêcher !...

Je ne puis m'empêcher de sourire de la naïveté de Nicette, qui me rappelle le soufflet que j'ai reçu pour elle ; mais je souffre de la dureté de madame Jérôme : mettre sa fille à la porte, la frapper, la laisser sans ressources dans l'âge où les plus faciles, et souvent les seules, sont dans le libertinage !... Ah! il y a des mères indignes de ce nom !

— Enfin, Nicette?

— Enfin, monsieur, j'ai fait mon paquet et je suis sortie de la maison sans avoir vu ma sœur, qui n'aura pas osé se montrer devant moi. Je me suis dit : ne nous chagrinons pas : je n'ai rien à me reprocher. Je refuse le charcutier, c'est vrai ; mais quand il s'agit du reste de sa vie, on peut bien faire sa volonté. Je me suis donc éloignée avec mon petit paquet. Je ne sais pas comment cela s'est fait; mais, tout en marchant... je me suis trouvée dans vot'rue... Je cherchais un petit cabinet... j'en ai loué un là-bas... tout près, dans la rue Saint-Honoré, contre le boulevard. J'ai acheté un lit et une chaise ; c'est tout ce qu'il me faut. Demain j'aurai une table pour mes bouquets ; quant aux fleurs, je sais où m'en procurer. Je m'établirai là... sur le boulevard... au coin de la rue... au moins, lorsque vous voudrez des bouquets, monsieur, je serai tout près de chez vous... et il vous sera ben facile de me le faire savoir... Ai-je bien fait, monsieur ?

Nicette avait fini de parler, je l'écoutais encore. J'étais touché de son attachement. Elle avait voulu se rapprocher de moi, je le devinais ; et la manière dont elle me le disait avait quelque chose de si naïf, de si simple, qu'il semblait qu'en agissant ainsi elle n'avait fait que son devoir.

— Vous ne me dites rien, monsieur : est-ce que vous êtes fâché que j'ai quitté mon quartier pour venir... dans celui-ci?... Ah ! si c'est cela, dès demain je chercherai une autre chambre... je m'en irai bien loin... bien loin... vous ne me verrez jamais sur votre chemin !...

— Que dites-vous? moi, fâché de ce que vous êtes près de moi ! c'est très-mal de dire cela, Nicette ! j'avais cru vous prouver tout l'intérêt que je prends à vous.

— Ah! pardon, monsieur Dorsan, pardon... c'est que j'aurais dû peut-être vous demander la permission... vous êtes mon protecteur.

— Taisez-vous, vous êtes un enfant. Je suis bien aise que vous logiez dans ce quartier. Je vous verrai souvent, et toujours avec plaisir.

— Ah! monsieur, et moi aussi. Cependant je ne prendrai plus la liberté de vous attendre à votre porte. Je n'ai fait cela aujourd'hui que pour vous rendre compte de ma conduite, et afin que vous sachiez où je suis maintenant.

— Ne vous en excusez pas, ma chère amie... j'aime tant à vous voir... Ah! Nicette, quelle nuit cruelle et charmante j'ai passée près de vous!... je ne l'oublierai jamais de ma vie. Je sens que je n'aurais pas deux fois le même courage.

— Ne parlons plus de cela, Dorsan. Je vais rentrer, il est bien tard, et je vous empêche toujours de dormir... Il est vrai que c'est la dernière fois que cela m'arrivera.

— Chère Nicette! vos attraits piquants, vos grâces, votre aimable franchise m'accompagneront toujours dans cette chambre... où je voudrais vous voir encore.

— Ah! monsieur Dorsan, ne dites pas cela, je vous en prie... Je suis trop loin de vous... une bouquetière.

— Ah! Nicette... si vous vouliez cependant...

— Adieu, monsieur Dorsan; adieu.

Elle me dit adieu, mais elle ne s'en va pas. Je tiens une de ses mains, elle me repousse et me serre en même temps. Mes yeux sont fixés sur les siens; nous ne disons plus rien... mais si ma porte cochère était ouverte... ah! je crois que Nicette me suivrait encore. Des cris subits nous tirent de cette douce situation. Un homme accourt en criant au voleur. Nicette se dégage, elle m'adresse un adieu bien tendre et se sauve; je veux la retenir... elle est déjà loin.

Je frappe à ma porte; je vais entrer... L'homme qui courait tout seul, et que j'ai pris pour un ivrogne, se jette en même temps que moi dans la porte cochère, et va rouler dans la cour en s'écriant:

— Enfin je suis sauvé!

J'ai reconnu la voix de Raymond; je suis curieux de savoir la fin de ses aventures. La portière, qui a entendu du tapage, arrive avec de la lumière, et nous voyons Raymond, dont le pantalon est déchiré depuis la ceinture jusqu'au genou, et qui, haletant de fatigue, est étendu dans la cour, où il cherche à reprendre sa respiration.

— Ah! mon Dieu! s'écrie madame Dupont, que vous est-il arrivé, monsieur Raymond? vous voilà dans un triste état.

— Comment, c'est vous? lui dis-je à mon tour; et pourquoi avez-vous quitté Tivoli sans attendre mon signal?

— Oui!... il me paraît que je l'aurais attendu longtemps, votre signal!

— Vous êtes trop impatient!

— J'étais depuis une heure dans un coin, lorsque j'ai aperçu des gens qui faisaient une ronde; ma foi! la peur m'a pris, et je me suis décidé à escalader. Mais dans la précipitation que j'ai mise à grimper au mur, je me suis accroché à des verres brisés, ma culotte s'est déchirée; je me suis blessé l'épine dorsale. Dans la rue du Mont-Blanc, des ivrognes m'ont insulté; je croyais même qu'ils voulaient me voler; je me suis sauvé en appelant du secours, et, Dieu merci, me voilà au port; mais je me souviendrai de Tivoli!...

— Monsieur, dit madame Dupont, il faudra bassiner votre dos avec de l'eau de boule...

— Oui, c'est ce que je ferai demain matin...

— Au moins, dis-je, avez-vous conservé vos silhouettes?

— Je crois que j'en ai perdu quelques-unes en descendant du mur.

— Diable! tant pis; cela déposera contre vous et, avec votre profil, il sera facile de vous retrouver. Je vous engage à mettre un faux nez, et à porter des besicles pendant quinze jours.

Mon voisin qui voit bien que je me moque de lui, prend sa chandelle et remonte clopin-clopant sans m'adresser la parole. Lorsque nous sommes sur notre carré, je le salue en souriant et rentre seul dans ma chambre, où je dors assez paisiblement. Les nuits se suivent et ne se ressemblent pas: c'est ce que disent toutes les femmes quinze jours après leur mariage.

CHAPITRE XII

LES CONTRARIÉTÉS

Le souvenir de mes deux jeunes filles est ma première pensée à mon réveil. Je ne puis pas dire laquelle, de Nicette ou de Caroline, se présente d'abord à mon imagination: je sais qu'elles me plaisent toutes deux; mais Nicette est honnête, elle veut rester sage; j'ai jusqu'à présent bien agi avec elle, tâchons de ne point gâter ce

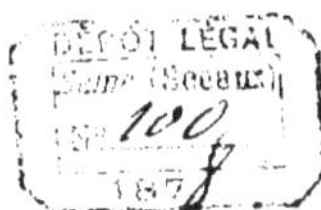

— Nous avons une grande demoiselle du Conservatoire qui a une voix superbe. (Page 46.)

que j'ai fait. Ne soyons que son ami, ne fût-ce que pour connaître avec une femme un nouveau sentiment.

Pour mademoiselle Caroline, je la juge différemment; je ne la crois pas novice; son petit air innocent avec M. Jules ne m'en impose point : elle cherche à trouver un mari, mais elle n'aime pas ce pauvre garçon ; si elle l'aimait, aurait-elle écouté en souriant toutes les fadaises que je lui ai débitées? si elle l'aimait, aurait-elle dansé avec d'autres?... Mademoiselle Caroline est très-coquette, et je crois passablement rusée. Cependant elle m'a assez mal reçu dans la rue lorsque je l'ai suivie; il est vrai qu'elle était de mauvaise humeur parce que j'avais froissé sa parure du lendemain, ce qui était alors bien plus intéressant qu'une conquête, puisque cela devait lui en procurer mille. Mais je saurai bientôt à quoi m'en tenir.

A midi, je me rends dans le magasin que mon sorcier m'a indiqué. Il ne m'a pas trompé : au milieu de plusieurs minois chiffonnés, j'aperçois ma charmante danseuse. Toutes ces demoiselles baissent les yeux à l'aspect d'un jeune homme ; mais toutes m'examinent en dessous. Caroline m'a reconnu ; je le vois à un certain embarras, à l'envie qu'elle a de me regarder et à l'assiduité qu'elle met à son ouvrage, afin de mieux cacher son trouble. Il faut bien que je sois venu dans le magasin pour quelque chose : je demande des bouquets, des guirlandes, des garnitures. On me montre de tout cela, mais c'est un monsieur qui a la complaisance d'étaler à mes yeux toute la fraîcheur de sa boutique, et les demoiselles ne bougent pas de leur place.

Cela ne fait pas mon compte; je vois cependant qu'il faut en finir. J'achète pour cinquante francs de fleurs artificielles que je paye tout de suite, et je laisse mon adresse en priant que l'on m'envoie cela dans la journée, parce que je pars le lendemain pour la campagne. On me le promet. Je m'éloigne. Caroline doit me comprendre; mais viendra-t-elle? voilà ce que j'ignore.

Je rentre chez moi, je préviens ma portière que j'attends des emplettes que je viens de faire, et que la porteuse doit monter à ma chambre. Je suis dans mon appartement où je m'impatiente comme tous les jeunes gens à un premier rendez-vous, comme toutes les jeunes filles que leurs mamans retiennent au logis lorsqu'elles brûlent de sortir. Une heure se passe, personne ne vient... Une autre va s'écouler; je suis près de retourner au magasin... lorsqu'on sonne à ma porte; en un saut j'y suis, j'ouvre... c'est M. Raymond qui paraît devant moi, chargé d'un énorme carton.

— Que me voulez-vous, monsieur Raymond?

— Mon voisin, je vous salue.

— Mais, de grâce, qui vous amène chez moi?

— Je vais vous l'expliquer... Permettez que j'entre pour déposer ce carton...

Et, sans attendre ma réponse, il entre dans mon antichambre et s'assied sur une chaise. Je reste debout devant lui, espérant que cela le fera partir plus tôt.

— Pardon, si je me mets à mon aise; mais le dos me fait encore très-mal... Ce mur était diablement haut.

— Que me voulez-vous? je vous en supplie, parlez; je suis très-pressé.

— M'y voilà : d'abord je voulais faire ma paix avec vous, parce qu'entre voisins on ne doit pas se fâcher...

— Eh! mon Dieu! je ne le suis nullement.

— Si vous ne l'êtes pas, j'en suis bien aise : voilà qui est fini... Je cherchais une occasion de venir vous parler, elle s'est présentée, je l'ai saisie : on vient de sonner tout à l'heure à ma porte en vous demandant...

— Quoi! tout à l'heure!... Et qui?

— Une jeune fille... assez jolie même... mais pas tant que celle d'hier...

— Une jeune fille!... et que voulait-elle?... achevez donc!

— Elle vous apportait ce carton et n'avait rien d'autre à vous dire...

— Eh bien!... où est-elle?... qu'avez-vous dit?...

— Je me suis chargé du carton en disant que vous étiez sorti, afin d'avoir le plaisir de vous le remettre moi-même et de faire ma paix avec vous!

— Oh! mon Dieu!... est-il possible?... Quoi! il faudra que vous vous mêliez toujours des affaires des autres!... et cela pour me faire damner! Je gage que c'était elle!...

J'ouvre le carton pendant que Raymond me regarde avec surprise, ne sachant plus quelle contenance tenir en voyant la colère briller dans mes yeux, lorsqu'il s'attendait à recevoir des remerciements. Je trouve toutes les fleurs que j'ai achetées, et, dans ma fureur, je donne un coup de pied dans le carton. Les bouquets, les garnitures volent en l'air, et une guirlande à la jardinière retombe sur le front de Raymond, qui n'ose pas se décoiffer, parce que mon accès de colère l'a pétrifié.

Après avoir bien tempêté, bien froissé et mutilé mes fleurs, je me jette dans un fauteuil, et ma vue se porte sur mon voisin : alors ma colère se passe; il m'est impossible de garder mon sérieux en voyant Raymond couronné et roulant des yeux effarés autour de lui. Je pars d'un éclat de rire; cela le rassure, et il rit aussi pour m'imiter, mais de cette manière forcée qui ressemble aussi à une grimace, et non de ce rire inextinguible que les dieux font éclater lorsque Vulcain leur verse à boire.

> Le lecteur ne s'attendait guère
> A voir Vulcain dans cette affaire.

— Eh bien! dit enfin M. Raymond en tâchant de sourire encore, il me paraît que votre colère est passée?

— Il faut bien prendre son parti.

— Est-ce que vous n'êtes pas content des marchandises qu'on vous envoie?

— Il s'agit bien des marchandises, monsieur Raymond! vous me forcerez à déménager...

— Moi! mon voisin... Et pourquoi donc cela?

— Parce que vous semblez être placé à côté de moi pour contre-carrer tous mes desseins, pour me faire donner au diable!...

— Je ne comprends pas..

— Pourquoi, lorsque l'on sonne chez vous, en se trompant, ne renvoyez-vous pas les personnes chez-moi? Pourquoi dites-vous que je n'y suis pas quand j'y suis? Pourquoi vous chargez-vous de ce carton lorsque j'ai besoin de parler à celle qui l'apportait?

— Mon cher voisin... je suis désolé... j'ignorais...

— Je vous en prie en grâce, monsieur Raymond, ne vous mêlez plus de mes affaires, ou nous nous fâcherons très-sérieusement!... Vous avez bien assez d'autres occupations dans la maison en écoutant les caquets des cuisinières, en épiant la conduite des femmes, en espionnant les petites filles et en vous immisçant dans les querelles de ménage, sans venir encore vous inquiéter de ma conduite.

— Mon voisin... je vous assure que l'on m'a noirci dans votre esprit... Je suis incapable... J'aime à plaisanter, voilà tout; mais jamais je ne ferais de caquets. D'abord, je ne suis pas bavard. Si je l'étais, je pourrais vous dire que la dame du premier a deux amants; que son mari entretient une maîtresse en ville; que M. Gérard, du second, a de mauvaises affaires et que j'ai vu des assignations pour lui chez la portière; que madame Bertin donne des soirées pour trouver des maris à ses filles; que sa cuisinière fait danser l'anse du panier; que celle du fond de la cour a un amant à qui elle porte des bouillons; que le petit employé Gerville fait des dettes et ne répond point quand ses créanciers viennent sonner chez lui, et mille autres choses! Mais tout cela ne me regarde pas; j'ai bien assez de mes propres affaires, sans m'inquiéter de celles des autres. J'ai pris ce carton croyant vous obliger et pour avoir l'occasion de vous être bon à quelque chose : cela vous fâche; c'est fini. Désormais j'enverrai les personnes vous parler, même quand vous n'y serez pas. Je vous salue, mon voisin.

— Ah! encore un mot, s'il vous plaît. Comment était la jeune fille qui portait ce carton?

— Mais bien... c'est-à-dire gentille...

— Quelle taille?

— Moyenne...

— Brune?

— Oui... brune ou châtaine...

— Les yeux noirs?

— Oui... c'est-à-dire gris foncé...

— Ah! c'est elle!

— Qui, elle?...

— Cela ne vous regarde pas, monsieur Raymond.

— C'est juste; je vous demandais cela par inadvertance... Adieu donc... Ah! viendrez-vous ce soir chez madame Vauvert? Il y a grande soirée, concert et peut-être bal... Je crois qu'il y aura beaucoup de monde. Je chanterai l'air de *Joconde*. M. Vauvert m'a prévenu qu'il y aura une jeune personne qui est de la première force sur la guitare, et un monsieur qui chante l'italien comme aux Bouffons.

— Voilà qui est séduisant.

— Je crois que madame Bertin ira avec ses demoiselles... La cadette étudie un morceau qu'elle doit jouer sur le piano. Mais le temps se passe, et j'ai mille courses à faire. Au revoir, mon voisin! J'ai promis à Vauvert de lui amener une basse et une quinte pour compléter son quatuor. Je cours prévenir mes amateurs.

Il est parti enfin. Ce maudit homme est cause que je n'ai pas vu Caroline; car c'est elle, je n'en doute pas, qui m'a apporté le carton. Que vais-je faire maintenant? retourner au magasin?... que dirai-je? Je n'en sais rien; mais je ne veux pas avoir inutilement rempli ma chambre de fleurs artificielles; je retourne rue Sainte-Apolline.

Le maître n'y est point : tant mieux! Je crie, je me plains de ce qu'on ne m'a pas envoyé mes fleurs. Une demoiselle se lève et assure qu'elle vient de les déposer chez moi. Ce n'est pas Caroline; ce n'est donc pas elle qui est venue. Je me calme, je rejette la faute sur mon voisin; la dame qui remplace le maître gronde la demoiselle. Je rachète des guirlandes que, soi-disant, j'avais oublié de prendre, et je demande qu'on les apporte avec moi. Cette fois c'est Caroline que l'on choisit pour m'accompagner! Je vais donc enfin lui parler librement et me trouver seul avec elle... Un moment! je n'y suis pas encore; ne nous flattons pas d'avance : on se trompe si souvent.

Mademoiselle Caroline marche les yeux baissés : je me tiens à une distance respectueuse; mais à quelques pas de son magasin, je la fais monter dans un fiacre qui nous conduit chez moi. La jeune personne hésite d'abord pour entrer dans la voiture, mais je la presse... elle se décide, et là il faut bien qu'elle entende tout ce que l'amour me fait dire, si l'on peut appeler amour les folies qui depuis la veille m'ont occupé.

Mais les obstacles donnent du prix à la moindre fantaisie, et d'un simple caprice font quelquefois un sentiment profond. Les difficultés que j'avais éprouvées pour entretenir Caroline me font trouver un grand charme à être avec elle; mes discours en ont plus de feu, plus d'éloquence! et il en faut si peu pour convaincre une jeune fille dont le cœur est déjà à demi vaincu!

Tout me fait donc espérer le plus heureux succès. Cependant la voiture s'arrête, nous descendons, et mademoiselle Caroline me donne mon carton sans vouloir monter chez moi. En vain je jure et m'engage à être sage : rien ne peut vaincre l'obstination de la fleuriste; tout ce que je puis obtenir, c'est un rendez-vous sur le boulevard pour le lendemain soir.

Elle est partie : je rentre seul, et je ne puis m'empêcher de songer à la différence qui existe entre la conduite de mademoiselle Caroline et celle de Nicette. La nuit, me connaissant à peine, la petite bouquetière m'a elle-même demandé à venir chez moi ; et au milieu de la journée, ayant un motif pour s'y rendre, la fleuriste craint de m'y accompagner. Que dois-je en conclure? L'une connaissait-elle mieux le danger que l'autre?... non ; Nicette le connaissait, mais elle n'y songeait pas ; elle se fiait à moi. Que Caroline est plus sage que Nicette? plus, cela n'est pas possible ; je crains le contraire, et la différence qui existe dans leurs bouquets pourrait bien exister aussi dans leur vertu.

Attendons le rendez-vous. J'irai ce soir chez M. Vauvert, non pour y entendre Raymond chanter l'air de *Joconde*, mais parce qu'il s'y trouve habituellement une réunion d'originaux qui m'amusent, sans compter le maître et la maîtresse de la maison, qui valent bien un chapitre particulier.

CHAPITRE XIII

CONCERT D'AMATEURS

Il y a dans Paris des réunions pour tous les goûts, pour toutes les conditions, pour tous les états, pour toutes les opinions, enfin pour toutes les classes.

Un jeune homme, avec de la tournure et du savoir-vivre, peut aller partout ; rien n'est si facile que de se glisser dans les grandes réunions, dans ces fêtes brillantes et dans ces bals tellement à la mode que l'on s'y foule sans s'y voir. Là, le maître et la maîtresse du logis ne savent point le nom de la moitié des hommes qui composent leur société. Il est d'usage, dans le grand monde, de présenter qui l'on veut, sans en demander la permission. Le nouveau venu va saluer l'amphitryon et sa femme ; on échange les mots convenus en se souriant d'une manière fort aimable : puis tout est fini, et vous pouvez jouer, danser et vous rafraîchir sans faire désormais attention au maître de la maison.

Il n'est pas aussi facile d'être reçu dans ce qu'on appelle les *réunions bourgeoises*. Là, le maître du logis, un peu plus exigeant que le marquis ou le banquier de la Chaussée-d'Antin, aime à connaître les personnes qui viennent chez lui. Lorsqu'un jeune homme lui en présente un autre, il s'informe de son nom, de son état, de sa conduite ; il en est même qui poussent le ridicule jusqu'à faire froide mine aux jeunes gens dont les manières trop lestes ne leur conviennent point. Mais cette extrême sévérité de mœurs ne se trouve qu'au Marais ou au fond du faubourg Saint-Germain.

Entre le grand monde et la bourgeoisie, entre l'étiquette et la licence, on trouve de ces cercles agréables où règnent une aimable liberté, une gaieté franche, une douce intimité ; c'est en général chez les artistes que l'on rencontre tout cela. Les arts se tiennent par la main ; les vrais talents ne sont point jaloux les uns des autres ; ils s'estiment, se recherchent et s'apprécient : voilà pourquoi on trouve chez eux de l'esprit sans méchanceté, des plaisanteries sans aigreur, des rivalités sans envie, du mérite sans morgue et de la fortune sans prétention.

Viennent ensuite les réunions bizarres, qui se composent avec toutes les autres. Ceux chez qui elles se tiennent ne savent pas recevoir le monde ; mais ils veulent cependant en avoir beaucoup, parce que c'est le bon genre de donner des soirées, et que personne aujourd'hui ne veut être au-dessous de son voisin. Moi, j'ai pour habitude de n'aller qu'où je suis invité personnellement ; je n'aime pas à me faire présenter, à moins que ce ne soit dans ces cohues où l'on se rend comme on irait au spectacle, et où je puis ne pas retourner sans être taxé d'impolitesse, parce qu'on ne m'y aura point remarqué.

La société de M. et madame Vauvert peut se ranger dans le dernier rang des réunions dont je viens de parler. Le maître du logis se figure qu'il est musicien, et de sa vie il n'a pu battre une mesure en trois temps, ni observer une demi-pause ou un soupir, quoiqu'il emploie pour cela ses pieds, sa tête et ses mains. Cependant il fait quelques batteries sur la guitare, et quand il a pu accompagner une petite romance sans rencontrer une pause ou un soupir sur son chemin, il est le plus heureux des hommes. Ajoutez à cela une passion permanente pour le beau sexe auquel il fait une cour assidue en dépit de sa femme, un nez toujours plein de tabac, une mise sale et des jabots, une haleine forte et des yeux en coulisses, une taille moyenne et un corps qui tremble toujours, vous aurez une idée de M. Vauvert, très-bon enfant malgré ses petits défauts, et dont le plus grand tort est de ne pas être sage et rangé à quarante-cinq ans. La gaieté est de tout âge ; mais le libertinage, c'est bien différent :

> S'il est un temps pour la folie,
> Il en est un pour la raison.

Et j'espère bien, à quarante ans, être aussi

sage que je le suis peu maintenant. Mais venons à madame Vauvert.

Elle a dû être bien ; le mal, c'est qu'elle veut l'être encore. Son teint est toujours frais et vermeil, même quand elle est malade, ce qui fait dire aux mauvaises langues qu'elle le fait elle-même ; aucun usage de la société, mais en revanche beaucoup de curiosité et un talent extraordinaire pour brouiller tout le monde, en ayant l'air de ne jamais dire du mal de personne ; de plus, un penchant très-prononcé pour les jolis garçons et le chocolat.

La maison de madame Vauvert est cependant amusante, parce qu'il n'y règne aucune gêne

Le concert d amateurs.

que chacun y fait ce qu'il veut, qu'on y rencontre une foule d'originaux et qu'à chaque soirée on est certain d'y voir de nouveaux visages. La plupart de ceux que l'on y présente ne font que passer comme dans une lanterne magique ; ceux qui ne veulent que rire y retournent, je suis de ce nombre : aussi Vauvert m'appelle-t-il son cher ami, tandis que madame son épouse me fait un sourire tout à fait gracieux.

Comme M. Vauvert n'est qu'un simple employé, il ne loge pas au premier; mais les jours de soirée il fait placer des petits bouts de chandelle le long de son escalier, afin que les artistes et les amateurs ne se cassent pas le nez avant d'arriver au troisième au-dessus de l'entre-sol. Il n'a point de domestique, mais il a un neveu de quatorze à quinze ans, petit clerc de notaire, espiègle et sournois, que le cher oncle cherche à rendre utile les jours de réunion, ce qui déplaît au jeune homme, qui ces soirs-là rentre par malice plus tard de chez son notaire afin de ne pas être aux ordres de son oncle et de sa tante.

Il est près de dix heures lorsque j'arrive chez M. Vauvert; ce n'est qu'à cette heure-là que la société est rassemblée : les petits bourgeois qui veulent singer les seigneurs, croient qu'il est du bon genre d'arriver très-tard. Les amateurs ou chanteurs aiment à se faire attendre, et de cette manière je pense qu'on ne finira par se réunir que le lendemain matin. Je sonne. C'est madame Vauvert qui vient m'ouvrir, d'où je conclus que le petit neveu n'est pas encore rentré.

— Ah ! vous voilà, mon petit Dorsan ; vous êtes bien gentil d'être venu : nous aurons beaucoup de monde ce soir.

— Comment, vous aurez?... Est-ce que ceux que vous attendez ne sont pas encore arrivés ?...

— Il y en a en retard... mais il est encore de bonne heure...

— Pas trop.

— Nous avons une grande demoiselle du Conservatoire qui a une voix superbe...

— Diable !..

— Et une dame qui joue de la basse.

— Ah! mon Dieu ! mais c'est comme chez Nicolet ici ; toujours de plus fort en plus fort.

— Ah ! qu'il est drôle !... hi ! hi! hi!...

— Et qu'a-t-on déjà fait en musique ?

— Rien encore...

— Comment, rien ! et il est dix heures : qu'attendez-vous donc pour faire commencer votre concert ?

— Le petit Martin n'est pas encore arrivé pour accompagner au piano.

— Est-ce que sa sœur n'est pas là ?

— Si, mais elle ne veut pas jouer ce soir. Elle est malade ; elle a ses maux de nerfs.

— Ah ! c'est trop juste ! Mais où donc est votre mari?

— Il est allé chercher une partie de basse et emprunter une quinte pour que l'on puisse faire un quatuor.

— Il me semble qu'il aurait pu s'y prendre un peu plus tôt pour avoir tout cela.

— Bah ! depuis dîner il ne fait que courir, ce pauvre homme ! Il a fallu aller chercher madame Rosemonde et sa fille, puis prendre une basse chez le luthier, puis faire apporter la harpe de mademoiselle Luquet, puis aller s'assurer si M. Crachini pourra venir.., enfin ça n'en finit pas!...

— Je conçois que voilà de l'occupation,

— Et ce polisson de Friquet qui ne revient pas... j'espère que son oncle lui donnera une bonne danse ce soir. Mais entrez donc, mon petit !

Notre conversation avait lieu dans un petit couloir qui conduisait d'un côté à la salle à manger qui servait de chambre à coucher et de vestiaire, et de l'autre au salon. Je pénètre dans cette dernière pièce, où sont rassemblés les habitués et les nouveaux venus. Chacun se demandait ce que faisaient le maître et la maîtresse de la maison, que l'on n'apercevait point; chacun criait après eux, et s'informait pourquoi on ne commençait pas quelque chose ; mais, parmi les chanteuses, aucune ne veut chanter la première, et les exécutants ne paraissaient pas mieux disposés.

— Il me paraît que cela ira mal ce soir, me dit en se dandinant et en souriant avec malice un petit monsieur grêlé dont le nez est caché par la protubérance de ses joues, et dont on cherche en vain les yeux sous les verres de ses besicles; bientôt dix heures, on ne fait rien : vous conviendrez que c'est se moquer du monde!... Ce pauvre Vauvert qui passe sa soirée à courir après les instruments et les partitions!... c'est drôle!... Il n'y a pas dans Paris deux maisons comme celle-ci.

— C'est pour cela qu'elle est précieuse. Mais est-ce que vous ne chanterez pas ce soir?...

— Si fait ; j'ai apporté mon morceau de Jean de Paris : *C'est la princesse de Navarre...*

—Il me semble que vous nous l'avez chanté à la dernière réunion.

— C'est vrai, mais je n'ai pas eu le temps d'en apprendre un autre ; et d'ailleurs, c'est si beau !... *C'est la princesse de Navarre que je vous annon... on... once!* Hein ! que c'est joli...

— Oui, quand Martin le chante, c'est un air délicieux. Aurons-nous beaucoup de chant ce soir?

— Oh ! nous allons rire. Raymond doit chanter l'air de *Joconde;* cette grande demoiselle chantera le morceau obligé de *Montano et Stéphanie;* la petite du Conservatoire a aussi apporté un air, et M. Crachini va nous assommer avec quelques romances... et puis Chamonin et son ami doivent risquer ce soir un duo des Bouffes. J'espère qu'en voilà!... Pourvu que Gripaille ne prenne pas sa guitare pour s'accompagner, car alors nous serions perdus...

Comme le petit joufflu achevait, Gripaille s'approche de lui, et celui-ci ne manque pas de lui dire :

— Eh bien ! mon cher Gripaille, est-ce que nous n'aurons pas le plaisir de vous entendre?... Allons, prenez la guitare; ces dames languissent après vos accords.

Gripaille, qui se croit le premier guitariste de Paris, répond en roulant un œil séducteur sur les dames qui nous entourent :

— Que diable voulez-vous que je vous chante! je ne sais rien!... je suis enrhumé, et puis la guitare de Vauvert est si mauvaise!... une véritable poêle à marrons! il n'y a pas moyen de jouer dessus.

— Avec votre talent on tire parti de tout, dit une petite vieille en se renversant sur sa chaise et en joignant les mains avec extase tandis que ses yeux laissent échapper des regards d'admiration. Dieu! que vous me faites passer d'heureux moments!... La musique me fait un effet... mais un effet!... vous ne vous en faites pas d'idée... j'ai les nerfs tellement sensibles, je m'abandonne si bien à la mélodie!... Prends ta guitare, enchanteur, prends-la, et fais-moi rêver! Tu me rappelles un beau voyageur qui, dans ma jeunesse, en pinçait sous mes fenêtres!...

Nous nous éloignons, le monsieur joufflu et moi, pour ne point rire au nez de la petite dame dont Gripaille aura bien de la peine à se débarrasser. La vieillesse est certainement fort respectable; mais il est difficile de garder son sérieux devant ces vieilles folles qui tombent en pamoison pendant une romance ou un *adagio*.

Je vois le vieux monsieur qui fait ordinairement la partie de basse regarder sa montre et murmurer entre ses dents :

— C'est bien désagréable! il faut que je sois rentré à onze heures, et le temps se passe à rien faire... moi qui suis ici depuis sept heures!... Ils se moquent de moi en me disant que l'on commencera de bonne heure et que nous serons complets pour faire un quatuor, mais on ne m'y prendra plus.

Enfin M. Vauvert revient haletant, respirant à peine, trempé de sueur, et pliant sous le poids d'une quinte et de plusieurs cahiers de musique.

— Me voilà! me voilà! dit-il en entrant dans le salon d'un air effaré : j'ai eu bien de la peine à rassembler les parties, mais enfin j'en suis venu à bout.

— Tu te seras amusé en route, dit madame Vauvert en se pinçant les lèvres.

— Oui, parbleu! c'est cela; je me suis amusé!.. je suis en nage!... Messieurs, vous pouvez commencer le quatuor.

— Commençons, commençons, dit M. Pattier (c'est le joueur de basse); nous n'avons guère de temps à nous; mais m'apportez-vous ma partie?...

— Oui... oui... la voilà sur le pupitre.

— Allons, messieurs, accordons-nous.

Les amateurs qui forment le quatuor tâchent de s'accorder. Pendant ce temps on se place, on s'assied, quand on peut trouver une chaise vacante. Les dames bâillent déjà, l'annonce seule d'un quatuor leur donne des vapeurs : pour se distraire, elles causent des hommes qui se tiennent derrière leurs chaises. On chuchote, on rit, on se moque de tout le monde, et principalement des exécutants; le moment où l'on fait de la musique est toujours celui où les auditeurs font le plus de bruit. Enfin les intrépides sont d'accord et se placent devant leur pupitre. Déjà la vieille basse a mis son petit rond de papier vert autour de sa chandelle, afin que la lumière ne lui fasse pas mal aux yeux; la quinte a ses lunettes; le second violon met à son archet une once de colophane, et le premier violon arrange sa cravate de manière que son instrument ne froisse point son col.

Tous ces préliminaires terminés (pendant lesquels Vauvert tâche de rétablir le calme dans l'assemblée en lâchant des *chut!* prolongés), le premier violon lève son archet en l'air et frappe du pied en regardant ses collègues.

— Y sommes-nous? dit-il enfin d'un air déterminé.

— Oh! il y a deux heures que j'y suis! répond M. Pattier en levant les épaules avec humeur.

— Un instant, messieurs! dit le second violon, ma chanterelle a baissé... c'est une corde neuve; il faut que je la remonte.

La quinte profite de ce moment pour étudier un passage qui lui paraît difficile, et la basse prend une prise de tabac pour se consoler.

— J'y suis, dit enfin le second violon.

— C'est bien heureux. Attention, messieurs, s'il vous plaît! nous jouerons l'*allegro* très-modérément et l'*adagio* un peu vite; cela fait un meilleur effet.

— Comme vous voudrez; d'ailleurs vous battrez la mesure.

Le signal est donné : le premier violon part, et les autres après, suivant leur habitude. Quoique faisant peu d'attention au quatuor, il me semble que c'est encore plus mauvais qu'à l'ordinaire.

— Les coquins ont juré de nous écorcher tout vifs, me dit un de mes voisins.

Le premier violon s'arrête en s'écriant :

— Cela ne va pas! cela ne va pas!

— Il me semble que cela allait assez bien, pourtant! dit la quinte.

— Non, non! il y a quelque chose qui ne fait pas bien.

— Où cela?...

— Ah! où?... je ne sais pas précisément...

— Moi, je n'ai pas manqué une note, dit le second violon.

— Ni moi.

— Ni moi.

— Allons, messieurs! il faut recommencer.

— Recommençons ; mais surtout battez bien la mesure

— Il me semble cependant que je la bats assez fort.

— Ah! certes, dit madame Vauvert, et la personne qui loge au-dessous de nous a dit qu'elle se plaindrait au propriétaire.

On recommence : cela ne va pas mieux, et cependant le premier violon se démène comme un possédé ; la société se met à rire ; les joueurs s'arrêtent.

— Décidément cela ne va pas, dit M. Longuet (le violon conducteur). Il y a sans doute des fautes... voyons la partie de basse... Qu'est-ce à dire?... vous jouez un si bémol et nous un ré!... Parbleu! je ne m'étonne pas...

— Je joue ce que vous avez dit, répond le vieux Pattier rouge de colère : le premier quatuor du premier cahier...

— C'est vrai... comment diable se fait-il?... voyons donc le titre... Que vois-je! quatuor de Mozart! et nous jouons un quatuor de Pleyel!... Ah! ah! en voilà une bonne!...

Tout le monde rit de l'aventure ; M. Pattier seul est furieux de la méprise dont Vauvert est l'auteur, et qui empêchera que le quatuor soit exécuté. Il court au maître de la maison, qui vient de s'asseoir dans un petit coin du salon, à côté d'une jeune brunette à laquelle il fait des yeux intentionnés.

— Comment! monsieur Vauvert, vous me dites que vous apportez la partie qui nous manque, et c'est une basse de Mozart que vous me donnez quand nous jouons du Pleyel!..

— Il m'a semblé vous entendre parler de Mozart...

— Il vous a semblé!... on ne fait pas de pareilles méprises.

— Eh bien! je vais aller la changer...

— Non, non, c'est inutile... bientôt onze heures... joli moment pour aller chercher de la musique!... Je me souviendrai de ce tour-là.

Le père Pattier s'éloigne en murmurant ; on n'y fait pas attention. Madame Vauvert gronde son mari sur sa bévue, et la société se félicite d'être exemptée du quatuor, pendant que la quinte, qui n'en veut pas démordre, s'obstine à étudier les passages et les traits brillants de sa partie.

Mon voisin Raymond venait d'arriver, tenant sous son bras son morceau favori. Je remarquais plusieurs figures nouvelles, et je cherchais madame Bertin et ses filles, qui venaient rarement chez M. Vauvert, dont la société très-mélangée convenait peu à des demoiselles bien élevées, lorsque j'entendis un murmure confus annoncer l'arrivée d'un nouveau personnage.

Je porte mes regards vers l'entrée du salon. Une dame fort élégante est introduite par Vauvert, qui lui donne la main, et dont la mise sale, le nez plein de tabac et l'air embarrassé contrastent avec la grâce, l'élégance et les manières de la dame, qu'il cherche à placer dans son salon, où les chaises sont aussi rares qu'à Tivoli. J'en aperçois cependant une contre la cheminée, et sur laquelle est endormi un gros chat ; je jette le chat à terre, et j'offre la chaise à la nouvelle venue, qui l'accepte en me remerciant. Je l'examine alors davantage ; je reconnais la dame que j'ai vue l'avant-veille au spectacle, et dont j'ai vainement essayé de suivre la voiture. Je suis bientôt convaincu que c'est elle en apercevant, debout, à l'entrée du salon, le monsieur qui l'accompagnait et que je reconnais aussi.

Décidément, ma soirée de samedi fera époque dans ma vie, puisque le hasard me fait retrouver toutes les personnes que j'ai remarquées alors. Je suis l'ami de Nicette, je veux être le bon ami de Caroline ; et quant à cette dame dont je ne sais pas le nom, il y a tout à parier que nous ferons plus ample connaissance.

Mon voisin Raymond, qui ne perd pas de temps lorsqu'il espère se faire applaudir, s'est déjà approché du piano, et cherche des yeux quelqu'un qui puisse accompagner son air. Mais M. Gripaille, qui voit qu'on ne s'occupe point de lui et que personne ne le prie de chanter, court prendre la guitare, va s'asseoir au milieu du salon, et se dispose à commencer. Le chant est toujours ce qui flatte le plus dans un concert, et surtout dans un concert d'amateurs, où ceux qui jouent de quelque instrument sont rarement assez forts ou assez musiciens pour faire plaisir. Un quatuor n'amuse que ceux qui l'exécutent ; une sonate sur le piano fait bâiller ; les airs variés pour la harpe sont toujours trop longs de moitié, et les morceaux pour la guitare ne peuvent produire de l'effet après les autres instruments. Ce n'est donc que pour le chant que les auditeurs veulent bien faire silence : une jolie voix ne fatigue jamais l'attention ni les oreilles.

Mais Gripaille n'a pas une jolie voix ; bien au contraire, c'est un mélange continuel de faussets, de criaillements et de transitions du bas en haut, le tout accompagné d'un bourdonnement que son pouce fait sur le gros mi de la guitare, pendant qu'il secoue la tête pour se donner de la grâce. Cependant ses airs sont quelquefois agréables, les paroles amusantes, et cela peut plaire un moment. Mais il nous chante sans

M. et Mme Witcheritche.

cesse les mêmes morceaux, nous les savons par cœur ; et quand il tient la guitare il n'y a plus moyen de la lui faire quitter : après la romance vient un rondeau, après le rondeau une petite folie, après la folie une autre romance, et ainsi de suite. Je ne m'ennuie point, parce que je cause avec cette nouvelle dame, qui paraît fort étonnée de tout ce qu'elle voit, et fort aise de me trouver là ; car elle m'a reconnu, et j'ai vu que ma présence ne lui était pas désagréable.

Mais j'entends derrière moi mon voisin Raymond et le monsieur aux besicles se dépiter de ce que Gripaille ne cesse point de chanter.

— C'est affreux !... c'est assommant !... c'est endormant !... dit Raymond : il n'en finira pas !...

— Oh ! quand une fois il tient sa guitare, nous sommes perdus !... il n'y a que pour lui à chanter.

— Et il voudrait encore qu'on ne fît pas de bruit, qu'on ne parlât point... Tenez, voyez-vous ; il regarde avec colère de notre côté, parce que nous causons.

— Je m'en moque !... c'est par trop... des airs qu'il nous a chantés vingt fois !

— Il dit qu'ils sont de lui.

— Il ment ; je les ai vus gravés sous un autre nom.

— Ah ! mon Dieu ! je crois qu'il en recommence un autre !... On devrait interdire à cet homme-là l'entrée d'un salon.

— Ma foi ! oui ; appelons Vauvert pour qu'il le fasse taire.

— Il n'osera pas...

— Attendez ; il faut conduire une demoiselle au piano : cela le forcera peut-être à céder la place.

Ces messieurs courent après Vauvert, qui ne

sait où donner de la tête ni comment prier son ami Gripaille de ne plus amuser la société. Enfin une grande et grosse demoiselle consent à chanter : le jeune Martin est arrivé pour accompagner, on les conduit au piano. Gripaille feint de ne pas s'apercevoir de ce qui se passe, et il prélude à sa sixième folie ; mais le bruit que l'on fait dans le vestiaire, où se rassemble une partie des jeunes gens qui ne trouvent pas de place dans le salon, force le guitariste à abandonner la partie : il se lève de fort mauvaise humeur, malgré les petits applaudissements obligés, et, faute de mieux, va s'asseoir devant la petite vieille qui a été en paradis, en extase, aux cieux, pendant tout le temps qu'il a chanté.

— Viens, dit-elle à Gripaille dès qu'il est près d'elle, viens que je t'embrasse !... Tu m'as ravie... enlevée !... c'est le mot ! je t'en dois le prix.

Le pauvre guitariste est obligé d'en passer par là ; il embrasse d'assez bonne grâce : les admirateurs sont rares; il faut les payer cher.

Mon voisin m'aperçoit ; il vient à moi en me tendant la main, puis il s'arrête devant ma dame inconnue, à laquelle il fait un grand salut. Ce diable de Raymond connaît tout le monde. Écoutons un peu :

— Que vois-je ?... madame de Marsan !... par quel hasard !... en vérité, c'est un bonheur auquel je ne m'attendais pas !... Qui donc nous a procuré cette douce surprise ?

— M. de Marsan voit quelquefois M. Vauvert dans les bureaux du ministère ; celui-ci l'engage depuis longtemps à venir à ses concerts, et nous nous sommes décidés aujourd'hui ; mais j'avoue (dit-elle en se tournant vers moi) que je ne m'attendais pas à tout ce que je vois.

— Nous tâcherons, madame, de vous procurer assez d'agrément pour que vous ne regrettiez pas votre soirée.

Et là-dessus mon voisin court près du piano, sans doute pour retenir la place après la grande demoiselle, mais le petit joufflu l'a prévenu, et je prévois que nous ne pourrons pas esquiver *la Princesse de Navarre*.

Pendant que la demoiselle chante l'air de *Montana et Stéphanie*, forcé de céder ma chaise à une jeune personne qui cherchait en vain une place, je vais prendre l'air dans l'antichambre, où se réfugie un grand nombre de jeunes gens que les cris aigus de la chanteuse ont fait fuir du salon. En ce moment on sonne ; Vauvert ouvre, et le petit Friquet paraît. Je m'attends à une scène entre l'oncle et le neveu, et je reste pour l'entendre.

— D'où venez-vous, polisson ? dit Vauvert en tâchant de se donner un air imposant.

— Mon oncle... mais je viens... je viens de mon étude...

— De votre étude à onze heures du soir !...

— Oui, mon oncle.

— Vous ne pensez pas nous faire accroire cela, j'espère ?

— Pourquoi donc cela, mon oncle ?

— Parce que je sais que vous en sortez à neuf heures tous les soirs.

— Mon oncle, le maître clerc m'avait donné des commissions à faire ; c'est cela qui m'a retardé.

— Des commissions !... je sais comment vous les faites ; j'ai de vos nouvelles, drôle que vous êtes !

— D'abord, mon oncle, je ne suis point un drôle.

— Votre maître clerc m'a dit qu'avant-hier matin, pendant qu'on attendait à l'étude un acte très-pressé qu'on vous avait envoyé porter à signer, il vous avait trouvé assis tranquillement sous le pont des Arts, pêchant à la ligne.

— Moi, mon oncle, moi !... ah ! par exemple, quel mensonge !...

— Il ose le nier encore... quand j'ai les preuves du fait !

— Les preuves, et où ça ?

— Où cela ! tenez, monsieur Friquet, voilà un paquet d'asticots que j'ai trouvé dans la poche de votre redingote... Hein !... que direz-vous à cela ?

— Mon oncle, cela ne prouve rien... ce n'est pas pour moi que j'avais acheté ces asticots.

— Et pour qui ?

— C'est pour mon frère, qui veut aller pêcher, dimanche, au canal de l'Ourcq.

— Vous êtes le plus insigne menteur que je connaisse. Je gage que vous avez acheté une contre-marque, et que vous venez de voir la fin d'un mélodrame.

— Mon oncle, vous savez bien que je n'ai pas d'argent.

— Oh ! vous n'en manquez jamais pour le spectacle ou les gourmandises !... Allons, monsieur, versez à boire dans des verres, et allez en offrir à ces dames.

— C'est cela, dit le petit neveu en s'éloignant avec humeur : à peine arrivé, il faut faire le domestique de mon oncle ; ils n'ont qu'à prendre un nègre... Et puis, dès le matin, ma tante m'envoie chercher du mou pour son chat, et son lait, et sa braise...

— Je crois que tu raisonnes ! dit madame Vauvert en s'approchant de Friquet et en lui pinçant le bras ; tiens ! voilà pour t'apprendre à grogner.

— Ah ! ma tante, que c'est bête de me pincer

comme ça !... je suis sûr que j'en aurai la marque pendant huit jours.

— Tant mieux !...

— Dieu ! qu'elle est méchante ! dit tout bas Friquet.

Et, pour se consoler, je le vois tirer de sa poche une part de galette, qu'il avale en trois bouchées.

Mais les cris ont cessé ; la grande demoiselle ne chante plus. Le petit joufflu l'a remplacée ; il met de l'entêtement à chanter son air de *Jean de Paris :* il faut en passer par là. Pendant qu'il tâche de filer des sons, et qu'il tousse à chaque ritournelle, pour faire croire qu'il est enrhumé, je vois les autres chanteurs se regarder entre eux, se faire des signes, bâiller, se pincer les lèvres. En vérité, les amateurs sont plus méchants que les artistes, et ceux qui ont grand besoin d'indulgence pour eux-mêmes sont toujours prêts à déchirer les autres. On croit cacher sa médiocrité en faisant remarquer le peu de moyens de son voisin, l'amour-propre, qui nous aveugle sur nos défauts, nous fait rechercher avec avidité ceux d'autrui, comme si on y gagnait quelque chose ! Quelle sottise ! Parce que M. un tel chante faux, cela vous donnera-t-il de la voix ? parce que celui-ci joue mal du violon, en toucherez-vous mieux du piano ? parce que cet autre est laid, mal bâti et ridicule, en serez-vous plus beau, mieux fait et plus aimable ?

— Non, non sans doute ; mais il est toujours agréable de voir des gens dont on peut se moquer, et que l'on croit plus mal partagés que nous par la nature. Rappelez-vous que Roquelaure courut avec joie se jeter au cou d'un homme qui lui sembla encore plus laid que lui.

— Eh ! monsieur, quelle différence ! Roquelaure faisait abnégation d'amour-propre, mais à sa place vous vous seriez moqué de celui qu'il embrassa, et vous tournant vers une glace, vous vous seriez, je gage, trouvé beau.

La *Princesse de Navarre* est chantée. Le petit joufflu fait sa tournée dans le salon, pour tâcher de recueillir des éloges, même de ceux qu'il a traités tout à l'heure d'ignorants en musique, parce qu'enfin ça fait toujours plaisir. Partout on lui dit qu'il a très-bien chanté ; cela doit être : nous sommes policés, ce qui veut dire que nous ne devons pas être francs. Moi seul, je me permets de lui dire qu'il paraissait enrhumé : il devient rouge comme un coq ; je ne vois plus son nez.

— C'est vrai, me répond-il enfin, je suis très-enrhumé ; cela me gênait beaucoup.

— Pourquoi donc avez-vous chanté ?

— Ah !... on m'en a tant prié !...

Et je lui ai vu disputer la place à Raymond. Que les hommes sont drôles ! Mais, chut ! mon voisin va chanter, cela mérite attention... Non pas ; deux messieurs l'ont encore devancé : ils chantent, je crois, un duo italien ; car il est difficile de comprendre quelque chose au véritable *gâchis* qu'ils font devant le piano : l'un remue la tête pour marquer la mesure, de la même manière qu'un ours se dandine derrière les barreaux de sa loge ; l'autre, qui sans doute a la vue très-basse, a le nez collé sur la musique. Le jeune homme qui tient le piano cherche en vain à les faire aller ensemble : impossible.

— Vous êtes en retard, dit l'un.

— C'est que j'ai sauté une ligne.

— Parlez donc !...

— Vous allez trop vite... vous me pressez... Je ne l'ai jamais vu !... et chanter l'italien à livre ouvert, c'est diablement difficile.

Je suis sûr que ce monsieur étudie sa partie depuis quinze jours. Malgré leurs efforts, ils sont obligés de laisser le duo à moitié.

— Nous le chanterons la première fois, dit M. Chamonin ; nous serons plus sûrs de nous, cela demande à être étudié : ce Rossini est très-chromatique.

— C'est vrai, dit Vauvert en se bourrant le nez de tabac dont une partie reste sur son jabot ; c'est dommage que vous ne l'ayez pas fini, car il me paraît bien joli.

— Nous irons encore l'entendre aux Bouffons.

— Ils devraient y rester, dit à demi-voix Gripaille enchanté de leur mésaventure.

— Moi, je n'aime pas l'italien, dit madame Vauvert, je n'entends que des *tchi* et des *tcha ;* ça ne m'amuse pas du tout.

— Ah ! madame ! quel blasphème !... ne pas aimer du Rossini !

— Qu'est-ce que Rossini, mon oncle ? demande le petit clerc, qui s'est faufilé dans le salon. Il me semble que j'ai déjà vu ce nom-là, dans *Don Quichotte.*

— L'imbécile, qui prend Rossinante pour Rossini ! Va rincer des verres, nigaud, et ne te mêle plus à la conversation.

Enfin, mon voisin est au piano, et déjà il ouvre une bouche effrayante pour nous dire qu'il a *longtemps parcouru le monde...* Mais dans ce moment on entend les accords d'une basse, et Vauvert vient placer un pupitre au milieu du salon.

— Qu'est-ce que vous faites donc ? dit Raymond en s'interrompant ; vous voyez bien que je chante.

— Madame Witcheritche va jouer son solo de basse.

— Tout à l'heure ; je vous dis que je chante : madame Witcheritche jouera après.

— Non, elle veut jouer maintenant, parce qu'il se fait tard.

Et, sans faire attention aux murmures de Raymond, qui, de colère, renverse le chandelier sur la table d'harmonie, Vauvert arrange son pupitre, puis va chercher la virtuose allemande que je

M. Vauvert et son neveu Friquet.

n'avais pas encore remarquée. C'est une fort belle femme, blonde et fade, comme la plupart des Allemandes, mais bien faite et gracieuse ; elle tient sa basse entre ses jambes avec une aisance étonnante, et ne paraît nullement intimidée ; elle joue avec facilité, avec goût, et je vois à la figure allongée des amateurs du quatuor qu'ils ne s'attendaient pas à rencontrer, dans une dame, un talent près duquel la basse ne peut plus briller.

J'entends à mes oreilles une voix qui répète sans cesse :

— Pon, pon, pien... touchir légèrement... ferme l'arget... lesdement sur le drait !

Je me retourne, et vois une vilaine figure qui regarde alternativement la virtuose et la société, en faisant des grimaces pour signes d'approbation, et roulant des yeux qui me rappellent ceux de Brunet dans le *Désespoir de Jocrisse*. Le porteur de cette singulière physionomie est un grand homme en habit vert râpé, d'une tournure commune, et que des manières à prétentions rendent encore plus ridicule.

— Quel est ce personnage ? dis-je à un de mes voisins.

— C'est le mari de cette dame qui joue de la basse.

— Quoi ! une figure aussi disgraciée s'approche de cette jolie tête !... quel dommage ! il me semble voir un satyre à côté d'une Hébé.

— La dame paraît cependant chérir son mari.

— On voit bien que c'est une étrangère. Et que fait ce mari ?

— Rien ; c'est un baron.

— C'est un baron !... je ne m'en serais jamais douté ; il a plutôt l'air d'un cordonnier. Mais en Allemagne tout le monde est baron, comme en Russie tous les soldats ont des croix : cela ne tire pas à conséquence.

M. le baron de Witcheritche, qui, tout en roulant ses yeux, s'était sans doute aperçu que je le regardais, vient à moi dès que sa femme a fini, et me sourit pour entamer la conversation. J'ai remarqué que les Allemands sourient beaucoup en parlant. C'est dommage que l'on ne puisse pas rire au nez des gens, car M. le baron de Witcheritche a une figure bien plaisante, surtout lorsqu'il fait l'agréable. Voyons ce qu'il me veut.

— Che câge que monsir est aussi amadeur sur les basses... Monsir est très-fort, beaucoup beut-être ?

— Moi, monsieur !..... vous vous trompez ; je n'en joue point.

— Oh ! fous fouloir pas tire ; je tevinais tout de suite le fondement de la bensée des bersonnes tans les fiquires.

— Peste ! vous êtes bien heureux, monsieur le baron de Witcheritche !

— Ch'avais fait l'étude du cœur humain ! je me connaissais barfaitement tans le physsionomique.

— Comment dites-vous, monsieur le baron ?

— Che tis que je connais moi en physsionomique.

— Je ne comprends pas du tout !

— En physsionomique.

— Ah ! vous voulez dire en physionomie...

M. le baron s'éloigne sans me sourire. Le meilleur moyen de se débarrasser d'un étranger, c'est d'avoir l'air de ne le point comprendre.

Mais mon petit dialogue avec M. de Witcheritche m'a fait manquer la romance de M. Crachini : j'en suis fâché ; il mêle toujours à ce qu'il chante une pantomime qui en double le mérite. Pendant que d'autres amateurs se font entendre, je cherche des yeux Raymond; car, ne pouvant encore trouver une place près de madame de Marsan, je ne serais pas fâché d'avoir quelques renseignements sur son compte, et mon voisin est l'homme qu'il me faut pour cela.

Il n'est pas dans le salon. Je passe dans la petite pièce; mon entrée fait finir un chuchotement fort animé entre Vauvert et une dame blonde qui est depuis une heure dans la salle à manger, occupée à chercher son châle parmi une foule de chapeaux, de fichus et de châles jetés pêle-mêle sur le lit des époux.

— Est-ce que vous nous quittez déjà! dit Vauvert d'une voix tendre en regardant derrière lui si sa femme ne vient pas.

— Oui, il est tard; il faut que je rentre.

— Mon neveu va vous reconduire... Friquet!... Friquet!...

Friquet arrive, et jure entre ses dents d'être obligé de reconduire la dame blonde; il met deux heures à chercher son chapeau, en criant aux oreilles de la dame que cela l'ennuie de ramener tout le monde et de sortir si tard. Son oncle lui tire les oreilles, et moi je vais trouver Raymond qui est allé passer son humeur à la fenêtre du vestiaire.

— Vous ne chantez donc pas, mon voisin?

— Est-ce qu'il y a moyen de faire quelque chose ici?... je vous le demande!... c'est un désordre!... un fouillis!... on ne s'y reconnait pas!... J'ai dit cent fois à Vauvert de faire un programme et de le coller sur la glace; de cette manière tout irait par ordre. Mais non, il ne s'entend à rien!... il s'amuse à pincer les genoux et autre chose aux petites filles qu'il peut trouver dans les coins, au lieu de s'occuper de son concert.

— Il est vrai que cela pourrait être mieux ordonné.

— Nous faire jouer un concerto de basse qui n'en finit pas!... et pour nous écorcher les oreilles!... D'ailleurs, une femme qui joue de la basse, vous direz ce que vous voudrez, mais c'est toujours fort ridicule!... Cela me fait l'effet d'un homme qui raccommode des bas; et madame la baronne ferait bien mieux de raccommoder les siens que de faire des *stacato* et des *arpéges*.

— Que dites-vous donc! une baronne raccommoder des bas!

— Ah! laissez-moi donc!... je crois que cela fait un joli baron!... Je l'ai vu l'autre jour, sur le boulevard du Temple, achetant des pommes à un sou le tas... et il marchandait encore!... Il achète pour son dîner du boudin à l'aune; et quelqu'un qui a été chez lui m'a dit qu'on y offrait pour rafraîchissement des groseilles à maquereau! Mais ce Vauvert est unique! il veut nous faire croire qu'il reçoit des princes, des ambassadeurs, peut-être!... tandis que sa maison est l'arche de Noé.

— A propos, vous connaissez, à ce qu'il me paraît, madame de Marsan?

— Madame de Marsan? oui, certainement!... je vais à ses réunions. C'est une belle femme, coquette, comme vous devez le voir; mais elle a

Morceau de basse exécuté par la baronne.

de l'esprit, de l'aisance, de la tournure; c'est une femme qui se donne vingt-huit ans, et qui en a bien trente-deux. On lui a connu plusieurs passions, mais comme elle ne s'affiche pas, qu'elle conserve toujours le décorum, il n'y a rien à dire : les mœurs avant tout. Le mari est un assez bon enfant, très-madré, dit-on, pour ses intérêts. C'est un homme qui fait des affaires; mais non pas comme ces malheureux qui courent pendant quinze jours pour escompter un billet, sur lequel il leur reviendra sept à huit francs de commission, ou qui vont offrir mystérieusement des maisons que l'on trouve inscrites dans les *Petites-Affiches*..... celui-ci s'y entend; il gagne beaucoup d'argent. Il a une superbe maison de campagne au-dessus de Saint-Denis, dans laquelle madame a fait construire un joli petit théâtre; je dois même y jouer bientôt; c'est une connaissance précieuse : on s'y amuse beaucoup. Quant à moi, j'y suis déjà allé... deux fois; et je sais qu'ils font le plus grand cas de moi. Si vous voulez, mon cher ami, je vous y mènerai : présenté par moi, vous serez bien reçu.

— Je vous remercie. Mais, vous le savez, je n'aime pas me faire présenter.

Raymond me quitte pour retourner près du piano ; il n'a pas perdu l'espérance de se faire entendre. Je suis au fait de tout ce que je voulais savoir sur madame de Marsan. Je rentre dans le salon ; j'ai lieu de croire que cette dame s'informe aussi de moi à mon voisin, et je ne dois pas craindre de rien perdre dans son esprit en étant peint par Raymond qui est de ces hommes qui aiment à ne se donner que de fort belles connaissances. Je suis à mon aise, il m'aura fait naître d'une des plus anciennes familles de France ; et ainsi de suite. Il peut cependant avoir dit à madame de Marsan que je suis volage, inconstant, trompeur, mais ces défauts-là ne m'ont jamais fait de tort près des dames.

On vient d'exécuter un morceau de harpe ; la personne qui jouait ne s'est trompée qu'une fois, ne s'est remise d'accord que deux, et n'a cassé que quatre cordes ; nous n'avons pas à nous plaindre. Raymond a quitté madame de Marsan pour chercher un accompagnateur, et menace, s'il n'en trouve pas, de s'accompagner lui-même : à force de fureter, de presser, de prier, il ramène le jeune Martin au piano ; déjà il tousse et crache, change les chandelles de position, fait fermer les fenêtres, et se dessine pour se donner un faux air de *Joconde*... Mais un murmure sourd se fait entendre, les jeunes personnes courent à M. Vauvert, les jeunes gens entourent sa femme ; on leur a promis une contredanse ; il est près de minuit ; si l'on tarde encore, on ne dansera pas. Les époux se rendent aux prières de la jeunesse.

— On va danser ! crie Vauvert comme un huissier du Palais crie :

— Silence, s'il vous plaît !

Aussitôt tout est en l'air dans le salon, les jeunes gens courent inviter les dames ; on range les chaises pour se faire de la place, on prie ceux qui ne dansent pas de se réfugier dans les coins.

Raymond est resté la bouche ouverte devant le piano ; il pense se tromper, il ne peut revenir de ce qu'il voit ; je crois qu'il va entamer son air... mais, au lieu de la ritournelle de *Joconde*, c'est une figure de pantalon que joue le jeune Martin. Mon voisin ne peut digérer ce dernier trait ; il saisit sa musique d'une main que la colère rend tremblante, et, son rouleau sous le bras, traverse le salon en passant comme un furieux au milieu des danseurs, et se faisant donner des coups de pieds par les jeunes gens qui sont en train de balancer ; mais, dans ce moment, je suis persuadé qu'il ne les sent pas.

— M. Raymond s'en va de mauvaise humeur, dit en riant à madame Vauvert une dame coiffée à la Ninon, mais dont les cheveux défrisés flottent en longues mèches au gré du vent, quoiqu'elle ait la précaution de n'ôter ses papillotes que sur l'escalier.

— Tiens, ça m'est bien égal, répond madame Vauvert ; il nous ennuie avec ses airs ou ses vers qu'il veut nous lire : c'est toujours la même chose !

En ce moment, Raymond, que je croyais déjà loin, paraît à la porte du salon, et d'un air impatient s'écrie :

— Mon chapeau, madame Vauvert, je veux mon chapeau, où est-il ?... C'est une chose terrible qu'on ne puisse jamais retrouver ses affaires chez vous.

— Pardi ! il n'est pas perdu... votre chapeau... Ah ! mon Dieu ! et mon chat que je ne vois plus !... je l'avais assis sur une chaise contre la cheminée... Pourquoi l'a-t-on dérangé... ce pauvre Moumoute ?... La porte du carré qui est souvent ouverte ? il est sorti, et on me le volera... Moumoute !... Moumoute !...

On continue de danser, sans faire attention aux plaintes de madame Vauvert et aux réclamations de Raymond ; les personnes qui dansent veulent se dédommager, par un moment de plaisir, de plusieurs heures d'ennui, et celles qui craignent que leur tour ne vienne pas vont reculer l'aiguille de la pendule, pendant que Vauvert a le dos tourné et que sa femme cherche son chat.

J'ai invité madame de Marsan, et, après bien des façons, elle a consenti à figurer avec moi.

— Quelle singulière maison ! me dit-elle.

— Je la trouve charmante, je vous y ai rencontrée.

— Mais comme il est probable que vous ne m'y rencontrerez plus, et que je désire cependant vous revoir, j'espère, monsieur, que vous voudrez bien me faire le plaisir de venir entendre un peu de musique chez moi.

J'accepte, comme on le pense bien, et, après la contredanse, je rôde autour du mari, avec lequel j'entame la conversation. Je lui parle spéculations, maisons, châteaux, affaires de Bourse ; j'ai soin, sans affectation, de me nommer, de parler de ma famille, de ma fortune. Dans toute autre maison, je n'agirais pas ainsi ; mais dans une réunion bien mêlée, je ne suis point fâché qu'il ne me confonde pas avec des personnes très-estimables peut-être, mais qui ne sont que cela, et auprès de bien des hommes ce n'est pas assez pour être distingué. Au total, je gage que

M. de Marsan me trouve fort aimable ; il est si facile de prendre les gens par leur endroit sensible ... lorsqu'ils en ont un toutefois.

Quand les demoiselles se mettent à la danse c'est comme un poëte qui vous récite ses vers : il n'y a plus de raison pour que cela finisse. Cependant madame Vauvert, qui trouve que l'on fait trop de bruit et craint de fâcher son propriétaire, a déjà dit plusieurs fois :

— Celle-ci sera la dernière. Mais la dernière ne finit jamais.

Friquet, qui vient de rentrer fort en colère d'avoir été obligé de reconduire une dame, se glisse derrière les danseurs, va regarder la pendule et court dire à son oncle qu'on a reculé l'aiguille qui ne marque que minuit, tandis qu'il est une heure. Vauvert consulte sa montre, il voit que son neveu a raison, et pense qu'il faut montrer du caractère, et qu'il y va de sa dignité de mettre promptement sa société à la porte.

Aussitôt il court éteindre les quinquets placés aux quatre coins du salon ; il ne reste plus que quelques chandelles allumées, et des jeunes gens s'apprêtent à les souffler pour rendre la scène plus drôle, lorsque Vauvert s'en empare et harangue ainsi la compagnie :

— J'ai déjà dit qu'il était l'heure de se retirer ; mon épouse est indisposée, et je suis étonné que l'on continue à danser malgré notre volonté.

A un discours aussi poli, tout le monde se met à rire, et l'on court dans le vestiaire pour se préparer au départ. Mais c'est là que la confusion et le désordre sont à leur comble. Les dames demandent leur châle, leur chapeau, leur fichu, leurs souliers ; les chanteurs réclament leurs cahiers ; d'autres, leurs instruments ; on se trompe, on ne retrouve pas ses affaires ; les jeunes gens se joignent aux dames, sous prétexte de les aider, mais parce que les moments de presse sont toujours favorables aux amoureux et aux amateurs. L'un noue un ruban, l'autre place un socque, celui-ci soutient le pied que l'on déchausse. Au milieu de cette cohue, les mamans appellent leurs filles, les maris leurs femmes, les frères leurs sœurs. Mais ces dames ont bien autre chose à faire qu'à leur répondre. On chuchote, on se serre la main, on se donne des rendez-vous, on arrange d'autres parties, et l'instant du départ n'est pas celui où l'on s'amuse le moins. Je veux éviter à madame de Marsan la peine de chercher son châle dans cette foule ; je me rends dans la chambre à coucher ; je parviens, non sans peine, jusqu'au lit sur lequel sont jetés les vêtements et les chapeaux ; ma main, en cherchant un châle, rencontre des formes rondes et assez fermes que je ne cherchais pas, mais que je caresse par habitude, et parce que je crois avoir affaire à une dame avec laquelle je suis très-lié. Mais la dame, qui était penchée sur le lit, et dont je ne voyais que le dos, se retourne brusquement... Oh ! surprise ! ce n'est pas celle qui je croyais... Je vais me confondre en excuses... mais on me fait le sourire le plus tendre, le plus gracieux, et qui semble m'inviter à recommencer !... Ma foi, j'avoue que je ne m'y serais pas attendu de la part de cette personne-là, qui, dans le salon, fait la prude, la précieuse, la sévère même : puis fiez-vous aux apparences ! j'ai déjà dit que je n'y croirais jamais ; mais on dit cela, et on s'y laisse prendre. Enfin chacun est parvenu à trouver ce qu'il cherchait. Depuis longtemps Friquet, qui a envie de se coucher, se tient sur le carré, sa chandelle à la main, disposé à nous éclairer. Quant au maître et à la maîtresse de la maison, ils nous ont assez témoigné le désir de nous voir partir ; on se met en marche. C'est une petite procession ; on prend la main de celle que l'on préfère, on descend l'escalier en riant de la soirée ; les jeunes gens font beaucoup de bruit, parce que Vauvert leur a recomandé le plus grand silence, à cause des voisins. Enfin, au second étage, un jeune homme renverse le chandelier que tient Friquet, et nous nous trouvons dans la plus parfaite obscurité.

On rit de plus belle : les mamans grondent l'auteur de cette espièglerie, les dames en font autant, mais j'ai lieu de croire que beaucoup n'en sont pas fâchées.

— L'imbécile n'en fait jamais d'autres ! crie Vauvert à son neveu du haut de l'escalier.

— Mon oncle, ce n'est pas moi, répond le petit clerc, on a jeté mon chandelier exprès.

— Che comprends bas pourquoi on s'amuse à faire risquer de tomber nous, et plesser beut-être, murmure M. le baron de Witcheritche que je crois très-jaloux de sa femme, et à qui l'obscurité donne des inquiétudes.

— Mon ami, tiens pien la rambe, dit madame la baronne d'une petite voix flûtée, et prends garde à mon stradivarius.

— C'est chistement bour ton stradivarius que ch'avais beur.

Nous descendons avec précaution et fort doucement. Je donne la main à madame de Marsan, et je ne me plains pas de l'obscurité : mais le petit clerc, qui a été rallumer la chandelle chez le portier, revient avec sa lumière au moment où nous touchons la dernière marche de l'escalier. Je remarque alors quelques changements dans l'ordre du départ : quelques fichus chiffonnés, quelques figures très-animées, et bien des yeux que l'on tient baissés, sans doute parce que la lumière fait mal; mais je me garde bien d'en conclure rien d'offensant pour la vertu de ces dames et de ces demoiselles.

Le moment des adieux est arrivé. Je vois de pauvres jeunes gens qui demeurent vers le Palais-Royal, obligés de reconduire des familles féminines dans le fond du Marais. Je vois des demoiselles s'arranger de manière à donner le bras à leur doux ami; je vois des femmes soupirer en prenant celui de leur mari. Je verrais bien autre chose sans doute, s'il ne faisait pas nuit; mais madame de Marsan est montée dans sa voiture avec son époux: celui-ci, apprenant que je demeure rue Saint-Florentin, m'offre complaisamment une place dans son vis-à-vis. J'accepte sans façon. Décidément, ce M. de Marsan est un homme très-aimable.

— Il n'y a plus personne! crie Friquet au portier en poussant la porte cochère.

— C'est bien heureux! répond celui-ci en fermant son carreau. Une heure passée!... Je vous assure qu'on donnera congé à votre oncle!... C'est vrai, ça fait de l'embarras, ça donne des soirées, ça fait veiller le monde... et pour rien encore!... Quand on veut faire un train pareil, il faut avoir une maison à soi.

CHAPITRE XIV

LE BOUQUET

Nous causons en voiture de la soirée musicale de M. Vauvert. Madame de Marsan en rit beaucoup; M. de Marsan hausse les épaules, et dit que la manie de briller gagne toutes les classes de la société; que l'on ne croit plus pouvoir s'amuser en famille; que l'on n'aspire qu'à sortir du cercle où le destin nous a placés; que les hommes deviennent tous les jours plus avides de plaisirs; que, pour satisfaire ce besoin impérieux, l'artisan sacrifie sa semaine de travail, l'ouvrier ses économies, le marchand son fonds de boutique, le commis les trois quarts de ses appointements et de là les embarras, les emprunts, les faillites... Le résultat, c'est qu'il faudrait calculer ses revenus avant de donner des dîners, des soirées et des bals.

— Il me semble, dit madame de Marsan, que les soirées que donne M. Vauvert ne doivent pas le ruiner.

— Cela vous semble ainsi, madame, parce que vous n'avez remarqué que l'ensemble de la chose qui, j'en conviens, n'offre rien de brillant au premier coup d'œil; mais pour un petit commis, ces quinquets, ces bougies aux pupitres, ce piano que l'on loue, cette musique, ces instruments que l'on fait apporter, et enfin ces modestes rafraîchissements, tout cela, madame, est pour un employé à dix-huit cents francs aussi coûteux que l'est pour un banquier une fête brillante dans laquelle on offre tout à profusion. La différence qui existe entre le banquier et le commis, c'est que l'on vante partout la fête du premier, où l'on se fait gloire d'avoir été, tandis que l'on se moque de la soirée du second, où l'on ne se rend que pour persifler ceux qui se gênent pour faire rire à leurs dépens.

M. de Marsan a raison; voilà un mari qui parle fort sagement. Je l'approuve, d'abord parce que je pense comme lui à ce sujet, ensuite parce que j'ai mes raisons pour être toujours de son avis.

M. de Marsan demeure à l'entrée du faubourg Saint-Honoré: je ne puis retenir mon envie de rire en apprenant son adresse, parce que je me rappelle ce maudit cocher qui, le soir où je voulais suivre le vis-à-vis, m'a conduit dans le haut du faubourg Montmartre; mais je rejette bien vite ma gaieté sur un souvenir du concert, et, comme en effet il nous en reste de fort comiques, on trouve cela très-naturel. On me descend rue Saint-Florentin, après m'avoir engagé à venir entendre, non pas un concert, mais un peu de musique, ce qui est bien différent: car j'avoue que je n'en ai pas entendu au concert d'amateurs de M. Vauvert.

Me voilà devant ma porte, je songe à ma nouvelle connaissance; je n'ose encore dire à ma conquête, mais je m'en flatte en secret. Cependant je n'ai pas oublié cette séduisante Caroline qui m'a donné rendez-vous pour le lendemain. Mon imagination a de quoi rêver: quelle source de plaisirs l'avenir me promet! Je n'y vois que des roses, et mon esprit charmé veut faire prendre le change à mon cœur qui fait ce qu'il peut pour trouver dans tout cela quelque chose pour lui. Je suis monté sans lumière; car il est fort tard, et madame Dupont éteint son réverbère à minuit. Me voici à ma porte; je vais ouvrir... En voulant mettre ma clef dans la serrure, ma main rencontre quelque chose... ce sont des feuilles, des fleurs... c'est un bouquet que l'on a placé là... Ah! je sais bien qui!... J'entre chez moi mon briquet phosphorique me procure bientôt de la lumière, et je puis examiner mon bouquet. Il est charmant!... de la fleur d'oranger, quelques roses, quelques œillets, et des pensées qui entourent cela; le tout est noué avec une petite faveur blanche. Aimable Nicette!... tu penses donc toujours à moi! tu n'es pas ingrate! oh non! tu as un bon cœur et tu es sage! quel dommage qu'avec ces deux qualités si

..... Et je sens qu'il faut rendre la mystification de Raymond complète. (Page 63.)

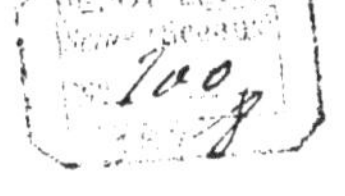

précieuses tu sois née dans une classe obscure! non que je croie que tes pareils ne sauront point apprécier tes vertus, mais moi je ne puis que les admirer; tu seras un trésor pour d'autres, tu ne seras rien pour moi; il faut que je cherche ce trésor-là dans le grand monde; il y en a sans doute, mais ils ne sont pas tous aussi séduisants.

Comment a-t-elle fait pour placer ce bouquet dans ma serrure !... S'il n'était pas si tard, je descendrais interroger ma portière : attendons à demain. Raymond, qui voit tout, doit avoir vu le bouquet; peut-être!... il était si préoccupé de son air de *Joconde!*...

Je voudrais être au lendemain pour interroger madame Dupont. Je ne me lasse pas de sentir et d'admirer le bouquet de Nicette; je regarde toutes ces pensées... Ah! je la comprends; c'est la reconnaissance qui dit cela. Pauvre petite! elle aime son bienfaiteur : c'est trop naturel; mais, jolie comme elle l'est, bientôt les amants l'assiégeront, son cœur parlera et elle m'oubliera. C'est toujours ainsi que cela se termine. Je mets avec soin mon bouquet dans l'eau, et je me couche. Je repasse dans ma mémoire les événements de la journée. Madame de Marsan et Caroline y jouent un grand rôle : Ces femmes-là sont coquettes dans un sens différent, il est vrai, mais c'est toujours de la coquetterie. Hélas! toutes celles que j'ai connues l'étaient; et au total je ne crois pas avoir été bien aimé, ou, du moins, je ne l'ai été qu'un moment!... Et qu'est-ce qu'un sentiment qui n'a que la durée d'un caprice, et qui ne résiste pas à la plus légère épreuve! Et ma sœur veut que je me marie! pourquoi trouverais-je dans une femme ce que je ne rencontre pas dans une maîtresse? Sans doute, un lien, maintenant indissoluble, des enfants, des devoirs, les regards du monde, pourront empêcher ma femme de m'être infidèle; mais toutes ces considérations ne feront pas renaître son amour lorsqu'il sera éteint.

Ne nous marions pas; jouissons de la vie. Mais je ne sais, depuis quelque temps, au milieu de toutes mes folies, il me semble que je ne suis pas entièrement heureux. Quoique volage, je suis sensible : mon cœur cherche à s'attacher; ce n'est pas sa faute s'il ne trouve pas un cœur qui lui réponde. Depuis quelque temps je n'ai rencontré que des perfides, des infidèles; jadis je les quittais le premier, mais les dernières ne m'en ont pas donné le temps : il est vrai que j'ai fait la sottise de les mettre à l'épreuve. Soyons plus sage; prenons les femmes pour ce qu'elles sont, et remercions le hasard lorsqu'il me fera bien tomber.

Qui sait? peut-être Caroline m'aimera-t-elle? peut-être madame de Marsan aura-t-elle moins de coquetterie?... peut-être la jeune fleuriste est-elle fort sage?... et, quant aux aventures que Raymond prête à madame de Marsan, mon voisin est si mauvaise langue qu'il ne faut pas ajouter foi à tout ce qu'il dit.

Je me berce avec l'image de mes belles; mais je ne sais pourquoi le souvenir de Nicette vient toujours se mêler à mes projets, à mes espérances. Je crois que l'odeur de son bouquet est ce qui la rappelle ainsi à ma pensée; mais cette fleur d'oranger sent si bon que je veux pas l'ôter de ma chambre. Quelle aimable attention de m'avoir apporté ce bouquet, de l'avoir placé de manière que je ne pusse rentrer chez moi sans le trouver sous ma main! Ah! si les femmes sont coquettes et trompeuses, elles seules aussi sont capables de ces prévenances, de ces recherches, de cette délicatesse de sentiment qui leur fait trouver, dans la circonstance la plus légère, les moyens de donner encore des marques de leur amour ou de leur amitié. Je m'endors; mais d'où vient que je ne rêve ni à Caroline ni à madame de Marsan! C'est Nicette que je vois en songe, c'est toujours elle qui m'occupe!... Ah! sans doute, l'odeur de la fleur d'oranger me la rappelait encore dans mon sommeil.

CHAPITRE XV.

LA PARTIE FINE

Je dormais encore lorque madame Dupont vint pour faire mon ménage. Je m'empresse de la questionner, je veux savoir si elle a vu Nicette.

— Madame Dupont, est-on venu me demander hier au soir?

— Non, monsieur, personne.

— Vous n'avez pas vu monter quelqu'un chez moi?

— Vous pensez bien, monsieur, que je n'aurais pas laissé monter, sachant que vous étiez sorti.

C'est singulier! comment donc a-t-elle fait pour échapper aux regards de la portière! Elle n'a pas voulu qu'on la vît m'apporter ce bouquet; elle pense que cela pourrait me fâcher, et je sens que son présent en acquiert plus de prix. Pour me distraire de toutes ces pensées, je songe aux commissions dont mon beau-frère m'a chargé. Je sors, laissant madame Dupont arranger dans un carton toutes les fleurs artificielles qui sont encore éparses dans mon appartement; mais je lui recommande de ne point toucher au bouquet qui est sur la cheminée.

Voilà pour ma portière une source de conjectures.

Ma journée est remplie par les courses et les démarches que je suis obligé de faire dans différents ministères près desquels Déneterre, qui est en train de faire bâtir et veut terminer différentes entreprises, a besoin de renseignements et d'appui. Je ne suis pas fâché d'avoir eu des occupations; le temps s'écoule plus vite. Ne croyez pas cependant que d'ordinaire je passe mes journées dans une coupable oisiveté : non, je chéris les beaux-arts, particulièrement la poésie et la musique, et je m'y livre avec ardeur, lorsque mes folies amoureuses m'en laissent le loisir; mais j'avoue que depuis quelque temps je les ai terriblement négligés.

Il est l'heure de songer au dîner. Je n'oublie pas que j'ai, pour le soir, un rendez-vous sur le boulevard Bondy, autour du Château-d'Eau. Pour me rapprocher de l'endroit indiqué, je pense qu'au lieu de dîner, suivant mon habitude, au Palais-Royal, je ne ferai pas mal d'aller dîner sur les boulevards des petits spectacles; je serai tout porté pour le soir. Dirigeons-nous donc vers le Marais.

Me voilà sur le boulevard du Temple; je n'ai plus que l'embarras du choix. Je connais tous les restaurateurs; je ne suis pas en partie fine : il faut donc ne m'occuper que de celui où l'on est le mieux, sans chercher où les cabinets sont plus commodes et mieux fermés. Je me décide pour le Cadran-Bleu : on y est chèrement, mais d'ordinaire on y dîne bien. Allons au Cadran-Bleu. Je poursuis ma route et vais passer le jardin Turc, lorsque j'aperçois devant moi un monsieur donnant le bras à une dame. La tournure de Raymond est trop reconnaissable pour que je puisse n'y tromper. C'est lui : voilà bien sa démarche, ès gros mollets, ses gestes... c'est bien lui. Quand la dame, sa figure est cachée sous un grand chapeau; mais il me semble aussi la connaître. Mon voisin lui parle avec feu, je vois qu'il lui serre le bras; il m'a tout l'air d'être en bonne fortune. Parbleu! je suis curieux de savoir où ils vont... Je voudrais, sans que Raymond me vît, apercevoir la figure de sa belle, dont la tournure ne m'est pas inconnue... Mais il traversent le boulevard... ils entrent chez un traiteur qui fait le coin de la rue d'Angoulême... C'est au Méridien : je crois me rappeler qu'on y est fort commodément; du moins était-ce ainsi il y a quelques années. Qui m'empêche d'y suivre mon voisin?... le hasard me fera peut-être voir sa belle; et Raymond fait tant d'embarras avec ses maîtresses, qui, à l'en croire, sont toujours des princesses et des beautés rares, que je ne serais pas fâché de voir une de ces merveilles.

Je laisse le Cadran-Bleu à ma droite, et, quitte à dîner moins bien, je vais au Méridien et demande un cabinet. C'est une demoiselle qui me conduit... Nous passons devant une chambre d'où j'entends sortir la voix de Raymond; je me fais ouvrir la pièce à côté. La cloison qui me sépare du cabinet où se trouvent Raymond et sa belle est assez mince pour que j'entende leurs voix lorqu'ils ne parlent point bas. D'ailleurs je laisse ma porte ouverte; la leur n'est pas encore fermée, parce qu'on met leur couvert : je puis donc saisir de temps à autre quelque chose de ce que dit mon voisin, qui a la malheureuse coutume de parler très-haut, habitude qu'il a contratée pour se faire remarquer et qu'il conserve dans ses incognito. D'après ce que j'entends, il paraît que Raymond se donne beaucoup de mal pour plaire à sa dame dont il consulte les goûts pour le choix du dîner. Voilà, je crois, la troisième fois qu'il lui lit la carte; elle a bien de la peine à se décider pour quelque chose; elle n'aime rien; elle n'a pas faim; tout lui est indifférent; mais elle demande mille choses qui ne sont pas sur la carte. Je juge facilement, d'après toutes ses minauderies et par les façons de cette dame, que mon voisin n'a pas fait une conquête bien distinguée; on dirait même que sa belle se moque de lui, et qu'elle s'amuse à le faire enrager. Je gagerais qu'il en sera pour son dîner.

Chaque fois que la voix de la dame se fait entendre, elle me rappelle des souvenirs confus... Oui, je suis certain que je connais cette femme-là; cependant, je ne puis dire qui c'est: j'en ai tant connu qu'il m'est permis de les confondre dans ma mémoire, et puis je ne saisis que quelques mots sans suite!... N'importe, je veux la voir!... ah! je la verrai!...

Il me paraît que Raymond s'est décidé à faire sa carte lui-même, car je ne l'entends plus parler... La dame fredonne quelques refrains de vaudeville... à coup sûr, cette voix-là ne m'est pas étrangère.

J'entends tirer la sonnette; la servante monte. Raymond remet sa carte et commande son dîner; la jeune fille descend. La dame veut un fromage fouetté que mon voisin n'a pas demandé; il court après la jeune fille pour faire ajouter cela à sa note. En passant devant mon cabinet, dont j'ai eu soin de laisser la porte ouverte, il jette un coup d'œil et m'aperçoit.

— Que vois-je! c'est mon cher ami Dorsan!...

— Moi-même, monsieur Raymond; et que faites-vous donc ici?

Il entre d'un air mystérieux, en marchant sur la pointe du pied, me montre en souriant le cabinet à côté, et tâche de parler à demi-voix.

— Je suis là... à côté...

— Bah!...

— Avec... quelqu'un.

— Ah! j'entends!... une bonne fortune... une partie fine...

— Justement.

— Vous êtes un terrible homme. On m'accuse d'être volage, trompeur; mais je suis sûr que vous en faites cent fois plus que moi.

— Il est vrai que je n'en fais pas mal!...

— Et la personne?

— Oh! charmante!... délicieuse!... une femme du grand ton, qui a voiture, équipage, livrée!... Nous sommes ici incognito.

— Je m'en doute bien.

— Elle m'accorde aujourd'hui une faveur qu'elle a refusée à mille autres.

— Que vous êtes heureux!... Vous piquez ma curiosité; ne pourrais-je la voir?

— Oh! impossible, mon ami, impossible!... c'est une femme qui tient essentiellement à sa réputation!... Si elle savait que j'ai été indiscret avec un de mes amis, elle m'en voudrait à la mort, et ne me pardonnerait jamais!...

— Allons, je n'insiste plus; je vois que cela vous désobligerait... Je ne vous fais pas moins mon compliment d'une aussi belle conquête.

— Il est vrai qu'elle vaut son prix... Vous savez qu'en fait de femmes je suis assez difficile... je ne vais pas avec la première venue; je tiens au bon ton, à la tournure.

Je crois que M. Raymond me lance un sarcasme.

— J'aime surtout à vaincre les cruelles; avec celles-là, au moins, il y a du mérite et de la fermeté... vous m'entendez... Mais je gage que ma belle s'impatiente; adieu, mon voisin... l'amour et la volupté m'appellent...

— Ne les faites pas attendre.

Raymond s'éloigne, bouffi de plaisir d'être vu en bonne fortune, et rentre dans son cabinet, dont il ferme la porte. Tout ce qu'il m'a dit augmente ma curiosité; je parie qu'il me fait des contes comme à son ordinaire. Je ne donne point dans ses histoires de grandes dames; et, pendant qu'il me parlait, je le voyais chercher ses mensonges; il semblait même y mettre plus de détails que de coutume, afin de mieux me faire prendre le change. Vous n'êtes pas encore assez fin pour m'attraper, mon cher Raymond! c'est parce que vous m'avez vu avec une petite bouquetière que vous faites votre embarras et me lancez des épigrammes! mais j'ai dans l'idée que votre grande dame ne vaut pas ma simple Nicette.

Ma fenêtre donne sur le boulevard, et, en attendant mon potage, j'ouvre la croisée pour jouir de la vue; je ne suis pas en partie fine, par conséquent je ne veux pas faire petit jour. Je remarque que chez mes voisins la jalousie n'est point baissée, et j'en conclus de nouveau que les affaires de Raymond ne sont pas très-avancées.

En regardant les passants, je vois s'arrêter sur le boulevard, devant notre traiteur, un jeune homme qui ne m'est pas inconnu. C'est ce Gerville qui demeure dans ma maison, et chez qui était mademoiselle Agathe la nuit mémorable où je donnai l'hospitalité à Nicette. Mais que fait-il là!... il s'est arrêté... regarde de côté et d'autre... il paraît attendre ou chercher quelqu'un...

On vient d'ouvrir la fenêtre chez mes voisins... Bon! peut-être la dame veut prendre l'air, et je vais voir sa figure... Mais qu'ont-ils donc?... J'entends pousser un cri, et on referme la fenêtre brusquement... il y a quelque chose d'extraordinaire là-dessous... En vérité, je crois que je deviens presque aussi curieux que Raymond.

Je me suis retiré de la fenêtre; il me semble qu'on parle avec chaleur dans le cabinet voisin. Ma foi, qu'il fassent ce qu'ils voudront! dînons d'abord, car j'ai faim. Justement voilà la demoiselle qui m'apporte mon potage. Mais quel bruit!... Raymond sort brusquement de son cabinet; il entre dans le mien, pâle, défait, tremblant, et, dans sa précipitation, pousse la servante, et lui fait renverser ma julienne devant la table!...

— Ah! mon Dieu, monsieur, que c'est désagréable! dit la fille en ramassant son vase. Vous m'avez fait brûler joliment... tout ce potage sur mon pied! je suis sûre qu'il me viendra de fameuses cloches!...

— C'est bon, la fille... je vous payerai votre soupe...

— Et mon tablier qui est abîmé... et ma jambe?...

— Je vous la payerai! répond Raymond, qui ne sait plus ce qu'il dit et pousse la fille dehors, puis referme soigneusement la porte.

— Ah çà! que diable avez-vous, monsieur Raymond?... vous arrivez comme un effaré.

— Ah! mon cher ami, j'ai un sujet!... une affaire... une circonstance... ma position est terrible... Attendez que j'aille regarder à la fenêtre... ah! faites-moi le plaisir de tirer d'abord le rideau pour qu'il ne me voie pas...

— Est-ce que vous devenez fou, mon voisin?

Raymond ne me répond pas; il va regarder à la fenêtre en ayant soin de se cacher sous le rideau et de ne s'avancer qu'avec précaution. Je le vois devenir encore plus blême.

— Il est là, me dit-il enfin

— Qui donc?

— Gerville.

— Ah! c'est vrai. Eh bien! qu'est-ce que cela vous fait?

— Cela me fait beaucoup à moi... Vous ne savez donc pas qu'il est horriblement jaloux et capable de se porter à des excès terribles!

— Après?

— Sachez que c'est pour moi qu'il est là... Je suis sûr qu'il me guette... ce n'est pas sans motif, je suis avec sa maîtresse.

— Comment?... serait-ce par hasard mademoiselle Agathe que vous m'auriez transformée en femme à équipage... à livrée?...

— Que voulez-vous, mon cher ami! c'était pour mieux la déguiser... ménager sa réputation...

— Ah! quant à cela, je vous réponds qu'elle n'a rien à craindre... Ah! ah! ah! monsieur Raymond... il vous faut des cruelles... des femmes d'une certaine tournure!

— Vous plaisanterez plus tard, mon cher ami, mais maintenant sauvez-moi, je vous en supplie; je n'ai d'espoir qu'en vous pour sortir de l'affreuse situation où je me trouve...

— Expliquez-vous donc.

— Gerville va, j'en suis certain, entrer dans cette maison... On lui a dit que j'y étais... Veuillez, pour un moment, prendre ma place et me laisser la vôtre dans ce cabinet... je laisserai ma porte ouverte, il me verra seul; et cela dissipera ses soupçons...

— Mais que ne vous enfermez-vous avec votre belle? il n'enfoncera pas votre porte...

Raymond sort brusquement de son cabinet. (Page 60.)

— Il en serait capable !.. ou bien il m'attendrait sur le boulevard ; et si je sortais avec Agathe, vous jugez que cela ferait une scène... scandaleuse... Et puis nous logeons dans la même maison, vous le savez ; et s'il s'aperçoit de quelque chose, comment voulez-vous que je rentre tranquillement chez moi?... Il serait homme à m'attendre la nuit dans l'escalier.

— Pourquoi diable alors vous adressez-vous à sa maîtresse?

— Que voulez-vous ! un moment de folie... C'est en restant avec elle sur notre carré que cela m'a pris...

— Ah, oui ! le matin où vous m'espionniez tous deux.

— Ah ! mon Dieu !... il est entré ! s'écrie Raymond, il vient de donner un coup d'œil sur le boulevard ; mon ami... sauvez-moi !... de grâce... allez... je vous rejoindrai...

Sans me donner le temps de lui répondre, Raymond me met mon chapeau sur ma tête, m'entraine, me pousse hors de mon cabinet et s'y enferme. Je me suis laissé entraîner, et, sans savoir ce que je veux faire pour mon voisin, dont la bravoure n'est pas la principale qualité, j'entre dans le cabinet où est Agathe, qui pousse un cri de surprise en me voyant.

— Ah ! mon Dieu !... c'est Eugène !... comment, c'est vous !... c'est toi !...

— Mais sans doute, c'est moi, qui me dévoue pour sauver ce pauvre Raymond, à qui la peur occasionnera une maladie !...

— Ah ! ah ! ah !... je n'en reviens pas !...

— Chut ! il est là... il peut entendre rire, et il me semble que, dans ce moment-ci, il trouverait cela mal de votre part.

— Vraiment, cela m'est égal !... ah ! ah ! ah !... Est-ce que tu crois, par hasard, que je suis amoureuse de Raymond?... Ah! il est vraiment par trop bête! et il veut faire le Lovelace!... Ah! je n'en pouvais plus!... Lorsqu'en ouvrant la fenêtre j'ai aperçu Gerville sur le boulevard, j'ai jeté un cri de surprise et je suis bien vite rentrée; je n'aurais pas voulu que Gerville me vît avec Raymond. Ce n'est pas qu'il soit jaloux, mais cela aurait pu lui déplaire. Sais-tu ce que j'ai fait? Il m'est venu dans la tête de dire à mon imbécile que Gerville était horriblement jaloux, et qu'il avait des soupçons sur lui depuis qu'il avait su que nous étions restés deux heures en tête-à-tête sur le carré, et qu'enfin j'étais certaine qu'il n'était sur le boulevard que pour nous épier. Plus j'en disais, plus je voyais augmenter la frayeur de mon adorateur, qui a encore plus d'amour pour sa personne que pour la mienne; quand j'ai ajouté que Gerville était capable de lui donner un coup de couteau... Ah! ah! le pauvre homme a pris son chapeau... et il court encore! Ah! ah! ah! mais c'est bien galant à lui de m'avoir envoyé une aussi aimable compagnie. Cependant je voudrais bien savoir ce qu'est devenu Gerville; je crois qu'il attendait tout bonnement un de ses amis.

— Chut!... on monte l'escalier... Raymond ouvre la porte: écoutons... c'est Gerville qui parle...

Nous nous collons contre notre porte, que nous entre-bâillons tout doucement, et nous entendons le dialogue suivant:

— Tiens!... c'est le voisin Raymond...

— Lui-même... Je suis bien votre serviteur... Comment va la santé.

— Pas mal...

— Quoi! vous dînez seul dans un cabinet?

— Oui... je suis préoccupé... j'ai des affaires... j'étais bien aise de ne pas être troublé...

— Je vous laisse en ce cas. J'attends une personne qui m'avait donné rendez-vous sur le boulevard; mais il se fait tard et je vais dîner... Bonjour, voisin; bon appétit...

— Votre serviteur...

Gerville ferme la porte du cabinet de Raymond, et entre dans un autre en passant devant notre chambre.

— Voyez, mademoiselle, dis-je à Agathe, décidez-vous: auquel de ces messieurs voulez-vous donner la préférence?

— Oh! il me vient une idée charmante!...

— Encore quelque folie, car tu ne rêves qu'à cela!

— Oh! celle-ci sera unique... Seconde-moi, mon cher Eugène, je t'en prie.

Et, sans m'en dire davantage, Agathe se met à marcher à grands pas dans le cabinet; elle remue les chaises, en jette quelques-unes à terre, et, tout en faisant ce tapage, s'écrie de temps à autre:

— Mon ami, ne te fâche pas!... je t'assure que tu es dans l'erreur... Je te promets que je n'ai pas vu Raymond!... que je ne l'aime pas!... Demande à Dorsan... il m'a offert à dîner, parce qu'il attend une dame...

Je commence à deviner le plan d'Agathe; elle veut faire croire à Raymond que Gerville est avec nous; pour la seconder, je fais à mon tour du bruit pour deux, et tâche par moments d'imiter la voix de Gerville. Fatigués de notre comédie, nous nous arrêtons enfin; Agathe me fait un signe que je comprends; je sors du cabinet dont elle referme la porte, et j'entre doucement dans celui de Raymond, que je trouve palpitant et à demi mort d'effroi devant un beefsteack aux pommes de terre. Je referme la porte sur moi avant d'aller à lui, et je mets un doigt sur ma bouche; nous avons l'air de deux conspirateurs. Cette fois Raymond parle si bas que j'ai bien de la peine à l'entendre.

— Il est là... (lui dis-je en montrant mon cabinet).

— Oh! je ne le sais que trop... je l'ai entendu... Mais comment se fait-il?

— Nous l'avons cru descendu, nous avons ouvert notre porte; mais il était aux aguets; il a vu Agathe, et il est entré. De là une scène terrible, parce qu'il se doute qu'elle est venue ici avec vous; car ce n'est pas de moi qu'il est jaloux!...

— Oh! parbleu! je ne sais que trop que c'est de moi... J'ai bien vu tout à l'heure qu'il ne croyait pas ce que je lui disais... Il avait des doutes... il nous a peut-être vus passer sur le boulevard?....

— Cela serait bien possible; aussi vous êtes d'une imprudence! Quand on fait une semblable partie, on prend une voiture et l'on entre chez le restaurateur par la porte de derrière...

— C'est vrai!... vous avez raison... nous aurions dû entrer par derrière! mais je vous assure bien que c'est par là que je sortirai.

— Il a cru d'abord que j'étais votre confident... que je n'étais là que pour vous servir... Au fait, je m'expose un peu pour vous...

— Ah! mon cher Dorsan!... je n'oublierai de ma vie ce que je vous dois!...

— Enfin, cela commence à se calmer... Agathe est parvenue à lui faire entendre raison... elle lui dit qu'elle n'est venue ici que pour le guetter... C'est elle maintenant qui joue la jalousie...

— Oh! oh!... c'est délicieux!... c'est charmant! ces femmes se tirent toujours de tout!

— Je voulais les laisser dîner seuls ; il ne le veut pas. Je suis sorti sous prétexte de commander le dîner.

— Il l'est, mon cher ami... et j'aurai soin de le payer. Je ne veux pas vous mettre en frais, quand vous vous sacrifiez pour me servir.

— Comme vous voudrez... je vais donner le mot à la fille, puis nous nous mettrons à table.

— Allez, mon généreux ami... défendez-lui bien de parler de moi...

— Soyez tranquille.

— Ah ! je n'ai plus qu'une crainte...

— Qu'est-ce donc ?

— Tout à l'heure, voulant faire une surprise à Agathe, je me suis amusé, pendant qu'elle avait le dos tourné, à glisser mon portrait dans son ridicule.

— Votre portrait ?

— Oui, c'est-à-dire une de mes silhouettes... vous savez bien... que j'ai collée sur un fond rose, bordé de petits Amours... Si, en voulant prendre son mouchoir, Agathe faisait tomber cela.... ou, ne sachant pas ce que c'est, voulait le regarder...

— Peste ! cela ferait un beau tapage !... c'est pour le coup que Gerville dirait que je m'entends avec vous pour le tromper !...

— Tâchez, mon ami, tâchez qu'Agathe ne se mouche point !

— Je ne puis pas répondre de cela, mais je lui ferai signe de se moucher dans sa serviette ; cela ne peut pas vous compromettre.

— C'est cela même....

— Adieu ! une plus longue absence lui donnerait des soupçons.

Je quitte Raymond, qui, cette fois, s'enferme dans son cabinet. Je retourne près d'Agathe. La fille arrive avec le dîner ; elle paraît surprise du changement de cavalier : deux mots et une pièce de cent sous que je glisse dans sa main la mettent dans nos intérêts. Elle promet de dire au gros monsieur que nous sommes trois, et elle s'éloigne enchantée de pouvoir s'amuser aux dépens de celui qui lui a fait renverser un potage sur ses pieds.

— Maintenant, dînons, dis-je en me mettant à table près d'Agathe, il faut convenir que nous l'avons bien gagné. Je ne m'attendais guère à dîner avec toi, je l'avoue !

— Oh ! ni moi !... mais les plaisirs impromptus sont toujours les meilleurs.

— Il est certain qu'il y a un mois, nous étions déjà raisonnables dans nos tête-à-tête...

— Tiens, nous avons bien fait de nous quitter : on se retrouve avec beaucoup plus de charme !...

— Oh ! je sais que tu aimes passionnément la variété.

— Non, mon ami, ce n'est pas tant la variété que le fruit défendu, et quand je pense que Gerville est à notre droite, Raymond à notre gauche... et que je suis parvenue à ne point manger avec lui le dîner qu'il a commandé... ah, ah, ah !

— Ne ris donc pas si fort !...

— Au contraire !... cela le rassure... il pense que Gerville est de bonne humeur... Ah, ah, ah ! cela lui rendra l'appétit.

Agathe est d'une gaieté folle ; elle est obligée de tenir sa serviette sur sa bouche pour étouffer les élans de sa joie ; le plaisir de tromper deux hommes à la fois donne à sa figure une expression nouvelle ; jamais, je l'avoue, je ne l'ai vue si jolie. Elle m'agace, me pince, me lutine, m'enlace dans ses bras... Ah ! mademoiselle Agathe ! vous êtes bien perfide, mais bien séduisante ! Depuis quelques jours, d'ailleurs, je ne fais l'amour qu'en œillades... et je sens qu'il faut rendre la mystification de Raymond complète... Ah ! mon pauvre voisin !... si vous saviez avec quelle ardeur Agathe vous mystifie !... Mais nous entendons monter ; c'est la demoiselle qui nous sert. Cette fille-là a du tact et de la pénétration : elle tourne au moins trois fois la clef dans la serrure avant d'ouvrir notre porte. On nous apporte le premier service. Je goûte le vin : c'est du volnay première qualité. Peste ! mon voisin est gourmet !

— Oh ! vous aurez un joli dîner, dit la fille en riant ; ce monsieur n'a rien oublié... Champagne... dessert... et puis le coup du milieu !

— Ah ! nous aurons le coup de milieu ! dit Agathe ; mon ami, il ne faudra pas l'oublier, entends-tu ?

— Sois tranquille... Ah ! dites donc, la fille, et le voisin vous a-t-il questionnée ?

— Oui, je lui ai dit que madame dînait avec deux messieurs ; il a l'air un peu plus tranquille.

— C'est fort bien.

Nous fêtons le dîner de Raymond ; il est délicat et recherché. Dans un moment de calme, je prie Agathe de m'apprendre par quel hasard elle est venue dîner en partie fine avec mon voisin qu'elle n'aime pas.

— C'est pour mieux me moquer de lui, me dit-elle. Depuis le jour où nous sommes restés sur ton carré pour voir ta petite bouquetière, Raymond s'avise de me faire la cour ; il me poursuit avec ses déclarations et ses billets doux, que je reçois pour les montrer aux demoiselles du magasin, ce qui nous fait beaucoup rire, car son style est aussi plaisant que sa personne. Il m'avait déjà demandé vingt rendez-vous, lorsque aujourd'hui je l'ai rencontré à la porte Saint-Denis; j'allais rentrer chez moi : je venais de chez Gerville, que je n'avais point trouvé. Raymond me prie, me supplie de venir dîner avec lui chez un traiteur. Je le refuse d'abord ! mais le désir de me moquer de lui, de rire à ses dépens, de m'amuser, enfin, me fait changer de résolution. Tu sais d'ailleurs combien je suis étourdie... Je ne pensais pas justement rencontrer Gerville, auquel je t'avoue que je tiens fort peu ; j'accepte donc, et me laisse conduire dans un cabinet particulier par le pauvre Raymond, qui croit son triomphe assuré, tandis que je n'ai jamais eu l'intention de lui rien accorder.

— Buvons à sa santé.

— Volontiers...

— Est-ce le coup du milieu ?...

— Un moment ! comme tu y vas ! nous n'y sommes pas encore !... Ce vol-au-vent est délicieux... et ce filet sauté au vin de Madère et aux truffes !...

— Et ce salmis de perdreaux... encore aux truffes... Ah ! ce pauvre Raymond ! voyez-vous la malice ! il en a fait mettre dans tout !...

La fille arrive avec le rhum et le second service.

— Ah ! mon Dieu ! dit Agathe, des truffes au vin de Champagne ! mais c'est pour en mourir... Et que mange le voisin ?

— De la poule au riz, madame.

— C'est bien, c'est rafraîchissant ; vous lui donnerez aussi des pruneaux pour son dessert, parce que c'est émollient

La fille nous laisse. Nous fêtons les truffes, le poulet, le buisson d'écrevisses, dont Agathe veut envoyer les pattes à Raymond. Nous n'oublions pas le coup du milieu : ma compagne y tient beaucoup ; j'y tiens aussi. Avec son dîner de bonne fortune, ce séducteur de Raymond nous a mis le diable au corps ; il me paraît qu'il lui faut des truffes dans ses parties fines !... Mais, en me faisant prendre sa place près d'Agathe, il m'a chargé d'une terrible besogne !...

— Venge-toi, me dit-elle à chaque instant, venge-toi, Eugène : tu sais que Raymond est cause que l'on a vu sortir ta petite vestale de chez toi... tu sais qu'il faisait aussi des propos dans ta maison quand j'allais te voir... tu sais que, par sa curiosité et son indiscrétion, il t'a brouillé avec plusieurs dames... venge-toi bien... venge-toi toujours !...

Que les femmes sont terribles quand il s'agit de vengeance !... Agathe ne me laisse point de répit, et cependant ma rancune commence à s'épuiser : heureusement, l'on apporte le dessert. Allons ! voilà du champagne maintenant, et du fromage à la vanille, des massepains, des biscuits à la rose, de la gelée au marasquin, de la liqueur des Iles de madame Amphoux... Je suis perdu !... Raymond veut ma mort.

— Je voudrais bien connaître la mine qu'il fait maintenant, dit Agathe : va donc un peu lui parler.

Je sors de notre cabinet, qu'elle tient entr'ouvert pour écouter, je tousse légèrement devant la porte de Raymond ; il m'ouvre.

— Eh bien ! où en êtes-vous ? me dit-il.

— Oh ! cela va bien !... cela va très-bien !... nous sommes au dessert.

— Et Gerville ?

— Oh !... il ne pense plus à rien !

— Je craignais qu'il n'eût fait une scène à Agathe. Il m'a semblé l'entendre gémir, soupirer...

— C'était de regret... d'amour... et puis elle fait encore semblant d'être jalouse... mais, dans le fond, je vois bien qu'elle ne pense qu'à vous.

— Oh ! elle m'adore, mon ami !... je n'en saurais douter...

— Votre dîner est délicieux ; vous faites bien les choses, monsieur Raymond.

— Ah ! oui... je l'avais ordonné avec intention !... je croyais le partager avec elle !...

— Elle sait que c'est vous qui l'avez commandé ; elle vous en a la même obligation. Je vois dans ses yeux qu'elle ne mange pas une truffe sans penser à vous.

— Chère Agathe !... Mais j'entends rire... il me semble...

— Oui... c'est elle... Elle rit du bout des dents, pour mieux le tromper ; mais le fromage fouetté m'attend : adieu, mon ami...

— Comment, vous n'avez pas encore bu le champagne ?...

— Pas encore.

— Vous avez cependant l'air bien échauffé...

— C'est le coup du milieu qui donne cet air-là.

— Dites moi, dois-je partir avant ou après vous !...

— Mais... avant, c'est le plus sage.

— J'irai me promener dans le jardin du café Turc... devant le pavillon où il y a un croissant....

— Je vois cela d'ici.

— Si, par hasard, Gerville vous quittait, ou s'il emmène Agathe, vous viendrez me trouver là...

— C'est entendu.

— En ce cas, je vous y attendrai... Au revoir, mon cher voisin... Je vous demande bien pardon de tout le mal que je vous donne... Ce que vous faites pour moi aujourd'hui est un vrai trait

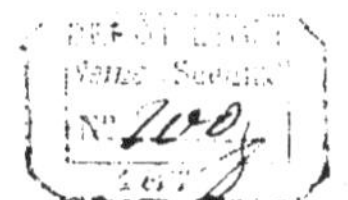

En approchant du magasin d'Agathe, j'aperçois beaucoup de monde rassemblé devant une affiche. (Page 70.)

d'ami. Je n'ai plus qu'une prière à vous faire... veillez sur ma silhouette! faites signe à Agathe pour qu'elle ne touche pas à son sac... faites ça pour moi, mon ami.

— C'est déjà fait.

— C'est égal, faites-le encore pour ma tranquillité.

— Je vais tâcher : au revoir.

Je retourne près d'Agathe, qui rit aux larmes. Je n'avais pas encore pensé à lui parler de la silhouette; ce fut le bouquet pour le dessert. Le profil du voisin était collé sur un papier rose à vignettes, et nous voyons au bas quelque chose d'écrit : ce sont des vers de Raymond : cela doit être curieux.

Si mon profil est entouré d'amours,
C'est que pour vous j'en ressens tous les jours.

C'est ingénieux! c'est digne de Berthellemot! seulement, comme nous remarquons qu'un des petits Amours est sur le bout de son nez, nous trouvons qu'il aurait dû mettre : *j'en flaire* au lieu de *j'en ressens*. Agathe veut d'abord coller mon voisin sur la glace de notre cabinet, mais elle change d'avis : elle garde précieusement la silhouette, dont elle compte faire tirer des copies, qu'elle prétend mettre dans des circulaires amoureuses faites avec les billets doux de Raymond, et qu'elle adressera à toutes les demoiselles de modes de sa connaissance, en ayant soin de mettre au bas l'adresse de l'original.

Le champagne achève ce que le dîner tonique a commencé; nous sommes en train de dire et de faire mille folies. Agathe se bourre de massepains et de gelée; je fais sauter les bouchons; le vin mousse et pétille, et de nos verres passe bientôt sur nos lèvres ; nous ne savons plus ce que nous disons, mais nous savons bien ce que nous faisons ! Agathe ne se contraint plus, et si Raymond écoute... oh ! cette fois il va croire que nous nous battons.

Mais le champagne, après avoir moussé lorsqu'on le verse, ne mousse plus ensuite qu'en étant fortement secoué, et finit par ne plus mousser du tout. Ainsi, lecteurs, s'éteignent ces volcans qui ont brillé du plus vif éclat ! Ainsi, lectrices, s'éteindront ces feux charmants que jettent vos beaux yeux, et qui vous font faire tant de conquêtes. Tout passe, hélas ! dans la nature ! tout se ruine, se détruit, s'anéantit ; tout meurt. C'est la loi universelle ; nous naissons pour cela ; et chaque pas dans la vie en est un vers le tombeau ; il n'y a pas là moyen d'entrer en arrangements :

La mort a des rigueurs à nulle autre pareilles ;
On a beau la prier,
La cruelle qu'elle est se bouche les oreilles
Et nous laisse crier.
Le pauvre en sa cabane où le chaume le couvre,
Est sujet à ses lois,
Et la garde qui veille aux barrières du Louvre
N'en défend pas les rois.

Je ne sais pas trop comment le champagne m'a conduit à cette citation ; mais, au reste, je suis certain que vous ne m'en saurez pas mauvais gré : ces vers-là ne sont déplacés nulle part ; je voudrais bien les avoir faits. Nous sommes donc devenus sages, en action du moins. Je regarde ma montre ! bientôt huit heures... peste ! et mon rendez-vous... Le champagne ne m'a pas entièrement fait perdre la mémoire, mais j'avoue qu'Agathe m'a fait perdre une grande partie de mes feux.

Raymond doit être depuis longtemps en faction au café Turc ; quant à Gerville, nous l'avons vu partir il y a plus d'une heure : rien ne nous gêne donc pour sortir. Ma compagne met son chapeau, son châle, et tâche de se donner un air modeste qu'elle ne peut pas parvenir à attraper, même en baissant les yeux ; moi, je fais ce que je peux pour avoir un maintien grave et surtout une démarche ferme : ce diable de champagne me porte toujours à la tête ! Cependant nous pouvons sans inconvénient nous montrer sur le boulevard : nous ne sommes qu'étourdis.

Nous sortons du Méridien : Raymond a tout payé ; la maîtresse et les demoiselles nous saluent en souriant.

— Est-ce que nous avons quelque chose de drôle dans la physionomie? dis-je à Agathe.

— Non ; mais crois-tu donc que ces gens-là ne devinent pas que nous venons de nous moquer de Raymond?... On croit peut-être que c'est mon mari.

— Oh ! ce serait trop fort !

— Bah ! cela s'est vu.

— Nous voici devant le café Turc : entrons-nous?

— Pourquoi faire?

— Pour relever Raymond, qui fait sentinelle.

— Qu'il y reste ! Je n'ai pas envie d'être encore ennuyée de son amour ; j'en ai bien assez. Tout a tourné comme je le voulais ; mais, comme une pareille aventure n'arriverait pas deux fois, je t'assure que désormais il ne me mènera plus en cabinet particulier.

— Pauvre Raymond ! voilà une partie fine qui lui sera bien profitable?... Mais j'aperçois le Château-d'Eau ; quelqu'un m'y attend, je te laisse.

— Quoi... déjà ?

— Notre pièce est finie, ma chère amie ; nous ne pouvons plus nous être d'aucun secours : n'attendons pas pour nous quitter que l'ennui succède au plaisir, et que les fumées du champagne soient entièrement dissipées ; du moins nous garderons de cette rencontre un souvenir agréable.

— Adieu donc, mon cher Eugène : puissions-nous, en nous retrouvant encore, nous amuser autant !

Agathe s'éloigne, et moi je vais faire le tour du Château-d'Eau.

CHAPITRE XVI

LA ROSE SANS ÉPINES

Voilà déjà six fois que je me suis promené autour du bassin. Je m'arrête de temps à autre devant les lions, que je considère sur toutes les faces ; puis, pour varier, j'écoute l'eau se précipiter dans le passage où elle rejoint les canaux : tout cela est sans doute fort récréatif, cependant je commence à m'en lasser. La sentinelle me regarde avec attention : sans doute je commence à lui devenir suspect.

La nuit vient ; je vais m'éloigner... Je vois se diriger vers moi une femme en petit bonnet... est-ce enfin? Je n'ose plus m'en flatter ; je me suis trompé si souvent, car j'ai la vue un peu faible ; mais on vient toujours de mon côté... Oh ! cette fois, c'est bien elle. Caroline m'aborde en souriant : elle n'est pas en grande toilette, mais il règne une certaine recherche dans sa mise ; son bonnet est noué avec soin, et ses cheveux, je le gage, ont resté toute la journée dans les papillotes : on ne prend pas tant de peines pour un homme qu'on ne veut pas écouter. Cette jeune fille me semble passablement rusée! Mais, quoique le champagne me rende encore plus étourdi qu'à l'ordinaire, je ne me soucie pas de donner le bras à une grisette en bonnet dans l'intérieur de Paris.

— Je commençais à perdre l'espérance de vous voir, lui dis-je.

— Pourquoi donc? il n'est que huit heures et quart; je ne puis sortir plus tôt de mon magasin.

— Allons faire un tour de promenade dans les champs.

— Dans les champs!... oh non! il est trop tard... je ne puis rentrer passé neuf heures; ma tante me gronderait...

— Voilà une tante bien ennyeuse... Entrons quelque part...

— Non, je ne le veux pas... Oh! si j'étais vue avec vous...

Je ne veux pas lui dire que je ne me soucie pas non plus de me carrer sur le boulevard avec elle, car enfin il est des convenances que je ne veux pas braver. Elle a un tablier et un bonnet, et cela me gêne beaucoup. Certainement je ne fais pas plus de cas d'une marchande de modes que d'une fleuriste, mais Agathe est mise en dame, et je puis lui donner le bras : un châle et un chapeau changent considérablement une femme, et voilà de ces petitesses auxquelles un jeune homme qui va dans le grand monde est forcé de se soumettre, tout en les méprisant. Certes, si Nicette m'avait rencontré à midi, au lieu de minuit, je ne l'aurais pas reconduite à pied chez madame Jérôme.

— Promenons-nous un peu dans la rue des Marais, me dit Caroline : au moins je ne craindrais pas tant d'être aperçue.

— Très-volontiers.

Voilà une proposition qui me convient beaucoup. Nous descendons l'escalier, nous prenons le passage du Wauxhall, et nous voilà dans la rue des Marais, rue très-favorable aux promenades sentimentales. Mademoiselle Caroline connaît les bons endroits.

On devine le sujet de notre conversation : entre un galant et une coquette, entre une jolie femme et un joli garçon, une jeune homme et une grisette, on traite sans cesse la même matière, on parle d'amour et encore d'amour. Depuis des siècles cela fait le fond de la conversation entre l'homme et la femme : on a dû dire considérablement de choses là-dessus, et cependant le sujet n'est pas épuisé; il est vrai que chacun le traite à sa manière, mais au bout du compte n'est-ce pas toujours pour arriver au même but?

Les fumées du champagne me font traiter mon sujet très-lestement; mademoiselle Caroline, qui n'a sans doute pas fait le même dîner que moi, se tient sur la réserve. Je n'obtiens rien d'elle : elle met toujours sa tante en avant, se plaignant de la rigueur avec laquelle on la traite : mais, n'ayant pas les moyens de se soutenir seule, il lui faut se soumettre à la nécessité.

Je crois entrevoir les désirs de la jeune fille, qui aime la liberté, ne parle qu'en soupirant de chapeau et de toilette, et paraît autant s'ennuyer de sa tante que de son magasin. Je laisse entrevoir le moyen de se trouver libre et heureuse; je touche un mot d'une petite chambre bien meublée où l'on serait sa maîtresse, où l'on travaillerait à son aise, où l'on ne ferait enfin que ses volontés : tout cela est bien séduisant!

Mademoiselle Caroline m'écoute très-attentivement : elle ne répond pas, mais elle soupire, baisse les yeux. Je parle toilette, spectacle, parties de plaisir : elle me regarde en souriant, et me laisse prendre un baiser bien tendre... Allons, j'ai trouvé le côté faible : la jeune fille s'ennuie, elle veut être sa maîtresse, elle veut enfin qu'on la mette dans sa chambre. Toutes ces petites grisettes sont de même; c'est après cela qu'elles aspirent, comme si, une fois chez elles, leur fortune était faite. Je vois que la fleuriste soupire aussi après ce moment, et que jusque-là elle ne m'accordera rien. Cela ne m'annonce pas positivement l'amour, mais cela dénote de la prévoyance et du calcul. Que ferai-je ?... Ma foi, encore une folie... Caroline est charmante; la reconnaissance me l'attachera peut-être... La reconnaissance, direz-vous, parce que je veux la séduire !... Oui, je conviens que ce n'est pas le mot propre, mais remarquez que je lui laisse faire toutes ses réflexions.

— Caroline, votre tante a-t-elle besoin de vous pour vivre?

— Non, monsieur, et je suis bien sûre, au contraire, qu'elle ne serait pas fâchée de me voir établie.

— J'entends. Vous n'avez pas d'autres parents?

— Non, monsieur.

— Vous vous quitteriez sans regrets?

— Oh! certainement, car nous nous disputons souvent; et, si j'avais pu me mettre dans ma chambre, il y a longtemps que je l'aurais fait.

— En ce cas, dès demain vous serez chez vous.

— Se peut-il!... quoi!... monsieur!...

Elle fait un bond de joie, puis se retient, parce

qu'elle pense qu'il ne faut pas laisser voir tout le plaisir qu'elle éprouve, et qu'il est convenable de faire encore quelques façons.

— Mais monsieur, je ne sais si je dois accepter...

— Qui vous en empêche?

— Que dira le monde?...

— Il me semble que le monde doit moins vous inquiéter que votre tante; et puisque vous ne craignez pas de la fâcher, que vous importe ce que diront des étrangers?

— C'est vrai, monsieur; cela m'est fort indifférent : d'ailleurs il y a déjà plusieurs demoiselles de mes amies qui ont fait comme cela, et qui ne s'en sont pas mal trouvées.

— Oh! les exemples ne vous manqueront pas. Ainsi donc, ma chère amie, tenez-vous prête pour demain à la même heure; je viendrai vous prendre ici. Vous aurez fait un paquet de ce qui vous sera le plus nécessaire, et je vous conduirai chez vous.

—Eh bien! puisque vous le voulez... à demain... je serai prête...

— Ah! encore une question. Quel est ce M. Jules avec qui vous étiez à Tivoli?

— Oh! c'est un jeune homme bien honnête, qui me menait promener quelquefois avec ma tante.

— Je vous crois; mais, serait-il cent fois plus honnête, il faut me promettre de ne point le recevoir chez vous, et de ne plus vous promener avec lui.

— Soyez tranquille; je sais bien que cela ne se doit pas, et je ne voudrais pas vous contrarier en rien.

— Vous êtes charmante; ainsi donc voilà qui est décidé.

— Oui, à demain; il est tard, séparons-nous.

Je prends sur les lèvres de Caroline les arrhes de notre marché, et elle s'éloigne lestement, sans doute pour se préparer d'avance à son changement de situation. Je vais donc entretenir mademoiselle Caroline! Ce mot d'entreteneur sonne mal à mes oreilles; en général, il semble désigner les vieux libertins, les gens laids, sots, infirmes que la fortune seule a favorisés, et qui n'obtiennent qu'au poids de l'or des faveurs que d'autres ont souvent eues sans effort. Ces personnages sont bien rarement aimés, et presque toujours trompés; je me suis moi-même amusé à leurs dépens et je vais entretenir Caroline!... Non, je vais la mettre dans sa chambre; voilà tout; je lui ferai bien, par-ci par-là, quelques petits cadeaux, mais il faudra qu'elle continue de travailler; je n'ai pas envie de satisfaire toutes ses fantaisies : je ne suis donc que son amant et non son entreteneur.

On tâche toujours d'envisager ses actions sous le point de vue le plus favorable; d'ailleurs Caroline est vraiment jolie; y a déjà longtemps que je soupire pour elle; je vais enfin la voir combler mes vœux! Je me persuade qu'elle m'aime, quoi que je n'aie rien vu dans sa conduite qui pût me le prouver; mais il est si doux de se flatter d'inspirer ce sentiment! Elle est coquette, mais je la fixerai; elle ne verra que moi, ne sortira qu'avec moi; elle fera toutes mes volontés, et elle me sera fidèle : voilà comme j'arrange tout cela.

Le lendemain, dès le matin, je songe à tout ce que j'ai à faire; je n'ai pas de temps à perdre. Je m'habille à la hâte; et, en refermant ma porte, je me cogne contre Raymond, qui venait me voir en veste du matin.

— Vous sortez déjà! me dit-il.

— Oui, mon voisin : j'ai beaucoup d'affaires.

— Diable! j'aurais voulu causer avec vous...

— Ce sera pour une autre fois.

— Vous n'êtes pas venu me joindre hier au café Turc; je suis resté jusqu'à dix heures dans le jardin.

— J'en suis fâché. Adieu...

— Dites-moi donc... et mon portrait! Agathe a-t-elle mon portrait?

Je n'écoute plus Raymond; je suis au bas de l'escalier; je parcours tous les environs pour trouver une chambre; il m'en faut une où l'on puisse entrer tout de suite, et je désire qu'elle ne soit pas éloignée de chez moi. Je n'ai pas encore rencontré ce qu'il me faut : c'est ou trop haut, ou trop triste, ou trop sale. Je marche le nez en l'air, cherchant partout des écriteaux. En m'arrêtant devant une porte cochère, j'entends tousser légèrement à quelques pas de moi : cette toux-là me paraît affectée; je me retourne et j'aperçois Nicette. J'étais à deux pas de sa boutique sans m'en douter. Nicette me regarde, puis baisse les yeux; elle n'ose me saluer ni me parler en plein jour : pauvre petite! Je me souviens alors de son bouquet que j'avais oublié; je ne l'ai pas encore remerciée de son attention!... Je m'approche de sa boutique, et, tout en choisissant quelques fleurs, je lui dis à demi-voix combien je suis sensible à son souvenir; elle rougit de plaisir, et je m'éloigne, la laissant me suivre des yeux.

Enfin, je trouve dans la rue Caumartin ce que je voulais : deux petites pièces bien propres, bien gaies, dans lesquelles on peut venir demeurer sur-le-champ. Il ne s'agit plus que de les meubler; mais avec de l'argent rien n'est si facile. Je cours chez un tapissier; j'achète tout ce qu'il

Raymond pousse le pauvre diable qui tombe sur son derrière. (Page 71.)

faut et je fais apporter tout cela avec moi. En moins de trois heures le petit appartement est meublé complétement. Je ne voulais d'abord qu'y mettre le nécessaire, mais l'amour-propre s'en mêle; je veux causer à Caroline une surprise agréable : il faut une bergère pour se reposer à son aise; il faut une ottomane pour se reposer deux ; il faut des glaces à une jolie femme; mais il lui faut surtout une toilette, et enfin un bon lit ; il faut des rideaux pour se dérober aux regards des voisins ; il les faut doubles pour diminuer l'éclat du jour ; il faut enfin une petite pendule pour ne pas oublier l'heure en parlant d'amour, et c'est toujours de cela qu'on parlera à Caroline ! Tous ces petits détails vont plus loin que je ne voulais d'abord ; mais je tâcherai d'économiser sur autre chose, et ce sont de ces dépenses extraordinaires qui ne se font que rarement !...

Enfin tout est terminé. J'ai les clefs de l'appartement : il n'y a point de portier dans la maison : ce sont des espions de moins. Ah ! il faut tout prévoir : ce soir Caroline viendra habiter ce quartier qui lui est peu connu, je veux au moins pouvoir lui offrir à souper ; il doit y avoir un traiteur aux environs. Allons vite commander une petite collation. Mais, avant que ma maîtresse ne prenne possession de son nouveau domicile, ai-je bien pensé à tout?... ne lui manquera-t-il rien?... Mettons quinze louis dans cette commode pour subvenir à ses premiers besoins, car, dans les premiers moments de son changement de fortune, elle ne songera guère à travailler, et c'est fort excusable ; la tête tourne si facilement à une jeune fille ! mais on se fait à tout, et il me semble que si ma jolie fleuriste veut être sage, rangée, et se bien conduire, elle pourra se trouver très-heureuse.

Je suis allé chez le traiteur ; j'ai commandé pour neuf heures un souper délicat. Maintenant tâchons de tuer le temps jusqu'à ce soir ; il est l'heure du dîner ; je n'ai pas faim ; n'importe ! dînons toujours, cela m'occupera.

Il est six heures : encore deux heures et demie qui vont être éternelles ! Allons nous promener ; il me semble que, dans ce moment, je ne serais pas fâché de rencontrer Raymond pour me distraire : allons rue Vivienne : c'est là qu'est le magasin de modes dans lequel travaille Agathe, je gage que Raymond rôde aux alentours.

En approchant du magasin d'Agathe, j'aperçois beaucoup de monde rassemblé devant une affiche collée à dix pas de la boutique. Je n'ai pas l'habitude de m'arrêter pour lire les effets ou les chiens perdus ; mais je vois tout le monde rire : ce n'est donc pas une de ces annonces ordinaires. Je m'approche... j'écoute...

— C'est bien plaisant, dit l'un.

— C'est un excellent tour, dit l'autre. Je suis sûr qu'il est ressemblant ; je reconnais ce profil-là.

Je veux approcher à mon tour. Je me fais jour... que vois-je !... la silhouette de Raymond que l'on a collée sur une grande feuille blanche et au-dessus de laquelle est écrit en gros caractères : *Avis aux dames et demoiselles. L'original de ce portrait cherche une personne de quinze à trente-six ans qui veuille accepter un dîner dans un cabinet particulier.*

Je devine aisément quel est l'auteur de cette méchanceté. Agathe est avec ses compagnes sur la porte du magasin, et ces demoiselles rient aux larmes en voyant la foule qui se presse devant la silhouette, et en entendant le remarques de chacun. J'ai pitié de ce pauvre Raymond ; si j'osais, j'arracherais sa figure exposée à la risée des passants : il est vrai qu'on ne peut guère le reconnaître d'après un profil noir; cependant la physionomie de mon voisin est très-originale, et l'artiste en silhouette a, malheureusement pour lui, parfaitement attrapé sa ressemblance, à laquelle d'ailleurs il a eu le temps de s'exercer, puisque Raymond a passé la soirée dans la boutique.

Parmi les curieux je remarque le petit Friquet, qu'on est toujours certain de trouver devant les affiches, les boutiques de caricatures, les marchands de galette, les chanteurs des rues et tous les spectacles en plein vent. Le petit clerc a reconnu Raymond; il se tient le ventre à force de rire, et s'écrie :

— Tiens ! je le connais !... c'est M. Raymond... qui vient chanter chez ma tante !... Oh !... c'est bien lui !... Oh ! que c'est méchant de l'avoir collé là !

Et, tout en disant :

— Que c'est méchant ! le petit sournois répète à chaque instant :

— Je le connais ; c'est M. Raymond qui va chez ma tante.

J'allais m'éloigner, lorsqu'en me retournant j'aperçois Raymond qui se promène devant le magasin d'Agathe en faisant le gentil et en lui lançant des œillades auxquelles elle ne répond que par des éclats de rire.

Le malheureux va venir du côté de son portrait : si Friquet l'aperçoit, il est perdu ; le petit clerc ne manquera pas de le faire reconnaître par tout le monde : je veux tâcher de lui sauver cette mystification. Je cours à lui, je lui prends le bras et veux l'emmener avec moi.

— Venez, mon cher Raymond, venez... allons prendre le café ensemble.

— Je ne peux pas, mon ami ; vous voyez que je suis ici pour quelque chose... Je guette Agathe... je veux lui parler...

— Vous lui parlerez plus tard ; venez donc...

— Non pas... le moment me paraît favorable... elle n'ôte pas les yeux de dessus moi.

En effet, la traîtresse lui fait des mines à mourir de rire, de crainte qu'il ne s'éloigne. M. Raymond, qui ne l'a jamais vue le regarder comme cela, et qui s'aperçoit que toutes les demoiselles du magasin ont les yeux sur lui, ne se sent pas de joie ; il se dandine dans la rue en s'appuyant sur son rotin : c'est en vain que je le tire par le bras, il n'y a pas moyen de lui faire perdre de vue la boutique de modes. Mais il remarque la foule assemblée à quelques pas.

— Il y a quelque chose là-bas... allons voir ce que c'est...

— Bah ! cela n'en vaut pas la peine... c'est quelque récompense pour un chien perdu, ou l'annonce d'une nouvelle huile pour empêcher les cheveux de tomber et de blanchir !

— Peste ! mon cher ami, ces huiles-là ne sont pas à dédaigner ! Quant à moi, j'essaie de toutes celles qui paraissent : à la vérité, cela me donne souvent des migraines ; mais, pour conserver sa jeunesse, vous conviendrez qu'il faut bien risquer quelque chose. D'ailleurs je crois que ce n'est pas cela qu'on regarde... Comme tout le monde rit !... Oh ! il faut que ce soit fort plaisant...

— Ne savez-vous pas que dans Paris la moindre bagatelle va faire assembler cent personnes ?...

— N'importe... je veux voir cela... j'aime à rire aussi quand l'occasion se présente... Je vais bientôt vous dire ce que c'est.

Il est impossible de le retenir ; il a déjà franchi le ruisseau avec une légèreté dont je ne le croyais pas capable. Le voilà dans la foule des curieux, jouant des coudes et des mains pour passer devant les autres. Les demoiselles de modes ne le perdent point de vue. Je veux aussi être témoin de l'effet que va produire sur lui sa silhouette. Au moment où il parvient jusqu'au mur, et reste immobile devant son profil, ne pouvant encore en croire ses yeux, le petit clerc, qui n'a pas quitté la place, pousse un cri en l'apercevant, et, enchanté de pouvoir le désigner à tous ceux qui l'entourent, lui dit :

— Voilà votre portrait, monsieur Raymond : il est bien ressemblant! Et tous les jeunes gens répètent avec Friquet : *C'est M. Raymond qui va chez ma tante!*

Mon voisin enfonce son chapeau sur ses yeux de manière à ce qu'on ne voie plus que le bout de son nez; il veut fuir et se jette à travers les badauds, qui se font un plaisir de lui barrer le passage en l'accablant de huées et de plaisanteries. Raymond ne se possède plus, il pousse tant qu'il écarte les curieux. Il marche à grands pas; les éclats de rire qui partent du magasin de modes achèvent de lui percer le cœur. Il va comme le vent; mais son chapeau lui couvre tellement les yeux qu'il ne voit pas devant lui, et va se jeter sur un aveugle conduit par un chien qui tient une sébile dans sa gueule.

Raymond a poussé le pauvre diable qui tombe sur son derrière en poussant un juron énergique; le chien, qui voit tomber son maître, lâche sa sébile pour sauter après Raymond : l'aveugle crie au voleur, parce qu'il entend ses gros sous rouler sur le pavé; Raymond jure à son tour, parce que le caniche lui mord les jambes. On court pour mettre la paix et relever le mendiant; mais on ne sait comment en approcher, parce qu'il tape à tort et à travers avec son bâton, croyant frapper la personne qui l'a renversé, tandis que Raymond lutte avec le chien, qui a pris sa jambe pour sa sébile et ne veut plus la lâcher.

Enfin l'aveugle est relevé; on parvient à remettre la sébile dans la gueule du fidèle animal qui vient de combattre pour son maître. Comme il faut un dédommagement au pauvre diable, qui se tâte la fesse et demande sa recette, mon voisin est contraint à fouiller à sa poche, tandis que tout le monde lui corne aux oreilles :

— Allons, monsieur Raymond, il faut être généreux, et ne pas aller dans les rues de Paris comme un fou!

Pour se débarrasser de la foule, qui à chaque instant devient plus considérable, Raymond vide ses poches, et plus il donne, plus l'aveugle se plaint de sa fesse.

— Ces drôles-là ne sont jamais contents! dit mon voisin; voilà douze francs pour ton derrière, et trente sous pour ta recette; je crois que c'est bien assez.

— Vous m'avez blessé, dit l'aveugle, qui crie comme un sourd, je ne pourrai marcher de huit jours; il faut me dédommager de la perte que ça m'occasionnera.

— Allons... tiens, voilà encore douze francs...

— Ça n'est pas assez, mon bourgeois...

— Comment! cela te fait trois livres par jour, et tu n'es pas content! Il paraît que le métier est bon!

— Je suis un pauvre père de famille; j'ai cinq enfants...

— Et pourquoi ta femme ne te conduit-elle pas, au lieu de te confier à un chien?

— Ma femme chante sur la place Maubert, mon bon monsieur.

— Et tes enfants?

— Mon aînée chante sur le boulevard des Italiens, ma cadette chante dans la rue du Grand-Hurleur, ma troisième chante au Montparnasse, mon quatrième chante aux Champs-Elysées, et mon petit dernier commence à chanter dans la rue du Petit-Lion. Nous chantons tous, mon bon monsieur.

— Eh bien! ils viendront se plaindre encore!... Des gens qui chantent du matin au soir!... et qui ne donnent pas leur journée pour trois livres! Je vous demande s'il y a dans Paris une famille plus heureuse que celle-là.

Le public rit de la réflexion de mon voisin. L'aveugle, qui veut encore faire le méchant, est menacé d'aller montrer ses parties blessés à M. le commissaire, qui a un tarif pour les derrières de toutes les conditions. Le mendiant ne se soucie pas d'exposer ses fesses à la justice, craignant un rabais considérable; il s'éloigne avec son chien, Raymond avec sa courte honte, et moi avec la silhouette que j'ai arrachée et fourrée dans ma poche.

L'heure est venue d'aller chercher Caroline. Je prends un fiacre et me fais conduire derrière le Château-d'Eau. Là je descends, et vais me promener sur le boulevard en attendant ma jeune fugitive. Cette fois elle ne tarde pas à paraître, tenant à la main plusieurs cartons : elle sourit du plus loin qu'elle m'aperçoit; il règne dans ses manières plus d'abandon, dans ses regards plus de tendresse qu'elle ne m'en avait jamais témoigné. Oh! je vois bien maintenant que je suis maître de son cœur.

Je la conduis à la voiture : nous emballons les cartons; nous nous plaçons l'un contre l'autre; je dis au cocher de fouetter ses chevaux : il me tarde d'être arrivé et de jouir de sa surprise. Enfin, après une course rapide, pendant laquelle elle m'a laissé la tenir dans mes bras et lui répéter que je l'aimerai toujours, nous arrivons rue Caumartin, devant la porte de son nouveau logement.

J'ouvre la porte bâtarde; je paye le cocher; Caroline prend ses cartons, et je lui donne la main pour monter l'escalier, car il est nuit et l'on n'y voit pas. Je suis étonné de ne point sentir sa main trembler dans la mienne... Au moment d'un si grand changement dans sa situation, elle n'est point agitée... C'est une jeune fille qui a beaucoup de caractère.

Enfin nous sommes chez elle ; une vieille voisine nous donne de la lumière; Caroline peut examiner son nouveau domicile. Elle jette autour d'elle des regards charmés; je vois le plaisir briller dans ses yeux.

— Ah! que c'est joli!... que c'est joli!... dit-elle à chaque instant; et elle s'assied sur une bergère, sur l'ottomane, va se mirer à la toilette, examine ses rideaux, sa commode, sa pendule, sa table, ses chaises... Il n'y a que le lit qu'elle n'ose point aller examiner... Est-ce par pudeur?

— Vous êtes donc contente? lui dis-je en la faisant asseoir sur mes genoux.

— Eh! comment ne le serais-je pas? Ce logement est charmant... tout cela est d'une élégance... il n'y manque rien... je vais avoir l'air d'une femme comme il faut.

— Vous vous y plairez donc?

— Je sens que je ne pourrais déjà plus le quitter.

— Je suis charmé d'avoir réussi; tout ce qui est ici est à vous.

— A moi?... En vérité... vous êtes trop généreux!

— Et, si vous ne m'aimez pas, vous êtes encore la maîtresse de ne point me voir; je ne prétends pas mettre un prix à ce que je fais...

— Ah! quelle idée!... si je ne vous aimais pas, est-ce que j'aurais consenti à vous suivre? est-ce que j'accepterais quelque chose de vous?...

Je ne lui en laisse pas dire davantage, un baiser lui ferme la bouche... On sonne avec violence; Caroline fait un mouvement de frayeur.

— Qui peut donc venir ici? me dit-elle. Je la rassure et vais ouvrir.

C'est le traiteur qui apporte le souper que j'ai commandé : cette vue rend à Caroline toute sa gaieté. Nous dressons le couvert; la manne est débarrassée, les mets sont placés sur la table, le marmiton renvoyé.

Nous sommes seuls, nous sommes chez nous, nous sommes nos maîtres.

Je n'ai pas grand appétit, mais je vois avec plaisir que ma compagne fait honneur au repas; elle mange de tout, elle trouve tout bon.

— Du moins, me dis-je, celle-ci ne fait pas encore la petite-maîtresse; elle ne cherche pas à cacher sa joie et son appétit; elle avoue que chez sa tante elle ne soupait jamais aussi bien; elle convient qu'elle aime la bonne chère, les friandises et le vin muscat : versons-lui donc du muscat. Je ne veux pas la griser, mais une petite pointe achèvera de bannir un reste de cérémonie qui gêne encore sa gaieté.

Caroline a de l'esprit, des saillies, de la finesse ; peut-être même en a-t-elle trop. J'entrevois que cette jeune fille peut aller loin et devenir la femme à la mode. Je conçois qu'elle s'ennuyait dans la rue des Rosiers ; elle désirait en secret briller sur un plus vaste théâtre, parce qu'elle devine les succès qui l'attendent. Tâchons, autant qu'il me sera possible, de ne point flatter son goût pour le luxe, la toilette et la dépense ; car ce serait le diable ensuite pour la faire changer de route.

Mais la pendule sonne onze heures...

— Quoi! déjà! dit Caroline, comme le temps passe vite!...

Je suis à ses côtés, je la tiens dans mes bras, je repose ma tête sur son épaule : le silence a remplacé les élans de notre joie, mais le silence peint mieux le trouble du cœur que les bruyants éclats de la folie.

— Il est bien tard... répète enfin Caroline à demi-voix.

— Faut-il donc nous quitter... lui dis-je, et n'êtes-vous pas maintenant votre maîtresse?

Elle baisse les yeux et ne répond pas, mais ai-je besoin d'autres aveux? Elle ne se défend que faiblement ; et je suis si bonne femme de chambre qu'en un instant elle se trouve en toilette de nuit, si toutefois on peut appeler cela toilette : il est vrai que j'arrache et je casse tout, cordons, lacets, épingles!... Ces obstacles-là sont bien faibles : heureusement la mode ne veut pas que nos dames soient revêtues d'une cuirasse d'acier!... mais alors même l'amour saurait en trouver le défaut. Il y a un obstacle plus doux que je désire rencontrer; mais, il faut bien l'avouer, celui-là ne se trouva pas. Ah! mademoiselle Caroline!... j'aurais dû m'en douter!... Qu'importe, après tout; en est-elle moins jolie? Non, sans doute; peut-être même est-ce cela qui donnait à sa physionomie cette expression de malice et de coquetterie qui m'a séduit. Mais je ne puis m'empêcher de songer qu'un autre en a obtenu bien plus que moi sans mettre la demoiselle dans sa chambre ; cependant, pour nous consoler, rappelons-nous la chanson :

Le premier pas se fait sans qu'on y pense.

Ce n'est que le second qui se fait avec réflexion : il y a donc beaucoup plus de gloire à faire faire le second que le premier; tâchons de nous persuader cela.

D'ailleurs il faut bien prendre son parti là où il n'y a pas de remède. Si j'étais son mari : oh! alors... il faudrait faire de même ; car enfin, c'est bien assez d'être persuadé que l'on est un Georges

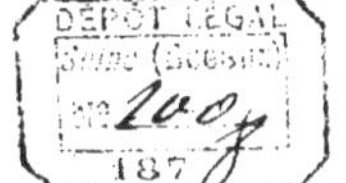

Il parvient à saisir le dogue par la queue. (Page 79.)

Daudin, je ne vois pas la nécessité de l'apprendre à tout le monde.

J'ai donc gardé pour moi toutes ces pensées; je n'ai prodigué à Caroline que des caresses qu'elle m'a rendues avec une vivacité, une force de sentiment dont je ne l'aurais pas jugée capable, et qu'à coup sûr je n'aurais pas trouvée dans une agnès : c'est déjà un point de consolation.

Elle me jure qu'elle m'aimera constamment, ne sera heureuse qu'avec moi, ne veut voir que moi, me sera toujours fidèle, et ne désire plaire qu'à moi. Je lui en dis à peu près autant, et nous nous endormons en répétant ces tendres serments d'amour.

Je m'éveille, il fait grand jour... Caroline dort encore... Il n'est que six heures du matin : ne l'éveillons pas; elle doit être fatiguée.

Je cueille doucement un baiser sur une bouche qui semble les appeler même en dormant, et je quitte ce lit où j'ai trouvé dans les bras de ma belle toutes les douceurs de la volupté, excepté... mais ne pensons plus à cela.

Je m'habille sans faire de bruit; je veux sortir sans l'éveiller. Je sais que la trop grande habitude d'être ensemble fait bientôt naître la satiété : je ne veux donc pas être trop souvent près d'elle, afin que nous nous retrouvions avec plus de plaisir. Oh! j'ai de l'expérience! Quand on ne le ménage pas, il n'y a rien qui s'use aussi vite que l'amour. Et puis, quoique mademoiselle Caroline me plaise beaucoup, je ne voudrais pas vivre tout à fait avec elle.

Me voilà prêt; je jette encore un regard sur ma nouvelle amie, puis je m'éloigne à petits pas et referme la porte bien doucement.

Quelle différence de Paris à six heures du matin avec Paris à six heures du soir!... Quel calme règne dans ce quartier, qui retentira dans quelques heures du bruit des calèches, des wiskis, des brillantes cavalcades, des cris des cochers, des laquais, du bourdonnement des piétons et des marchands! Quelques laitières seules animent maintenant le tableau.

Je me dirige vers les boulevards : quelle fraîcheur! quelle charmante promenade!... Je ne puis résister au désir de les parcourir avant que la poussière et la cohue n'en aient fait le rendez-vous des élégants et des petites-maîtresses. Je sens d'ailleurs que l'air que je respire me fait du bien, qu'il ramène le calme dans mes esprits, et je conçois qu'on puisse, à six heures du matin, se repentir de ce qu'on a fait à six heures du soir.

Mais les boutiques s'ouvrent, les marchands étalent, les portiers balayent, les jalousies se lèvent, les paresseux bâillent, les petites ouvrières viennent acheter leur once de café, les vieux garçons leur petit pain, les bonnes leur pot-au-feu, et les vieilles femmes leur petite cruche de crème.

Le commissionnaire va boire son verre de vin et le cocher de fiacre son verre d'eau-de-vie, afin de bien commencer la journée.

Les paysannes, qui en ont déjà fait la moitié, remontent sur leur âne et retournent aux champs; moi je quitte les boulevards et je rentre chez moi.

Les trois quarts des locataires dorment encore. Il n'est que sept heures et demie ; je ne rencontre que quelques bonnes... Mon voisin, je l'espère, n'est pas encore éveillé : ce pauvre Raymond!... D'après l'aventure d'hier au soir, je présume que nous aurons ensemble une grande explication! Il doit être furieux contre moi ; car je lui crois assez de bon sens pour comprendre maintenant que les demoiselles du magasin de modes se sont moquées de lui.

Me voilà devant ma porte... Il y a quelque chose dans ma serrure... c'est un bouquet de Nicette... il est déjà un peu fané ; il est sans doute là depuis hier au soir.

La petite bouquetière ne m'oublie point; et moi, qui aurais bien pu à six heures du matin lui aller dire bonjour, je n'ai pas même songé à elle. Je ne passe presque jamais devant sa boutique!...

Nicette mérite cependant que l'on se détourne pour la voir; mais depuis quelques jours je suis tellement occupé que je n'ai pas le temps de penser à ma protégée : je me suis promis, d'ailleurs, de ne point trop penser à Nicette, et je crois que je ferai fort bien... pour elle surtout... Je veux qu'elle m'oublie, car je la crois sensible et susceptible de s'attacher sincèrement à celui qu'elle aimera. N'allons pas la voir; c'est le plus sage. Elle finira par m'oublier... Ah! je sens pourtant que j'en serais fâché.

Je détache le bouquet et je rentre chez moi, mon appartement me rappelle aussi Nicette et la nuit que nous avons passée ensemble. Cette nuit-là ne ressemble pas à celle qui vient de s'écouler et qui ne m'a rien offert d'extraordinaire... J'en ai passé et j'en passerai sans doute encore beaucoup d'agrébles comme la dernière; mais elles sont bien rares, celles où une jeune fille de seize ans, sensible et jolie, sait, tout en nous charmant, nous faire respecter son innocence.

Je ne suis pas si content que je devrais l'être : devenu possesseur d'une femme charmante, car Caroline est vraiment adorable et elle ne perd pas a être vue dans le plus simple négligé, que puis-je donc désirer encore?...

Ah! j'ai été trompé si souvent, qu'il m'est bien permis d'avoir des craintes...

Ma nouvelle maîtresse est coquette au moins autant que l'étaient mes anciennes, et cela n'est pas fort rassurant; mais pourquoi se tourmenter d'avance... Je me suis promis d'ailleurs, d'être impassible et de prendre les événements philosophiquement.

Oui, je me le suis promis, mais je n'ai pu encore y réussir; peut-être avec le temps et un peu plus d'habitude en viendrai-je à bout. On dit que l'on se fait à tout, mais je crois qu'il est difficile de s'habituer à ce qui blesse notre amour-propre.

On entre chez moi... c'est madame Dupont qui m'apporte un billet... Voyons, madame Dupont, donnez-moi cela.

Ma portière met à tout ce qu'elle fait un air d'importance et de mystère qui m'amuse beaucoup. Elle me présente le papier en l'accompagnant d'une révérence qui veut dire bien des choses... Mais je m'aperçois que le billet n'est que plié sans être cacheté, d'où je conclus que ma portière sait déjà ce qu'il contient, et, d'après son air, cela doit être sérieux.

— Qui vous a remis ce billet, madame Dupont?

— C'est M. Raymond...

— Mon voisin?

— Oui, monsieur, et je suis chargée de lui rapporter votre réponse.

— Voyons donc ce message!

« Monsieur Dorsan,

« Une explication majeure doit avoir lieu entre nous au sujet du dîner d'avant-hier. Cela ne peut se terminer qu'au bois de Boulogne, où je vous attends aujourd'hui entre midi et une heure. Je serai seul; faites de même. Je vous crois trop galant homme pour manquer à ce rendez-vous. Je serai près de la porte Maillot.

« RAYMOND. »

Je ris comme un fou après avoir lu ce billet. Madame Dupont, à laquelle je ne doute pas que Raymond n'ait dit que nous allions nous battre, paraît surprise de ma gaieté et me demande quelle réponse elle doit faire.

— Allez, lui dis-je, et assurez à mon cher voisin que je serai exact au rendez-vous.

Ma portière, fière de son ambassade dans une affaire aussi importante, me fait la révérence de rigueur, et retourne rendre ma réponse à Raymond, qui l'attend probablement dans sa loge, où il fait le crâne devant les commères et les bonnes, afin que toute la maison sache qu'il a une affaire d'honneur. J'avoue que je ne m'attendais pas à un cartel de mon voisin... Quelles armes vais-je prendre?... il ne m'en parle pas; j'ai dans l'idée qu'elles seront inutiles : à tout hasard mettons mes pistolets dans ma poche. Que sait-on?... J'ai peut-être mal jugé Raymond... D'ailleurs les fous ont leurs moments lucides, les avares sont parfois prodigues, les tyrans ont des éclairs de bonté, les coquettes des instants de sincérité, les fripons des lueurs de probité, les poltrons peuvent avoir aussi leurs moments de valeur.

CHAPITRE XVII.

DUEL AVEC MON VOISIN.

Je me rends au rendez-vous à l'heure indiquée. Le temps est fort beau, la promenade charmante, et les promeneurs sont nombreux. Je ne puis m'empêcher de trouver que mon voisin a choisi pour se battre une heure où il est difficile de n'être pas aperçu; je sais bien qu'il aime beaucoup à se faire voir, mais il me semble qu'ici ce n'est point le cas; il serait capable de choisir son terrain devant un corps de garde. Attendons cependant avant de juger et prenons patience.

Me voici à la porte Maillot. Je n'aperçois pas Raymond. Il n'est pas encore une heure... promenons-nous. Je ne songeais guère ce matin à venir aujourd'hui au bois de Boulogne, et surtout à y venir seul, Caroline doit être étonnée de ne point me revoir. Au fait, c'est lui marquer peu d'empressement; et si elle est exigeante, elle aura droit de me gronder. Mais nous ferons la paix, j'en sais le moyen : quand on s'aime encore, il est bien facile à trouver; ce n'est que dans les vieux ménages et les vieilles liaisons que les querelles refroidissent l'amour, parce qu'alors les raccommodements ne se font plus de même.

Il est une heure et demie... personne ne paraît... Ah! mon cher voisin, n'auriez-vous eu que l'intention de m'envoyer promener? Je conçois qu'il faut beaucoup de préparation avant de vous battre en duel; mais, depuis ce matin huit heures, il me semble que vous avez eu le temps de faire vos petits arrangements, et d'aller dire à vos connaissances que vous avez une affaire d'honneur. Serait-il allé prévenir la gendarmerie?... Cela s'est vu quelquefois : mais non, c'est lui qui m'a écrit; je lui fais injure!

Ce pauvre Raymond! je sais que l'aventure du dîner est terrible, et qu'il doit beaucoup m'en vouloir, surtout s'il me croit aussi l'auteur de la méchanceté que l'on a commise en collant son profil dans la rue Vivienne. Mais pourquoi cette rodomontade de m'envoyer un cartel par la portière? s'il n'a pas l'intention de se battre, il fallait me venir trouver chez moi; je serais convenu en riant de mes torts, car je ne suis pas de ces gens qui ne réparent les sottises qu'ils ont faites qu'en cherchant à couper la gorge à ceux qu'ils ont offensés. Je vois plus de gloire à avouer franchement sa faute qu'à se battre ensuite si l'on n'est pas satisfait.

Bientôt deux heures... je perds patience; je suis las de me promener; d'ailleurs le temps se couvre, l'horizon s'obscurcit; nous allons avoir de l'orage : je n'ai pas envie de l'attendre dans le bois. Déjà les promeneurs sont plus rares, les cavaliers pressent les flancs de leur coursier, les cochers font claquer leur fouet; on se hâte de rentrer à la ville. Je vais en faire autant...

Mais quels sont ces trois hommes qui se dirigent à grands pas vers le bois?... Oh! je reconnais celui qui marche fièrement à la tête : c'est Raymond; il a amené deux témoins, et il m'a dit qu'il viendrait seul... N'importe, il aura sans doute la complaisance de m'en céder un : je commence à croire que c'est dans l'intention de me choisir le mien qu'il m'a engagé à n'en pas amener.

Ces messieurs approchent... Je reconnais les témoins de Raymond... L'un est le mélomane Vauvert, l'autre M. le baron de Witcheritche. Ah! parbleu, nous allons rire!... Je me doutais bien que mon voisin me ménageait quelque tour de sa façon... Où diable a-t-il été chercher de pareils témoins?... Il ne nous manque que Friquet; mais je ne serais pas étonné qu'il fût placé en faction à peu de distance, prêt à crier à la garde au premier signe de son oncle.

Ces messieurs sont en nage; ils ont cependant eu le temps de faire la route. Apparemment qu'ils se sont décidés tard afin de s'échauffer en chemin. Raymond est rouge comme un coq, Vauvert pâle comme une mariée, et M. le baron fait de si vilaines grimaces que je ne puis pas bien préciser la couleur de sa figure.

Ces messieurs paraissent plus satisfaits en voyant que je suis seul, je suis bien fâché maintenant de n'avoir pas pris un témoin; j'ai dans l'idée que cela aurait dérangé le plan de Raymond.

On me salue du plus loin qu'on m'aperçoit, j'en fais autant; et, retournant sur mes pas, je rentre dans le bois, d'où j'étais sorti.

— Où allez-vous donc?... attendez-nous donc! me crie Vauvert, qui bégaie et peut à peine parler tant il est agité.

Je ne fais pas semblant d'entendre, et continue à m'enfoncer dans le bois.

Vauvert se met à courir après moi; il me rattrape et me prends la main... je sens qu'il tremble comme un lièvre.

— Où donc allez-vous, mon cher ami? pourquoi vous enfoncer ainsi dans le bois? vous voyez bien qu'il va faire de l'orage...

— Il me semble que l'affaire qui nous amène ici ne doit pas se terminer sur la grande route... autant valait alors choisir le boulevard Saint-Denis pour le lieu du combat....

— Mon ami... j'espère que... d'ailleurs...

— Quant à l'orage, ce n'est pas cela qui peut nous gêner; au contraire, cela éloigne les curieux.

Pendant que je cause avec Vauvert; j'entends mon voisin qui lui crie de loin. Point d'arrangement, monsieur Vauvert, point d'arrangement!... Je ne veux pas que cela s'arrange; je suis décidé à me battre!

— Vous l'entendez! me dit Vauvert; il a la tête montée... Oh! il est terrible quand il s'y met... Il a dit partout qu'il voulait avoir votre vie ou que vous auriez la sienne.

Je ne puis que rire des fanfaronnades de Raymond; et c'est moi qui rassure ce pauvre Vauvert, qui ne sait pas où il en est, car il ne s'est jamais trouvé à pareille fête.

Enfin nous sommes rejoints par mon adversaire et M. le baron de Witcheritche, qui a un chapeau à cornes de huit pouces de haut, qu'il a enfoncé sur l'oreille gauche, ce qui lui donne l'air d'un tapageur de la rue Coquenard.

— Monsieur, me dit Raymond en s'avançant vers moi d'un air martial, je vous avais dit que je viendrais seul, et c'était mon intention; mais, en traversant le Palais-Royal, j'ai rencontré mon ami Vauvert, qui allait acheter un petit pain pour son second déjeuner et qui, en apprenant que j'avais avec vous une affaire d'honneur, a tout quitté pour me suivre et...

— C'est-à-dire, dit Vauvert en l'interrompant, que vous ne m'avez pas dit que c'était de cela qu'il s'agissait, je ne l'ai appris qu'à la barrière; car, en m'apercevant, vous m'avez pris par le bras, sans me laisser le temps de payer mon journal.

Raymond ne fait pas semblant d'entendre ce que dit Vauvert, et continue:

— J'ai donc cédé à ses pressantes sollicitations. D'ailleurs, il est autant votre ami que le mien, et sa présence ne peut vous déplaire. Quant à M. le baron de Witcheritche, nous l'avons rencontré à la barrière, allant avec madame son épouse dîner à la campagne. J'ai pensé qu'il valait mieux avoir deux témoins qu'un seul, parce que je pourrais vous en céder un. M. de Witcheritche a bien voulu quitter madame la baronne, qui l'attend ici près sous les arbres. Il sera donc mon second, et Vauvert le vôtre, si cela peut vous être agréable.

M. le baron qui a salué toutes les fois qu'on a prononcé son nom, va se placer à côté de Raymond et Vauvert se met derrière moi.

— Monsieur Raymond, dis-je à mon tour, il me semble que nous pouvions fort bien terminer cette affaire entre nous, sans déranger ces messieurs. Je crains que madame la baronne ne soit mouillée pendant notre combat, et Vauvert serait mieux à son bureau qu'ici...

— Oui, c'est vrai, dit Vauvert, qui ne demande qu'à s'en aller. J'ai beaucoup de besogne aujourd'hui... et je crains d'être grondé par mon sous-chef.

— Matame la baronne, il n'avait bas beur te l'orache, il aimait beaucoup fort à voir les bétites éclairs, dit M. de Witcheritche en souriant très-gracieusement de manière que sa bouche aille rejoindre ses oreilles.

— Enfin, puisque ces messieurs sont venus, il ne faut pas que ceci soit pour rien, dis-je en souriant aussi: j'accepte donc M. Vauvert pour mon second.

Vauvert se recule d'un air effaré :

— Tranquillisez-vous, lui dis-je, les seconds se battent rarement; si cependant je succombe et que vous vouliez me venger, vous en serez le maître.

— Moi! mon cher ami... je n'ai pas besoin de vous dire combien je vous aime... et certainement... je veux que cela s'arrange à l'amiable...

Raymond lâche son coup. (Page 78.)

Entre amis, est-ce qu'il faut se fâcher ?... Monsieur de Witcheritche, nous ne devons pas souffrir que ces messieurs se battent.

M. le baron paraît plus occupé de quelque chose qu'il a dans sa poche que de notre combat, et c'est en vain que Vauvert, qui a les larmes aux yeux, se démène pour lui faire comprendre qu'il faut me réconcilier avec Raymond. Mais mon voisin est tenace.

— Je veux me battre, dit-il : on ne m'offense pas impunément !... J'ai vu M. Gerville, je sais qu'il n'a pas dîné avec vous et Agathe... c'est vous en dire assez !... Et ma silhouette sur le mur... c'est un abus de confiance !... Vous m'en ferez raison, monsieur Dorsan, cette affaire fera du bruit !...

— Eh ! mon Dieu, mon voisin, je suis à vos ordres... Terminons, car il va pleuvoir ; et je serais désolé que ces messieurs fussent mouillés... et surtout madame la baronne, qui est sous les arbres.

— Je suis l'offensé ; j'ai le choix des armes.

— C'est juste.

— Je suis extrêmement fort sur l'épée... j'ai pris des leçons du premier maître de la capitale ; mais je ne me bats qu'au pistolet, parce que je ne veux pas abuser de mes avantages.

— Voilà qui est généreux de votre part ; j'avais deviné vos intentions en apportant des pistolets...

Je tire mes pistolets de ma poche ; je vois M. Raymond se troubler et changer de couleur, puis tirer aussi de sa poche une paire de gros pistolets d'arçon qu'il me présente.

— C'est fort bien, lui dis-je ; nous aurons chacun les nôtres.

— Non pas, non pas... remettez les vôtres dans votre poche ; c'est des miens qu'il faut se servir... Vous sentez bien que j'aurais trop d'avantage avec mes pistolets contre les vôtres qui ont deux pouces de moins.

— Vous avez des procédés superbes. Allons, puisque vous le voulez...

— Oui, monsieur ; d'ailleurs j'ai le choix des armes, et je ne me bats qu'avec les miennes.

— Soit ; appelons ces messieurs pour les charger.

Je me retourne pour chercher Vauvert, qui, depuis que nous avons les pistolets entre les mains, est allé se promener du côté de la grande route et ne se décide qu'avec peine à se rapprocher de nous.

— Les pistolets sont chargés, dit Raymond ; je prends toujours ce soin-là d'avance.

— Ordinairement, mon cher voisin, ce sont les témoins qui doivent le faire.

— Oh ! je ne me fie qu'à moi pour cela... D'ailleurs, mon ami de Witcheritche les a examinés... N'est-il pas vrai, monsieur le baron ?

Le baron, enveloppait, dans un double papier, des petits fromages de Neufchâtel, qu'il craignait que la pluie ne fît fondre dans sa poche, ce qui paraissait l'inquiéter beaucoup : il ne répondit donc à l'interpellation de mon adversaire que par un sourire d'approbation.

Tout ce que je vois confirme les soupçons que j'ai conçus : la valeur de Raymond n'est point naturelle ; son obstination à ne se servir que de ses pistolets, le soin qu'il a pris de les charger chez lui, tout cela me cache quelque espièglerie de sa façon que je veux découvrir. Il me présente ses pistolets, en me priant de choisir.

— A combien de pas de distance, voulez-vous vous mettre ? lui dis-je.

— Mais... à vingt-cinq pas...

— Ah ! mon Dieu ! s'écrie Vauvert ; mais c'est à bout portant !... Quarante pas, messieurs ; c'est bien assez près quand on s'attrape !...

— Non pas... mettons-en trente ; c'est tout ce que je puis accorder... Monsieur de Witcheritche, venez mesurer les pas.

M. le baron quitte à regret ses fromages, qu'il dépose sur le gazon, en ayant soin de mettre son chapeau par-dessus, car la pluie commence à tomber avec violence. Il vient à nous ; je me place : il mesure des pas de géants ; je ne vois presque plus Raymond. Quant à mon second, il a si peur qu'on ne l'attrape, qu'il ne sait plus où se fixer. Il nous recommande de bien prendre garde de nous tromper ; je le rassure. M. de Witcheritche donne le signal en battant la mesure, comme s'il s'agissait d'un quatuor d'Haydn.

Raymond lâche son coup, le bruit ou la peur fait tomber Vauvert sur le gazon ; il y reste la face contre terre. Quant à moi, je ne suis pas atteint ; je n'ai pas même entendu la balle siffler à mes oreilles.

J'offre à mon voisin d'en rester là.

— Non, non tirez ! me crie-t-il.

— C'est un Zézar ! dit le baron, qui admire le courage de Raymond.

Je veux m'assurer de la vérité... Mon second est toujours couché de tout son long par terre ; M. de Witcheritche a jugé convenable de se mettre fort loin, derrière un bouquet d'arbres : mon adversaire détourne la tête, en attendant que je le vise, ce dont je n'ai nullement l'envie, quoique persuadé que ses armes ne sont pas dangereuses ; mais les fromages du baron ne sont qu'à deux pas de moi, c'est sur eux que je décharge mon pistolet. L'explosion fait reculer le chapeau à cornes, et une bourre de papier se colle sur les petits neufchâtels. Pendant que je ris de mon duel, Raymond revient vers moi en me tendant la main, et me criant du plus loin qu'il m'aperçoit :

— C'est fini, mon ami ; je suis satisfait : embrassons-nous !

— Eh quoi ! lui dis-je, vous ne voulez pas recommencer ?... j'ai aussi des armes.

— Non, mon ami ; oublions tout cela... je vous en prie, embrassons-nous.

— Soit !... je ferai tout ce qui vous sera agréable.

Pendant que mon voisin se jette dans mes bras, le baron court à ses fromages, et paraît pétrifié en les voyant criblés de petits morceaux de papier.

— Ces froumâches sentent la poudre en tiable, dit-il en les flairant.

— Ah ! mille pardons, monsieur le baron ; mais ne voulant pas viser mon ami Raymond, j'ai tiré de ce côté : il me paraît que la balle les a percés.

M. Raymond devient rouge jusqu'aux oreilles : mon air moqueur lui fait craindre que je n'aie deviné sa petite supercherie ; mais je ne veux pas lui ôter le plaisir de pouvoir dire partout qu'il s'est battu en duel. Je cours à mon second, qui est toujours à terre : je l'engage à se relever, il ne bouge point : je m'aperçois que le pauvre diable s'est trouvé mal pendant notre combat.

J'appelle Raymond à mon aide ; il a sur lui un flacon de vinaigre des Quatre-Voleurs : nous en inondons le visage de Vauvert il revient enfin à lui.

Après s'être tâté et assuré qu'il n'est pas blessé, il essaie de nous faire croire que c'est l'attachement qu'il nous porte à tous deux qui a causé son évanouissement.

Nous le remercions et le mettons sur ses jambes, mais il faut que nous le prenions chacun sous le bras pour l'aider à marcher; car il n'est pas en état de se soutenir sans notre appui.

M. de Witcheritche met dans son mouchoir les débris de ses fromages, et nous sortons du bois. La pluie continue; mais mon second ne peut aller vite, ce qui nous force à la recevoir. Raymond a repris toute sa gaieté; il est enchanté de sa journée. Il connaît Vauvert, et sait que son duel sera bientôt la nouvelle de toute la société des amateurs, quand même il ne prendrait pas soin lui-même de le raconter partout.

— Vous avez montré un bien grand courage, messieurs, nous dit Vauvert chemin faisant; quel sang-froid!... quelle tranquillité!... c'est là de la valeur!...

— Oh foui! foui! ces deux monsirs être pien couràcheuses.

— Ah! mon voisin Raymond n'est pas un homme comme un autre : je suis sûr qu'il se battrait dix fois par jour de la même manière.

Raymond s'incline et ne répond pas. Je crois qu'il s'aperçoit que je sais comment il charge ses pistolets.

Enfin nous apercevons madame la baronne assise sous un gros arbre, son mari court lui prendre le bras, et nous nous dirigeons vers la barrière.

— Chai peaucoub d'abétit, dit madame de Witcheritche à son époux.

— Nous allons tiner, matame.

Le couple nous salue et double le pas. Je présume qu'il cherche un traiteur pour y entrer; mais je remarque que depuis la barrière deux gros chiens suivent M. le baron, qui fait en vain tout ce qu'il peut pour les chasser.

— Est-ce que ces deux dogues appartiennent à M. le baron de Witcheritche? dis-je à Vauvert.

— Non, je ne crois pas; je n'ai vu chez lui que des carlins.

— C'est singulier, dit Raymond; il faut qu'il ait dans sa poche quelque chose qui les attire.

Je cherche un fiacre, mais la pluie les a tous fait prendre. Nous avions perdu de vue M. de Witcheritche et sa femme, lorsque des cris se font entendre : bientôt nous apercevons les deux dogues s'enfuyant, en tenant dans leur gueule, l'un un cervelas, l'autre un morceau de petit salé... M. le baron et madame la baronne courent après les chiens en criant :

— Arrêtez!... arrêtez!... au foleur!... Ah! les pigres t'animal!... ils emborter notre tiner!

Madame la baronne, moins forte que son mari, est obligée de s'arrêter, et nous conte comment les deux dogues sont parvenus à tirer des poches de M. le baron le dîner qu'elle comptait manger à la campagne avec son cher époux, qui depuis longtemps lui ménageait cette petite fête.

Pendant que nous consolons la pauvre femme, M. de Witcheritche, qui n'est pas homme à abandonner son cervelas et son salé, court après les chiens, auxquels il jette toutes les pierres qu'il trouve sur la route.

Déjà il en a blessé un, qui ne court plus aussi vite; il espère atteindre l'autre, qui va passer la barrière, et lui lance de toute sa force un gros caillou qu'il vient de ramasser, mais la pierre, mal dirigée, au lieu de frapper le dogue, va crever un œil au commis de l'octroi à l'instant où il regardait en l'air si l'orage s'éloignait.

Le pauvre homme tombe en criant :

— Je suis mort!

Ses camarades accourent. Un des chiens, qui passait alors les limites de la ville, se jette dans les jambes des commis et les fait trébucher. Le second chien, qui veut se sauver, est arrêté par M. le baron, qui ne voit que son dîner et va toujours son train, sans s'occuper du reste.

Il parvient à saisir le dogue par la queue; un combat s'engage entre lui et l'animal, qui ne veut pas lâcher le cervelas.

Les soldats du poste accourent aux cris des employés. Les petites voitures qui veulent entrer ou sortir sont forcées de s'arrêter, les voitures bourgeoises ne peuvent point avancer; les soldats ne laissent passer personne avant qu'on ne sache ce dont il s'agit. La foule s'accroît, on accourt pour voir ce que c'est; chacun fait des conjectures :

— C'est un prisonnier important que l'on vient d'arrêter au moment où il essayait de sortir de la ville, dit l'un, et il paraît qu'il a blessé les commis qui se sont emparés de lui.

— Non pas; ce sont des marchandises prohibées que l'on vient de découvrir dans l'une de ces voitures, et qu'on faisait passer par fraude.

Au milieu de ce tumulte, qu'augmentaient encore les aboiements des chiens, M. le baron s'écrie d'une voix victorieuse ;

— Che le tiens, che le tiens!...

Et il élève en l'air son cervelas qu'il vient de tirer de la gueule de son adversaire; puis, avant que le pauvre diable qu'il a éborgné soit revenu à lui, M. de Witcheritche se glisse dans la foule et vient rejoindre sa femme, laissant les commis, les soldats et les curieux se demander de quoi il s'agit.

Madame la baronne a retrouvé son époux; Vauvert est en état de marcher seul; Raymond recommence à faire le gentil. Je me sépare de la société et monte dans un cabriolet, qui me ramène à Paris.

CHAPITRE XVIII

PETITE DISSERTATION QUI N'OFFRE RIEN DE DIVERTISSANT.

J'arrive chez Caroline à cinq heures passées: mon duel et ses suites ont prolongé mon absence : elle me gronde d'être sorti sans l'éveiller et me dit qu'elle s'est impatientée après moi. J'aimerais mieux qu'elle se fût ennuyée, mais je conçois qu'elle n'en a pas eu le loisir; on a mille choses à faire dans un nouveau logement, et puis les emplettes de rigueur : on me montre un chapeau fort élégant que l'on s'est acheté; on l'essaie de nouveau devant moi. Le chapeau est charmant; d'ailleurs, à vingt ans, avec une jolie figure, des grâces, de la physionomie, on se coifferait avec un pain de sucre que l'on serait encore bien : il me semble cependant que je l'aimais mieux en petit bonnet qu'en chapeau... mais je m'y ferai.

Le reste de la toilette doit répondre au chapeau; c'est dans l'ordre. J'admire comme les femmes mettent de l'importance à tout ces chiffons, à ces bagatelles que l'on nomme parures!... combien elles apportent de réflexion, de calcul, dans la manière de placer une fleur ou un ruban! avec quel soin elles arrangent une garniture, un bouquet, une boucle de cheveux!...

Tout cela est quelquefois le fruit de plusieurs jours de méditation!... Mais n'allons pas leur en faire un crime!... c'est pour nous séduire que l'on se pare! nous serions bien ingrats de critiquer ce qu'on fait pour nous plaire.

Caroline n'est déjà plus la même, elle porte sa nouvelle parure avec beaucoup d'aisance: ce n'est plus la grisette de la rue des Rosiers, c'est la petite-maîtresse de la Chaussée-d'Antin.

Les femmes se forment en tout plus rapidement que nous.

Voyez ce villageois : après trois mois de séjour à la ville, il est encore lourd, gauche, empesé! Cette petite paysanne n'a quitté ses champs que depuis huit jours, et déjà ses parents ne la reconnaissent plus... bientôt aussi elle ne reconnaîtra plus ses parents.

Quinze jours se sont écoulés depuis que Caroline habite son petit appartement de la rue Caumartin. Je la vois tous les jours : je n'ose pas dire que c'est de l'amour que j'éprouve pour elle, ou du moins ce n'est pas un amour bien passionné; mais elle me plaît toujours autant. Je crois qu'elle m'aime plus que dans le commencement de notre liaison; elle me le dit, du moins.

Les choses ne tournent pas précisément comme je l'avais arrangé, car elle ne va plus à son magasin et ne travaille guère chez elle; mais, en revanche, elle a pris les manières du beau monde, le ton d'une dame, la tournure d'une élégante. Il est vrai que je ne lui refuse rien, tout en faisant souvent le projet de réformer ma dépense... Mais comment refuser quelque chose à une jolie femme qui vous prie avec une voix touchante, et qui, en vous priant, vous regarde d'une certaine manière? Quant à moi, j'avoue que je n'ai jamais eu la force de résister à cela... C'est peut-être un malheur.

Je commence à trouver que ce que j'appelais des chiffons est un chapitre très-important quand on entretient une femme. Je me ruine en bagatelles: c'est tous les jours une robe, un fichu, un chapeau, un châle!... Je ne sais pas comment Caroline fait son compte; mais elle me prouve toujours que c'est la mode, et que par conséquent cela lui est nécessaire; je suis trop juste pour refusez le nécessaire à une femme. Mais mon revenu n'y suffit pas : j'emprunte; je m'endette. Que serait-ce donc s'il lui prenait fantaisie de vouloir le superflu!

Tous les deux jours, en rentrant chez moi, je trouve à ma porte un bouquet. Ma petite Nicette ne m'oublie pas, et moi je ne vais jamais la voir; si je passe devant sa boutique, c'est sans songer qu'elle est là... sans lui donner un coup d'œil!... Cependant, toutes les fois que je trouve son bouquet, je me promets d'aller la remercier; mais Caroline me donne tant d'occupation que je n'ai pas un instant de libre : chaque jour, c'est une nouvelle partie de plaisir; je n'ai jamais le courage de la refuser, elle sait me faire approuver tous ses plans. Sa grâce me charme, son esprit me séduit, sa gaieté m'amuse : la friponne sait si bien faire usage de tous les dons qu'elle a reçus de la nature!...

Je reçois un matin un billet d'une main qui m'est inconnue... C'est de madame de Marsan, qui me fait d'aimables reproches sur ce que je ne tiens pas la promesse que je lui avais faite d'aller à ses soirées de musique, et m'engage à une petite fête qu'elle donne à sa maison de campagne.

J'avais presque oublié madame de Marsan, car j'oublie assez souvent ce qui m'a enflammé la veille; ce qui est fort heureux lorsqu'on s'enflamme si facilement, et prouve que le cœur ne prend point de part aux folies que nous appelons de l'amour. J'irai à cette fête, je ne veux pas que mademoiselle Caroline me fasse perdre de vue toutes mes connaissances; je ne dois point renon-

Allons, Raymond, laissez donc cette fille! (Page 89.)

cer à la société et au grand monde, parce qu'elle ne peut y venir avec moi.

Cette jeune fille ne m'a déjà fait faire que trop de folies!... Et ma sœur, à qui je n'ai pas répondu et qui m'attend de jour en jour!... Ah!.. je ne suis pas content de moi! Mais le torrent m'entraîne; je me laisse aller et je ferme les yeux.

Quelqu'un entre chez moi... C'est mon voisin : je ne l'ai pas vu depuis le jour de notre fameux duel. Il se doute bien que je ne suis pas dupe de sa fausse bravoure, moi qui ai été témoin de son effroi le jour de la partie fine. Je sais qu'il a fait grand bruit de sa valeur en parlant de son duel à tout le monde, mais il a évité de se rencontrer avec moi en société; ma présence l'aurait gêné dans le récit de notre combat.

Sachons ce que me veut M. Raymond.

— Bonjour, mon cher ami... comment va cette santé ce matin?...

— Mais je crois qu'elle va trop vite... je la mène grand train.

— Il faut de la sagesse, mon voisin.

— Je vous conseille de parler de cela, monsieur Raymond!... Et que faites-vous d'Agathe?...

— Oh! je ne la vois plus, c'est fini, brouillés à jamais. Je ne veux plus donner dans ces petites fillettes... on dépense un argent énorme... et quelquefois on ne fait pas ses frais. Et cela ne sait pas apprécier un homme... cela ne fait pas de différence entre un poëte et un goujat!... Pourvu qu'on ait de l'argent en poche, qu'on puisse les bourrer du matin au soir de bonbons, de friandises, de glaces, de sirops, leur dire qu'elles sont adorables, les mener en voiture, au spectacle ou à la campagne, enfin leur acheter tous les chiffons dont elles ont envie, ah! mon Dieu! cela leur suffit. Qu'on soit, du reste, bête comme une oie, grossier comme un portefaix, ou fat comme un virtuose italien, on n'en est pas moins charmant aux yeux de ces demoiselles,

— Il y a beaucoup de vrai dans tout ce que vous dites là, mon voisin, mais, en général, c'est l'adulation, la flatterie qui gâtent les hommes et les femmes; ne nous mettons pas à leurs pieds, ils ne nous regarderont point de si haut. Les flatteurs, les courtisans, les vils complaisants se glissent partout, et corrompent quelquefois le plus heureux naturel. Les rois sont malheureusement, plus que tous autres, environnés de cette tourbe servile qui bourdonne sans cesse à leurs oreilles des concerts de louanges et de fadeurs; c'est lorsqu'ils tremblent que les hommes s'abaissent davantage.

Louis XI eut plus de courtisans que Louis XII, Charles IX plus de flatteurs que Henri IV. Richelieu, Mazarin ne faisaient point un pas sans être entourés d'une foule de courtisans; on les craignait, on tremblait devant eux, mais on s'humiliait, on faisait des vers en leur honneur. Sully et Colbert ont eu des admirateurs, mais ils savaient repousser la flatterie; ils étaient trop grands pour s'entourer de gens qu'ils méprisaient.

Si de trop fréquents hommages n'augmentaient point notre vanité, si l'habitude des louanges ne nous donnait pas trop de confiance en notre mérite, combien de fautes auraient évitées ces héros, ces grands capitaines qui, dans des circonstances difficiles, ont repoussé les conseils de la sagesse, parce qu'ils n'étaient habitués qu'au langage de la flatterie, qu'ils se croyaient invincibles, parce que mille voix le leur avaient répété, et que celui que l'on élève au rang des demi-dieux ne se décide pas facilement à prendre l'avis de ses créatures!

Les pernicieux effets de l'adulation datent de loin : c'est en la flattant que le serpent séduisit la première femme. C'est presque toujours par le même moyen que depuis ce temps nous séduisons ces dames.

La flatterie a perdu Antiochus et Nabuchodonosor, Sémiramis et Marie Stuart, Cinq-Mars, Montmouth, Cléopâtre et Marion Delorme; Samson se laissa couper les cheveux en écoutant les compliments de Dalila; Holopherne se laissa couper la tête en prêtant l'oreille aux douceurs de Judith; Charles XII, aveuglé par ses victoires, alla ensevelir son armée dans les plaines de Pultawa; le maréchal de Villeroi, comptant toujours sur la fortune, voulut livrer bataille à Ramillies.

La louange, en nous aveuglant sur nos défauts, nous fait rester dans la route de la médiocrité, lorsque la nature nous avait donné les moyens de nous élever au-dessus du vulgaire; en nous faisant fermer l'oreille aux conseils sévères de la vérité, elle nous fait prendre l'amour-propre pour le génie, la vanité pour le mérite, la facilité pour le talent.

Combien d'artistes, en demandant des conseils, ne veulent recevoir que des compliments!... Mais on leur a persuadé que tous leurs ouvrages sont des chefs-d'œuvre, qu'on ne peut y trouver nul défaut!... Et des gens qui ont atteint ce but ne se donneront plus la peine d'étudier; tout ce qui sortira de leurs mains sera parfait. Mais la civilité veut que nous ne disions pas toujours ce que nous pensons : qu'un poëte nous lise ses vers : s'ils sont mauvais, nous ne le lui dirons point à moins d'être son ami; car nous ne voulons pas être, dans le monde, des Alceste, frondant sans cesse les travers et les ridicules de chacun; ce rôle nous ferait trop d'ennemis : on ne peut le supporter qu'au théâtre. Dans le monde, nous préférons nous passer mutuellement nos travers à nous ériger en censeur de ceux d'autrui; le commerce de la vie est plus doux; et l'on aime mieux vivre pour soi que de perdre son temps en cherchant à corriger les autres.

Cependant, si la politesse nous fait cacher ce que nous pensons, elle ne nous oblige pas à dire ce que nous ne pensons point: quand j'entendrai lire des vers détestables, je me tairai, mais je ne dirai pas qu'ils sont charmants; je tâcherai même d'avoir le courage de faire quelques réflexions à l'auteur. Je ne puis jamais prendre sur moi de dire qu'un portrait est ressemblant lorsque je le trouve manqué; je ne puis pas dire à quelqu'un qu'il a chanté juste lorsqu'il vient de m'écorcher les oreilles.

C'est surtout avec les talents naissants qu'il faut être avare de louanges; tout en les encourageant; la flatterie en a fait avorter un grand nombre, en arrêtant l'essor d'un génie qui, se croyant déjà parfait, ne veut plus prendre la peine d'acquérir ce qui lui manque.

Sans doute un père est pardonnable de trouver son fils un prodige de beauté, d'esprit et de talents : l'amour paternel doit nous abuser facilement, mais dû moins gardons pour nous notre persuasion : ne forçons point les étrangers à s'extasier au récit d'un trait de malice, à écouter, dans un religieux silence, une fable débitée souvent en dépit du sens commun, et à demeurer en admiration devant des yeux chassieux, un nez plat et un menton de galoche qui ne peuvent charmer que des regards paternels.

S'il y avait moins de flatteurs, que de gens feraient l'ornement de la société, et qui n'y sont qu'insupportables, parce qu'on les a gâtés !...

Qu'on réserve l'enthousiasme pour les poëtes, les artistes qui s'élèvent par leurs talents au-dessus de tous les éloges.

Sans doute les contemporains de Molière, de Voltaire, devaient rendre à ces génies sublimes les hommages qu'ils méritaient; mais ce n'est point par de fades compliments, par de vaines louanges, que l'on témoigne son admiration à de pareils hommes : les grands talents sont fiers de l'approbation des gens de goût; ils méprisent les basses adulations dont les sots sont si vains.

Lorsque Voltaire habitait Ferney, les voyageurs qui, par leur rang ou par leur mérite, pouvaient espérer de parvenir jusqu'à lui, ne manquaient point, dussent-ils pour cela faire un grand détour, de se rendre à la retraite du philosophe : chacun était curieux de voir cet homme extraordinaire qui a étonné l'univers par son génie. Les gens d'esprit et de goût ne songeaient qu'au plaisir qu'ils allaient avoir; mais les sots (et ceux-là aussi voulaient causer avec Voltaire) s'occupaient d'avance de la figure qu'ils pourraient faire à l'aspect du philosophe, afin de mieux lui prouver leur admiration. Voltaire était aimable avec les premiers; mais une dame, en apercevant le grand poëte, ayant jugé convenable de pousser des cris et de se trouver mal, le philosophe haussa les épaules et lui tourna les talons.

Les grands génies sont rares, les grands talents sont aimables et modestes : ceux qui auraient pu en acquérir et qui sont restés en route, humeut avec délices l'encens que l'on veut bien leur prodiguer.

Comment ce jeune homme, dont la voix n'est qu'agréable, ne se croirait-il pas un Laïs, un Martin, d'après l'engouement qu'on lui témoigne ! On le presse, on le conjure, on le supplie de chanter; toutes les femmes se pâment avant de l'avoir entendu; elles le vantent d'avance à leurs voisins. C'est délicieux ! c'est divin ! c'est charmant ! voilà les seuls mots qui arrivent à l'oreille du virtuose qui daigne enfin se rendre aux vœux de l'assemblée, et, après toutes les singeries d'usage, chante médiocrement une romance dont il est convenu qu'il ne fera point entendre les paroles, et n'a pas achevé que le concert de louanges recommence, tandis que l'auditeur impartial qui s'attendait à tout autre chose, se demande s'il doit en croire ses oreilles.

Tenez, mon cher voisin, je vous l'avoue, je n'ai jamais pu prendre sur moi d'aller grossir la foule qui se presse autour de ces prodiges de société, chez lesquels je n'ai trouvé qu'un excessif amour-propre, et augmenter le nombre des adorateurs d'une femme à la mode, dont la coquetterie est poussée à tel point que j'en rougis pour elle et pour ceux qui l'entourent. A coup sûr, j'aime autant qu'un autre une jolie femme; je serai le premier à rendre hommage à ses grâces; mais faut-il pour cela l'élever sans cesse aux nues, l'accabler de compliments, qui, ne fussent-ils pas outrés, n'en doivent pas moins être fatigants pour celle à qui on les adresse? Ne pourra-t-elle faire un pas sans que je vante sa tournure, sa démarche, son pied, sa grâce?... Ne peut-elle sourire sans que je m'extasie sur ses dents, sa bouche et l'expression de ses yeux? Ne pourra-t-elle dire un mot sans que j'admire son esprit, sa finesse, son tact, sa pénétration et le doux son de sa voix? Je puis penser tout cela, mais je ne le dirai point; je craindrais de faire rougir celle à qui cela s'adresserait. Je sais que l'on me trouve peu galant : cela me fait peut-être du tort près de quelques dames, mais je ne puis ni ne veux changer : si tout le monde agissait comme moi, peut-être verrait-on moins de fatuité, de prétentions chez les hommes, moins de coquetterie et de vapeurs chez les dames; on ferait plus de frais pour être aimable et pour plaire, tout le monde y gagnerait. Qu'en pensez-vous, mon voisin?

Je m'aperçois que mon voisin ne m'écoute plus; il est allé examiner les bouquets de fleurs d'oranger qui ornent ma cheminée, et paraît considérer avec curiosité les anciens que j'ai rassemblés sur ma commode, après avoir extrait les fleurs qui ne se conservent point.

— Il paraît que vous aimez beaucoup la fleur d'oranger? me dit enfin Raymond.

— Beaucoup.

— C'est une odeur fort agréable... Vous avez là une vingtaine de bouquets.

— Je ne les ai pas comptés... Mais voulez-vous me faire le plaisir de me dire ce qui vous amène ce matin chez moi? car je présume que vous êtes venu pour quelque chose.

— C'est vrai; je l'avais oublié en regardant ces bouquets... J'ai reçu une invitation de madame de Marsan pour une fête qu'elle donne après-demain à sa campagne; je présume que vous irez aussi, et je viens vous proposer de nous y rendre ensemble.

— Volontiers : vous connaissez le chemin; vous serez mon guide.

— Avec grand plaisir... Ah çà ! comment irons-nous là?

— Nous louerons un cabriolet qui nous ramènera à l'heure que nous voudrons.

— C'est cela. J'avais d'abord pensé à y aller à cheval... j'aime beaucoup le cheval!... je m'y tiens d'une certaine manière...

— Je ne doute pas de votre grâce comme cavalier; mais nous ne pouvons pas aller en bottes à une fête chez madame de Marsan, ainsi nous n'irons point à cheval.

— C'est juste... Je me charge d'avoir un joli

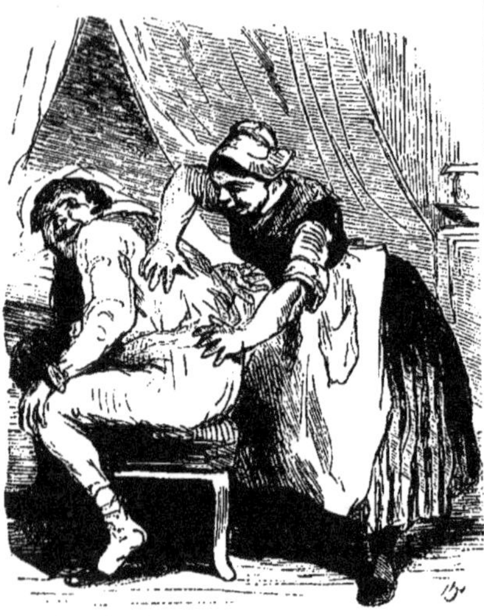

Mon voisin Raymond se fait frotter par une grosse servante d'auberge. (Page 88.)

cabriolet.. je connais un loueur de voitures... A quelle heure partons-nous?

— A sept heures : nous arriverons à huit; c'est l'heure de la campagne.

— Voilà qui est arrangé... Je crois que nous nous amuserons... je connais toute la société... je vous mettrai au courant.

— Je croyais que vous n'aviez encore été que deux fois chez madame de Marsan.

— Oh! cela ne fait rien!... en une fois je connais tout le monde; j'ai un certain tact... une pénétration... tout cela tient à l'habitude... Dans le cas où l'on voudrait jouer la comédie, j'ai un opéra que je viens de finir et que je vous lirai en chemin.

— Cela me fera grand plaisir.

— Je vais y donner un coup d'œil... A jeudi, mon voisin.

— A jeudi.

Raymond me quitte, et moi je vais trouver Caroline. Je l'aperçois à sa fenêtre : depuis quelques jours elle s'y met fort souvent, surtout quand elle est seule. C'est sans doute pour me voir venir de loin. Il me semble qu'elle est encore plus aimable, plus gaie, plus piquante que de coutume; le plaisir brille dans ses yeux... Oh! celle-là m'aime, elle m'aime véritablement; son âme est reconnaissante, son cœur sensible; elle n'est coquette que pour me plaire. Elle voulait, pour s'attacher, trouver quelqu'un qui fût digne de son amour : son cœur me distingue; je suis sûr qu'elle me sera fidèle. Je savais bien qu'avec un peu de patience je trouverais cela.

CHAPITRE XIX

LA PARTIE DE CAMPAGNE.

C'est aujourd'hui que je vais à la campagne de madame de Marsan. J'ai prévenu Caroline que ce soir elle ne me verra point; elle en a paru très-contrariée, quoique nous ayons eu la veille une petite discussion, relativement à un certain cachemire dont je vois qu'elle a grande envie et que je ne veux pas lui donner. Je lui ai fait entendre enfin qu'elle n'a pas besoin d'un cachemire pour être charmante, qu'elle me plaît davantage dans une élégante simplicité; et nous nous sommes quittés les meilleurs amis du monde. Sept heures viennent de sonner; ma toilette est achevée.

La portière vient m'avertir que le cabriolet est arrivé et nous attend dans la cour. Quand Raymond voudra, nous partirons; mais que fait-il encore chez lui?... Allons le chercher.

Je trouve mon voisin commençant à mettre sa culotte.

— Comment, monsieur Raymond, vous en êtes là?.,.

— Oh! je vous réponds que je serai prêt dans un instant.

— Et moi je gage que vous ne le serez pas dans une demi-heure.

— Bah! vous verrez comme je suis leste!... Tenez, en attendant, amusez-vous à regarder mes petits gouaches... mes ébauches... vous verrez, il y a de jolies choses. Si j'avais plus de temps à moi, je me donnerais à l'huile, et j'exposerais au Salon, mais je ne suis jamais libre...

— Je vous conseille de vous en tenir aux gouaches... les vôtres sont remarquables...

— N'est-ce pas? c'est du burlesque, de l'original, le genre de Callot... Voyez-vous là bas cette Suzanne au bain?...

— Je croyais voir les Tentations de saint Antoine.

— Ah! parce que ce n'est pas fini... Et mon petit Poucet, hein!...

— Je l'ai pris pour Barbe-Bleue...

— C'est qu'il a les bottes de sept lieues.

— Allons donc, mon voisin... Comment vous en êtes encore à votre culotte!...

— Ah! écoutez donc, c'est une partie délicate de la toilette.

— Mais on ne porte maintenant que des pantalons, même dans les bals.

— Quand on a, comme moi, une certaine jambe et un mollet d'étude, on n'est pas fâché de les mettre au jour... Voulez-vous lire mes derniers vers sur la mort du chien favori de la marquise Désormeaux?

— Merci; je vous suis obligé!...

— Ils ont eu un fameux succès... Toutes ces dames disaient en plaisantant qu'elles me feraient faire l'épitaphe de leurs maris. Le début est brillant :

O chien de la nature, animal si fidèle!...

— J'avais déjà entendu dire homme de la nature; mais j'avoue que voilà la première fois que j'entends donner cette épithète à une bête. Vous pensez donc, mon cher Raymond, qu'il y a des animaux pervertis?

— Comment donc!... mais ne le voyez-vous pas tous les jours? Et ces pauvres bêtes que l'on fait danser, saluer, cabrioler, passer dans des cerceaux au son du flageolet? celles-là ont reçu de l'éducation. Le caniche de la marquise faisait toutes ses volontés : il mordait toutes les personnes qui approchaient de sa maîtresse, et sautait sur la table, quand on dînait, pour prendre lui-même dans les plats et les assiettes. C'est là du naturel, et je vous soutiens que chien de la nature est une idée extrêmement heureuse.

— Allons, monsieur Raymond, laissez là votre animal et finissez-en. Si vous êtes aussi long pour chaque partie de votre toilette, nous n'arriverons qu'à la nuit...

— Je suis à vous... Me voilà chaussé... et culotté... mais il me semble que cela fait un pli sur la fesse gauche...

— Quand vous aurez votre habit, on ne le verra point.

— Oui; mais en marchant ou en dansant, l'habit s'ouvre...

— Et qu'importe ce pli! pensez-vous que la société regardera votre derrière?...

— Écoutez donc, un pli peut faire beaucoup de tort dans la tournure... les femmes remarquent tout.

— Celles qui s'occupent de ces choses-là doivent avoir beaucoup à faire dans une grande réunion!...

— Voici qui va mieux maintenant.. Ah! la cravate...

— Ce sera long.

— Oh! non; j'ai étudié cette partie-là, et maintenant cela va tout seul... Hein!... c'est cela... Dois-je mettre la pointe en l'air ou en bas?

M. Grandmaison, homme très-riche, et qui a les plus jolies femmes de Paris.

— Mettez votre pointe où vous voudrez; mais tâchez de vous décider.

— Allons, je la mets horizontalement... Que dites-vous de ce nœud?

— Charmant!... vous êtes superbe!

— Superbe est trop fort... mais je crois que je suis assez bien... je n'ai que trois épingles à poser là-dedans...

— Ah! mon Dieu! nous ne serons pas partis à huit heures!

— Diable! voilà qui est terriblement embarrassant... j'aurais dû rêver à cela plus tôt...

— Qu'est-ce donc? il vous survient une affaire?...

— Je ne sais pas si je dois mettre cette turquoise au-dessus ou au-dessous de mon émeraude...

— Ah! morbleu! monsieur Raymond, je perds patience... je vais partir sans vous...

— Me voici... me voici... mon voisin. Ma foi! il en arrivera ce qu'il pourra! je mets la turquoise au-dessus.

— C'est fort heureux!

— Maintenant l'habit... le chapeau... les gants... vous voyez que me voilà prêt.

— C'est étonnant... Partons...

— Partons... Ah! permettez... j'oubliais un mouchoir musqué...

Nous sortons enfin. Quand Raymond a fermé sa porte, il s'aperçoit qu'il n'a pas mis son étincelle à son petit doigt, et il rentre pour réparer cet oubli. Nous descendons... mais au second étage, il ne trouve point son opéra dans sa poche, et il remonte le chercher. Arrivés dans la cour, il se rappelle qu'il n'a pas pris ses romances favorites, et, comme on peut le prier de chanter, il faut que j'attende encore qu'il aille les chercher. Je me promets bien de ne plus voyager avec M. Raymond. Enfin, à huit heures et quart, nous montons en cabriolet : il s'aperçoit alors qu'il n'a pas son lorgnon; mais cette fois je suis inexorable, je fouette le cheval et nous partons. Il est nuit, ce qui empêche Raymond de me lire son opéra; mais, pour m'en dédommager, il me propose de m'en raconter le sujet. Depuis plus d'une heure il me parle d'une princesse espagnole et d'un prince arabe son amant, pendant que je songe à madame de Marsan que je ne suis pas fâché de revoir, et que je m'étonne d'avoir négligée si longtemps. Lorsque nous arrivons à Saint-Denis, il est déjà neuf heures et demie et je peste contre Raymond, dont la lenteur et les prétentions ridicules nous feront arriver beaucoup trop tard chez madame de Marsan.

— Avons-nous encore loin à aller? dis-je à mon voisin en sortant de Saint-Denis.

— Mais non... encore trois petits quarts de lieue... Je vous disais que ma princesse, que l'on sauve du palais enflammé, doit s'évanouir à la fin du second acte...

— Vous connaissez le chemin, n'est-ce pas?

— Oui, oui; allez toujours, je vous guiderai... Au troisième acte, lorsque la toile se lève, la princesse est dans le camp de son amant, couchée sur un canon...

— Vous y avez déjà été, à cette maison de campagne?

— Une fois; mais cela me suffit : j'ai une mémoire si exacte!... Les soldats sont endormis sur leurs piques ou sur leurs fusils, parce que je ne suis pas bien sûr s'ils avaient des piques sous le roi Ferdinand : ça ne fait rien. Le prince qui n'a pas envie de dormir...

— Il me semble, moi, que l'on m'a dit de prendre à gauche.

— Non pas... allez toujours!... Le prince, dis-je, est à genoux devant la princesse, qui est encore évanouie, et il lui chante un superbe adagio en *ré* mineur pour la faire revenir... C'est moi qui ai fait aussi la musique... Voyez-vous d'ici le tableau?...

— Je vois, je vois que si vous ne laissez pas là votre prince et sa princesse, nous arriverons bien tard à Montmorency, et certes ce ne peut être notre chemin; mais aussi je suis trop bon d'écouter vos contes. Tenez, puisque vous prétendez être sur la route, prenez les rênes et conduisez.

— Oh! je ne demande pas mieux... je gage que nous ne sommes pas à deux cents pas de chez madame de Marsan.

— Je n'aperçois cependant aucune lumière.

— C'est que la nuit est très-noire...

— Ce diable de cheval a la bouche dure.

— Vous le tourmentez trop...

— Ah! j'aperçois quelque chose... Cocher, quel est ce pays?...

— C'est Montmorency, monsieur, nous crie notre jockey.

— Eh bien! monsieur Raymond, vous voulez tout voir, vous êtes un habile homme!...

— Ne vous fâchez pas, mon cher Dorsan : nous allons prendre ce chemin à gauche; je me rappelle maintenant que cela nous conduit droit chez madame de Marsan.

— Je crois que nous ferions tout aussi bien de retourner à Paris... le temps annonce un orage...

— Qu'importe! la fête aura lieu dans la maison.

— La fête!... ah! parbleu! nous arriverons à onze heures!...

— Nous y serons à dix... je vais fouetter cette maudite bête.

— Oh! je commence à me résigner; j'ai pris mon parti.

— On nous désire ardemment, j'en suis certain!... Va donc, coquin, va donc!...

— Dites plutôt qu'on ne pense plus à nous!

— Oh! des personnes de notre genre ne s'oublient pas ainsi... Va donc, rosse!...

— Prenez garde, vous le fouettez trop... le voilà qui s'emporte...

— Ah! mon Dieu... c'est vrai... est-ce qu'il prend le mors au dents!...

— Retenez-le... serrez donc les guides...

— Je ne peux pas le retenir, mon ami... je serre tant que je peux... Ah! mon Dieu... il va à travers champs... nous sommes perdus...

— Eh! ne vous effrayez pas... il s'arrêtera... Jockey, descends et tâche de l'arrêter...

Notre jockey a déjà sauté à terre, mais il ne nous suit pas, ce qui me fait craindre qu'il ne soit blessé. Notre cheval galope toujours à travers les prairies, les routes et les terres labourées. J'ai pris les rênes des mains de mon compagnon, qui n'est plus en état de rien voir et tremble de tous ses membres en criant à tue tête au secours. Pour comble de disgrâce, l'orage éclate avec violence, la nuée crève, l'eau tombe à torrents, et le vent nous la pousse au visage. Notre cheval ne s'arrête pas : je commence à craindre quelque accident sérieux ; nous sommes sur une côte très-rapide ; je m'attends sans cesse à être renversé avec la voiture : heureusement des vignes barrent le passage à notre fougueux animal ; il s'arrête brusquement, mais en voulant se dégager des ceps, dans lesquels il s'est pris, il fait des sauts si violents qu'il nous jette sur le côté, et tombe avec nous.

— Je suis mort!... s'écrie Raymond en tombant.

Avant de m'assurer de la chose, je tâche de me dégager de ma prison, car les échalas bouchent l'entrée de notre cabriolet. Je parviens enfin à m'en tirer. Je n'ai rien, pas même une contusion. Je m'estime fort heureux d'en être quitte pour la peur. Puisqu'il était écrit que je n'irais pas à la fête de madame de Morsan, je prends mon parti et me décide à supporter le plus philosophiquement possible les mésaventures que Raymond ne peut manquer de m'attirer. Voyons dans quel état est mon compagnon. Il pousse de profonds gémissements : serait-il réellement blessé!... Cela rendrait notre position bien plus fâcheuse. Je me rapproche de Raymond, qui, en tombant, est sorti à moitié du cabriolet et à la figure tournée vers la terre. Je lui secoue le bras... et ce n'est pas sans peine que je parviens à lui faire lever la tête. L'eau qui tombe a déjà formé des mares, et la terre labourée s'est collée au visage de Raymond, qui me dit d'une voix éteinte qu'il ne voit plus clair.

— Ce n'est rien : tournez la figure vers le ciel je vous réponds que la pluie vous aura bientôt débarbouillé et débarrassé de la terre qui vous couvre les yeux...

— Vous avez raison, mon cher ami... me voilà bien lavé... je recommence à voir clair... Ah!... je respire!...

— Au fait, êtes-vous blessé?...

— Attendez donc... je me tâte.., j'ai mal partout... mais cependant je crois que je n'ai aucune blessure grave...

— C'est fort heureux!

— Ah! mon ami!... quelle terrible aventure!

— A qui la faute?

— Écoutez donc! j'ai fouetté le cheval parce que vous étiez pressé d'arriver.

— Je vous conseille de mettre vos sottises sur mon dos!...

— Nous voilà dans un bel état!... et la pluie qui tombe par torrents!... Il semble que tout soit conjuré contre nous... Tenez... jusqu'à mon chapeau que j'ai crevé en tombant...

— Ah! parbleu! il s'agit de ma tête que je ne peux plus garantir... Je suis trempé... crotté... moulu... froissé... Quel rhume je vais avoir!.,. Et ma toilette! c'était bien la peine... des bas à jour... Tenez mon jabot est resté sur cet échalas... Ah, mon Dieu! pour un rien je me trouverais mal!...

— Allons, morbleu, Raymond, rappelez votre courage!... vous êtes pire qu'un enfant. Il faut nous tirer de là...

— Où est donc notre jockey!

— Je crains que le pauvre diable ne se soit blessé en sautant à terre... et je serais bien embarrassé de dire de quel côté il peut être.

— Si nous pouvions relever la voiture.

— Et cette roue qui s'est détachée en versant.

— C'est le diable qui s'en mêle...

— Je crains aussi que le cheval ne se soit blessé sur ces pieux...

— Voilà une partie de plaisir qui nous coûtera cher, mon voisin!

— Ah! que vous êtes heureux de prendre cela tranquillement!... moi, je suis anéanti et furieux à la fois!...

— Suivez-moi. Tâchons de découvrir une maison... un abri enfin... mais remarquons bien le chemin que nous prendrons... Venez-vous?

— Attendez donc... je mets mon mouchoir en marmotte pour me garantir un peu.

Nous sortons des vignes ; je suis obligé de prendre Raymond par la main pour le faire avancer, car à chaque pas il craint de tomber. Nous marchons ainsi pendant dix minutes, nous enfonçant à tout moment dans des trous pleins d'eau que l'obscurité ne nous permet pas d'apercevoir ; je jure, et Raymond se lamente, redoutant d'avance une fluxion de poitrine. Enfin nous apercevons une petite chaumière, et la lumière qui brille à travers les vitres nous annonce que les habitants ne sont pas encore endormis, car les paysans n'ont point l'habitude de conserver de la lumière pendant leur sommeil.

— Nous sommes sauvés! s'écrie Raymond.

Et il retrouve ses jambes pour courir vers la maisonnette. Mais je l'arrête, craignant qu'il ne s'annonce de manière à ne point nous faire ouvrir. C'est moi qui vais frapper à la porte de la chaumière.

Les villageois sont rarement méfiants : ceux-ci, qui étaient fort pauvres, ne craignaient pas les voleurs. On nous ouvre ; j'aperçois, dans une grande salle, une paysanne entourée d'une demi-douzaine d'enfants. Je lui explique notre aventure, pendant que Raymond, qui est déjà entré dans la salle, regarde dans une grande gamelle de quoi se compose le souper des villageois et revient vers moi, en faisant la grimace, me dire que nous ne trouverons pas grand'chose, dans cette maison.

— Quoi que j'pouvons faire pour vous, messieurs ? nous dit la paysanne en regardant Raymond fureter dans tous les coins de la salle.

— Sommes-nous loin de Montmorency ?

— Non ; à un quart de lieue, au plus.

— Nous ne connaissons pas les chemins ; veuillez nous donner votre plus grand garçon pour nous y conduire, nous vous payerons ce service.

En disant cela, je donne un écu à la paysanne ; ce qui la dispose aussitôt à nous être utile.

— C'est bien facile... dit-elle ; Julien, tu vas aller avec ces messieurs... Si vous êtes fatigués, j'pouvons vous donner des ânes.

— Oh ! volontiers, car il faut d'abord que nous allions à la recherche de notre jockey, qui doit être dans les environs, et ensuite que nous tâchions de relever notre cheval, qui ne doit point passer la nuit dans les champs.

— Allons, Julien, fais sortir nos ânes de l'écurie... Ils n'ont pas de selles, je vous en avertis.

— N'importe, ils nous seront toujours utiles.

Les ânes sont amenés, j'en paye sur-le-champ la location ; et j'en prends un troisième pour notre jockey, que j'espère retrouver. Raymond ne se décide qu'avec peine à monter sur sa bête, il voudrait une selle, des étriers, des coussins ; il prétend aller à cheval comme Franconi, et ne peut pas se tenir sur un âne. Lassé de toutes ces jérémiades, je pars avec le petit paysan, qui monte le troisième âne, et vais à la recherche du jockey. Raymond, voyant que je ne l'écoute plus, se décide à me suivre, et se tenant d'une main à la croupe et de l'autre à la crinière de sa monture. Il pousse la pauvre bête derrière moi ; et nous voilà de nouveau dans les champs.

Je laisse mon âne trotter au hasard. J'appelle à haute voix notre jockey, mes compagnons crient aussi de toutes leurs forces ; enfin on nous répond. Nous nous dirigeons du côté de la voix, et nous trouvons notre jeune homme étendu sous un arbre. Le pauvre diable a un pied foulé et ne peut marcher. Je le fais monter sur l'âne du petit paysan ; il ne s'agit plus que de dételer notre cheval, que nous retrouvons couché près du cabriolet. La pluie avait amorti l'ardeur de la pauvre bête ; elle se laisse enfin remettre sur pied. Notre guide s'assure qu'elle n'est pas blessée, il monte dessus, se place à notre tête, et la cavalcade se met en route pour Montmorency.

Tous ces détails ont pris du temps. Il est plus d'onze heures et demie lorsque nous quittons notre voiture que je recommande au petit paysan, qui me promet d'aller dès le point du jour chercher un charron pour la raccommoder... Sans Raymond nous irions grand train, mais à chaque instant il nous force à nous arrêter : son âne ne veut pas avancer, ou tourne bride et l'entraîne dans un autre chemin, et il pousse des cris terribles lorsque nous ne l'attendons pas. Heureusement la pluie a cessé, et le temps un peu plus clair nous permet de voir devant nous.

A minuit nous apercevons les murailles des premières maisons de Montmorency. Raymond pousse un cri de joie, son âne effrayé fait un saut et roule son cavalier dans un sentier bourbeux où il laisse ses souliers. Comme nous étions un peu en avant, Raymond est forcé de se relever seul ; la crainte de nous perdre lui rend des forces ; mais sa monture ne l'a pas attendu ; et il finit la route en courant après son âne qu'il ne rattrape que sur la place, à l'instant où nous mettons pied à terre. Tous les habitants de l'auberge sont couchés, mais nous frappons jusqu'à ce qu'on nous réponde. On s'étonne de ce que des voyageurs arrivent si tard ; on s'étonnera bien davantage en voyant dans quel état nous sommes, surtout Raymond que sa dernière chute a couvert de boue depuis les pieds jusqu'à la tête. On nous ouvre cependant, et, comme l'avais prévu, on recule à notre aspect. Mais je parviens bientôt à me faire écouter. Le maître, qui s'aperçoit qu'il a affaire à des gens comme il faut, nous adresse des excuses et s'empresse de nous conduire. On loge notre jockey ; le cheval est conduit à l'écurie, et le paysan retourne chez lui avec ses ânes.

Je fais faire un bon feu pour nous sécher, et prie l'hôte de nous faire servir ce qu'il a de prêt, car nos malheurs ne m'ont pas ôté l'appétit. On nous sert une volaille, du jambon, une salade et des fruits. Pendant que je me mets à table Raymond passe dans sa chambre, où il fait aussi allumer du feu, et il prie la fille qui nous sert de venir lui frotter les reins, afin de lui éviter une maladie. La servante est une grosse paysanne de vingt ans, à qui un homme ne doit point faire peur. Cependant la proposition de Raymond lui paraît singulière ; elle me regarde en souriant et paraît hésiter.

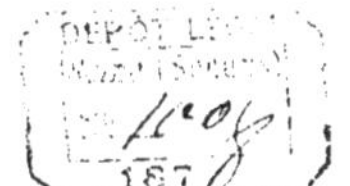

Raymond, le pied pris dans un piége et assis sur une pile de jambons. (Page 91.)

— Allez, lui dis-je, et ne craignez rien ; monsieur ne songe maintenant qu'à sa santé, je vous réponds de sa sagesse.

Pendant que mon compagnon se fait frotter, je fais honneur au souper, et me sèche entièrement devant le feu. La porte de la chambre de mon voisin n'est point fermée et je l'entends stimuler la servante, tout en la complimentant sur son talent. La grosse fille doit être fatiguée depuis le temps qu'elle le frotte, mais il me paraît que Raymond y prend goût. Bientôt je juge que le feu et les services de la servante ont rendu à mon voisin toute sa vigueur, car il fait l'entreprenant, et j'entends la fille crier qu'elle va se fâcher ; et moi qui avais répondu de sa sagesse !... Fiez-vous à quelqu'un !...

Mais le bruit continue dans la chambre voisine ; enfin la grosse fille se sauve dans la mienne en riant aux éclats, poursuivie par M. Raymond en chemise, en caleçon, et ayant pour chaussure de vieilles pantoufles de l'aubergiste.

— Vous tiendrez-vous tranquille ce soir, monsieur Raymond ? je ne pourrai donc pas avoir la paix avec vous ?

— Mon ami, voyez quels yeux !... oh ! friponne, si elle voulait !...

— Oui, mais c'est que je n'voulons pas, monsieur l'échauffé !...

— Allons, Raymond, laissez donc cette jeune fille aller se coucher ; il est tard, ce n'est pas le moment de réveiller toute l'auberge ; je n'ai pas envie de me faire encore des affaires pour vos beaux yeux. Laissez-nous, la fille ; nous n'avons plus besoin de rien.

— Ah ! écoute donc, la belle... où est ta chambre ?... je t'en prie, dis-moi où elle est...

— Quéuque ça vous fait donc?...

— Dis toujours, espiègle, tu n'en seras pas fâchée.

— Eh bien ! j'sommes ici dessus... au fond du corridor.

— C'est bon, c'est entendu.

La servante nous laisse, et Raymond vient se mettre à table.

— J'espère, lui dis-je, que vous ne comptez pas courir après cette fille, qui se moque de vous?

— Non!... non!... je riais, voilà tout!... Elle est ferme comme un roc!

— Elle doit savoir aussi comment vous êtes, car elle vous a frotté assez longtemps.

— Oui, certes!... la friponne le sait!...

— Il ne me semble pas que cela l'ait disposée en votre faveur.

— Bah!... et sa chambre qu'elle m'a indiquée...

— Ne vous y fiez pas.

— Oh! je n'ai pas envie, comme vous pensez bien, d'aller la trouver; mais, à coup sûr, si je le voulais, il ne tiendrait qu'à moi.

— Je ne crois pas.

— Voulez-vous gager?

— Non, parce que vous feriez encore quelque petite drôlerie qui me rendrait ma nuit aussi agréable que ma soirée, et je vous avoue que j'en ai bien assez comme cela pour aujourd'hui. Bonsoir, monsieur Raymond ; je vais me coucher, je vous conseille d'en faire autant.

— Oui, mon voisin ; oui, j'en ferai autant. Dormez bien... votre serviteur.

Raymond prend sa chandelle d'un air piqué et entre dans sa chambre, dont il ferme la porte sur lui. Je ris des prétentions et de la sottise de cet original et je me mets au lit, où je ne tarde pas à m'endormir. Un bruit, dont je ne distingue pas la cause, me réveille bientôt, j'écoute... j'appelle Raymond pour savoir s'il se trouve indisposé; on ne me répond pas, je n'entends plus rien, et je me rendors. Je ne me réveille qu'à huit heures. Le soleil donne en plein dans ma chambre et m'annonce une belle journée. Puisque je me trouve à Montmorency sans l'avoir voulu, il faut au moins jouir des charmantes promenades que m'offrent les environs, et goûter les plaisirs de la campagne avant de retourner à Paris. D'ailleurs, notre cabriolet ne peut être déjà réparé ; il faut bien l'attendre.

Tout en m'habillant j'appelle Raymond, et je lui demande s'il veut venir faire un tour avant le déjeuner. On ne me répond pas; il paraît qu'il dort encore. Mais la porte de sa chambre est entr'ouverte ; il me semble cependant qu'il s'était enfermé hier au soir. Avançons, et appelons de nouveau.

— Allons donc, paresseux!... il est tard ; réveillez-vous...

Point de réponse... Je regarde dans le lit... il n'y est pas... Il sera sorti sans m'éveiller, il aura été plus matinal que moi. Je vais m'éloigner... lorsque j'aperçois, étendus sur des chaises, l'habit, le gilet et la culotte que Raymond a mis là pour sécher. Comment! il est sorti sans habit, sans culotte!... voilà qui est singulier... Je me souviens maintenant des projets de mon voisin, de ses agaceries à la servante, du pari qu'il me proposait en soupant... Plus de doute! M. Raymond a voulu me faire voir qu'on ne lui résiste point ; il est allé coucher avec la grosse fille qui l'a si bien essuyé et frotté hier. Cependant les servantes d'auberge ne restent pas au lit jusqu'à huit heures ; celle-ci doit être levée depuis longtemps. Pourquoi Raymond n'est-il pas revenu dans son lit? Est-ce qu'il veut que toute l'auberge sache où il a couché? Je n'en vois pas trop la nécessité. Il faut que je m'assure du fait. J'appelle, je sonne : notre servante arrive, c'est celle d'hier au soir. Elle se présente comme à l'ordinaire, le sourire sur les lèvres, ses gros yeux bien ouverts, le ton leste et déterminé. Cette fille-là n'a pas l'air timide; je conçois qu'elle doit être accoutumée aux visites nocturnes. Je la regarde aussi en riant.

— Vous appelez, monsieur?

— Oui, mon enfant.

— Qu'est-ce qu'il faut vous servir?

— Comment va notre jockey?

— Oh! il va bien, monsieur ; on lui a mis une compresse sur l'pied.

— Et le cabriolet?

— C'est peu de chose, c'est l'affaire de deux heures. Mais le propriétaire des vignes ousque vous avez versé a suivi le charron : il demande un dédommagement pour le dégât que vous avez fait sur son terrain ; il dit que vous avez écrasé plus de douze ceps de vigne.

— Allons, il faudra que nous payions, parce que nous avons manqué nous tuer sur ses échalas ; qu'on lui donne cent sous. Ah çà, ma grosse! dites-moi maintenant ce que vous avez fait de mon compagnon?

— De vot'compagnon!...

— Oui, de ce monsieur qui est venu avec moi.

— Ah! celui-là qui avait perdu ses souliers... et que j'ai été obligée de frotter si longtemps!

— Justement.

— Pardi! je n'en ons rien fait! et je n'en avons rien voulu faire! quoiqu'il ait été après moi comme un chien qu'a soif!... Ah, mon Dieu!... était-il tâteur donc!...

— Ma chère, il est inutile de feindre, il a couché avec vous; je ne vois aucun mal à cela, mais où diable est-il maintenant?

— Quoi que vous dites donc?... Il a couché avec moi!... Ah ben! en v'là une bonne!... ça n'est pas vrai, entendez-vous; je ne couche qu'avec ceux qui me convenons, et vot'vilain poupard ne m'a pas convenu du tout. Est-ce qu'il a le front de dire ça!... Ah! c'est que je lui arracherais les yeux, si je l'entendais!...

— Il me semble que quand on indique sa chambre, on ne doit pas faire autant de bruit pour ce que je vous ait dit.

— Ma chambre!... moi!... j'lui ai indiqué ma chambre!... Ah, mon Dieu! est-ce que!... ah, ah, ah!

La servante, qui était pourpre de colère, se met tout à coup à rire aux éclats. J'attends fort longtemps avant que cet accès de gaieté se calme; la grosse fille se tient les côtés, et est obligée de s'asseoir avant de pouvoir me parler. Elle se remet enfin.

— Faut vous dire, monsieur, que c'te porte que j'avons indiquée à vot'ami n'est pas celle de ma chambre, mais qu'elle conduit dans une grande salle qui fait mansarde, mais qui est ben exposée et ous qu'il fait toujours bien sec; v'là pourquoi le bourgeois l'a choisie pour y mettre les fruits qu'il veut conserver, comme des poires, des pommes, du raisin, et puis ben de la salaison, comme des jambons, des saucissons!...

— Tout ce que vous voudrez, mais je présume que votre maître ferme cette chambre à clef.

— Oui, monsieur; mais, malgré ça il prétendait qu'on lui volait souvent queuque chose, et depuis queuques jours, je ne sais pas si c'est pour attraper les voleurs, mais j'avons ben remarqué que la porte de la resserre n'est fermée qu'au pêne.

— Et c'est là que vous avez envoyé mon compagnon?

— Oui, monsieur.

— Je ne vois pas ce qu'il peut y avoir fait toute la nuit!... Mais il faut qu'il soit quelque part. Allons, la fille, conduisez-moi à votre garde-manger.

— Oh! j'vas chercher le bourgeois, parce qu'il nous est défendu d'y aller, à nous autres.

— Je me moque de la défense: il faut qu'on me retrouve mon compagnon, qui ne peut pas être allé visiter l'Ermitage ni se promener dans la vallée en chemise et en caleçon.

— Au fait, ça n'est pas l'usage.

Sans écouter la servante, qui est allée avertir son maître, je sors de ma chambre, je monte l'escalier, j'enfile un long corridor, au bout duquel j'aperçois une porte. Cet endroit est éloigné des chambres habitées; et si Raymond a appelé, je conçois qu'on ne l'ait pas entendu. Mais pourquoi serait-il resté là?... C'est ce que je vais savoir. Je pousse la porte, qui n'est pas fermée... J'aperçois Raymond ayant une jambe prise dans un piége, et assis sur une pile de jambons sur laquelle il s'est endormi.

Mon arrivée lui fait ouvrir les yeux. Il me tend les bras avec une expression que je ne puis rendre:

— Ah! mon ami, mon sauveur! délivrez-moi... je vous en prie!...

— Que diable faites-vous là?

— Vous le voyez, je suis pris comme un rat dans une souricière, je ne puis bouger!... Je suis là depuis une heure du matin; j'ai crié, appelé, personne n'est venu, il m'a bien fallu prendre mon parti. Voyant que l'on ne m'entendait pas, je me suis assis sur ce que j'ai trouvé, et à la fin, je me suis endormi... mais j'ai des douleurs dans tous les membres... Je me souviendrai de Montmorency!...

J'ai bien envie de rire, mais la figure allongée de Raymond me fait pitié. Cependant j'essaie en vain de le débarrasser du piége, lorsque notre hôte arrive avec sa servante. A la vue de cette dernière, mon pauvre compagnon fait une grimace épouvantable tandis que la grosse fille rit aux larmes.

— Ah! ah! morgué!... Je tiens donc mon voleur! dit l'hôte du plus loin qu'il voit Raymond. Mais, en approchant, il est bien étonné de reconnaître le voyageur auquel il a prêté des pantoufles. Raymond fait une histoire assez vraisemblable d'une petite indisposition qui, l'ayant surpris la nuit et forcé de chercher certain endroit qu'il pensait trouver dans le haut de la maison, l'a amené enfin à se prendre au trébuchet tendu dans le garde-manger.

Notre hôte se confond en excuses. Lui seul connaît le secret du piége, il se hâte de rendre la liberté à mon compagnon. Raymond va s'habiller; mais il est de fort mauvaise humeur, et ne se soucie pas d'aller admirer les environs de Montmorency. Il craint que la nuit qu'il vient de passer en chemise sur des jambons ne lui donne des rhumatismes, et il aspire au moment où nous pourrons retourner à Paris. Je pourrais railler mon compagnon sur le guignon qui le poursuit dans ses bonnes fortunes, mais je suis généreux et je me tais. Je le laisse se frotter, lui-même cette fois, les épaules, les jambes et les fesses; et, après avoir déjeuné, je vais seul visiter ces lieux charmants que Grétry et Jean-Jacques embellissent encore, car les hommes de génie ne meurent jamais entièrement. Je ne ferai point la description de ce que le lecteur connait aussi bien que moi, je ne lui apprendrais rien ; et si je me trompais, on s'apercevrait de mes bévues ; mais si je passe quelque jour dans une contrée éloignée, dans un pays désert, si je vois un château gothique, ou quelque chapelle tombant en ruine, alors je vous promets une belle description, car je pourrai dire tout ce qui me passera par la tête sans craindre d'être démenti.

Retournons près de Raymond. Il m'attend avec impatience. Le cabriolet est réparé, le cheval est mis, nous pouvons partir. Je fais monter mes deux invalides, car Raymond ne vaut guère mieux que le cocher : il peut à peine se remuer. Je me place au milieu ; et après avoir payé la carte de l'aubergiste, sur laquelle figurent les pantoufles avec lesquelles mon compagnon revient à Paris, je me dirige vers la capitale, où nous arrivons sans accident parce que je n'ai pas laissé prendre les rênes à M. Raymond. Rendus à notre demeure, il faut renvoyer le cabriolet et donner un dédommagement au cocher pour son pied foulé, qui le retiendra encore quelques jours chez lui. Je paye, et je présente à mon compagnon la liste de notre dépense depuis la veille.

Pour le cabriolet que nous avons gardé un jour de plus que nous n'étions convenus, trente francs : ci.	30 f.	» c.
Pour la paysanne et son fils, qui nous ont servi de guide et aidé à relever notre cheval.	6	»
Pour location des ânes à minuit. .	9	»
Pour réparation au cabriolet. . .	12	»
Pour le dégât dans les vignes. .	5	»
Pour séjour à l'auberge, coucher, souper et déjeuner.	28	»
Pour des pantoufles à M. Raymond.	2	50
Pour la fille qui a frotté M. Raymond.	3	»
Pour du feu dans deux cheminées, chose qui est fort rare dans les auberges.	2	»
Pour le jockey qui s'est foulé le pied en voulant arrêter notre cheval.	20	»
Total. . . .	117 f.	50 c.

En examinant le total des frais de notre partie de plaisir, auquel il pouvait joindre sa toilette presque entièrement perdue, depuis le chapeau jusqu'aux souliers, Raymond poussa un gros soupir et fut un peu long à tirer de sa bourse les cinquante-huit francs soixante et quinze centimes qu'il me devait. Enfin, nos comptes étant terminés, nous rentrâmes chacun chez nous.

CHAPITRE XX

SOUPÇONS DE L'ESPRIT. — CRAINTES DU CŒUR.

Grâce à mon voisin, je ne me suis pas rendu à l'aimable invitation de madame de Marsan ; mais je compte aller bientôt m'excuser, et j'aurai soin d'aller seul : je crois y gagner de toute façon.

Caroline m'attend sans doute avec impatience hâtons-nous de faire cesser ses inquiétudes. Je lui avais promis de revenir dans la nuit ; mais les événements !... Il est deux heures passées ; courons rue Caumartin.

M'y voilà... cette fois elle n'est pas à sa fenêtre... mais doit-on se donner un torticolis pour me voir arriver plus tôt?... Non !... je suis trop raisonnable pour exiger cela. Je monte, je sonne... on n'ouvre pas. Elle est sortie !... Ennuyée de m'attendre, elle est allée se promener... peut-être faire quelques emplettes nouvelles ; il faut m'éloigner... je reviendrai... sonnons encore cependant. Je sonne de nouveau, mais inutilement. Je descends assez mécontent, parce que je suis contrarié, et rien ne contrarie plus qu'un plaisir remis. Je n'ai pas le droit de me fâcher de ce qu'elle soit sortie... il me semble cependant qu'elle aurait dû m'attendre... Je m'éloigne en me grattant l'oreille ; je crois même que je me gratte le front... Serait-ce un pressentiment? Hélas ! je n'ai pas encore trouvé une femme fidèle ! mais je me suis promis de ne point me chagriner après ! je serai bien plus certain d'être heureux.

En détournant le boulevard, je l'aperçois... Quelle toilette pour une promenade du matin ! elle m'a vu ; elle paraît embarrassée... Elle vient à moi cependant. Nous nous sourions tous deux... mais je crois que nous n'en avions envie ni l'un ni l'autre : ces sourires forcés se reconnaissent si facilement !

— Ah ! vous voilà...

— Oui : cela vous étonne ?

— C'est que je ne vous attendais pas si tard.

— Je crois en effet que vous ne m'attendiez plus.

— Vous veniez de chez moi ?

— Oui, et vous?

— Je viens de me promener un peu...

— Quelle toilette !

— Elle n'a rien que de bien ordinaire, il me semble.

— Non pas en comparaison de celle que vous portiez rue des Rosiers.

Mon cher Dorsan, vous avez des crispations, lâchez-moi le bras, s'il vous plaît. (Page 93.)

— Vous avez toujours des méchancetés à me dire !...

— Je ne vois pas ce qu'il y a de méchant dans ce que je viens de vous dire.

— Il faudrait peut-être sortir en tablier, en cornette !...

— Cela ne vous allait pas mal.

— Je n'ai cependant pas envie de les reprendre.

— Oh ! je le crois.

— Il semblerait, à vous entendre, que lorsque vous m'avez connue j'étais une campagnarde bien gauche, bien niaise !

— Je sais très-bien que vous n'étiez pas une innocente.

— Est-ce que nous allons rester sur le boulevard ? Je rentre.... venez-vous ?...

J'hésite... et je la suis cependant. Nous sommes chez elle. Caroline me plaisante sur mon air sévère. Au fait, qu'ai-je à lui reprocher ?... Je suis quelquefois bien peu aimable !... je le sais ; et un homme grondeur n'est pas aimé... Oui, mais un homme qu'on aime ne paraît jamais grondeur ; il a toujours raison. J'embrasse Caroline et nous faisons la paix. Je dîne avec elle, je la mène au spectacle : je veux lui procurer du plaisir... mais elle ne m'a pas l'air de beaucoup s'amuser... Je lui trouve quelque chose de distrait, de préoccupé ; je suis presque tenté de lui faire la guerre ; je me retiens : elle me dirait que je bougonne sans cesse !... Mais si elle était comme autrefois, je n'aurais pas sujet de me plaindre. Ah ! je le répète quand on cesse d'être aimable, c'est qu'on cesse d'être aimé.

Il est près de minuit lorsque je rentre chez moi... Une secrète espérance me fait porter bien vite la main à ma serrure... point de bouquet !... c'était le jour pourtant !... Nicette m'oublierait-elle aussi ?... cela me ferait de la peine !... Cependant quel enfantillage! puis-je donc m'attendre à ce que cette jeune fille m'apporte toute l'année des fleurs, lorsque je ne daigne plus aller lui dire un simple bonjour?... Mais au fond du cœur je ne recevais pas avec indifférence ces marques de son souvenir; j'y étais sensible... plus peut-être que je ne le croyais moi-même; je le sens au chagrin que j'éprouverais de son oubli; je m'étais si bien habitué à cet hommage... Il me semble maintenant qu'il m'était dû! Et pourquoi le cacher? je me flattais d'être aimé de Nicette, je la croyais susceptible de constance; et tout en ne voulant point abuser de son amour, j'étais bien aise de lui en inspirer. Ah! je veux m'informer de sa conduite; je veux la voir, lui parler. Demain matin, je me lèverai à six heures, et j'irai rôder autour de la petite bouquetière. Que nous sommes bizarres!... Depuis un mois je négligeais Nicette; et parce que je crois qu'elle m'oublie, je brûle du désir de la revoir, de connaître sa conduite, ses sentiments!... Est-ce de ma part amour, amour-propre, jalousie, vanité, ou simple curiosité?... C'est tout ce que vous voudrez, mais c'est comme cela.

Quant à Caroline, je ne ne veux plus me tourmenter pour elle; car enfin elle est fidèle ou elle ne l'est point : dans le premier cas, j'ai tort de la soupçonner; dans le second elle ne mérite ni mon amour ni mes regrets. Voilà un très-beau dilemme que je propose à tous les jaloux présents et à venir. Mais ils me répondront que lorsqu'on peut se parler raison, c'est qu'on n'est pas fort amoureux. A cela je n'ai rien à dire, car je crois que c'est la vérité.

Je suis sur pied à six heures. Je suis bien certain, à pareille heure, de ne point rencontrer de connaissances près desquelles je rougirais de parler avec une petite marchande étalée dans la rue. Me voici près de la place où Nicette dresse son éventaire. Mais je ne vois rien... serait-il trop tôt?... aurait-elle changé de quartier? Je m'approche d'un commissionnaire assis à deux pas : ces gens-là savent tout.

— Mon ami, est-ce qu'il n'y avait pas une bouquetière devant cette maison?

— Si fait, monsieur; elle y était encore il y a huit jours.

— Elle n'y est donc plus?

— Oh! elle n'est pas bien loin!... A trente pas plus bas... vous allez voir une petite boutique; c'est là qu'elle est à c't'heure.

— Une boutique, dites-vous?

— Oui, monsieur, qui n'est pas grande, mais qui est ben arrangée, quoiqu'ça.

Je vais m'éloigner... mais si je pouvais avoir par cet homme quelques renseignements!... Nicette a une boutique... que dois-je en conclure!... je tremble de deviner! Un autre aura donc été plus heureux que moi!... un autre aura donc été écouté!... et ce trésor, que je pouvais obtenir et qu'il m'en a tant coûté pour respecter, c'est un autre qui le possède!

Je me rapproche du commissionnaire; je lui mets quelque argent dans la main, et je commence à le questionner.

— Connaissez-vous cette bouquetière?

— Oui, monsieur, je la connais... sans trop la connaître, car elle est un brin fière; elle ne parle guère qu'à ses pratiques, et encore faut pas que ça soit long, car elle vous les enverrait promener... Ah! dame, c'est une fille sage! c'est une vertu, voyez-vous, et les vertus sont toujours remarquées.

L'éloge que cet homme fait de Nicette me cause un vif plaisir, j'aurais été fâché d'apprendre à ne plus l'estimer.

— Vous dites donc qu'elle est sage?

— Oui, monsieur : oh! je nous y connaissons, nous autres; et puis j'voyons tout ce qui se passe. Ce n'est pas que mamzelle Nicette manque d'amoureux... Oh! pardi! tout le quartier, si elle voulait!... elle est si jolie!... aussi elle vous a fièrement de pratiques. Il n'y a guère que six semaines qu'elle est venue s'établir dans c'te rue; mais c'est égal; les jeunes gens l'ont bientôt aperçue, et c'est qu'il y a tout plein d'mirliflors qui viennent lui acheter pour lui conter fleurette, vous m'entendez ben; mais mamzelle Nicette ne vend que ses bouquets. C'est une justice à lui rendre : elle n'écoute pas plus les élégants que les laquais! et quand il y a des malins qui lui commandent des fleurs pour qu'elle leur en porte, ils sont ben attrapés, car elle leur envoie tout ça par la petite fille du perruquier.

Je m'éloigne, charmé de tout ce que je viens d'apprendre; en deux sauts je suis devant la boutique de Nicette. Elle range déjà ses pots de fleurs sur les planches placées en dehors de la rue. En me voyant, elle pousse un cri de surprise... les œillets qu'elle tenait lui échappent des mains, elle rougit... et peut à peine balbutier :

— Quoi!... c'est vous, monsieur?

Je souris de son étonnement; j'entre chez elle. Je m'assieds sur un escabeau, et je regarde... Qu'elle est jolie! le plaisir l'embellit encore, et il brille dans les regards qu'elle jette sur moi.

— C'est vous, monsieur Dorsan... vous... chez moi! Ah je ne m'attendais pas à tant de plaisir!... je ne l'espérais plus.

— Pourquoi donc cela, Nicette?

— Mais... il y a si longtemps!...

— Il est vrai. Mais j'ai des occupations qui ne me permettent pas de...

— Oh! monsieur!... je vous crois... D'ailleurs, n'êtes-vous pas le maître... et pouvez-vous penser à une marchande de bouquets?...

Il y a quelque chose de si touchant dans la manière dont elle me dit cela que je me sens tout ému. Comment ai-je pu oublier tant de charmes, de candeur, de sensibilité!... Je ne me conçois pas.

Elle est toujours debout devant moi; je lui prends la main; je vais, je crois, l'attirer sur mes genoux... elle me laisse faire... elle jette des regards inquiets autour d'elle, mais n'a pas la force de s'éloigner de moi. Imprudent! qu'allais-je faire... nous sommes en vue des passants; on peut entrer à chaque instant.

Elle n'a que sa réputation et je vais la flétrir!... Pauvre petite! elle me la sacrifierait, en craignant de me déplaire.

Je lui quitte la main; je m'éloigne d'elle, en portant mes regards vers la rue : elle me comprend; ses yeux me remercient.

— Vous avez pu louer une boutique, Nicette?

— Oui, monsieur, je gagne beaucoup depuis que je suis dans ce quartier; j'économise et je ne dépense guère; je suis certaine de pouvoir me tirer d'affaire; je ne crois pas avoir mal fait?

— Non... je sais que vous vous conduisez fort bien.

— Vous le savez?...

— Je n'en ai jamais douté. Vos bouquets m'ont prouvé aussi combien votre âme est reconnaissante...

— Ah! puis-je oublier ce que vous avez fait pour moi?

— Vous n'avez point fait de connaissances dans cette rue?...

— Non, monsieur, je n'en veux pas faire.

— Vous ne vous ennuyez pas seule?

— Comment pourrais-je m'ennuyer, j'ai toujours quelque chose à penser!

— Le soir que faites-vous?

— Je lis et je m'apprends à écrire.

— Vous savez écrire?

— Un peu... dans quelque temps je saurai écrire je l'espère. Il y a un vieux monsieur qui me donne quelquefois des leçons.

— Qu'avez-vous besoin d'en savoir davantage?

— C'est vrai, monsieur; si cela vous déplaît, je n'apprendrai plus.

— Oh! je ne dis pas cela! étudiez, Nicette, puisque vous y trouvez du plaisir : vous n'êtes pas née pour vendre des bouquets; mais, croyez-moi cependant, ne cherchez pas à sortir de la condition où le sort vous a placée, cela réussit rarement.

— Oh! je ne cherche rien monsieur! je voudrais seulement être un peu moins bête qu'autrefois.

— Ma chère amie, vous pouvez être ignorante, mais vous ne pouvez être bête; vous serez toujours charmante; votre esprit naturel n'a pas besoin, pour plaire, des ressources de l'instruction, comme vos attraits n'ont pas besoin des secours de l'art pour séduire. Ah! Nicette, soyez toujours telle que vous êtes maintenant!... telle que je vous vis pour la première fois! ne changez jamais!

Elle m'écoute en silence; son doux regard approuve tout ce que je dis : nous nous entendons si bien!... Mais des importuns viennent déjà regarder ses fleurs; il faut que je m'éloigne. Je lui dis adieu, et je reste encore devant elle... Il n'y a pas moyen de prendre un baiser... je le sens bien... elle me devine... nous soupirons tous deux!... Se quitter aussi froidement!... Ah! si nous étions chez moi!... je n'ai qu'un mot à dire; elle viendrait, j'en suis certain; mais ne le disons pas, ce mot; car elle serait perdue.

Je lui serre la main et je me sauve... Je sens qu'il faut la fuir pour ne point l'adorer.

CHAPITRE XXI

LA CONFIDENCE

Comme un changement heureux dans notre destinée nous raccommode avec la vie, comme un coup de dé favorable nous rapproche de la fortune, comme un beau trait réconcilie un misanthrope avec l'humanité, comme la réception d'une pièce calme l'humeur d'un auteur, comme une bouteille de vin vieux fait oublier à un ivrogne ses serments, comme un rayon de soleil fait disparaître les traces de l'orage, de même la vue d'une jolie femme nous fait oublier nos projets de sagesse; son amour efface de notre âme le souvenir des perfidies de notre dernière maîtresse, et ses vertus nous raccommodent avec les femmes, que nous jurons de fuir toutes les fois que nous avons été trompés, mais que nous ne fuyons pas, parce que cela n'est point dans la nature.

Ainsi la vue de Nicette me fait toujours l'estimer davantage. Je me reproche de médire quelquefois d'un sexe chez lequel on trouve des modèles de sensibilité, de délicatesse, de douceur, et qui rachète souvent une faiblesse par mille qualités. D'après cela, je pense que j'ai eu tort de soupçonner Caroline, que rien dans sa conduite ne méritait d'éveiller ma jalousie et que souvent, par des reproches et une méfiance mal fondée, on aigrit un cœur que l'on aurait pu fixer.

Je vais même jusqu'à me dire que c'est ma faute si j'ai été trahi si souvent, et que je n'ai jamais fait que le contraire de ce qu'il fallait pour conserver l'amour d'une femme. On va loin avec des syllogismes que l'on se propose à soi-même. De la manière dont j'y allais, j'aurais fini par me prouver que les infidélités de ces dames ne sont que la conséquence de notre conduite avec elles, lorsque je me trouvai devant Tortoni, au moment où Raymond y entrait avec un monsieur d'une soixantaine d'années, assez mal bâti, d'une figure bête et désagréable, et forcé de s'appuyer sur une canne pour faire avancer sa jambe gauche, mais dont la mise annonçait l'opulence, et les manières un reste de prétention.

Je ne me soucie point de m'asseoir près de ces messieurs, malgré les sollicitations de Raymond, qui me crie que nous allons déjeuner ensemble. Je feins de ne point l'entendre, et me place dans un coin, loin de Raymond, que je redoute encore plus depuis notre voyage à Montmorency. Mais, tout en prenant mon chocolat, je m'aperçois que la conversation de ces messieurs est très-animée. Je gage que ce vieux goutteux raconte à son ami quelques bonnes fortunes qu'il a soin de faire sonner bien haut, pour se donner encore l'air d'un jeune séducteur. Ne ferait-il pas mieux de soigner ses infirmités? Il se lève cependant; je crois que Raymond va le suivre... mais non, il reste et vient vers moi.

— Bonjour, mon ami! Eh bien! sommes-nous un peu remis des fatigues du voyage?

— C'est à vous qu'il faut demander cela. Grâce au ciel, je n'ai pas couché sur un jambon, les jambes prises comme une mauviette.

— Ah! l'espiègle!... Ça, c'est vrai que j'avais assez l'air d'un moineau; mais je ne m'en ressens plus, je me suis tant frotté hier!... j'ai usé deux bouteilles de cosmétique pour la peau, et trois flacons d'huile de Ceylan; aussi, ce matin, j'avais retrouvé toute mon élasticité. Dites-moi, connaissez-vous la personne qui était avec moi tout à l'heure?

— Non!

— C'est M. de Grandmaison.

— Je n'en ai jamais entendu parler.

— C'est un homme très-riche!... immensément riche!...

— Il est immensément laid!

— C'est un ancien financier... fournisseur, entrepreneur...

— Oui, j'entends.

— Il donne des bals somptueux.

— Ce n'est pas pour lui à coup sûr.

— Oh! c'est encore un égrillard!...

— Il n'en a pas l'air.

— Parce qu'il traîne un peu la jambe!... cela ne l'empêche pas de faire des conquêtes.

— C'est-à-dire d'en acheter.

— C'est ce que je voulais dire; mais cela revient au même. J'avoue, entre nous, qu'il n'a pas inventé la poudre, et que son éducation se borne à la règle de la multiplication et de la soustraction qu'il entend parfaitement. Mais, enfin, avec tout cela, il a les plus jolies femmes de Paris.

— Cela ne fait pas l'éloge des plus jolies femmes de Paris.

— Il me contait tout à l'heure une nouvelle intrigue qu'il est sur le point de terminer... Oh! oh!... c'est fort drôle!... C'est une jeune beauté ravissante qu'il va souffler à un jeune homme.

— Quelque fille entretenue...

— Il paraît que la petite vaut son prix et qu'elle faisait des façons; et puis le jeune homme, qui sans doute est jaloux, la tient de près... Malgré cela, on s'est vu... à la fenêtre d'abord... puis les billets, puis les propositions!... Grandmaison, qui sait comment il faut s'y prendre, a parlé de cachemires, de brillants! La petite est coquette, et il paraît que son jeune amant ne l'entretient que sur un ton bourgeois! Le pauvre garçon sera bientôt évincé.

J'éprouve une certaine inquiétude dont je n'ose encore me rendre compte; le récit de Raymond, que j'avais écouté machinalement, m'intéresse maintenant beaucoup : les mots de cachemires, de fenêtre, de brillants, éveillent dans mon esprit de vagues soupçons, auxquels je rougis de m'arrêter lorsque je me rappelle la tournure et l'âge de M. de Grandmaison. Mon amour-propre ne peut admettre que l'on me préfère un tel rival... mais une voix secrète me dit que l'amour-propre nous trompe souvent: je veux m'assurer de la vérité, et j'adresse à Raymond des questions qui, j'en suis certain, vont me prouver que j'ai tort de me tourmenter.

— Où demeure ce M. de Grandmaison?

— Rue Caumartin, dans une superbe maison qui est à lui... C'est presque à l'entrée, par le boulevard.

Je sens un frisson parcourir tout mon corps, mon estomac se serre, un poids se place sur ma poitrine, et tout cela est l'affaire d'un mot et d'une seconde; je continue cependant, en affectant la plus grande tranquillité :

— Et cette jeune beauté?...

— Elle loge en face de lui, dans une petite maison où il n'y a point de portier, au second sur le

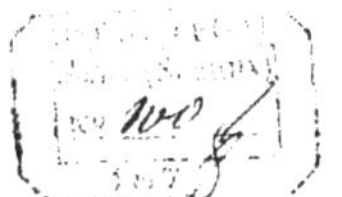

Il a trouvé l'amateur montrant son serpent à madame la baronne. (Page 104.)

devant. C'est à sa fenêtre que Grandmaison l'a aperçue : la rue est large ; mais il a une lorgnette délicieuse qu'il a fait faire pour voir les ballets de l'Opéra. C'est un petit télescope ; elle vous met sur les objets, et vous savez comme c'est agréable, pendant qu'une danseuse fait une pirouette, de braquer cela sur...

— Mais achevez donc : cette jeune femme?...

— Comme je vous le disais, avec sa lorgnette il s'est convaincu qu'elle est jeune, jolie, bien faite et point fanée!... Oh! il a des verres pour cela qui sont précieux!

— Mais l'amant?...

— L'amant ne loge pas avec elle. Il vient la voir fort souvent; mais alors ce n'est pas à la fenêtre qu'il se met : c'est ce qui fait que Grandmaison n'a fait que l'entrevoir... car elle a bien soin de quitter sa croisée dès que le jeune homme arrive!...

— Enfin ?

— Enfin tout va le mieux du monde. Grandmaison a mené la petite en loge grillée à l'Opéra, avant-hier, parce que justement l'amant était à la campagne.

Ici je ne suis plus maître de moi, et, sans voir ce que je fais, je donne un coup violent sur la table qui est entre moi et mon voisin : la secousse est si forte que la tasse de chocolat saute au nez de Raymond, qui, en me parlant, se tenait courbé sur la table ; le reste du liquide se répand sur le gilet et le jabot de mon voisin, qui fait lui-même un saut en arrière, épouvanté par le geste qui vient de m'échapper.

Honteux de laisser voir mon trouble, mon dépit, ma fureur, je tâche de prendre sur moi, je compose ma figure, et je fais mes excuses à Raymond, qui ne sait pas s'il doit se rapprocher de moi, et demande un verre d'eau pour s'essuyer le visage.

— Pardon!... mille pardons! mon cher Raymond!... je ne sais pas ce qui m'a pris... Vous disiez donc qu'avant-hier...

— Vous m'avez fait une peur terrible... est-ce que vous avez des attaques de nerfs?

— Non! non! c'est une distraction!... Vous disiez...

— Diable! il faut prendre garde à cela... Vous êtes cause qu'il faut que j'aille changer de gilet et de chemise.

— Oh! ce n'est rien... Enfin avant-hier il a donc mené cette jeune femme à l'Opéra en loge grillée?

— Oui, oui... En ai-je encore à la figure?

— Rien du tout: vous avez une mine charmante... Continuez...

Ce compliment remet Raymond de bonne humeur; il cache son jabot en dedans et reprend la conversation.

— Oui, ils ont été en petite loge...

— De manière que tout est fini?...

— Oh! pas encore. Vous entendez bien que la belle fait des façons, et que Grandmaison n'est pas homme à mener les choses si rondement... avec sa jambe, il lui faut toutes ses commodités. Oh! si c'eût été l'un de nous deux, l'affaire serait terminée!... c'est que nous sommes des lurons!

— Mais depuis?...

— Il a revu la petite hier matin *extra muros*. Il a promis pour ce soir un cachemire magnifique et tout à fait turc si elle veut venir souper chez lui; de plus, un logement complet, une femme de chambre, une voiture à ses ordres et cent louis par mois, sans compter les cadeaux, si elle consent à ne point retourner chez elle...

— Eh bien?

— Elle a accepté...

— Elle a accepté!...

Je me lève si brusquement que Raymond se rejette en arrière et me regarde avec inquiétude.

— Mon voisin, est-ce que cela vous reprend?

— Non, je n'ai rien... Allons prendre l'air un peu.

Et j'emmène Raymond en le prenant par le bras. Il me suit en faisant la grimace. Sans doute je lui serre le bras sans m'en apercevoir, car il me supplie de le lâcher... mais je ne l'entends pas.

— Mon cher Dorsan!... vous avez des crispations... lâchez-moi le bras, s'il vous plaît...

Oh! les femmes! les femmes!... Mais pourquoi éprouvé-je ce serrement de cœur!... car enfin je ne l'aime pas.

— Mon ami, lâchez-moi, je vous en prie...

— Ah! c'est qu'il est cruel de se voir toujours jouer de la sorte!... d'être trompé sans cesse! et pour qui? je vous le demande...

— Je ne sais pas ce que vous me demandez; mais lâchez-moi, vous me faites mal... je serai obligé d'appeler du monde...

— Mais cependant... est-ce bien elle?... il faut que je la confonde... Raymond!...

Je me retourne vers mon compagnon, dont je remarque alors seulement la figure piteuse et les yeux épouvantés; je lui lâche le bras, et, reprenant un peu de calme, je lui demande ce qu'il a.

— Ce que j'ai!... Ma foi, c'est vous qui avez des accès de fièvre cérébrale... vous me serrez le bras à me faire crier; vous poussez des exclamations que je ne comprends pas...

— Ah! c'est que je pensais à quelque chose que je vous conterai plus tard; mais revenons à cette intrigue de votre ami; elle m'amuse beaucoup.

— M. de Grandmaison soupe ce soir avec sa nouvelle conquête?

— Oui, c'est pour ce soir.

— Je serais bien curieux de voir cette femme que vous dites si jolie!...

— Ma foi! je le suis beaucoup aussi, moi, car je ne la connais pas plus que vous, et je me fais une fête de la voir...

— Comment! vous la verrez?

— Certainement; je suis du souper, moi et cinq ou six aimables roués des intimes de Grandmaison. Comme il est un peu bête par lui-même, quand il a dit à une femme qu'il voudrait bien... vous m'entendez... il ne trouve plus rien à lui dire pour l'amuser; et comme il veut ménager ses plaisirs, parce qu'il n'est pas comme nous en état de recommencer souvent, il réserve son ardeur pour la nuit; au souper, il invite toujours plusieurs amis, afin de mettre sa belle en train.

— Voilà qui est parfaitement calculé et fort agréable pour les convives!...

— Vous comprenez qu'il nous en revient toujours quelque chose... Ces femmes-là, quand elles ont un grand fond de sensibilité, ne peuvent point se contenter de Grandmaison, qui est invalide!...

— J'entends! vous êtes son ami et son suppléant.

— Je suis tout ce qu'on veut, moi!... Oh! nous nous amusons à ces petits soupers!... nous rions comme des fous!... La chère est délicieuse! le vin excellent! point de gêne, point de cérémonies; nous badinons, nous chantons, nous buvons; et les plaisanteries, les pointes, les petits mots à double sens, les anecdotes piquantes, les couplets gaillards!... C'est un feu roulant, tout le monde parle à la fois, on ne s'entend pas, c'est charmant.

— Vous me donnez du regret de n'être pas des vôtres.

— Le voulez-vous, mon cher?... Parbleu! si cela vous fait plaisir, je me fais fort de vous introduire.

— Quoi! vraiment, vous pourriez?...

— Je puis tout ce que je veux, moi!... vous savez bien que tout me réussit.

— Je l'avais oublié... Mais ce M. de Grandmaison ne me connait pas...

— Qu'est-ce que cela fait? je vous connais, moi, cela suffit!... Présenté par Raymond, vous serez le bienvenu!...

— Vous croyez que je puis!...

— Mais sans doute!... Que l'on soit gai... que l'on dise des farces, des gaudrioles, et on est bien reçu chez Grandmaison : c'est pour cela qu'il m'affectionne beaucoup, moi...

— Oh! s'il ne s'agit que de faire des farces... je vous en promets pour ce soir.

— Vous êtes notre homme ; c'est convenu, c'est décidé... Ce soir venez me rejoindre au café Anglais, à dix heures... c'est l'heure à laquelle on se réunit.

— J'y serai, je vous le jure.

— Mais si vous m'en croyez, vous prendrez ce matin un peu de fleur d'oranger pour calmer vos nerfs.

— Soyez tranquille!... cela ne me reprendra plus.

— Adieu donc ; à ce soir, dix heures.

Raymond me quitte, je réfléchis longtemps à tout ce que je viens d'apprendre. Cette femme est Caroline!... je n'en saurais douter!... et cependant un faible espoir luit encore au fond de mon cœur. Allons chez elle... mais cachons bien ce que j'éprouve : essayons, s'il se peut, de lire dans son âme... de deviner sa trahison dans ses yeux... Mais surtout soyons raisonnable... soyons philosophe... et tâchons de nous pénétrer de ces deux vers :

Le bruit est pour le fat, la plainte est pour le sot ;
L'honnête homme trompé s'éloigne et ne dit mot.

CHAPITRE XXII

LE PETIT SOUPER

Je la trouve chez elle. Mon arrivée ne paraît pas la gêner ; elle me reçoit, me parle, me sourit comme à l'ordinaire. Aurais-je eu tort de la soupçonner? Cependant elle ne remarque pas mon trouble!... La secrète agitation que je m'efforce de cacher n'échapperait point aux yeux de l'amour!... Ceux-là voient tout, devinent tout!... et Caroline ne me fait aucune question lorsque je brûle, lorsque je ne sais ce que je dis... lorsqu'à chaque instant je suis près d'éclater et ne comprime qu'avec peine tous les tourments que j'endure!... Non, elle ne m'aime plus.

— Je lui dis que je compte passer la journée avec elle... je crois lire dans ses regards de l'embarras... mais elle se remet aussitôt.

— Vous me ferez toujours plaisir en restant avec moi, me dit-elle enfin avec cette voix si douce qui m'a séduit dans notre rencontre sur le boulevard... Ah! ces voix-là sont trompeuses comme le reste.

C'est en vain que je veux composer ma physionomie et me donner un air de gaieté, je ne puis y parvenir... Je sens toujours quelque chose qui m'étrangle, qui m'étouffe! Ah! j'ai déjà éprouvé cela bien souvent!... Je me mets à la fenêtre... je m'en retire aussitôt... Il ne faut pas que ce soir je puisse être reconnu. Ah! que la journée est longue!... Je hâte l'instant du dîner. Jamais, je crois, repas ne fut plus triste!... Caroline se plaint de la migraine... moi, je ne me plains pas. Si je pouvais lui parler d'amour!... Essayons... mais je ne vois plus que des lieux communs dans ce qu'elle me répond!... Ah! c'est une bien sotte conversation entre deux personnes qui ne s'aiment plus!

Je lui propose de venir au spectacle. Elle refuse ; sa migraine augmente... elle se sent mal à son aise... Perfide, je te comprends!... Pourquoi donc ne pas me dire franchement : « Je ne t'aime plus!... » Ah! je t'en voudrais moins, si tu agissais ainsi. Mais on veut à l'inconstance ajouter la fausseté, la dissimulation ; on veut toujours nous tromper.

— Voulez-vous que je reste près de vous? lui dis-je en affectant de l'inquiétude pour sa santé.

— Non... non... je vous remercie!... il ne me faut que du repos ; demain je n'y penserai plus.

Elle ne peut cacher la crainte que lui cause ma proposition, qui dérangerait ses projets. Il ne tiendrait qu'à moi d'en empêcher ce soir l'exécution en restant avec elle ; mais qu'en résulterait-il?... Je ne ferais que regarder le moment!... je n'aurais pas bientôt le plaisir de la confondre!... Ah! je n'ai garde de reculer cet instant!... je voudrais déjà qu'il fût arrivé!... Quand nous devons éprouver quelque peine, les moments qui la précèdent sont plus pénibles que ceux qui la suivent.

Huit heures sonnent. Elle va se coucher pour

essayer de dormir. C'est me donner le signal de la retraite. Je lui dis adieu. Elle s'avance pour m'embrasser... elle me serre la main, et ses yeux sont secs, son sein n'est pas agité !... Je sors. Il était temps ! j'allais éclater !

Je ne suis pas fâché d'avoir deux heures devant moi avant d'aller rejoindre Raymond. J'aurai le temps de me calmer et de prendre un parti. Je sens déjà que le grand air me fait du bien !... Je l'ai cent fois éprouvé : une atmosphère plus ou moins épaisse influe beaucoup sur notre manière de sentir, surtout lorsque nous avons le malheur d'avoir les nerfs irascibles... Un peu de pluie, un peu d'orage calme ou excite nos passions : celles qui sont dans la nature doivent lui être soumises et, grâce au ciel, je ne connais que celles-là et ne suis pas de l'avis de ceux qui affirment qu'elles le sont toutes.

Elle a quitté pour moi sa tante, son petit Jules et bien d'autres !... pourquoi ne me quitterait-elle pas aussi ? Elle ne m'aime plus ; ce n'est pas un crime ! elle me trompe : c'est là, je crois, ce qui me chagrine le plus, car on est humilié d'être trompé, surtout quand on est d'âge à tromper soi-même.

Mais enfin une pareille liaison devait finir un peu plus tôt, un peu plns tard !... Qu'importe ! ce n'est pas non plus de l'amour que j'avais pour elle... C'est je crois, pour cela que je lui en veux autant !... J'éprouve du dépit de m'être laissé prévenir. L'amour pardonne bien des choses que l'amour-propre n'excuse point.

Ah ! si j'étais trompé par Nicette !..... je sens que ma peine serait bien différente. Je me rappelle à quel point j'ai été inquiet, agité en apprenant qu'elle avait pris une boutique, et pourtant je ne suis que son ami. Pensons à Nicette ; c'est le meilleur remède à opposer à Caroline.

J'ai parcouru tous les boulevards. J'ai eu le temps de raisonner ; j'ai entièrement pris mon parti. Je sens qu'il faut être fou pour se chagriner de la trahison d'une femme qui en a trahi d'autres pour nous. Comment, en effet, compter sur la foi de quelqu'un qui ne nous donne pour garantie que des infidélités ?

Je me suis donc décidé à m'amuser aux dépens de mademoiselle Caroline. C'est la meilleure vengeance que l'on puisse tirer d'une femme qui nous trompe. Toutes celles où l'on aperçoit de la haine, du dépit ou de la jalousie dénotent encore un reste d'amour : ce ne sont pas là des vengeances.

Je suis à dix heures au café Anglais... Je prends du punch en attendant Raymond. Je ne veux pas m'étourdir, mais je veux avoir ce degré de folie qui fait que l'on aperçoit moins celle des autres. Mon voisin arrive dans le négligé recherché d'un homme à bonnes fortunes. On croirait, à son air radieux, que c'est lui qui est ce soir le héros de la fête.

— Nous allons bien nous amuser, me dit-il en s'asseyant près de moi et en appuyant son coude sur la table voisine sans remarquer qu'il le met dans un riz au lait que prenait tranquillement un vieil habitué.

— Que diable, monsieur !... prenez donc garde à ce que vous faites ! dit le vieux monsieur en quittant son journal, Raymond se confond en excuses, et, dans la vivacité avec laquelle il ôte son coude trempé dans le potage, il fait rouler le vase plein de riz sur le pantalon blanc d'un petit-maître qui lisait le *Journal des modes*.

Le petit-maître jette les hauts cris, le vieil habitué apostrophe rudement Raymond, et je vois que ses excuses vont achever de gâter les affaires.

Ne me souciant pas qu'une nouvelle aventure nous empêche de nous rendre chez M. de Grandmaison, je me hâte de faire mes efforts pour rétablir le calme et apaiser ces messieurs. J'y parviens enfin, et, de crainte d'un nouvel accident, j'entraîne Raymond hors du café.

— Il me semble que la soirée commence mal, lui dis-je en l'emmenant vers la rue Caumartin.

— Bah !... au contraire !... cela nous promet de la gaieté. Ce n'est pas ma faute si ce vieux politique place son riz justement sous mon bras... il n'avait qu'à le manger au lieu de lire le journal, et cela ne serait pas arrivé. Mais il est dix heures et demie ; hâtons-nous ; je gage qu'on nous attend...

— C'est-à-dire, vous.

— Oh ! j'ai écrit un mot à Grandmaison pour le prévenir que je lui amènerais un intime ; ainsi on vous attend aussi.

Nous arrivons rue Caumartin. Nous entrons dans un bel hôtel... C'est bien en face de chez Caroline. Nous montons un escalier superbe ; nous traversons plusieurs antichambres éclairées par des globes lumineux attachés au plafond et où bâillent une demi-douzaine de laquais. Tout annonce en ces lieux le faste et l'opulence... Je n'avais pas tout cela à lui offrir !... Je croyais faire beaucoup pour elle !... je me suis gêné... endetté. . que m'en revient-il ?... Ah ! je me souviendrai d'avoir voulu faire l'entreteneur !

Le cœur me bat un peu en approchant du petit salon où la société nous attend... mais je me remets bientôt.

Nous entrons... Je ne vois que quatre hommes parmi lesquels n'est point le maître du logis.

— Eh bonjour, mes amis ! dit Raymond en entrant et en courant serrer la main à tous ces

Elle chancelle et tombe dans les bras de son nouvel adorateur. (Page 103.)

messieurs. Voici un aimable garçon qui veut bien ce soir s'amuser avec nous. Mais où donc est Grandmaison?

— Dans son boudoir... il apprivoise sa petite avant le souper...

— Ah! c'est juste!... c'est juste!... on fait ses derniers arrangements, on achève de s'entendre...

— L'avez-vous vue, messieurs?

— Pas encore. On la dit charmante!...

— Séduisante... et presque novice!

— Diable! c'est du merveilleux!...

— Aussi Grandmaison nous recommande d'être moins polissons qu'à l'ordinaire.

— C'est bon!... nous irons par gradation pour ne point l'effaroucher. Mais enfin il faut bien la former, cette petite, et en vérité ce n'est pas Grandmaison qui en est capable!...

— Le pauvre homme! c'est tout au plus s'il pourra lui dire un petit mot... après souper.

— Ce n'est pas un rude causeur comme Joconde!...

— Non, mais son vin est délicieux!...

— Et son cuisinier excellent!... D'honneur, j'ai pour lui une estime!...

— Pour le cuisinier?

— Non, pour Grandmaison, mauvais plaisant!... Allons, messieurs, point de mots à double sens : cela nous est défendu aujourd'hui. Moi, d'ailleurs, je suis pour les mœurs avant tout!...

Pendant cette aimable conversation, je m'amusais à examiner ces messieurs. L'un, gros, court et roux, se contentait de rire à chaque plaisanterie des autres, sans se permettre d'y ajouter du sien.

Celui qui parlait le plus était un petit homme d'une cinquantaine d'années qui voulait renchérir sur les jeunes gens en se donnant l'air d'un mauvais sujet et en disant toutes les ordures qui lui passaient par la tête.

Un jeune homme maigre, pâle, livide, dont les yeux caves et éteints annonçaient l'abus qu'il faisait de la vie, était étendu dans un fauteuil et se dandinait en ajoutant parfois quelques plates rapsodies aux bons mots de Raymond, qui se trouvait dans son centre.

Un grand et épais personnage, à la figure hébétée, ayant de gros yeux de bœuf et un nez qui aurait fait honte à une coloquinte, complétait la réunion, où, suivant moi, il ne manquait que M. le baron de Witcheritche.

Enfin une porte du fond s'ouvre et M. de Grandmaison arrive en traînant sa jambe. Mais il est seul.

— Où est-elle?... où est-elle?... s'écrient à la fois tous ces messieurs.

— Un moment!... un moment donc!... vous allez la voir... Elle fait un peu de toilette. Quand je lui ai dit que je la faisais souper avec mes amis, elle n'a pas voulu paraître en négligé... et puis je ne suis pas fâché qu'elle voie tous les cadeaux que je lui fais. Je l'ai laissée avec une femme de chambre.

Un peu de patience et du punch... cela nous fera attendre le souper.

Raymond me présente à M. de Grandmaison, qui s'épuise en compliments banals sur ce que je veux bien embellir sa petite réunion.

Tout en lui répondant, je crains qu'il ne me reconnaisse ; mais ma peur est bientôt dissipée : je vois que M. de Grandmaison a besoin de sa lorgnette d'Opéra pour bien distinguer les objets.

On apporte un énorme bol rempli de punch, auquel ces messieurs font tant d'honneur que je ne sais pas trop dans quel état ils seront pour le souper.

Le grand monsieur à figure bête, que l'on appelle milord, ne fait qu'emplir et vider son verre, tandis que le petit roux, que j'entends nommer Zamorin, se bourre de macarons, d'oublies et de biscuits, afin de mieux attendre le souper.

Le vieux libertin et le jeune homme languissant s'informent de la figure de la nouvelle maîtresse de Grandmaison, et l'amphytrion leur fait le détail de ses charmes en promettant d'en dire davantage le lendemain.

— Comment la nommera-t-on? dit Raymond.

— Elle s'appellera madame Saint-Léon... C'est un joli nom, n'est-ce pas, messieurs?

— Oui, très-joli... Je tiens au nom, moi.

— A-t-elle des enfants?

— Imbécile!... on t'a dit qu'elle était presque novice.

— Oui, mais presque ne veut pas dire que...

— Allons, taisez-vous, Raymond, vous offensez l'innocence!... dit M. Rocambolle (c'est le vieux plaisant). Je suis sûr que Grandmaison a été chercher cette femme-là aux Vertus.

Enchanté de sa plaisanterie, M. Rocambolle se tourne en riant vers le jeune homme, qui rit aussi en laissant voir deux ou trois dents gâtées, les seules qui lui restent.

Au milieu du brouhaha général, ne voulant pas avoir l'air de m'ennuyer dans l'aimable société de ces messieurs, je dis à tort et à travers tout ce qui me passe par la tête, et j'ai quelquefois sans m'être donné aucune peine pour cela, le plaisir de faire rire la joyeuse réunion. Raymond s'écrie :

— Je vous avais bien dit que c'était un farceur!... un homme charmant!

Il paraît que je suis aimable ; je n'ai, je le jure, fait aucuns frais pour l'être, mais je crois que ces messieurs sont bien disposés.

On vient annoncer que le souper est servi, Grandmaison regarde sa montre.

— Il y a trois quarts d'heure, dit-il : elle doit être prête... je vais la chercher. Rendez-vous dans la salle du souper ; je vais vous l'amener.

Il s'éloigne ; et Raymond, qui connaît les êtres, nous conduit dans une pièce ronde décorée avec élégance, et au milieu de laquelle est une table garnie de tout ce qui peut flatter la vue, l'odorat et le goût.

Une belle pendule, placée sur une petite cheminée de marbre blanc, marquait alors près de minuit.

— Diable! dit M. Rocambolle, déjà minuit!... nous n'aurons guère le temps de nous divertir.

— Ni de manger, dit Zamorin.

— Attendez, attendez, messieurs, dit Raymond, qui veut toujours trouver le moyen de parer à tout, je vais la retarder d'une heure.

— Bien dit .... bien dit! s'écrie-t-on de toutes parts... Ce diable de Raymond n'est jamais en défaut!... il est inventif comme une petite fille.

Enchanté de montrer les ressources de son imagination, Raymond court à la pendule ; il enlève avec une vivacité effrayante le globe qui la recouvre, il tourne les aiguilles, il enfonce la clef sur le côté du retard et, de la manière dont il y va, je présume que dans deux heures il ne sera pas encore minuit. Notre attention est distraite par le son de la voix de M. de Grandmaison ; cela nous annonce l'arrivée de celle que tous les convives attendent, mais avec bien moins d'impatience que moi!

Tous les yeux se tournent vers la porte par où elle va entrer; seul, je me mets à l'écart, de manière à n'être pas aperçu d'abord. Nous entendons déjà le frôlement de sa robe...

Dans ce moment un craquement très-fort retentit dans l'appartement : c'est Raymond qui vient de casser le grand ressort de la pendule, et qui, pour cacher sa sottise, s'empresse de s'éloigner de la cheminée et de courir au devant de la beauté qui va nous être présentée.

Elle paraît enfin conduite par M. de Grandmaison et Raymond, qui s'est emparé de son autre main et lui débite déjà toutes les jolies choses qu'il est capable de dire.

Je l'ai vue... et mon cœur a battu plus violemment; ma poitrine s'est gonflée!... C'est le dernier effet que sa présence produira sur moi.

Sa toilette est magnifique : un collier d'émeraudes brille sur sa poitrine; un peigne fort beau, des girandoles ajoutent à l'éclat de sa parure.

Elle se présente les yeux baissés et se donnant un air de modestie presque semblable à celui dont j'ai été la dupe la première fois que je l'ai aperçue.

Cette femme-là sait faire tout ce qu'elle veut de sa physionomie... Voyons comment elle soutiendra ma vue.

Elle a enfin levé les yeux sur la société; un concert de louanges, de compliments retentit aussitôt : elle est en effet très-bien, et c'est à qui, de ces messieurs, trouvera une expression assez vive pour exprimer son extase, son ravissement.

Comme Caroline est heureuse dans ce moment!... son front rougit, mais c'est de plaisir, d'orgueil, et non de modestie.

— Mais où donc est mon ami? s'écrie Raymond en me cherchant des yeux.

Il m'aperçoit dans le petit coin d'où j'examine la scène; il court à moi, me prend par la main, m'entraîne vers Caroline.

— Venez donc, dit-il, venez donc voir les trois Grâces... c'est Hébé... c'est Vénus... c'est Psyché... c'est...

Raymond est interrompu par un cri de Caroline. Elle m'a regardé au moment où je lui adresse mon compliment, en félicitant M. de Grandmaison.

Elle pâlit... se trouble... veut prendre sur elle... mais l'émotion est trop vive; elle chancelle et tombe sur son nouvel adorateur : celui-ci, qui était alors occupé à répondre aux félicitations de ses amis, reçoit sur lui la jeune femme au moment où il prenait une prise dans sa tabatière d'or, afin de trouver quelque chose de piquant à répondre à ces messieurs; le pauvre homme n'est point de force à soutenir ce choc inattendu; sa jambe gauche n'est jamais d'aplomb, et le poids de Caroline, faisant fléchir la droite, M. de Grandmaison tombe lourdement en cherchant à se retenir à ce qui est près de lui; il ne trouve sous sa main que la cuisse de M. Rocambolle, à laquelle il s'accroche; mais, en croyant tenir une partie de l'individu, la main de M. Grandmaison n'a saisi que du coton que le vieux libertin met dans ses culottes pour se donner des formes voluptueuses; le casimir a craqué, l'étoffe est déchirée, et la fesse postiche de M. Rocambolle reste à la main de M. de Grandmaison.

Pendant que M. Rocambolle reprend avec colère son postérieur de coton, que le jeune édenté se jette dans une bergère en riant comme un fou, que Zamorin regarde si le souper refroidit, et que milord coule sur tout le monde des yeux qui semblent vouloir sortir de leurs orbites, Raymond, qui veut à lui seul réparer tout le mal, se précipite brusquement vers la table pour trouver quelque chose à donner à la jeune femme évanouie : en voulant atteindre une carafe, il renverse deux flaçons de madère, et pousse un candélabre, dont les bougies vont s'éteindre, sur un fromage glacé; les flacons de madère roulent sur le visage de M. de Grandmaison, qui jure qu'on lui a cassé le nez, tandis que Zamorin appelle du secours en voyant le dégât que Raymond fait parmi le souper : les valets accoururent, mais de leur présence ne fait qu'augmenter le désordre.

Caroline est toujours évanouie, ou fait semblant de l'être pour cacher son embarras; M. de Grandmaison continue de jurer, Rocambolle de crier, Zamorin de gémir, le jeune homme de rire, l'Anglais tâche de mettre quelques bouteilles de champagne en sûreté; et Raymond, en voulant secourir la jolie femme, relever Grandmaison et rétablir la paix, a renversé des meubles, cassé des bouteilles, brisé des assiettes, envoyé une volaille sur la figure de l'un, une tourte sur les genoux de l'autre, et finit par tomber lui-même, sur un guéridon chargé de liqueurs et de fruits à l'eau-de-vie.

Que ferai-je encore chez M. de Grandmaison? Ma vengeance est complète; le désordre est à son comble; cette scène de plaisir est changée en une scène de tumulte et de douleur; les cris ont succédé aux chants, les plaintes aux bons mots, la colère à l'ivresse, la tristesse à la gaieté, enfin Caroline m'a vu et reconnu, et l'effet a surpassé mon attente. Je suis satisfait; et laissant chacun se tirer comme il le pourra de sa situation, je sors, je m'éloigne de l'hôtel de M. de Grandmaison, bien guéri du sentiment que la jeune fleuriste m'avait inspiré.

CHAPITRE XXIII.

LES DEUX VISITES. — LA LEÇON D'ÉCRITURE.

Le lendemain de cette soirée, à neuf heures du matin, on sonne chez moi. J'étais encore couché, repassant dans ma mémoire les événements de la veille, en riant de ce qui alors n'avait pu m'arracher un sourire, parce qu'un sentiment unique m'occupait et n'empêchait d'envisager la scène du côté comique. Mais maintenant que ma tête est froide, que mon cœur est calme, que mon esprit n'est plus tourmenté par l'attente de quelque événement, je me représente les divers personnages que j'ai laissés à l'hôtel de M. de Grandmaison : je crois les voir autour du souper perdu, renversé par les soins de Raymond, et je ris tout seul, comme si j'étais encore au milieu de ces messieurs.

Si dans ce moment quelque curieux conduit par le Diable Boiteux, ou tout autre lutin est perché sur le toit de ma maison et s'amuse à me considérer, il croit sans doute que j'ai quelque accès de folie. Je ne vois pas, moi, qu'il soit plus extraordinaire de rire de ses souvenirs que d'en pleurer, cependant on ne s'étonne jamais en voyant quelqu'un verser des larmes; mais, si vous riez tout seul, on vous regardera comme un fou ou un imbécile. Est-ce que les pleurs sont plus dans la nature que le rire?

Ma portière, qui, comme je crois vous l'avoir déjà dit, fait mon ménage tous les matins, ouvre ma porte et introduit près de moi mon voisin Raymond, qui, me voyant en gaieté, croit que c'est sa présence qui la provoque, et reste un moment indécis pour savoir s'il doit s'en fâcher ou partager ma bonne humeur; il prend prudemment le dernier parti, et s'approche de mon lit en ricanant.

— Eh bien ! mon cher ami, la soirée a été chaude!... Hé! hé! hé! vous y pensez encore, n'est-ce pas :

— Oui, mais j'attends de vous les détails du dénoûment.

— Et moi une explication.

— Est-ce encore au bois de Boulogne que vous la voulez ?

— Non, non!... espiègle!... Ah çà! cette belle Caroline ne s'est pas évanouie sans motif en vous voyant?

— Oh! le motif est tout naturel : c'est moi qui suis le jeune homme que M. de Grandmaison a remplacé.

— Se pourrait-il?... Ah! l'aventure est unique!... Et moi qui vous mène justement au souper... qui vous présente à ce pauvre Grandmaison!... Que diable aussi, vous ne me dites rien, vous ne me faites aucune confidence, à moi qui vous suis tout dévoué!...

— J'ai voulu causer une surprise.

— Vous avez bien réussi!

— Enfin comment s'est terminée la soirée?

— Fort tristement. Il n'y a pas eu de souper. La jeune femme a voulu se retirer. Grandmaison avait la figure abîmée par un flacon de vin qui a roulé sur lui, je ne sais comment, et il nous a fallu les laisser se coucher. Mais je crois que la nuit se sera passée fort différemment qu'on ne pensait. Nous nous sommes quittés d'assez mauvaise humeur. Rocambolle regrettait sa cuisse de coton, Zamorin le souper, et l'autre la jeune beauté qu'il espérait séduire. Il n'y a que moi qui me console de tout, comme vous savez. Mais j'avoue que j'étais impatient de vous voir pour apprendre la cause de cette catastrophe, qui a troublé la fête. J'ai manqué frapper chez vous cette nuit pour la connaître plus tôt.

— Vous avez fort bien fait de me laisser dormir.

— Allons, je vous quitte, mon voisin : mais, je vous en prie, une autre fois ayez un peu plus de confiance!... Vous savez combien je suis discret!... on peut tout me dire ?... c'est sous le sceau du mystère! Oh! j'aurais été bon inquisiteur!... ou franc-juge!... ou illuminé!... J'aime les secrets !... Pour les secrets, je suis d'une extrême sévérité... Enfin, la preuve, c'est que je suis franc-maçon... Eh bien! ai-je jamais divulgué le secret?

— Vous m'avez dit qu'il n'y en avait pas.

— C'est vrai... c'est vrai; mais j'ai dit cela pour mieux vous tromper. Adieu, mon voisin...

— Ah! à propos, vous ne savez pas la nouvelle : on dit que le baron de Witcheritche en porte. Il y a un amateur qui devait montrer le serpent à la jeune femme; le mari y avait consenti, parce que c'est toujours un instrument de plus, et cela peut servir dans l'occasion. D'ailleurs le baron voulait composer de petits duos de violon et de serpent, pour exécuter en société avec son épouse. Si bien donc que l'amateur venait lui donner des leçons les matins; mais, un beau jour, Witcheritche, que l'on croyait à la campagne, est revenu chez lui innopinément; il a trouvé l'amateur montrant son serpent à madame la baronne, qui avait trouvé tout de suite l'embouchure. Il paraît que ce jour-là Witcheritche n'aimait plus autant la musique; car il a crié, juré; sa femme a pleuré, l'amateur s'est esquivé; bref, il y a eu du scandale. C'est le petit Friquet, que j'ai rencon-

La figure de Nicette se trouve cachée dans mon sein. (Page 108.)

tré, et qui m'a conté cela : il le sait par sa tante, qui le sait par madame Bertin, qui l'a entendu dire à Crachini, qui le tenait de Gripaille, qui l'a su par une demoiselle qui demeure dans la maison de Witcheritche.

Mais je dis à cela qu'il ne faut pas croire légèrement les propos ; il faut remonter à la source. J'irai ce matin chez le baron ; je verrai bien s'il est en froid avec sa femme, et, sans que cela paraisse, je saurai lui tirer les vers du nez en parlant du serpent.

Adieu ; je vais terminer un petit vaudeville qu'on m'a demandé rue de Chartres...

— Est-ce que vous avez une pièce reçue à quelque théâtre ?

— Moi, j'en ai de reçues partout.

— C'est singulier, on n'en joue nulle part !

— Ah ! je vais vous dire : c'est que, quand on ne me joue pas tout de suite, je les retire !... Oh !... j'ai une tête !... Tout de suite retiré quand cela n'est pas représenté dès que je le demande. C'est comme mes tableaux, mes petites gouaches que je n'envoie pas au Salon, de crainte d'être mis dans un mauvais jour. Il faut de la fierté : le véritable talent se concentre en soi-même, et il vient toujours un moment où l'on perce. Adieu, mon voisin ; je vous laisse vous habiller.

— Cet homme-là doit être heureux, me dis-je en pensant à Raymond ; il ne doute de rien, se croit de l'esprit, des talents, de la beauté. Si une femme ne l'écoute pas, c'est parce qu'elle a peur de l'aimer trop ; si ses vers ne sont pas imprimés, c'est que les libraires sont des ignorants ; si ses pièces ne sont pas reçues, c'est une cabale d'auteurs qui en est cause : son amour-propre ne lui laisse voir les choses que sous un point de vue flatteur. Je suis persuadé qu'il se croit du courage, quoiqu'il se soit battu avec des pistolets sans balles, et qu'il se croirait militaire, s'il était dans la musique de la loterie : comme il se trouve une belle jambe parce qu'il a de gros mollets, et de beaux cheveux parce qu'il est crépu comme un nègre. Enfin il est heureux, voilà l'essentiel. Les gens heureux ne sont donc pas si rares qu'on le dit; car il y a dans le monde bien des hommes qui ressemblent à mon voisin Raymond.

S'il n'était pas si tard, j'irais voir Nicette; j'irais puiser dans ses yeux ce sentiment si doux, si tendre, et peut-être si vrai, que je n'ai jamais trouvé dans les beaux yeux de mademoiselle Caroline : je dis peut-être... car je n'ose me fier à rien !...

En sortant, je prends, sans y songer, le chemin de la rue Caumartin ; ce n'est qu'au coin du boulevard que je m'arrête... C'est l'habitude qui me poussait : elle fait faire bien des choses !... C'est, en effet, une seconde nature, elle nous attache à défaut d'amour... Combien de gens qui ne s'aiment plus et qui restent ensemble par habitude !... Je ne parle pas de ceux qui sont mariés... ceux-là ne peuvent pas faire autrement.

Pour perdre plus tôt cette habitude, qui ne peut pas être encore bien enracinée, puisque mon intimité avec Caroline ne date que de deux mois, allons voir madame de Marsan, dont il me semble que j'ai été amoureux. Je lui dois d'ailleurs une visite pour l'invitation qu'elle m'a envoyée, et dont je n'ai pu profiter, grâce à mon compagnon de voyage !

C'est, je crois, faubourg Saint-Honoré, contre la première rue à droite... d'ailleurs je demanderai : les gens riches sont connus, et se trouvent toujours facilement; il n'y a que les pauvres honteux que personne ne connaît !... mais on les cherche si rarement. Je me dirige donc vers le faubourg Saint-Honoré; je demande M. de Marsan : trois ou quatre personnes s'empressent de m'indiquer sa demeure... de me la montrer du doigt... Il faut que M. de Marsan soit un homme fort riche !... tout le monde le connaît ou veut avoir l'air de le connaître !... La fortune est vraiment une belle chose.

Sa maison est en effet de belle apparence : moins élégante, moins fastueuse peut-être que celle de M. de Grandmaison; mais je soupçonne qu'elle rapporte plus, et, pour un homme qui sait calculer, cet avantage doit l'emporter sur les autres. Il n'est que midi : pourrai-je voir madame? C'est, pour la première fois, se présenter de bien bonne heure chez une jolie femme, et surtout une jolie femme qui a près de trente ans. Plus ces dames s'éloignent de leur printemps, plus elles mettent de temps à leur toilette, et elles ne peuvent alors être visibles de bonne heure. A quinze ans, on se présente comme on est; à vingt, on se laisse voir dans un simple négligé; à vingt-cinq, on se mire quelque temps avant de paraître ; à trente, on met beaucoup de soins à sa toilette; à trente-six... mais cela nous mènerait trop loin, arrêtons-nous à trente-six.

Le concierge me dit de monter au premier, la porte à gauche; c'est l'appartement de madame de Marsan. Les bureaux de monsieur sont au rez-de-chaussée. Je traverse plusieurs pièces; je trouve enfin une jeune femme de chambre... qui n'est pas jolie, et auprès de laquelle on ne doit pas s'arrêter lorsqu'on va voir sa maîtresse. Je demande madame; je me nomme, et la suivante va m'annoncer. Je n'attends que cinq minutes... ce n'est pas trop pour voir une jolie femme, lorsque tant de sots enrichis, de gens en place et de grossiers parvenus se permettent de faire attendre une heure avant de venir montrer leur plate figure.

— Vous pouvez entrer, monsieur, vient me dire la femme de chambre, et elle m'introduit chez sa maîtresse. Cette prompte réception me semble d'un heureux augure.

Je trouve madame de Marsan assise sur une causeuse dans une jolie petite pièce décorée de la manière la plus gracieuse, et où ne pénètre qu'un jour doux, tempéré par de doubles rideaux et des jalousies. J'aperçois un piano, une harpe, des romances... J'ai beaucoup de penchant pour les femmes qui aiment la musique, et encore plus pour celles qui en font : c'est une ressource contre l'oisiveté, et une femme qui ne fait rien pense trop.

Madame de Marsan me reçoit avec un aimable sourire, dans lequel je crois apercevoir une petite nuance de dépit. Je l'attribue au peu d'empressement que j'ai mis à venir la voir; et cette conduite, dans laquelle pourtant je n'ai point mis de calcul, me servira plus que ne l'aurait fait une cour assidue. Elle est piquée... elle se croyait sûre de ma conquête et ne m'a plus revu. En effet, cela doit lui avoir paru fort singulier après mes œillades au spectacle et ma conduite chez Vauvert; cela m'étonne moi-même, car je la trouve maintenant cent fois plus jolie que Caroline.

On ne me fait point de reproches cependant: mais je m'empresse de m'excuser d'avoir manqué à son invitation, en racontant ce qui m'est arrivé avec M. Raymond. Le récit de nos aventures à Montmorency fait beaucoup rire madame de Marsan ; et la gaieté, en chassant l'étiquette et la cérémonie d'une première entrevue, permet plus facilement à l'esprit de s'entendre, et au cœur de se deviner.

Pour prolonger ma visite, je prie madame de Marsan de me faire entendre une romance. Elle y consent, et s'en acquitte avec un goût et une grâce qui me charment. Elle s'accompagne parfaitement sur le piano ; elle est musicienne enfin... Combien elle a dû souffrir à la soirée de Vauvert! Mais il ne faut pas trop prolonger une première entrevue. Il y a de l'adresse à se faire désirer, à ne point se prodiguer d'abord, surtout avec les femmes habituées aux hommages, aux galanteries; à être enfin l'objet d'une cour assidue. Jusqu'ici je n'ai pas su cacher ce que j'éprouve; je l'ai dit trop vite peut-être, mais je me suis promis d'être à l'avenir sur mes gardes!... Ma dernière aventure a renouvelé tous mes griefs contre un sexe que je ne puis pas fuir, mais auquel je voudrais bien rendre une partie des tourments qu'il m'a causés.

Je prends donc congé de madame de Marsan.

— Serez-vous encore aussi longtemps sans donner de vos nouvelles? me dit-elle en me voyant partir.

— Non, madame ; je profiterai souvent de la permission que vous m'accordez de venir vous voir et vous entendre... Puissiez-vous ne pas trouver que j'en abuse !...

— Croyez, monsieur, que je ne me plaindrai jamais de cela. Vous aimez la musique, nous en ferons quelquefois. Je sors fort peu... et ce sera bien aimable à vous de venir vous joindre à notre petite société.

Cette femme-là est charmante... (je crois que je dis cela chaque fois que mon cœur prend feu). N'importe, répétons-nous, puisque les mêmes sentiments se répètent dans notre âme. Ce qu'elle vient de me dire est on ne peut plus aimable... Elle ne me verra jamais trop... C'est presque une déclaration !... Je m'éloigne en concevant les plus flatteuses espérances, me croyant déjà adoré !... D'ailleurs, d'après ce que m'a dit Raymond, ce ne sera pas sa première faiblesse... Il m'a parlé, je crois, de trois ou quatre inclinations... Mais n'allons pas juger madame de Marsan sur les rapports de mon voisin, qui est menteur et médisant.

J'irai chez elle ce soir... Ce soir, non : ce serait trop prompt! Je me suis promis de ne plus aller si vite en intrigue, de tâcher de connaître d'abord le caractère de celle qui me plaît, de ne point laisser paraître mes sentiments avant d'être sûr des siens, et déjà je prends feu! je m'enflamme!... je voudrais tout obtenir!... Ah! je suis incorrigible! je ne saurai jamais filer le parfait amour.

Je ne retournerai que dans deux jours chez madame de Marsan... D'ici là il me faut des distractions, non pas que je pense encore à mademoiselle Caroline !... Oh! pour celle-là je suis bien guéri ! je crois même à présent que la blessure n'a jamais été très-profonde. Cependant, si je reste livré à moi-même... mon impatience naturelle me poussera chez madame de Marsan... Mais n'ai-je pas toujours Nicette à opposer à la peine, à l'ennui, et surtout aux nouvelles amours? Allons la voir... Je ne le puis maintenant; il n'est que deux heures! on me verrait causer avec elle... ce que je ne veux point. Il faut attendre la nuit : rentrons chez moi, et, avant le dîner, tâchons de remettre un peu d'ordre dans mes affaires.

Je trouve chez moi une lettre de ma sœur... Pauvre Amélie ! elle se plaint de ce que je l'oublie entièrement. En effet, nous voici au mois de septembre et je ne suis pas allé la voir... Si on pouvait y aller pour deux ou trois jours... mais impossible!... quand je suis là on ne me laisse plus revenir... Elle me parle d'un parti superbe qu'elle m'a trouvé... Seize ans, de la beauté, de la vertu et de la fortune : je conviens que c'est éblouissant, mais cela ne me tente pas encore : peut-être dans deux ou trois ans... nous verrons cela. Je veux cependant aller passer quinze jours de cet automne près d'Amélie et de son mari ; il faut d'ailleurs que je remette un peu d'ordre dans mes affaires, que ma liaison avec la petite fleuriste a beaucoup dérangées. Peste !... du train dont cela allait, mon revenu eût été bientôt dissipé... Je lui dois de la reconnaissance de ce qu'elle m'a quitté assez tôt pour m'empêcher de me ruiner. Avec six mois d'économie, je payerai mes dettes ; soyons donc six mois sans avoir de ces passions qui coûtent si cher: mademoiselle Caroline m'a prouvé que ce ne sont pas les femmes pour qui on fait le plus qui nous aiment davantage.

La nuit est venue ; allons voir Nicette... Sa boutique est fermée... mais j'aperçois de la lumière à travers le carreau qui est au-dessus de la porte. Je frappe tout doucement ; je crains d'attirer l'attention des voisins... Il semble que je sois un amant qui a peur d'être aperçu...

— Qui est là ? me demande-t-elle.

— C'est moi, Nicette... c'est... Je n'ai pas besoin de me nommer... déjà la porte est ouverte... je suis devant elle... J'entre dans la boutique, dont je referme la porte, et je m'arrête pour contempler cette jeune fille, seule au milieu de ces fleurs, de ces arbustes qui remplissent la petite salle dans laquelle il ne reste libre qu'un petit espace où l'on a placé une table et une chaise. La table est couverte de papiers, de plumes et de livres, et une seule chandelle éclaire cet endroit où la réunion des fleurs répand la plus agréable odeur.

Elle me fait asseoir auprès d'elle.

— Que vous êtes bon de venir me voir, monsieur Dorsan, et de penser quelquefois à moi !...

— Est-ce que vous n'y pensez pas, vous, Nicette ?

— Oh ! toujours !... mais ce n'est pas une raison pour... que... enfin, vous, c'est bien différent !

— Que faisiez-vous donc quand je suis venu?

— J'écrivais, monsieur... je m'apprenais ma leçon.

Elle rougit en me disant cela. Je regarde sur la table ; je vois sur plusieurs feuilles des lettres tracées en gros caractère... un nom écrit et recommencé cent fois !... c'est le mien !... Pauvre Nicette !...

Je la regarde... elle rougit davantage et balbutie en baissant les yeux :

— Pardon, monsieur, si j'ai fait mettre votre nom pour me servir d'exemple... mais j'ai pensé que c'était celui de mon bienfaiteur que je devais écrire le premier.

J'ai pris ses mains, que je presse dans les miennes.

— Vraiment, Nicette, je ne mérite pas tant d'amitié... si vous me connaissiez mieux !...

— Ah ! je vous connais bien par tout ce que vous avez fait pour moi.

— Etes-vous heureuse maintenant ?

— Oui, monsieur... je ne peux pas l'être davantage.

La manière dont elle me dit cela, la teinte mélancolique répandue sur son visage me laissent penser bien des choses.

— Nicette, je vous trouve changée.

— Comment cela, monsieur?

— Vous êtes pâle... un peu maigrie...

— Je ne suis pas malade cependant.

— Peut-être cette odeur de fleurs...

— Oh ! j'y suis habituée depuis bien longtemps...

— Je ne vois plus dans vos manières cette gaieté... cette vivacité que vous aviez lors de notre première rencontre...

— Ah ! on n'est pas toujours de même...

— Cependant, si vous n'avez pas de chagrin...

— Non, monsieur... non, je n'en ai pas !...

— Vos yeux me prouvent le contraire... Chère Nicette ! vous avez pleuré...

— Non, monsieur... et quand cela serait... on pleure quelquefois sans savoir pourquoi... et sans avoir de chagrin.

Nous ne disons plus rien. Je ne veux pas l'interroger davantage, car je crois deviner ce qui cause sa peine. Elle ne me regarde plus ; elle craint sans doute que je ne lise dans ses yeux !... Elle reste pensive et muette... Je ne puis parler non plus... Sa tristesse a passé dans mon cœur... mais ce silence a un charme que nous goûtons tous deux. Il faut cependant essayer de la distraire... il faut que j'éloigne moi-même des pensées trop dangereuses. Je me rapproche de la table ; je regarde les papiers, les exemples.

— Vous écrivez déjà bien, Nicette.

— Comme cela, monsieur, pas trop bien encore... mais j'espère avec le temps...

— Prenez-vous toujours des leçons ?

— Non, je n'ai plus de maître... Il me disait des choses qui m'ennuyaient ; il ne voulait pas me donner le mot qui me plaisait pour exemple, il me faisait toujours écrire : *Commencement, communément, exactement ;* et, moi, il me semble que l'on peut aussi bien apprendre en écrivant *Dorsan* que *communément*, quoique ce ne soit pas un mot aussi long : cela le faisait crier. Je l'ai renvoyé ; je puis bien m'en passer... Je sais aussi écrire en fin.

— Voyons cela...

— Ah ! monsieur, devant vous... je tremblerai...

— Pourquoi ? Je veux vous donner une leçon... Le voulez-vous ?

— Oh ! oui... certainement...

Elle vient s'asseoir devant la table ; je place ma chaise tout contre la sienne, je passe mon bras droit autour d'elle et je guide sa main avec la mienne ; ma figure touche ses cheveux ; tout son corps est pressé par le mien ; je respire sa douce haleine... et je puis compter les battements de son cœur... Ah ! quel plaisir cette leçon me fait éprouver ! Sans y penser, sans en avoir eu l'intention, c'est toujours *Je t'aime* que je lui fais écrire. Ma main tremble autant que celle que je veux guider... Mais une larme est tombée de ses yeux.... La plume nous échappe... Je ne sais comment cela s'est fait, mais la figure de Nicette se trouve cachée dans mon sein ; ses deux bras m'ont enlacé, les miens la serrent avec tendresse. Ah ! je le sens dans ce moment, quand même madame de Marsan ou toute autre serait là, je ne me dégagerais pas des bras de Nicette.

Nous sommes depuis longtemps dans cette situation et nous ne songeons pas à en changer.

— Quoi! tout cela est dans la pièce? me dit-elle très-émue. (Page 112.)

Nicette est heureuse ; et moi, je dois le dire, je goûte un bonheur que je ne connaissais pas encore, un plaisir dont je n'avais nulle idée et qui n'est troublé par aucun désir dont je puisse rougir. Mais, tout au présent, je ne puis répondre de l'avenir... une autre caresse peut allumer un incendie...

On frappe violemment à la porte de la boutique. Nicette se dégage de mes bras ; je la regarde avec inquiétude.

—Qui peut donc venir vous voir si tard? Vous m'avez dit que vous n'aviez aucune connaissance.

— J'ignore qui c'est ; je n'attends personne !...

Ses yeux me rassurent, ils ne peuvent mentir !... Mais on frappe de nouveau, et nous distinguons ces paroles :

— Ouvrez, ouvrez bien vite, mam'zelle Nicette, vot' mère est très-mal... elle veut vous voir.

Nicette court ouvrir; elle reconnaît la fille d'une voisine de madame Jérôme : la petite apprend à Nicette que sa mère vient d'avoir une attaque d'apoplexie à la suite d'une querelle violente avec sa fille Fanchon, et que, se sentant très-mal, elle a désiré voir l'enfant qu'elle a chassée si injustement. Nicette court, vole ; en un instant elle a mis son bonnet, ôté son tablier.

— Adieu, adieu, monsieur Dorsan, me dit-elle d'une voix émue et les yeux gonflés de larmes ; ma mère est malade : ah ! je dois tout oublier.

Nous sortons de sa boutique ; elle prend le bras de la petite fille... elle l'entraîne, l'autre peut à peine la suivre...Je les perds bientôt de vue.

Aimable fille! tu réunis toutes les vertus; je t'aime plus que je ne le croyais... plus que je n'ai jamais aimé! la plus grande preuve que je t'aime véritablement, c'est que jusqu'à présent j'ai respecté ton innocence; mais je sens qu'il ne faut pas que j'aille te voir le soir, être seul avec toi serait trop dangereux... Si tout à l'heure on n'avait pas frappé à la porte... je ne sais ce qui serait arrivé.

Maintenant il faut retourner près de madame de Marsan pour me distraire de Nicette; il faut que j'occupe ma tête pour calmer mon cœur. Par ce moyen, mes nouvelles folies auront du moins un motif excusable.

CHAPITRE XXIV

LA COMÉDIE BOURGEOISE. — LA RÉPÉTITION

Depuis quelques jours ma conduite est vraiment fort sage, je vais faire ma cour à madame de Marsan, sur le compte de laquelle mon voisin en a trop dit; je ne vais plus le soir chez Nicette, et quand je passe le matin devant sa boutique, je lui dis bonjour sans m'arrêter. Son deuil m'a appris la perte qu'elle a faite, mais je ne lui ai pas demandé de détails sur la mort de madame Jérôme.

Madame de Marsan est une femme fort aimable, fort enjouée, fort coquette, et près de laquelle je vois plusieurs jeunes gens fort assidus, sans savoir s'ils sont plus heureux que moi: je ne suis pas assez amoureux pour être jaloux; cependant j'ai de l'humeur de voir cet essaim d'adorateurs qui se trouve si souvent entre elle et moi. Vingt fois j'ai été tenté de ne plus en augmenter le nombre, mais un espoir secret me dit que je suis préféré et que je l'emporterai sur mes rivaux. Les soirées de madame de Marsan sont charmantes: la société est choisie, les femmes sont jolies, les hommes ont bon ton; la politesse y est recherchée sans affectation, sans froideur; on y est gai sans cesser d'être décent, galant sans fadeur; et lorsqu'on y dit quelques petites méchancetés, c'est avec ce ton de bonhomie qui fait tout passer. On y fait de bonne musique sans y mettre de prétention: on joue quelquefois gros jeu, mais jamais vous n'apercevez la moindre altération sur la figure des joueurs: dans la bonne société on sait perdre son argent avec une grâce charmante. Le mois d'octobre approche, et, avant que l'hiver ne ramène les bals, madame de Marsan doit donner une fête à sa maison de campagne; on veut y jouer la comédie. Depuis longtemps j'entends parler de cette fête, pour laquelle on fait de grands préparatifs. Le choix des pièces que l'on doit représenter est vivement débattu; enfin on se décide pour le *Barbier de Séville* et *Fanchon la Vielleuse*. Madame de Marsan veut absolument que je prenne un rôle. Je n'ai encore joué que dans des charades en action, mais il faut faire tout ce qu'elle veut. C'est moi qui jouerai Lindor, et elle fait Rosine: je ne puis me plaindre de cet arrangement. On distribue les autres rôles, et Raymond n'est pas oublié; c'est un homme précieux pour les comédies bourgeoises. Quant à M. de Marsan, il ne joue jamais la comédie. Dans les grandes fêtes, les maris ne sont utiles que pour donner de l'argent.

Le jour fixé, madame de Marsan part pour sa campagne, où toutes les personnes qui jouent doivent se rendre huit jours avant la fête pour que l'on ait le temps de répéter et de s'entendre. Raymond qui m'avait laissé tranquille depuis quelque temps, vient maintenant m'assaillir tous les matins pour que je lui fasse répéter son rôle de Bartholo; et comme il joue aussi dans *Fanchon* celui de l'abbé de Latteignant, il veut que je lui apprenne les airs qu'il doit chanter: car, tout en se disant grand musicien, il lui faut quinze jours pour se mettre dans la tête un couplet de vaudeville, quoiqu'il ait toujours dans sa poche la *Clef du Caveau*.

— Au lieu de cette *Fanchon*, qui n'en finit pas, me dit tous les matins mon voisin, on aurait bien mieux fait de jouer une petite pièce nouvelle... J'en aurais fait une, moi; j'en ai même de toutes faites, qui seraient charmantes à jouer en société!...

— Il fallait les proposer...

— Ah, bah! il y a cette madame Saint-Marc, l'amie de madame de Marsan, qui veut absolument faire Fanchon, parce qu'elle se croit sans doute très-jolie en marmotte... et ce grand maigre qui veut faire Sainte-Luce... ça ira si ça peut... Moi, j'aurais bien mieux fait l'officier que l'abbé... cela allait mieux à ma taille et à ma tournure... mais enfin je veux bien le jouer par complaisance... je me sacrifie. J'espère cependant que, si nous avons le temps, avant la fête, on jouera mon petit opéra des *Amants protégés par Vénus*, cela n'est qu'en trois petits actes... mais à grand spectacle... Tenez voilà le premier...

— J'étudie mon rôle de Lindor...

— C'est égal, vous allez juger de l'effet... Le théâtre représente une campagne magnifique où l'on prépare les noces des amants. La princesse commence et dit:

Prince... c'est sur les lieux où l'on doit nous unir...
Que je sens mon bonheur... que je sens...

Je n'en écoute pas davantage; et, quoique la fête ne doive se donner que dans dix jours, je me débarrasse de Raymond en partant pour la campagne de madame de Marsan, où je ne suis pas fâché d'arriver avant toute la société. Là j'espère trouver une occasion plus favorable; et c'est une chose si précieuse que l'occasion!... Bien des gens lui ont dû leur bonheur... il ne faut que savoir la saisir...

Cette fois je me suis bien fait donner les renseignements nécessaires pour ne pas tromper, et j'arrive enfin à la maison de campagne de madame de Marsan. C'est presque un petit château; la situation est délicieuse, les environs enchanteurs; les jardins me paraissent vastes et fort bien entretenus, les appartements élégants et si bien distribués que l'on peut y loger facilement une nombreuse société; mais j'examinerai cela plus tard, il me tarde d'aller présenter mes hommages à la maîtresse de la maison.

— Madame est seule, me dit la femme de chambre, personne de la société n'est encore arrivé.

Je l'espérais bien ainsi.

— Et M. de Marsan?

— Oh! monsieur ne viendra que la veille ou le jour de la fête!... il ne se mêle jamais de tout cela.

Je ne pouvais mieux prendre mon temps. Je me hâte d'aller la surprendre. L'accueil que je reçois me prouve que l'on est flatté de mon empressement.

— C'est fort aimable à vous d'être venu le premier, me dit-elle; nous pourrons répéter ensemble une scène du *Barbier*. Vous savez que nos rôles sont longs; et, quant à moi, j'ai fort peu de mémoire.

— Je ferai tout ce qu'il vous plaira, madame.

— Venez d'abord voir notre théâtre... Oh! je suis sûre que vous vous attendez à trouver un petit espace où l'on touche les frises avec sa tête, où les maisons sont moins grandes que les acteurs!... Venez, monsieur je veux que la vue de notre scène vous donne de l'émulation.

Madame de Marsan me conduit en riant dans les jardins: le théâtre est au milieu; il est grand, commode, fort bien coupé. La salle est élégante, bien décorée, et peut contenir trois cents personnes.

— Eh bien, monsieur! que dites-vous de notre théâtre?

— Qu'il ferait honte à beaucoup de salles de province.

— Mais aussi nous nous flattons de jouer autrement que dans les petites villes. Oh! nous ne nous refusons rien; la comédie, le vaudeville, l'opéra-comique!... Nous jouons tout... excepté la tragédie.

— Pourquoi cette exception?

— Vous conviendrez que dans la meilleure troupe de société il y en a toujours au moins la moitié qui ne vaut rien et provoque le rire, qui, dans notre salle, n'est jamais défendu; mais nous nous sommes aperçus que l'on riait plus aux tragédies qu'aux autres pièces; et comme nous ne pouvions prendre cela pour des applaudissements, nous ne jouons plus que des ouvrages gais; au moins, quand nous faisons rire, nous nous persuadons que c'est un signe d'approbation... Vous voyez qu'il y a toujours moyen de ménager son amour-propre. A notre dernière réunion, nous avons eu un succès complet!... Nous donnions *Pourceaugnac* orné de tout son spectacle!... rien n'était oublié!... je crois que l'on avait acheté toutes les seringues de Montmorency!... Mais aussi c'était charmant; cela a fait beaucoup de bruit!... on en a parlé à Paris; nous avons même eu un article dans le journal! Vous conviendrez, monsieur, qu'il est de notre honneur maintenant de soutenir notre réputation.

Je promets à madame de Marsan de faire mon possible pour me rendre digne de monter sur son théâtre, et nous le quittons pour aller parcourir les jardins. C'est presque un parc; on peut s'y perdre, et j'espère bien en profiter. Il y a un petit bois, une grotte, un pont, sous lequel il ne manque que de l'eau; des bosquets bien sombres, bien touffus, des allées couvertes, des gazons toujours verts, quelques jolies petites montagnes, une allée souterraine, un rocher, une cascade, et tous les jeux que l'on peut réunir dans un jardin. C'est un séjour délicieux où il me semble que l'ennui ne devrait jamais pénétrer. Madame de Marsan me fait donner une jolie chambre dont la vue domine toute la campagne. Cet appartement me plairait beaucoup s'il n'était pas fort éloigné du sien. Je lui en fais des reproches.... Elle me plaisante.... Patience... mon tour viendra peut-être.

Il me faut cependant apprendre mon rôle. Dès ce soir, madame de Marsan veut que nous répétions quelques scènes; elle me quitte pour étudier. A la campagne, plus de gêne, plus d'étiquette.

— Ici, me dit-elle, chacun fait ce qu'il veut, se lève quand cela lui plaît, va se promener, reste, sort, revient!... Pourvu que l'on soit exact aux heures des repas et surtout à celles des répétitions, on est du reste entièrement maître de ses actions.

Je promets de me conformer aux règles établies, et je vais m'enfoncer dans les bosquets pour y étudier le rôle d'Almaviva. Mais la pensée que je suis seul dans cette maison avec madame de Marsan, car les domestiques et les ouvriers ne doivent pas être comptés, cette idée me donne sans cesse des distractions... Quoi! je suis près d'une jolie femme... qui se laisse faire la cour sans en paraître fâchée, qui semble même me témoigner plus que de l'intérêt, et je n'obtiendrais pas une victoire complète! Ah! je vois que j'ai affaire à une grande coquette qui feint peut-être d'être sensible à mes hommages, afin de m'enchaîner plus longtemps à son char.

Je comptais dîner en tête-à-tête avec madame de Marsan; mais un ennuyeux voisin est venu lui rendre visite et il dîne avec nous. J'ai dans l'idée que la présence de ce monsieur l'importune autant que moi, mais il faut bien avoir l'air d'être charmé de le voir. Heureusement qu'au dîner le voisin parle pour trois; nous pouvons penser à tout ce qui nous occupe sans que la conversation languisse. Le vieux monsieur se donne à peine le temps de reprendre haleine; il nous fait le détail de sa propriété depuis l'entrée de la cour jusqu'au mur de clôture du jardin; nous savons au juste combien il a d'arpents de terre, ce que son potager lui rapporte, les pieds d'arbres qu'il a fait planter, le nombre de ses poules, la quantité d'œufs qu'il en tire par semaine, ce que cela peut se vendre au marché, etc., etc..., et mille autres détails aussi amusants pour nous; mais, pendant qu'il parle, mes yeux entament une autre conversation avec ceux de madame de Marsan; le voisin, tout à ses produits et à ses améliorations, ne s'en aperçoit pas. Je vois que les bavards sont quelquefois des gens fort commodes. Enfin, vers les sept heures et demie, le voisin songe à retourner chez lui pour savoir combien ses poules ont pondu de fois dans journée. Il s'éloigne, et je reste seul avec madame de Marsan. Nous allons faire un tour dans le jardin: la verdure, l'ombrage, le silence, tout porte à la tendresse. Je veux parler d'amour... la coquette ne répond qu'en répétant son rôle de Rosine... Je continue sans l'écouter... Elle me gronde.

— Ce n'est pas cela, monsieur, me dit-elle; vous n'avez pas étudié.... vous ne savez pas un mot de votre rôle!

— Mais madame, il n'est pas question de comédie.

— Comment, monsieur! est-ce que nous ne sommes pas convenus de répéter?

— Nous avons tout le temps!...

— Non, j'ai une mauvaise mémoire!...

— Vous ne voulez donc plus m'écouter?

— Au contraire, mais donnez-moi la réplique.

— Depuis longtemps vous savez que je vous aime, que je vous adore.

— Je sais que tout cela est dans votre rôle, mais vous devez me le dire autrement.

— Je le vois, madame, vous vous faites un plaisir de me tourmenter.

— Du dépit... de la chaleur... c'est cela. Oh! je vous assure que vous jouerez fort bien!

Quelle femme!... il n'y a pas moyen de lui faire répondre à ce qui m'intéresse. Nous rentrons au salon; je suis de mauvaise humeur. Je répète mon rôle à la main, mais je le dis si mal que madame de Marsan se moque de moi à chaque instant. Je la quitte; je rentre me coucher: je suis presque tenté de ne point rester davantage dans cette maison... Je reste cependant, mais en maudissant les femmes, qui toutes me font donner au diable. La seule qui réunit tout, la seule qui me montre un amour vrai, est précisément celle qui ne peut être ni ma femme ni ma maîtresse.

Le lendemain je me décide à apprendre mon rôle; cette complaisance me vaudra peut-être une récompense: d'ailleurs, puisque je dois jouer, je ne veux pas avoir l'air plus gauche qu'un autre; étudions donc le comte Almaviva. Je m'enfonce dans les jardins, mon *Barbier de Séville* à la main. J'ai toujours appris facilement lorsque je l'ai voulu: en moins de quatre heures je jouerais presque la pièce entière. Je ne dis rien au dîner; je veux surprendre madame de Marsan, qui me demande en riant si je sais aussi bien que la veille. Le soir venu, nous restons au salon; elle ne veut pas aller répéter au jardin: il y fait trop frais, dit-elle. Est-ce bien là son motif? Elle prend son rôle; je n'ai plus besoin du mien, je le sais entièrement: nous répétons nos scènes; je mets une action, une chaleur... une vérité qui la rendent muette à son tour. C'est moi maintenant qui la gronde, qui suis obligé de la reprendre, de lui montrer; mais elle est enchantée de mon talent, elle fait tout ce que je veux... me laisse prendre sa main, la presser, la baiser... me jeter à ses genoux...

— Quoi! tout cela est dans la pièce? me dit-elle très-émue.

— Oui, madame, tout cela y est... Et, profitant de ma position, de son émotion de tous les avantages que me donne mon rôle d'amant, je suis près de faire beaucoup de chemin... lorsqu'un bruit se fait entendre au dehors; bientôt la porte du salon s'ouvre et Raymond paraît... Maudit homme! il est né vraiment pour mon malheur!...

Me voyant aux pieds de madame de Marsan, il sort bien vite son rôle de sa poche, et se met à crier de toutes ses forces:

La lune éclairait alors beaucoup trop..... (Page 118.)

Ah! malédiction! l'enragé, le scélérat corsaire de Figaro!..... Là, peut-on sortir un moment de chez soi, sans être sûr en rentrant..... Madame, j'ai bien l'honneur de vous présenter mes hommages : vous voyez que je suis ponctuel. Bonsoir, mon cher Dorsan! pourquoi donc être parti sans moi, hier? je serais venu avec vous. Eh bien! vous voyez que je sais déjà. Oh! j'ai une mémoire superbe!... Avec le souffleur cela va tout seul.

Madame de Marsan remercie Raymond de son exactitude et le complimente sur sa facilité. Son émotion est passée : nous recommençons à répéter; elle est toute à son rôle. Voilà encore mes espérances évanouies!... maudit Raymond! Le lendemain, toute la société formant la troupe arrive; il n'y a plus moyen de trouver l'instant d'un tête-à-tête, nous sommes dans les répétitions depuis le matin jusqu'au soir, et lorsqu'on répète *Fanchon*, pièce dans laquelle madame de Marsan ne joue point, elle a tellement d'ordres à donner pour les costumes et tous les détails de sa fête, qu'il m'est impossible d'obtenir d'elle un moment d'entretien. Hélas! sans Raymond j'aurais été heureux, j'en suis certain... l'instant favorable était arrivé; et pour vaincre une cruelle, il ne faut pas laisser échapper ces moments-là : ils se retrouvent avec une femme sensible, mais ils sont rares avec une coquette.

Raymond est dans l'enchantement : il a de la besogne par-dessus la tête; d'abord ses deux rôles à apprendre, ce qui n'est pas peu de chose pour lui; ensuite madame de Marsan l'a chargé de surveiller la partie des décorations et de l'orchestre; de plus, comme la jeune dame qui fait Fanchon est son intime amie et que la représentation tombera justement le jour de sa fête, elle prie Raymond de composer une petite scène relative à cette circonstance et que l'on ajoutera au vaudeville qui doit être joué en dernier. Raymond sue sang et eau pour faire ce petit impromptu. Le matin, dès que je suis éveillé, il vient me dire ce qu'il a fait : il tient toujours le commencement de ses couplets, mais il ne peut en achever aucun ; et c'est moi qu'il charge de cette besogne, en me priant de disposer de lui quand j'aurai quelqu'un à fêter. Après le déjeuner, il court au théâtre, met tout sens dessus dessous, examine les décorations et regrette de n'avoir pas le temps de faire machiner la scène, parce qu'il aurait mis de la féerie dans sa petite composition ; mais à défaut de diables, dont madame de Marsan ne veut pas entendre parler, de crainte du feu, et de nymphes, qu'on ne peut pas trouver dans le pays, Raymond se borne à faire descendre une couronne sur la tête de Fanchon, et il recommande au jardinier, chargé des machines, de ne pas oublier d'en faire une superbe, et de l'attacher le jour de la représentation à une corde qui est pendue au cintre. Mon voisin se propose ensuite de faire paraître deux petits Amours, qui, au lieu de venir dans un nuage, sortiront du trou du souffleur, ce qui doit produire encore plus d'effet, et viendront présenter des bouquets à tous les acteurs en scène. Le grand jour approche, les répétitions se poursuivent avec activité ; chacun se pique d'honneur et veut surpasser les autres. Que d'occupation pour une société qu'une pièce de théâtre à représenter !....... Mais aussi quel plaisir de se faire applaudir !... et c'est ce dont on peut être certain d'avance, quand même on serait mauvais. Nous savons tous nos rôles, excepté Raymond, qui ânonne Bartholo et ne peut pas retenir un couplet de Lattaignant. Ces dames le grondent, mais sa réponse est toujours la même :

— Avec le souffleur, vous verrez de quel train je vous débiterai cela.

La veille de la représentation nous devons répéter généralement sur le théâtre, aux lumières. Raymond n'a pas paru depuis le matin ; à six heures, instant marqué pour notre répétition, il ne vient pas, nous l'attendons en vain... On le cherche par toute la maison, dans le jardin, dans le bois, tout le monde est sur pied ; les valets sont envoyés dans les environs, avec ordre de ramener M. Raymond mort ou vif. Nous ne pouvons pas commencer sans lui : on se désole, on se désespère ; personne ne peut le remplacer... D'ailleurs, comment apprendre deux rôles fort longs du soir au lendemain ? Ces dames sont sur le point de pleurer de colère, lorsque, sur les huit heures, Raymond arrive enfin en sueur, couvert de poussière, et tenant par la main deux petits garçons de cinq à six ans, bien joufflus, bien vermeils, bien barbouillés, et habillés avec de petites blouses bien sales et bien crottées.

— D'où venez-vous ? tel est le cri général ; ces dames veulent commencer par le battre.

— C'est cela, dit Raymond ; grondez-moi bien fort lorsque je me donne un mal de diable pour vous trouver deux Amours ! Depuis ce matin je parcours les environs ; je suis sûr que j'ai fait plus de dix lieues dans ma journée !... mais partout c'était des figures refrognées, des yeux louches, des nez épatés !... Enfin je n'ai trouvé mon affaire qu'à Saint-Denis... mais aussi voyez comme c'est frais et dodu !... cela nous fera deux Amours bien conditionnés.

La vue des deux petits garçons, auxquels Raymond avait en route acheté du raisiné pour les amadouer, et qui s'en étaient mis jusqu'aux oreilles, calme bien vite la colère de la société.

— Et leur mère ? dit madame de Marsan.

— C'est une laitière de Saint-Denis... Oh ! elle est enchantée de ce que ses enfants feront les Amours... elle viendra les voir jouer demain ; je lui ai promis une place derrière la toile de fond. Maintenant faites-moi un peu nettoyer ces deux gaillards-là, et vous verrez comme ils sont gentils !

La jeune dame qui faisait Fanchon ne comprenait pas pourquoi on avait besoin d'Amours, ne sachant pas qu'on lui ménageait une surprise. Madame de Marsan tâche de réparer l'indiscrétion de Raymond. La répétition se fait et dure jusqu'à une heure du matin ; alors chacun, bien fatigué, va se livrer au repos, brûlant déjà d'arriver au lendemain, et Raymond confie ses deux Amours à la femme de charge, avec prière de les décrasser et de les faire lever de bon matin, afin qu'il ait le temps de leur apprendre ce qu'ils auront à faire.

CHAPITRE XXV

ALMAVIVA ET ROSINE. — SCÈNE AJOUTÉE AU *Barbier de Séville*.

Le grand jour est venu. Les dames sont levées de bon matin ; la pensée de leur toilette les a empêchées de dormir. Les hommes, qui sont quelquefois aussi coquets que les femmes, sont tous aussi occupés de leur costume que de leur rôle. Je suis moins préoccupé de la grande affaire du soir, parce que mon amour pour madame de Marsan, irrité par les obstacles qu'il rencontre depuis quelques temps, m'occupe tout autant que la comédie ; mais celui qui est le plus affairé, c'est Raymond. Dès le point du jour il est sur pied. Il va chercher les deux petits paysans, auxquels il tâche de donner de la grâce et des petites manières, en leur apprenant ce qu'ils doivent faire le soir. Les enfants ouvrent de grands yeux, font de grands sauts quand Raymond leur dit de danser, se laissent tomber par terre quand il veut les faire tenir sur une jambe, et se mettent à pleurer quand il leur dit de sourire. Mon voisin les conduit près du jardinier transformé en garçon de théâtre, et auquel il répète sa leçon. Le jardinier est un gros lourdaud qui ne sait rien faire, mais qui veut avoir l'air de comprendre tout de suite ce qu'on lui dit.

— Mon ami, vous savez ce que vous avez à faire ce soir? lui dit Raymond.

— Oui, monsieur.

— D'abord la couronne de fleurs...

— Oui, monsieur.

— Qui doit descendre sur la tête de Fanchon...

— De Fanchon... oui, monsieur.

— Que vous attacherez à une corde du cintre... Savez-vous s'il y en a une ?

— Oh ! oui, monsieur... il y en avait une pour ce monsieur aux seringues qu'on a joué la dernière fois, que c'était si farce !... Monsieur Pourceau... Pourceau... enfin c'tilà qui n'voulait pas prendre médecine devant le monde.

— C'est ça, mon garçon, c'est ça. Ensuite, la couronne attachée, vous ferez une douzaine de bouquets bien frais, bien jolis, que vous donnerez à ces enfants, qui seront habillés en Amours...

— Tiens, j' les connais ; c'est les fils de Madeleine...

— Faites donc attention à ce que je vous dis.

— Oui, monsieur.

— Quand ils auront les bouquets, vous les conduirez dans le trou du souffleur.

— Oui, monsieur, dans le trou... j'entends ben.

— Et c'est de là qu'ils partiront quand je frapperai deux coups dans la main.

— Oui, monsieur, dans la main...

— N'oubliez rien, mon ami !...

— Non, monsieur... Oh ! soyez tranquille... j'sommes habitué à voir des comédies ici !

Raymond se rend ensuite avec les deux enfants au magasin de costumes. Il ne trouve point de pantalon de tricot couleur de chair, parce qu'en société on emploie rarement de pareils costumes. Il est obligé de se contenter de pantalons de nankin, par-dessus lesquels on doit leur mettre de petites tuniques blanches : en joignant à cela la ceinture, le bandeau, l'arc et le carquois, cela doit compléter l'illusion. Après avoir recommandé au perruquier, venu exprès de Montmorency, de se distinguer dans la coiffure des Amours, Raymond ne songe plus qu'à ses rôles, et tâche enfin de les apprendre pour le soir. Une société nombreuse et brillante est arrivée de Paris, et se disperse dans la maison et les jardins. Madame de Marsan, malgré l'occupation que lui donne la comédie, fait les honneurs de chez elle, avec autant de grâce que de bon ton. M. de Marsan n'arrive que peu de moments avant le dîner, le jour même de la fête. Mais une affaire de Bourse l'a retenu à Paris; il sait que sa femme va dépenser beaucoup d'argent, et il songe à en gagner en proportion, afin de rétablir l'équilibre. Le soir, beaucoup d'habitants des environs, choisis parmi ce qu'il y a de mieux et qui ont reçu des billets d'invitation pour le spectacle, accourent avec empressement pour y assister. De cette manière, la salle se trouvera entièrement garnie; car on permet à quelques villageois d'aller occuper les derniers rangs. Devant un public nombreux la représentation a bien plus de charmes; il n'est jamais flatteur de jouer devant les banquettes, même en société.

L'heure de commencer est arrivée. Notre petite salle est pleine. Raymond est sans cesse à regarder par le trou de la toile, pour voir où sont placées les dames auxquelles il veut en jouant lancer des œillades.

— Il faut commencer ! tel est le cri de ceux qui sont prêts; mais tout le monde ne l'est pas, et Raymond ne finit point de s'habiller. A chaque vêtement qu'il a passé, il accourt se remettre au trou de la toile son pot de rouge d'une main et son rôle de l'autre.

— Dépêchez-vous donc ! lui crie-t-on de toutes parts, et on le repousse vers sa loge, et l'on court à celle de madame de Marsan s'informer si Rosine est prête. Déjà les quatre amateurs qui forment l'orchestre ont joué deux fois l'ouverture de *Richard Cœur-de-Lion* qui sert d'ouverture au *Barbier de Séville*. Ils vont la recommencer une troisième fois, parce qu'ils n'en ont pas d'autres devant eux : le public commence à s'impatienter... on entend de légers murmures... Nous sommes prêts enfin, et Raymond, qui est le machiniste, fait lever la toile.

Je sais très-bien mon rôle, et le sentiment que j'éprouve pour madame de Marsan, qui, sous le costume de Rosine, me paraît encore plus jolie, me donne cette chaleur, cette vérité qui conviennent pour représenter un amoureux tel qu'Almavina. Le jeune homme qui fait Figaro a de la physionomie, de la vivacité, de l'audace. Nous jouons de verve, nos scènes vont très-bien, le public est enchanté. A l'instant où Bartholo doit paraître à la fenêtre avec Rosine, Raymond, en voulant lever la jalousie, la tire si brusquement qu'elle se détache et tombe sur les quinquets qui éclairent l'avant-scène : heureusement la vue de madame de Marsan, charmante sous le costume espagnol, fait oublier la maladresse de Raymond. Le premier acte marche bien. Au second, Raymond, dont la mémoire est déjà fatiguée, ne peut plus dire un mot sans le souffleur, devant lequel il se tient constamment, les yeux fixés sur le trou, l'oreille tendue et se faisant souvent répéter trois fois ce qu'il doit dire, en apostrophant sans cesse le souffleur lorsqu'il ne le souffle pas, et en lui disant de se taire lorsqu'il le souffle et qu'il croit savoir sa tirade. De cette manière il fait un Cassandre de Bartholo ; mais un public tel que le nôtre ne peut qu'être indulgent : d'ailleurs, tous les autres rôles sont bien joués, nous échauffons la scène, nous entrons dans l'esprit de nos personnages. On nous applaudit à tout rompre ; et Raymond en prend sa part, tandis qu'il nous fait donner au diable lorsque nous sommes en scène avec lui. Le troisième acte commence ; c'est Raymond qui ouvre la scène. Il s'avance et va se mettre devant le trou.

Raymond dressait avec ardeur les petits paysans à jouer leurs rôles d'Amours. (Page 115.)

— *Quelle humeur !... quelle humeur !...* (Au souffleur : Soufflez donc !...) *Elle paraissait apaisée... la !... qu'on me dise...* (Ne me soufflez pas...) *qu'on me dise qui diable lui a fourré dans la tête... de... de...* (Soufflez-moi donc ?) *de ne plus vouloir...* (Hein ?... je n'entends pas...) *de ne plus vouloir prendre leçon de don Basile.* (Ne me soufflez donc pas !) *Elle sait qu'il se mêle de mon mariage... Faites tout... au monde... faites... faites...* (Hein !... qu'est-ce que je dis là ?... Que diable... aussi vous ne savez pas souffler à propos !)

Le public prend le parti de rire de notre Bartholo, et Raymond se frotte les mains d'un air satisfait et, toutes les fois qu'il rentre dans la coulisse, s'écrie :

— Sont-ils contents ! s'amusent-ils... on n'a jamais tant ri aux Français !

Enfin la pièce s'achève en dépit de Raymond, qui fait tout ce qu'il peut pour qu'elle ne finisse point ; mais la grâce de Rosine, la gaieté de Figaro, et enfin, car il faut bien se rendre justice, la chaleur, le sentiment, l'ardeur qui m'animent en représentant Almaviva, achèvent de rendre l'illusion complète : j'obtiens un succès éclatant, et je lis dans les yeux de madame de Marsan le plaisir que lui cause mon triomphe.

Le Barbier finit, on se dépêche pour représenter *Fanchon*. Tous ceux qui jouaient dans le *Barbier* jouent aussi dans la seconde pièce, excepté madame de Marsan et moi, et cette circonstance nous donne tout le temps de changer de costume. Nos loges donnent sur le jardin : celles des dames ne sont séparées des nôtres que par une allée de tilleuls. Après avoir repris mon costume de ville, je vais dans le jardin pour prendre l'air. La seconde pièce est commencée depuis longtemps, tout le monde est sur le théâtre ou dans la salle ; il règne dans les jardins une solitude, un calme qui délassent du bruit que l'on fait un peu plus loin. Je ne suis pas fâché de me promener un moment... mais, en traversant l'allée de tilleuls, j'aperçois une dame sortir de l'un des cabinets en face... Je m'arrête... c'est madame de Marsan... c'est ma Rosine... elle m'a reconnu aussi et vient à moi.

— Où donc va monsieur le comte Almaviva !...

— J'allais goûter un moment la fraîcheur de ces ombrages... mais il me manquait quelque chose : Almaviva sans Rosine ne peut être heureux...

— Rosine ne sait pas trop si elle doit vous accompagner.

— Comment, après avoir consenti à vous laisser enlever...

— En effet, j'aurais mauvaise grâce maintenant à faire la cruelle... mais songez que vous m'avez juré d'être fidèle !... de m'aimer toujours, de n'aimer que moi !...

— Oh ! je vous le jure encore !... Je veux vous le répéter sans cesse !...

— Mais où donc me menez-vous ?... il me semble que nous allons bien loin... Pourquoi prendre les chemins les plus sombres ?... pourquoi nous enfoncer sous ce bosquet ?... il y fait trop noir...

— Ma chère Rosine... que pouvez-vous craindre avec moi ?...

— Mon cher Lindor... je ne suis pas tranquille...

— Ne vous êtes-vous pas confiée entièrement à moi ?...

— Ah ! je crois que je n'ai pas été sage... Que faites-vous ?... M'embrasser ainsi !... ah ! ce n'est pas dans la pièce...

— Refuse-t-on un baiser à l'amant qui va devenir notre époux ?

— Finissez... Lindor... Dorsan... Oh ! pour cette scène-là...

— Chère Rosine, n'est-elle pas toute naturelle ?... ne doit-elle pas couronner nos amours ?...

Madame de Marsan veut en vain résister... il est trop tard ; je suis trop bien entré dans l'esprit de mon rôle, elle-même s'est identifiée avec le sien... Nous ajoutons au *Barbier de Séville* la scène que le public ne voit pas, mais qu'il doit deviner d'après l'union d'Almaviva et de Rosine. Depuis longtemps le bosquet était témoin de cette scène charmante, que la lune était venue éclairer à demi. L'ardeur avec laquelle nous jouions nos deux rôles nous avait fait oublier le monde et la fête. Je voulais qu'Almaviva obtînt dans le bosquet le même succès qu'au théâtre, et ma Rosine me donnait si bien ma réplique que je ne pouvais pas rester court ; nous ne songions pas encore au dénoûment, qu'une circonstance imprévue devait brusquer... mais pour l'expliquer il nous faut retourner dans la salle.

Fanchon avait été jouée tant bien que mal ; beaucoup d'acteurs, ne sachant pas leur rôle, avaient sauté à pieds joints plusieurs scènes. Raymond en avait fait autant pour ses couplets : de sorte que la pièce avait été terminée fort promptement. On n'avait pas remarqué l'absence de madame de Marsan ni la mienne ; les acteurs nous croyaient dans la salle, les spectateurs nous croyaient dans les coulisses.

Le vaudeville étant fini, Raymond fait commencer sa petite scène en l'honneur de la dame qui a joué Fanchon, et dont on célèbre la fête. Chacun chante son couplet... Raymond m'appelle ainsi que madame de Marsan pour que nous chantions les nôtres. Ne nous trouvant pas, et voyant son dénouement arriver, il court dans la coulisse s'emparer de la corde à laquelle est attachée la surprise qui doit descendre au-dessus de la tête de Fanchon ; il la prend, la pèse, et le poids qu'il sent dans le haut le rassure en lui persuadant que le jardinier n'a point oublié d'attacher la couronne.

Le moment est venu, l'orchestre joue :

Que de grâce, que de majesté !

C'est là-dessus que la couronne doit descendre.

Au lieu d'une couronne de fleurs il a fait descendre une seringue.

Raymond lâche la corde... un murmure subit se fait entendre... bientôt des éclats de rire partent de tous les points de la salle :

— Arrêtez !... arrêtez !... crie-t-on sur le théâtre... Raymond avance la tête hors de la coulisse pour voir le tableau... et, au lieu d'une couronne de fleurs, s'aperçoit qu'il a fait descendre une seringue au-dessus de la tête de Fanchon.

Le tumulte est au comble : on rit aux éclats dans la salle ; sur le théâtre, on est fort en colère de la sottise de Raymond. La jeune dame qui a joué Fanchon est obligée de repousser avec sa main la canule qui lui vient sur le front. Raymond lâche sa corde, et accourt sur le théâtre en criant :

— Ce n'est pas ma faute... c'est la seringue de Pourceaugnac que cet imbécile de jardinier a oublié de décrocher !... ça devait être une couronne... mais nous allons réparer cela... En avant, les Amours!...

Et il se met à donner le signal, et l'orchestre joue l'air de *Zéphire* de *Psyché*, et tout le monde attend avec impatience ce qui va paraître... et Raymond refrappe dans ses mains en criant :

— Allons donc, les Amours!... sortez donc!... Et rien ne sort du trou du souffleur.

Le public, las d'attendre pour rien, se prépare à quitter la salle, et les acteurs à abandonner la scène. En vain Raymond veut retenir tout le monde en criant :

— Ils vont venir!... ils vont paraître!... c'est qu'ils mettent le bandeau!...

On ne l'écoute plus. Raymond, furieux, veut à toute force trouver ses Amours; il se jette dans le trou du souffleur, cherche sous le théâtre, dans tous les coins de la salle, et ne peut parvenir à les découvrir.

Les deux petits garçons avaient été habillés et prêts deux heures avant le moment de paraître. Le jardinier, tout étourdi des ordres qu'il avait reçus, avait entièrement oublié la couronne; mais il avait fait des bouquets, les avait donnés aux enfants et les avait conduits près du trou du souffleur en leur disant :

— Restez là; vous monterez sur le théâtre quand on vous appellera.

Les enfants attendent assez tranquillement pendant une demi-heure; mais, au bout de ce temps, l'ennui les prend; ils croient qu'on les a oubliés; et, comme ils s'amusent beaucoup plus dans les jardins que sous le théâtre, ils laissent là fleurs bouquets, et vont courir et jouer dehors. En courant, ils se rapprochent de la maison; ils aperçoivent, au rez-de-chaussée, une salle bien éclairée dans laquelle est un buffet couvert de mille friandises, dont la seule vue leur fait ouvrir la bouche et tirer la langue. Ils s'arrêtent... soupirent... se poussent... se devinent... regardent derrière eux, par cet instinct si naturel à l'homme qui veut faire une sottise. Il n'y a personne; tous les domestiques ont abandonné la maison pour le spectacle.

— Ah! mon frère, dit le plus petit, les bonnes choses!... nous n'en avons jamais vu de pareilles...

— Oh!... Fanfan... comme cela doit être sucré!

— Dis donc, Jean... si nous pouvions en manger!... Tiens, vois-tu ces gâteaux?

— Il n'y a personne... grimpons!...

— Grimpons!...

Ils escaladent aisément la fenêtre du rez-de-chaussée; ils courent au buffet... se bourrent la bouche, se font un tablier de leurs tuniques, et l'emplissent de fruits, de viande, de gâteaux; lèchent les crèmes dont ils ne peuvent emporter, fourrent leurs doigts dans les pots de confitures, et vont enfin se réfugier dans les mansardes pour y manger à leur aise ce qu'ils ont dérobé. Pendant que les petits paysans se régalaient, Raymond se donnait au diable pour trouver ses Amours; il avait inutilement parcouru le théâtre. En sortant de la salle, il rencontre M. de Marsan, qui cherchait sa femme, que la société s'étonnait de ne plus voir.

— Les avez-vous trouvés? lui dit Raymond.

— Je ne sais pas où elle est, on la demande... Ordinairement cependant je n'ai besoin de me mêler de rien...

— De qui donc parlez-vous?

— De ma femme, qui n'est pas là pour faire les honneurs de la fête.

— Ah! parbleu!... madame de Marsan ne peut pas être perdue, elle se trouvera; mais mes deux Amours, c'est bien plus inquiétant; car enfin il faut que je les rende à leur mère, qui n'est pas Vénus, et qui me cassera une de ses petites cruches sur la tête si ses marmots ne se retrouvent point. Cherchons ensemble dans les jardins; il faut bien que ces drôles-là soient quelque part.

M. de Marsan suit Raymond, plutôt pour chercher sa femme que pour découvrir les deux petits fugitifs. Ils parcourent une partie des jardins. M. de Marsan veut retourner près de la société, persuadé que sa femme y est; mais Raymond le retient toujours, en lui disant qu'il est responsable des Amours qui se sont perdus chez lui. Ils approchent de la balançoire près de laquelle est le bosquet où je joue ma scène avec madame de Marsan.

— Ils sont par là, dit Raymond, j'entends le mouvement de la balançoire, j'étais sûr que mes deux polissons s'amusaient à jouer.

On approche de la balançoire et on ne voit rien.

— Vous voyez bien qu'il n'y a personne, dit M. de Marsan.

— C'est singulier, dit Raymond; j'entends toujours le même mouvement... Eh! mais... c'est de ce côté... dans le bosquet... que diable font-ils là!...

M. de Marsan s'avance, Raymond le suit... La lune éclairait alors beaucoup trop!... nous sommes pétrifiés.

— C'est Almaviva et Rosine!... dit Raymond en faisant un saut en arrière. M. de Marsan seul conserve son sang-froid.

— Madame, dit-il en s'adressant paisiblement à sa femme, la société vous demande; on a besoin de vous pour la fête : il faut tâcher d'accorder vos affaires avec vos plaisirs.

En achevant ces mots, il s'éloigne tranquillement et regagne la maison; madame de Marsan s'est évanouie, Raymond est immobile : je le repousse brusquement, en sortant du bosquet, et je gagne en un instant la porte de la cour, puis la campagne, puis la route de Paris, où j'arrive à deux heures du matin.

CHAPITRE XXVI

OÙ CELA MÈNERA-T-IL?

Après l'aventure du bosquet, il est impossible que je retourne chez madame de Marsan et que je la revoie publiquement. Il faut donc nécessairement couvrir notre liaison du voile du mystère : avec beaucoup de femmes elle n'en aurait que plus de charmes : mais je crains qu'avec madame de Marsan qui aime à s'entourer d'hommages et d'adorateurs, l'impossibilité où elle est maintenant de tirer vanité de ma conquête ne refroidisse promptement son amour.

Si nous ne nous voyons plus chez elle, c'est par respect pour les convenances; car, Raymond ayant été témoin de la catastrophe, je suis bien persuadé que cette aventure est connue de tout le monde.

Ce qui me surprend, c'est de ne l'avoir pas aperçu depuis cette soirée mémorable : huit jours se sont écoulés et je ne l'ai pas même rencontré; il craint sans doute ma colère... Il paraît qu'il se cache quand il m'entend; car, demeurant sur le même carré, et sortant tous deux plusieurs fois dans la journée, nous ne sommes pas ordinairement plus de deux jours sans nous voir. Une correspondance s'est établie entre moi et madame de Marsan; nous nous donnons des rendez-vous, nous allons ensemble à la campagne, au spectacle en loges grillées ; je jouis davantage de sa société, ne nous voyant plus qu'en tête-à-tête. Il n'y a plus entre nous cet essaim de jeunes gens qui folâtraient sans cesse autour d'elle, et dont la présence ne m'était nullement agréable ; seule avec moi, elle ne peut plus autant faire la coquette et s'amuser à me tourmenter. Je ne suis donc nullement fâché, pour mon compte, de cette manière de nous voir, mais je crains bien qu'il n'en soit pas de même de son côté. Déjà notre correspondance languit, nos rendez-vous sont plus rares; elle trouve sans cesse des obstacles pour se rendre près de moi : c'est une réunion, un bal, une fête à laquelle elle ne peut se dispenser de se rendre. Je n'ajoute pas foi à ses raisons, parce que je sais que son mari la laisse entièrement maîtresse de faire ses volontés. Si elle me refuse un rendez-vous, c'est qu'elle préfère briller dans un bal, dans un concert, faire des conquêtes enfin, et s'entourer d'adorateurs et d'hommages, au plaisir d'une promenade solitaire avec moi. La conséquence que je dois en tirer est toute simple : madame de Marsan ne m'aime pas et ne m'a jamais aimé. Elle m'a distingué par caprice... m'a donné des espérances par coquetterie, a succombé par hasard, et me quittera par ennui. Un matin, en ouvrant brusquement ma porte, j'aperçois enfin Raymond, qui descend l'escalier; je l'arrête par le pan de son habit.

— Eh ! mon Dieu, monsieur Raymond, je vous croyais mort !...

— Bonjour, mon cher voisin... En effet... je ne vous ai pas vu depuis le *Barbier de Séville*.

— Oui, c'est cela même : moi qui comptais sur vous pour savoir comment la fête s'est terminée.

— Ah ! vous avez dû le savoir par...

— Par qui !...

— Vous m'entendez bien... Vraiment... je craignais que vous ne fussiez fâché contre moi.

— Et pourquoi cela?

— Parce que j'ai amené le mari dans le bosquet...

— Ah ! c'est donc vous qui l'avez amené?

— C'est-à-dire, c'est moi et ce n'est pas moi ! Il cherchait sa femme, et moi je cherchais les Amours qui se donnaient alors une indigestion dans le grenier; les petits drôles ont manqué en crever, leur mère prétendait que c'était ma faute et voulait m'arracher les yeux !... J'ai eu bien du malheur à cette fête-là !... Mais, pour en revenir à votre aventure, si vous m'aviez mis dans la confidence de votre liaison avec madame de Marsan, tout cela ne serait pas arrivé ; j'aurais, au contraire, éloigner le mari de l'idée de chercher sa femme !... Mais aussi, je vous le répète sans cesse, vous ne voulez jamais rien me dire !... cela occasionne des surprises !... enfin vous êtes cause que je ne vais plus chez M. de Marsan.

— Pourquoi cela ?

— Pourquoi ! c'est tout simple... la femme qui sait... que j'ai vu... me fait mauvaise mine : le mari est un autre original. Je voulais tâcher, moi, d'arranger la chose : c'était pourtant difficile... mais enfin, comme c'était le soir, la lune... et puis avec de l'esprit on fait tout passer.

— Eh bien !

— Eh bien !... quand vous avez été parti, j'ai d'abord voulu secourir madame de Marsan, que je croyais évanouie : mais au moment où je m'avançais avec mon flacon de sel, elle s'est relevée toute seule, et, me jetant mon flacon au nez, a couru s'enfermer chez elle... Quand j'ai vu cela, j'ai dit : Il faut aller trouver le mari et lui fasciner les yeux. Je me suis rendu au salon; j'ai fait signe à M. de Marsan de venir me parler : il ne voulait pas d'abord quitter la table d'écarté, enfin il s'est décidé. Je l'ai emmené dans un petit coin, et je lui ai dit : Monsieur, il ne faut pas croire tout ce qu'on voit... surtout quand il fait clair de lune... parce que la lune change les objets; et cela vous trompe... La scène qu'ils répétaient dans le bosquet était de mon invention et devait se jouer à la suite du *Barbier*... c'est une scène d'amour : dans les scènes d'amour, on se tient de près, on se met à genoux, on se prend les mains, la taille... plus on se prend de choses plus cela ajoute à l'illusion théâtrale... Hein!... j'espère que c'était adroit!

— Très-adroit : et qu'a répondu M. de Marsan?

— A peine m'a-t-il laisser finir; il m'a dit d'un ton fort sec :

« Faites-moi le plaisir de ne plus m'ennuyer de vos sottises et de ne plus ouvrir la bouche sur ce sujet! Là-dessus il m'a tourné les talons. Ma foi, je vous avoue que j'ai trouvé cela grossier!... Un mari à qui je veux rendre le prisme matrimonial, et qui me reçoit comme un chien dans un jeu de quilles... vous conviendrez que cela n'est pas engageant. Pour m'achever, voilà qu'un moment après la laitière arrive avec ses deux petits, qui étaient violets, et qu'on venait de trouver dans un grenier; et cette insolente paysanne qui me dit des injures... qui me promet que s'ils étouffent, son mari me citera chez le juge de paix. Comme s'il y avait de ma faute!... Je leur ai dit de faire l'Amour et non pas de s'étouffer!... Ma foi, quand j'ai vu cela, j'ai pris mon chapeau, et profitant du cabriolet de Figaro, qui revenait à Paris, j'ai laissé là la fête en me promettant bien de ne plus composer de scènes anacréontiques pour des paysans. »

Mon voisin me quitte en terminant son récit. Je ne sais pourquoi malgré l'assurance que je lui ai donnée de n'avoir aucun ressentiment contre lui relativement à cette aventure, il m'a paru conserver avec moi un air gêné, contraint, qu'il n'a pas d'habitude. C'est lui qui m'a quitté tandis qu'ordinairement c'est moi qui ne peux me débarrasser de lui. Je cherche en vain le motif de cette conduite, qui n'est pas naturelle chez Raymond : peu m'importe, au reste, quelle lubie lui passe dans la tête; cela me surprend plus que cela ne m'intéresse.

Quelque chose m'étonne et m'inquiète bien davantage : depuis longtemps je ne reçois plus de bouquets de Nicette. J'ai pensé d'abord que la mort de sa mère avait pu l'occuper les premiers jours; mais cet événement est passé depuis plus de six semaines, et je ne trouve plus rien à ma porte!... Je m'étais si bien habitué à cette marque de son souvenir que chaque soir, en rentrant, je mets bien vite la main contre ma serrure... mais je ne trouve rien, et je me dis tristement : Elle aussi m'oublie!... Je pourrais lui faire des reproches... mais je ne veux pas qu'elle fasse par devoir ce que je croyais n'être pour elle qu'un plaisir. Depuis longtemps je ne l'ai pas vue : le matin, je m'éveille trop tard; le soir, je suis entraîné par quelques amis dans les réunions que l'approche de l'hiver fait renaître, ou je suis auprès de madame de Marsan... Je sais d'ailleurs combien il est dangereux d'aller le soir chez elle!... Cependant mes entrevues avec madame de Marsan deviennent chaque jour plus rares et plus tristes; elle ne cherche qu'un motif pour rompre entièrement avec moi, et je ne lui en fournis pas, par esprit de contradiction.

Depuis quelques jours nous ne nous sommes point vus; aujourd'hui nous devons dîner ensemble; c'est presque une faveur qu'elle m'accorde. Nous dînons au Cadran-Bleu : la vue du Méridien, qui est en face de moi, me rappelle le repas beaucoup plus gai que j'ai fait avec mademoiselle Agathe; je me dis que la grisette, qui nous trompe franchement, est cent fois plus aimable que la petite-maîtresse qui nous garde sans nous aimer. Le dîner se passe assez tristement malgré mes efforts pour le prolonger : à sept heures, nous n'avons plus rien à nous dire. Je propose le spectacle, on n'en trouve pas un qui plaise; la promenade n'est plus de saison, je ne sais que lui proposer ni comment l'amuser... Enfin elle se plaint de maux d'estomac, de tête, de vapeurs. Elle se décide à rentrer pour se coucher de bonne heure, et j'applaudis à ce projet qui nous est à tous deux d'un grand secours. Nous sortons : je veux, suivant mon usage, la ramener en voiture; mais cette fois elle préfère aller à pied, pensant que la marche et l'air lui feront du bien. Il est nuit, et nous ne craignons pas les rencontres désagréables. Nous faisons la route comme des époux de vingt ans, échangeant une parole toutes les cinq minutes. Nous sommes dans la rue Saint-Honoré : nous allons passer devant la boutique de Nicette; mais elle est fermée, et je n'en suis pas fâché. Nous approchons... la boutique est encore ouverte; je vois des arbustes qui ne sont pas rentrés... Il n'y a plus moyen de rétrograder... Pour quel motif d'ailleurs? Ne suis-je pas maître de donner le bras à qui bon me semble?... Oui... mais cependant je désire qu'elle ne me voie pas.

Ma sœur envoie chercher son mari qui est allé faire une partie de billard. (Page 128.)

Nous y voici... Nicette est à sa porte... elle m'a vu... et je ne sais par quel caprice madame de Marsan veut s'arrêter pour examiner les fleurs.

— Voilà un oranger charmant, me dit-elle ; depuis longtemps j'ai envie d'en avoir un dans mon boudoir... celui-ci me plaît assez... ne le trouvez-vous pas joli ?

— Oui, madame ; oui, fort joli...

Je suis embarrassé ; je tiens mes yeux baissés, évitant ceux de Nicette.

— Je crains cependant qu'il ne soit trop grand, poursuit madame de Marsan. En avez-vous d'autres, petite ?... Eh bien ? répondez donc !

Nicette ne l'entend pas, elle a les yeux fixés sur moi ; et sans doute ses regards disent bien des choses, car madame de Marsan, étonnée, l'examine à son tour : sa jolie figure, son trouble, mon émotion, ma contenance embarrassée font concevoir à madame de Marsan des soupçons qui sans doute vont au delà de la vérité. Les femmes devinent bien vite, et leur imagination va grand train !... Madame de Marsan ne m'aime plus ; mais elle a cette curiosité que toutes les femmes conservent sur cet article, et, par méchanceté, elle feint pour moi un retour de tendresse.

Elle entre dans la boutique en s'appuyant nonchalamment sur mon bras ; elle me regarde amoureusement ; elle me tutoie !... ce qu'elle n'a pas fait vingt fois dans le commencement de notre liaison.

— Mon bon ami, comment trouves-tu ces arbres-ci !... dis-moi ton goût, mon cher Dorsan : je ne veux choisir que celui qui te plaira...

La colère, le dépit m'étouffent ; je puis à peine lui répondre quelques mots sans suite... Je regarde Nicette... je la vois pâlir... chanceler... ses yeux se remplissent de larmes... ils semblent me dire :

— Elle vous aime ; vous l'aimez donc aussi ?

Madame de Marsan voit tout cela ; elle sourit avec méchanceté ; elle regarde Nicette attentivement :

— Qu'avez-vous donc, petite ? lui dit-elle d'un ton dédaigneux ; vous semblez bien émue...

— Je n'ai rien madame, je n'ai rien... répond la petite d'une voix tremblante et portant alternativement ses yeux sur madame de Marsan et sur moi.

— Quel est le prix de cet oranger ?

— C'est... ce que vous voudrez, madame... cela m'est égal...

— Comment ! cela vous est égal ? voilà qui est singulier : qu'en dis-tu, mon cher Dorsan ?... Mais réponds donc ; je ne sais en vérité ce que tu as ce soir !

— Quand vous voudrez, madame, nous partirons.

— Ah ! je le vois, monsieur, vous avez des raisons pour ne point vouloir rester avec moi en ces lieux... ma présence vous contrarie... et paraît faire de la peine à mademoiselle !... Ah ! ah ! c'est trop plaisant !... faire du chagrin à cette petite !... c'est d'une cruauté sans exemple !... Allons, monsieur, quand vous voudrez... Mais, je vous en prie, ne la laissez pas se désoler... Adieu, petite !...

Elle sort enfin de la boutique ; je la suis, après avoir jeté un coup d'œil sur Nicette... Mais elle pleure et ne me regarde plus.

Lorsque nous sommes dans la rue, madame de Marsan rit aux éclats et me plaisante sur mes amours, sur l'innocente bouquetière. Je ne lui réponds pas : je pourrais bien lui dire des choses mortifiantes... mais il faut de l'indulgence envers celle qui a été faible pour nous. Elle est enfin chez elle et je la quitte. Il me tarde de revoir Nicette ; je veux lui dire maintenant tout ce que je pense, tout ce que j'éprouve ; je ne veux plus lui cacher l'amour véritable qu'elle m'inspire et que j'ai toujours combattu vainement. Elle le partage ; je n'en puis douter... Nous serons heureux... oui, je m'abandonne désormais au penchant de mon cœur : il me dit que je dois posséder Nicette... L'amitié entre nous n'est qu'un prétexte pour cacher l'amour, mais nous ne pouvons nous y méprendre !... Eh ! pourquoi ces efforts pour vaincre le sentiment qui nous attire l'un vers l'autre ? Pourquoi la froide sagesse nous priverait-elle du bonheur ?... l'amour est-il donc un crime ?... et ce qui nous rend si heureux peut-il nous rendre coupables ?...

Je cours, je vole... je suis devant sa demeure... la boutique est fermée... je ne vois point de lumière en dedans... Je frappe... on ne me répond pas. Dormirait-elle ?... Non, non ; je sens bien qu'elle ne peut dormir !... Je frappe de nouveau... point de réponse !... où peut-elle être ?... Je passe une heure devant sa boutique... Je vais encore frapper, mais inutilement ; je me persuade qu'elle y est, mais qu'elle ne veut pas m'ouvrir... qu'elle pleure et veut me cacher ses larmes... Elle craint peut-être mes reproches pour sa conduite devant madame de Marsan. Chère Nicette ! non, je ne te reprocherai pas ton amour. Demain je la verrai, demain je la consolerai, et je triompherai facilement des résolutions de la nuit !... Allons, puisqu'il le faut, attendons à demain.

CHAPITRE XXVII

MON ÉTOILE ME POURSUIT

Je n'ai pas dormi : mon esprit est trop inquiet, mon cœur trop agité pour que je puisse trouver le repos. Toute la nuit je forme des projets : j'en fais de sages, d'extravagants, de délicieux. Je mêle toujours Nicette à ces tableaux charmants que mon imagination enfante si facilement : je la transforme en bergère, en grande dame, en demoiselle ; je suis avec elle dans un palais, dans un hameau, dans un désert ; mais partout nous sommes heureux. Ah ! qu'il est doux de rêver tout éveillé lorsqu'on aime et qu'on se croit aimé !

Je me lève au point du jour : j'ai vingt projets dans la tête, et, comme c'est l'ordinaire, je ne puis m'arrêter à aucun. Voyons d'abord Nicette ; c'est le plus pressé. Ma toilette est bientôt terminée ; je suis sûr qu'elle me trouve toujours bien.

Je sors de ma demeure ; tout le monde repose encore dans la maison... A moins qu'il n'y ait quelqu'un de bien amoureux. Madame Dupont, qui n'est plus amoureuse, me fait attendre un siècle avant de tirer le cordon de la porte-cochère... enfin elle m'a entendu frapper et crier au carreau... je suis libre.

En moins de cinq minutes je suis devant la boutique... elle est encore fermée... Ce retard m'étonne ; Nicette est d'ordinaire si matinale.

Dois-je attendre ?... faut-il frapper ?... Je reste indécis dans la rue... lorsqu'un commissionnaire passe près de moi... C'est le même que j'ai questionné il y a quelque temps ; il me reconnaît, il me salue en passant, et va s'asseoir à vingt pas...

Je me rapproche de lui... sans trop savoir ce que je veux faire... Cet homme, qui a été content de ma manière d'agir, s'empresse de venir m'offrir ses services.

— Je n'ai besoin de rien, mon ami, lui dis-je d'un ton assez triste et en lui mettant machinalement une pièce de cinq francs dans la main.

Il me regarde d'un air étonné; et n'osant point encore mettre la pièce dans sa poche, il attend que je parle... Je tourne les yeux vers la boutique de Nicette et la lui désigne.

— Cette marchande ouvre bien tard, il me semble?

— Oh!... il est encore de bonne heure!... mais quoiqu'ça, depuis queuque temps la bouquetière est un brin paresseuse!... Dam', ça n'est pas etonnant...

— Pourquoi cela?

— Quand un' femme a l'amour en tête!...

— Comment savez-vous?... qui vous a dit qu'elle fût amoureuse?...

— Oh! ces choses-là, faut pas être malin pour les voir! vous entendez ben que moi, qui suis sur c'te place depuis vingt ans, je dois être instruit de ce qui se passe dans le quartier...

— Que savez-vous sur cette jeune fille? qu'avez-vous aperçu?... Répondez et ne me cachez rien... Tenez... prenez encore...

Je fouille de nouveau dans mon gousset, et verse l'argent dans la main du commissionnaire dont l'étonnement redouble, et qui cherche dans mes regards s'ils n'ont rien d'égaré.

— Vous m'aviez dit que cette jeune fille était sage, honnête, ne parlait à personne de préférence?...

— C'est vrai, monsieur; oui, c'est la vérité. Elle est toujours ben honnête; mais, quand on est jeune, on peut avoir un penchant... et...

— Mais expliquez-vous donc mieux!... Qui vous fait croire cela!.

— Eh ben! pardi, monsieur, c'est parce que je voyons venir le galant.

Nicette aussi m'aurait trompé!... Nicette ne m'aime pas!... Non, je ne puis le croire... Interrogeons bien cet homme...

Je m'appuie contre la borne qui touche à son banc de pierre... j'ai besoin de me soutenir... Je tremble de voir se confirmer mon malheur.

— Vous dites que vous voyez venir quelqu'un?

— Oui, monsieur...

— Depuis combien de temps à peu près?...

— Mais v'là trois semaines environ que le particulier vient rôder par ici; d'abord il est venu le matin acheter des fleurs; puis après ça, il est revenu le soir à la brune, puis il a causé, puis il est resté plus longtemps, si ben qu'à c't'heure, il vient presque tous les soirs causer une heure ou deux avec la jolie marchande... Oh! mais je crois ben que c'est encore en tout bien, tout honneur; la porte de la boutique reste toujours ouverte... et, à moins qu'ils ne se voient ailleurs, c' qui serait possible, car les femmes sont malignes, et faut pas se fier aux airs de vertu!...

— Et comment est cet homme?

— Mais ça n'est pas précisément un jeune homme... Il a ben ses quarante ans: il n'est pas non plus ben beau; mais dam', pour la mise, c'est un monsieur dans vot' genre, un homme qu'a l'air de queuque chose! et vous entendez ben que la petite bouquetière, qui faisait la fière avec nous autres, aura été flattée de faire une conquête dans le grand genre; c'est ça qui l'aura séduite.

— Et il vient tous les soirs?...

— Oui, monsieur, à peu près: oh! il ne manque guère maintenant.

— Il suffit.

Je m'éloigne à grands pas du commissionnaire: le malheureux, sans s'en douter, vient de déchirer mon cœur, c'est au moment où je veux me livrer sans réserve à mon amour pour Nicette, où je veux m'éloigner d'un monde dont je suis las, afin de pouvoir vivre près d'elle et pour elle... c'est alors que je la perds aussi!... Elle en aime un autre... et je me croyais sûr de son amour!... Avec cette douce illusion, je vois s'évanouir cet avenir charmant dont ce matin je me berçais encore.

Je suis toujours dans la rue... je ne puis m'éloigner. Je vois enfin ouvrir la boutique... Nicette paraît... elle est pâle... abattue... mais jamais je ne la vis si jolie, jamais je n'éprouvai pour elle autant d'amour...

Avec cet air de candeur... la perfide!... Hélas! ai-je le droit de me plaindre?... m'avait-elle donné sa foi? lui avais-je dit que je l'aimais?... Mais était-il nécessaire de le lui dire?... Il me semblait que nous nous entendions si bien! Nous nous sommes trompés tous deux!...

Irai-je lui parler?... A quoi bon maintenant?... que pourrais-je lui dire qui l'intéresse?... Ne la voyons plus... ne lui parlons plus; oublions-la!

Je ne sais comment cela se fait; mais en voulant la fuir, je me suis rapproché d'elle, et je me trouve devant sa boutique, où je m'arrête malgré moi.

Elle vient à moi d'un air contraint; ses yeux sont rouges comme si elle avait beaucoup pleuré: quel serait donc le motif de sa peine?... Je ne sais que lui dire, je reste en silence devant elle... elle est pensive aussi... Voilà donc cette entrevue dans laquelle devait régner la confiance et l'abandon de l'amour... Pauvres humains! nos projets sont tracés sur le sable.

— Je suis venu hier, lui dis-je enfin d'un ton que je m'efforce de rendre froid.

— Hier... oui, je vous ai vu avec... cette dame...

Mes yeux ne m'abusent-ils point?... C'est Raymond. (Page 125.)

— Non; je parle d'un instant après... je suis revenu... j'ai frappé...

— Je n'y étais pas.

— Je croyais que vous ne sortiez jamais...

— Je suis sortie hier.

— Vous auriez pu être chez vous et ne pas vouloir m'ouvrir...

— Pourquoi cela, monsieur?

— Quelquefois on n'aime pas à être dérangé lorsqu'on est en société.

— En société!...

— Oui... vous m'entendez très-bien : me direz-vous encore que vous ne recevez personne?... Depuis trois semaines un monsieur ne vient-il pas chez vous... presque tous les soirs?...

Elle est embarrassée... elle rougit!... Le commissionnaire ne m'a point trompé.

— Eh bien! mademoiselle, vous ne répondez pas?... ai-je dit la vérité?

— Oui, monsieur... c'est la vérité!...

Elle me l'avoue!... ah! j'aurais voulu qu'elle le niât... j'aurais été si heureux de la croire!... Plus de doute maintenant! plus d'espoir... éloignons-nous. Je lui jette un dernier regard et je sors brusquement, ne voulant pas lui laisser voir le mal qu'elle me cause. Elle a fait un mouvement pour me retenir... puis s'est arrêtée sur le seuil de sa porte, en se contentant de me regarder partir.

Ne pensons plus à cette jeune fille... elle ne vaut pas mieux que les autres!... Je suis vraiment malheureux en amour!... je n'ai pas encore rencontré une femme fidèle!... elles m'ont trompé, trahi, joué; mais toutes leurs perfidies m'ont moins fait de peine que je n'en éprouve par l'inconstance de Nicette!... Elle voyait bien que je l'aimais!... toutes les femmes voient cela d'un coup d'œil! elle faisait tout pour me plaire!... Si jeune, savoir ainsi feindre de l'amour... de la sensibilité... de la reconnaissance!... Ah! je ne croirai plus à rien.

Mais, avant de l'oublier entièrement, je veux voir celui qui me remplace dans son cœur, celui qui lui plaît... qu'elle aime!... Ah! qu'il est heureux!... Je donnerais maintenant tout ce que je possède pour être aimé de Nicette.

Il vient tous les soirs, m'a-t-on dit : eh bien dès aujourd'hui je le verrai. Il y a un café presque en face de la boutique : c'est là que je l'attendrai sans être remarqué, car je ne veux pa que l'ingrate soit témoin de tous les tourments de mon faible cœur.

Je passe ma journée comme je puis, et dès que cinq heures arrivent je me rends rue Saint-Honoré. Je regarde de loin si elle est sur la porte de sa boutique... Elle n'y est pas, et je me glisse dans le café sans qu'elle m'ait aperçu. Je me place à une table qui touche les vitraux; je demande un demi-bol de punch, parce qu'il sera naturel que je mette beaucoup de temps à le boire. Le garçon me fait répéter à deux fois... il me prend sans doute pour un Anglais ou un Flamand; peu m'importe... Je m'empare d'un journal pour me servir de contenance, et je n'ôte plus les yeux de dessus la boutique de fleurs.

Le temps paraît long lorsqu'on désire, et plus encore lorsqu'on souffre et qu'on craint!... La nuit n'arrivera jamais!... Nous sommes cependant au mois d'octobre, et à six heures le jour doit finir... Est-ce qu'il n'est pas six heures?... Je regarde la pendule du café; elle ne marque que cinq heures et demie... elle retarde sans doute... Voyons ma montre... cinq heures vingt-cinq minutes!... C'est cruel!... J'essaie de goûter de ce punch qui est devant moi... mais il m'est impossible de l'avaler... je n'ai cependant pas dîné, et j'étouffe depuis ce matin.

Enfin le jour baisse... comment verrai-je dans

la boutique?... comment distinguer cet homme?... Elle va allumer, je l'espère... Oui, la voilà qui apporte de la lumière... Elle rentre ses fleurs... Quelle tristesse, quelle mélancolie dans toute sa personne!... Elle s'assied dans la boutique... devant la table... mais elle n'écrit plus!... elle soupire... elle porte souvent ses regards vers la rue... Elle attend quelqu'un... et ce n'est plus moi!...

Il est près de sept heures et personne ne paraît. Si l'on ne venait pas... Mais en serais-je plus heureux? n'est-elle pas convenue ce matin que je savais la vérité?... et sa rougeur, son embarras ne m'en ont-ils pas alors assez appris?

Un homme paraît... il entre dans la boutique... il s'assied près d'elle... Grand Dieu!... mes yeux ne m'abusent-ils point? C'est Raymond... Raymond près de Nicette!... Raymond son amant!... non, c'est impossible.

Je sors brusquement du café pour mieux m'assurer de la vérité... On court après moi... On m'arrête... C'est le garçon : j'ai oublié de payer. Je n'entends pas trop ce qu'il me dit, mais je lui mets un écu dans la main, et il me laisse. La nuit me permet de rester dans la rue sans être aperçu de Nicette, et je puis la voir de plus près. C'est bien Raymond que j'ai vu, que je vois!... Il lui parle avec beaucoup d'action; elle l'écoute avec attention... Je lis dans ses yeux l'intérêt qu'elle prend à tout ce qu'il dit... Elle paraît plus affligée; elle pleure... Il lui prend la main; il la presse tendrement!... Elle le laisse faire!... Cette main charmante est abandonnée à Raymond!... Ah! tout est fini, je ne puis plus douter de mon malheur... Fuyons, pendant qu'il m'en reste encore la force, et ne la revoyons jamais!... Que ne puis-je de même éloigner son image de ma pensée!... Mais cette idée que Raymond est aimé d'elle m'accable, me poursuit sans cesse!... C'est donc pour Raymond que j'ai conservé cette fleur qu'il m'eût été si doux de cueillir! je l'ai respectée... et voilà ma récompense!

Si un jeune homme honnête, né comme elle dans une classe obscure, avait obtenu son cœur en recherchant sa main, je me serais peut-être consolé, du moins j'aurais été fier de la lui avoir conservée pure et digne de ses vœux; mais un homme comme Raymond triompher de Nicette!... Par quel charme peut-il donc lui plaire? il n'est pas jeune, il n'est pas beau; il est sot, vain, bavard, ennuyeux!... du moins, s'il est aimable, je ne m'en suis jamais aperçu! Et voilà l'homme qu'elle me préfère!... Oh! les femmes!...

Je ne m'étonne plus de cet air embarrassé que j'avais remarqué dans Raymond lors de notre dernière rencontre... Le traître!... voilà donc pourquoi il m'évite et me fuit mantenant. Cet être-là est vraiment mon mauvais génie!... Il sait que je connais Nicette... il sait peut-être que je l'aime... Si je n'écoutais que ma fureur, j'irais le provoquer... Mais comment avoir raison d'un lâche? et sa mort me rendrait-elle Nicette telle que je la croyais autrefois!... Méprisons l'un...

La famille de ma sœur, à Melun.

oublions l'autre : voilà le seul parti que je dois prendre.

Je cherche encore dans le repos l'oubli de mes tourments. Quelle nuit différente de la dernière! Hier ne faisant que des projets charmants d'amour, de constance... aujourd'hui maudissant ce sentiment et celle qui l'a fait naître!... Si la fatigue produite par tant d'émotions m'assoupit un moment, en rouvrant les yeux, ma première pensée est au souvenir de toutes mes espérances évanouies.

En me levant, je ne puis résister au désir de parler à Raymond. Je me suis promis d'être maître de moi; je saurai me contenir, et cacher l'état de mon cœur; mais il faut que je lui parle... Je cours frapper et sonner à sa porte. La portière sait qu'il est chez lui; il n'a pas l'habitude de se lever de bonne heure : on n'ouvre pas cependant... Je sonne encore, et cette fois le cordon de la sonnette me reste dans la main. J'entends du bruit enfin, je reconnais la marche lourde de

Raymond... et bientôt sa voix nasillarde résonne à mes oreilles.

— Qui est-ce qui fait un pareil carillon à ma porte avant sept heures?... C'est épouvantable de réveiller quelqu'un comme cela!...

— C'est moi, mon voisin; moi, Dorsan, qui veux vous parler.

Il est quelques instants sans me répondre, et lorsqu'il le fait, j'entends au son de sa voix qu'il n'est pas content de ma visite.

— Comment! c'est vous, mon cher voisin?...

— Oui, c'est moi...

— Et qui vous amène de si bonne heure?...

— Vous le saurez, mais ouvrez : je n'aime pas à causer à travers une porte.

— Mais permettez... c'est que je suis en chemise...

— Eh! qu'est-ce que cela me fait!... en chemise, nu, habillé, je n'ai nulle envie d'examiner votre personne... Ouvrez donc! vous pourrez vous recoucher ensuite; cela ne m'empêchera pas de vous parler.

— C'est que j'ai passé une partie de la nuit à composer des couplets de fête... et j'ai encore bien envie de dormir.

— Ah! morbleu, ouvrez, monsieur Raymond, ou j'enfonce votre porte.

Le ton avec lequel je dis ces derniers mots annonce que j'ai l'intention d'effectuer ma menace... Il ne me fait pas répéter davantage; il m'ouvre sa porte, et, traversant rapidement sa petite antichambre, court se fourrer dans son lit, où il s'enveloppe dans sa couverture, ne laissant à l'air que le bout de son nez et ses gros yeux, qu'il roule autour de lui d'un air inquiet, mais sans oser les arrêter sur moi. Je l'ai suivi : la première chose qui s'offre à ma vue en entrant dans sa chambre à coucher, c'est une douzaine de bouquets de fleurs d'oranger tels que ceux que je recevais autrefois de Nicette, et qui sont symétriquement rangés sur la toilette de mon voisin. Cette vue me serre le cœur; mais je me suis promis d'être philosophe, et je m'assieds près du lit de Raymond, auquel je tâche de parler fort tranquillement.

— Comment vous portez-vous ce matin, monsieur Raymond?

Il me regarde d'un air étonné.

— Est-ce pour avoir des nouvelles de ma santé que vous venez casser le cordon de ma sonnette et que vous voulez enfoncer ma porte?

— Oh! vous pensez bien que c'était une plaisanterie! mais j'avais quelque chose à vous demander... Vous avez là de bien jolis bouquets... il me paraît que vous aimez aussi la fleur d'oranger?

— Oui... oui... j'aime beaucoup cette odeur-là... c'est bon pour les nerfs, et je suis très-nerveux, moi.

— Il y a beaucoup de sympathie entre nous, car ces bouquets-là ressemblent étonnamment à ceux qui parent ma chambre... et que vous admirez chez moi.

— C'est vrai... oui... c'est même ce qui m'a donné l'idée d'en avoir aussi, je me rappelle à présent.

— Et votre bouquetière est-elle aussi la mienne?...

Il ne sait que répondre, et sa tête disparaît un moment sous sa couverture.

— Eh bien! mon voisin?

— Moi... je n'ai pas de bouquetière en titre... je vais tantôt chez l'une... tantôt chez l'autre...

— Allons, monsieur Raymond, pourquoi feindre avec moi... est-ce donc là cette confiance dont vous vouliez me donner l'exemple?... Craignez-vous de me fâcher?... Oh! soyez tranquille, depuis longtemps je ne songe plus à cette petite Nicette!...

Cette fois il sort entièrement sa tête de dessous la couverture; il me regarde d'un air joyeux et surpris.

— Quoi! vraiment, vous ne pensez plus à la petite bouquetière?

— Moi, je n'y ai jamais songé!...

— Eh bien! en vérité, je m'en doutais presque!... D'ailleurs nous avions madame de Marsan... qui devait nous occuper considérablement!

— Laissons là madame de Marsan, et comptez-moi vos amours avec Nicette...

— Oh! ce ne sera pas long!... je vous avoue que j'en suis excessivement amoureux!... vous savez qu'elle est jolie...

— Un minois chiffonné!...

— Diable! chiffonné!... vous appelez cela chiffonné!... vous êtes difficile.

— Enfin?

— Je vais lui faire la cour presque tous les soirs. D'abord elle faisait un peu la petite sauvage; mais j'ai si bien su l'enjôler, que maintenant elle ne peut se passer de moi... et je suis sûr qu'elle m'adore...

— Elle vous l'a dit?

— A peu près; d'ailleurs ces choses-là n'ont pas besoin de se dire... cela se voit!... je connais si bien les femmes!...

— Vous êtes plus heureux que moi... et vous avez triomphé?

— Pas encore tout à fait, mais cela ne tardera pas, je mène la chose grand train. Tenez, avec les femmes, de l'assiduité, de la ténacité, de l'amabilité, et on est certain de la victoire !... Oh ! je suis un roué, moi, un madré !... et il faut cela pour plaire !... Le sentiment, la tendresse, les soupirs, c'était bon autrefois ; maintenant, à la première rencontre, on agace ; à la seconde on lutine ; à la troisième on prend un baiser... un genou, on pince partout, et on séduit.

Je ne suis pas maître d'un mouvement de colère.

— Voilà donc celui qu'elle aime !... dis-je en me levant brusquement. Raymond, que mon action a effrayé, est de nouveau rentré dans sa couverture.

— Est-ce que vous avez encore des crispations? me crie-t-il sans se montrer.

— Non, non, je n'ai rien... Adieu, monsieur Raymond : soyez heureux... et surtout faites le bonheur de Nicette..

Je m'éloigne en prononçant ces mots ; je rentre chez moi, je m'y enferme... Là, du moins, je puis donner un libre cours aux passions qui m'agitent et que j'ai eu la force de contenir chez Raymond. Mon âme est tour à tour en proie à l'amour, à la jalousie, au dépit et à la plus sombre tristesse. Je veux prendre sur moi et surmonter une faiblesse dont je rougis ; je sors. Pendant huit jours, je vais dans le monde, et je me livre à tout ce qu'on y appelle le plaisir... Mais ce qui jadis me plaisait, n'a plus maintenant aucun charme pour moi, Je vais aux bals, aux spectacles, aux concerts, dans les fêtes, dans les soirées les plus brillantes... partout je m'ennuie et me déplais... partout je porte au fond du cœur un noir, une mélancolie, un abattement que je ne puis surmonter.

J'aime à rentrer chez moi; je m'y trouve mieux... j'y cherche de nouvelles peines dans mes souvenirs... mais ces peines ont un charme que je ne goûte pas dans le monde. Cependant, si je veux l'oublier, il faut quitter ce logement. Comment ne point penser à elle dans cette chambre, sur ce lit où elle a couché !... tout, dans cette chambre, me la rappelle et nourrit mon amour; il faut m'en éloigner. Quittons Paris, dont le séjour m'est désormais insupportable... L'éloignement, le changement de lieu, et le temps qui, dit-on, triomphe de tout, voilà les remèdes que je dois opposer à la folle passion qui me domine. Allons voir ma sœur ; elle ne m'attend plus, mais elle me recevra toujours avec plaisir ; du moins je verrai des êtres qui m'aiment... Il me semble maintenant que cela me fera du bien. Mes préparatifs sont promptement terminés. Je ferme mon logement... que je garde, quoique résolu à ne plus l'habiter. Je défends à madame Dupont d'y laisser pénétrer personne autre qu'elle, qui doit en avoir soin. J'en paye deux termes d'avance, et je pars pour me rendre chez ma sœur.

CHAPITRE XVIII

VIE DE PROVINCE

J'arrive à la campagne qu'habite ordinairement ma sœur. Je remarque de loin que les volets des fenêtres sont fermés... Seraient-ils en voyage?... Elle me l'aurait écrit. Je vais sonner à la grille ; le jardinier vient ouvrir, et m'apprend que M. et madame Denneterre sont allés passer l'hiver à Melun, et qu'ils ne viennent plus à leur campagne que le dimanche lorsqu'il fait beau temps. Allons à Melun, ce n'est qu'à une petite lieue, je vais faire ce trajet en me promenant. Il commence à faire nuit, mais la lune éclaire la route. Chemin faisant, je cherche la raison qui a fait changer de manière de vivre à mes chers parents. Ils ne devaient jamais quitter leur maison de campagne !... mais ils sont mariés depuis quelques années, et commencent à n'avoir plus autant de choses à se dire. Alors les soirées d'hiver auront paru longues, et on a songé à les passer à la ville. Voilà toujours comment se terminent ces beaux plans de conduite !... Existe-t-il quelque chose au monde à l'abri des effets du temps?

J'aperçois les premières maisons de Melun, jolie petite ville où l'on s'amusait autrefois, et qui me paraîtra peut-être charmante, puisque Paris me semble insupportable. Ce qu'il y a de certain, c'est que le changement de lieu amène nécessairement des distractions, et les distractions sont le meilleur remède aux peines du cœur et de l'esprit. Je ne suis point d'ailleurs un Werther, je n'ai nullement l'envie d'aller nourrir mon amour et ma douleur dans les forêts et sur le bord des précipices; je cherche, au contraire, à me guérir : c'est le parti le plus sage ; cela est moins romantique à la vérité, mais c'est plus dans la nature, et je suis pour le naturel.

Je me suis fait donner l'adresse de ma sœur, je traverse une partie de la ville, qui danserait dans le faubourg Saint-Germain. Je trouve bientôt la maison de Denneterre. En province, un ménage habite seul une maison, tandis qu'à Paris trois familles demeurent souvent sur le même carré. J'avoue qu'il est plus agréable d'être seul dans sa maison, de pouvoir y faire ce qu'on veut sans craindre d'incommoder ses voisins, de ne point rencontrer sur son escalier des figures désagréables, des domestiques malhonnêtes, des enfants hargneux, de ne point trouver sur son paillasson les ordures d'un chien ou d'un chat, lorsque, par propreté, on n'a point de bêtes chez soi, et enfin de pouvoir mettre son portier à la porte quand il vous manque de respect, tandis qu'à Paris il faut le payer lorsqu'il est insolent, au risque de passer la nuit dans la rue ou au corps de garde, pour peu que vous ayez oublié l'heure chez vos amis. Voici déjà de grands avantages en faveur de la province.

Ma sœur fait un cri de surprise et de joie en me voyant; elle me saute au cou, m'embrasse.

— C'est toi, me dit-elle, mon cher Eugène! En vérité, je ne comptais plus te voir avant le printemps prochain... Ah! c'est bien aimable à toi de te souvenir enfin de tes bons amis.

Je ne lui dis pas que le désir de fuir Nicette m'a seul fait quitter Paris : cela est inutile ; je veux d'ailleurs éviter les commentaires de ma chère Amélie, qui est un peu bavarde, ce qui doit être quand on habite la province, où l'on n'a pas assez d'occupations pour ne point se mêler des affaires de ses voisins.

Ma sœur envoie chercher son mari, qui est allé faire sa partie de billard avec quelques amis.

— Il ne passe donc plus toutes ses soirées chez lui? dis-je à Amélie.

— Oh! mon ami! l'hiver, les soirées sont bien longues, et il faut faire quelque chose... En province, on joue, c'est le goût général; il faut bien s'y conformer et faire comme les autres.

— C'est juste, c'est ce que j'ai toujours pensé, et ce que je disais lorsqu'en te mariant tu faisais des plans de conduite... qui ne ressemblaient à rien. Tu me disais alors que j'étais un étourdi, un fou, parce que je me moquais de tes projets de retraite et de ce bonheur que tu devais goûter dans la solitude... et cette solitude, tu l'as quittée cependant!

— Oh! pour l'hiver seulement; car alors la campagne est bien triste, on n'y voit personne, on ne peut se promener. Tout le monde se réunit à la ville ; on donne des soirées, on joue, on danse quelquefois, on s'y amuse enfin... Voilà pourquoi nous y sommes venus. Que veux-tu? il faut bien faire comme les autres.

— Mais je trouve cela fort naturel... Enfin, tu es heureuse, n'est-ce pas ?

— Oui, mon ami, très-heureuse!... Mon mari est un fort bon enfant!... un peu entêté cependant, et ne voulant pas toujours m'écouter lorsque je lui prouve que j'ai raison ; c'est ce qui fait que nous nous disputons quelquefois... mais ce n'est rien!...

— Non!... d'ailleurs, ne faut-il pas faire comme les autres?...

— Tu n'as pas encore embrassé mes enfants, mes deux petits garçons... ils sont charmants, de vrais diables!... mais de l'esprit; ah!... tu en jugeras.

— Où sont-ils donc ?

— Ils sont couchés... il est près de huit heures.

— Il ne faut pas les réveiller.

— Non, tu les verras demain... Il y a plus d'un an que tu n'es venu nous voir... il y a quinze mois au moins!... depuis ce temps-là ils ont bien grandi!... L'aîné a maintenant quatre ans, le cadet en a trois... Tu nous diras à qui ils ressemblent.

L'arrivée de Denneterre interrompt notre conversation, mon beau-frère me témoigne tout le plaisir que lui cause mon arrivée ; il m'embrasse avec franchise et cordialité, m'engage à passer avec eux l'hiver à Melun, et je lis dans ses yeux que son cœur est d'accord avec sa bouche; j'ai seulement remarqué qu'en entrant il tenait une queue de billard qu'il a posée dans un coin. Nous causons un instant d'affaires, de nouvelles de Paris. Denneterre est content : sa filature lui fait gagner de l'argent, son commerce va bien, il espère dans quelques années pouvoir se retirer et vivre de son bien.

Pendant que nous causons, Amélie va, vient, donne des ordres, me fait préparer une chambre, m'engage à prendre quelque chose avant le souper.

— Je ne soupe jamais, lui dis-je.

— Tu souperas ici, mon ami; c'est une des habitudes de la province, et je t'assure qu'elle n'est pas désagréable.

— Soit, je souperai quand j'aurai faim.

— A propos de manger, dit Déneterre, où sont donc mes enfants? pourquoi ne viennent-ils pas embrasser leur oncle?

— Mon ami, ils sont couchés, dit Amélie.

— Couchés!... déjà!... cela n'a pas le sens commun!... tu les couches de trop bonne heure.

— Cela est nécessaire à leur santé.

— Des garçons n'ont pas besoin de tant dormir.

— Des garçons qui courent et jouent toute la journée doivent, le soir, avoir besoin de repos.

— Enfin, je veux qu'ils embrassent leur oncle.

— Ils l'embrasseront tout aussi bien demain matin.

— Demain!... demain!... ce ne sera pas la même chose... Je vais les chercher...

— Les réveiller!... par exemple! je voudrais bien voir... pour les rendre malades...

Je me sens tirer par une jambe et par un bras. (Page 130.)

— C'est vous qui les rendrez malades en les faisant dormir comme des marmottes.

— Vous verrez que je ne serai pas maîtresse de mes enfants.

— Ce sont des garçons, c'est à moi de les former.

— Vous n'y entendez rien ; d'ailleurs ce n'est pas ma faute si vous ne me faites point de filles.

Comme je vois que la discussion s'échauffe, je me hâte de changer la conversation en allant prendre la queue de billard, que je présente à Dénneterre.

— C'est à toi cette queue?

— Oui... tiens, c'est une queue d'honneur que que j'ai gagnée dernièrement à la poule.

— Ah ! tu joues à la poule?

— Tous les soirs : j'y suis de la première force.

— Eh bien ! va continuer ta partie : tu sais qu'entre nous il n'y a pas de cérémonie ; d'ailleurs je suis fatigué, et je vais aller me coucher.

— A demain en ce cas, me dit Denneterre en reprenant sa queue d'honneur avec empressement : demain tu seras des nôtres, et tu verras combien j'ai acquis depuis l'année dernière, surtout depuis que je me sers de queues à procédés.

Denneterre nous quitte, et Amélie me conduit à ma chambre en me faisant visiter une partie de la maison, et me donnant le détail de tout ce qu'elle y a fait faire depuis peu et des embellissements qu'elle projette encore. Je retrouve dans la conversation de ma sœur quelque chose de celle de ce monsieur avec qui j'ai dîné à la campagne de madame de Marsan, et qui s'étendait si complaisamment sur les détails de sa basse-cour et de son poulailler. Mais je commence à concevoir que pour les gens qui n'ont pas autre chose à faire, l'histoire de la naissance d'un poulet et l'éducation d'un lapin doivent avoir beaucoup d'intérêt.

— Tout en causant, je demande à ma sœur si elle a souvent des disputes avec son mari.

— Des disputes! me répond-elle d'un air surpris; mais nous n'en avons jamais.

— Cependant il m'a semblé que tout à l'heure...

— Ah! tu prends cela pour une dispute, toi! eh! mon ami, ce n'est rien... dans la journée nous avons cent petites discussions pareilles; mais ce ne sont pas là des disputes!... Écoute donc, quand on vit ensemble, il est bien difficile d'être constamment du même avis.

— Il me semble que cela vaudrait mieux!

— C'est impossible! Ah! mon cher Eugène, on voit bien que tu es garçon! tu n'entends rien à la vie conjugale; mais, avant peu, j'espère que tu connaîtras les douceurs du mariage, dont tu ne te fais pas encore d'idée!...

— Non; pour cela, j'avoue que je ne m'en fais aucune idée.

— Patience, cela viendra... Bonne nuit, mon cher Eugène; à demain.

Ma sœur me quitte; je me couche en réfléchissant à la manière de vivre dont Amélie et son mari viennent de me donner un échantillon: c'est pourtant un ménage charmant, à ce que tout le monde dit. Ce qu'il y a de certain, c'est que ma sœur est sage et fidèle à son mari, et que Denneterre aime beaucoup sa femme et ses enfants. Pourquoi donc se disputent-ils souvent?... Allons, je vois que ma sœur a raison: je veux raisonner sur le bonheur conjugal, et je ne sais pas ce que c'est. Dormons, cela vaudra mieux.

La route m'avait fatigué; mais la vue de ma sœur et de son mari m'a distrait de ma mélancolie, car toutes les peines finissent par céder au temps et aux distractions. Je m'endors plus calme que je ne l'ai été depuis longtemps, et mon sommeil se serait sans doute prolongé fort avant dans la matinée, si mes chers neveux ne se fussent chargés de me réveiller. A sept heures du matin, j'entends un grand bruit dans ma chambre; je me sens tirer par une jambe et par un bras: j'ouvre les yeux, et je vois les deux enfants de ma sœur qui sont grimpés sur mon lit et s'amusent à me faire des niches et à se rouler sur moi... Pendant que je les regarde, encore à demi endormi, des éclats de rire éclatent derrière moi; e tire mon rideau, et j'aperçois Denneterre assis à deux pas du lit et riant de ma surprise.

— Eh bien! les voilà, me dit-il: comment les trouves-tu?

— Mais ils se portent fort bien, à ce que je vois.

— N'est-ce pas qu'ils sont gentils?

— Fort gentils; oui, vraiment...

— Ah! j'en ferai des lurons, va?... Ils sont d'une gaieté, d'une vivacité...

— Je m'en aperçois; dis-leur donc de ne point me pincer si fort... En voilà un qui ne veut pas me lâcher le mollet...

— C'est pour jouer... mon ami... Tous les matins je suis réveillé comme cela... Dis-moi, est-il un plaisir plus doux?

— Oui, pour un père, cela doit être charmant... mais pour un oncle, vois-tu, cela n'a pas tout à fait le même charme.

— Eh! par bleu, il ne tient qu'à toi de connaître ce bonheur-là: marie-toi, tu auras des enfants; ils te caresseront comme ceux-ci me caressent...

— Oh! c'est sans doute ce que je ferai quelque jour.

— Allons, lurons, embrassez votre oncle, et laissez-le s'habiller.

Les lurons, pour me prouver leur amitié, se jettent à plat ventre sur moi, me saisissent la tête, et en m'embrassant se débarbouillent et se mouchent sur mes joues et mon nez: c'est à qui me baisera davantage. J'étouffe, je demande grâce; le papa est obligé de leur ordonner de finir, mais ils ne l'écoutent pas plus que moi et vont toujours leur train. Heureusement ma sœur arrive; alors la scène change: elle s'avance avec humeur vers son mari.

— Comment! vous avez amené ces enfants à leur oncle avant que je les aie débarbouillés, peignés, lavés, habillés?

— Eh bien! qu'est-ce que cela fait, ma chère amie? est-ce qu'il faut être en grande tenue pour venir dire bonjour à son oncle?

— Il n'est pas question de grande tenue; mais j'étais bien aise qu'Eugène les vît d'abord un peu propres, et quand une fois ils sont à jouer, il n'y a plus moyen de les tenir bien arrangés... Mais vous faites tout sans me consulter!...

— Ma sœur, je t'assure que je les trouve fort gentils comme cela.

— Allons, messieurs, le déjeuner vous attend.

Le mot de déjeuner fait déguerpir mes petits gaillards; ils sont bien vite en bas de mon lit, et je puis me lever.

Il me paraît que les exemples du bonheur conjugal se succèdent avec rapidité chez ma sœur. Il me semble cependant que si je me marie je ne les prendrai pas pour modèles dans la manière d'élever les enfants. Mais je ne suis arrivé que d'hier au soir; attendons avant de juger.

Je descends rejoindre la famille dans la salle à manger. Tout en déjeunant, Amélie et son mari me content leur manière de vivre. Le matin, les affaires, le travail, ou la promenade lorsqu'on a du temps à soi ; le soir, Denneterre va au café faire sa poule, pendant que sa femme fait sa toilette pour aller en société, ce qui arrive souvent. On a tous les jours de la semaine pris. Le lundi, chez le notaire, réunion choisie. Les personnes les plus famées de la ville s'y rendent. On y joue peu, mais on y parle politique, et l'on y sait les nouvelles de tous les cabinets de l'Europe ; on y discute les intérêts de chaque puissance et on y lit le *Moniteur*. Le mardi, on se réunit chez un ancien négociant retiré du commerce : c'est un homme riche et qui reçoit avec luxe. On prend chez lui de la bière, des échaudés, de l'eau sucrée à la fleur d'oranger. On y joue gros jeu : le bouton à six blancs et l'écarté à cinq sous ; quelquefois même les paris montent à soixante-quinze centimes. Mais aussi on y distille tous les jeux ; le whist et le boston y sont joués dans la perfection. On ne demande six levées que lorsqu'on en a huit, et on ne soutient qu'avec une indépendance : aussi est-il fort rare de voir faire une remise dans la soirée. Le mercredi, on va chez la veuve du greffier, qui a quatre demoiselles à marier et point de fortune à leur donner. Là, on joue à des jeux innocents ; on fait des charades, des proverbes. D'abord cela n'use point de cartes, et demande moins de chandelles ; et puis, en jouant aux petits jeux, les jeunes gens font plus vite connaissance avec les demoiselles. On se parle, on rit ensemble. Plus d'une passion s'est formée au corbillon et à la petite boîte d'amourettes. En faisant une confidence on peut glisser un mot d'amour ; en boudant on peut se dire bien des choses !... C'est comme cela que se sont faits plus d'un mariage ; et quand on a quatre filles à pourvoir, on ne doit rien négliger. Du reste, tout s'y passe fort bien. La plus stricte décence préside aux petits jeux, et le colin-maillard assis y est défendu.

Le jeudi, c'est chez un ancien conseiller que l'on s'assemble. Tout le monde n'y est point reçu ; c'est la haute société. Il est défendu d'y parler politique, guerre, affaires d'Etat et bruits de journaux. On n'y joue point, parce que c'est un mauvais exemple à donner à la jeunesse ; on n'y danse pas, parce que madame la conseillère, qui est vieille et coquette, ne pourrait jamais trouver de cavalier ; on n'y fait point de charades, parce que cela dérange l'ordre d'un appartement, peut faire écorner les meubles et déchirer les rideaux ; on n'y joue point aux petits jeux, parce que M. le conseiller trouve cela indécent ; et on n'y prend rien, parce que les gens bien élevés n'ont jamais besoin de se rafraîchir. Du reste, on peut dire et faire ce que l'on veut, et il est permis de s'y amuser beaucoup.

Le vendredi, on va chez un électeur dont la femme, qui est jeune et jolie, suit toutes les modes de la capitale. Là on fait tout ce que l'on veut : point de gêne, point de cérémonie. Il est permis de danser, de chanter, lorsqu'on en a envie. On y fait quelquefois de la musique, parce qu'il y a un piano. On y joue tous les jeux, depuis le loto jusqu'aux échecs ; et l'on peut y risquer un sou ou un louis, suivant son plaisir. On y dit ce qu'on veut ; on rit, on plaisante, et on parle suivant son goût ; les opinions sont libres ; on y trouve presque tous les journaux, et enfin on y prend toutes sortes de rafraîchissements et de gâteaux. C'est à l'instar des soirées de la Chaussée-d'Antin, à Paris.

Le samedi... ah ! pour ce jour-là, c'est chez ma sœur que l'on se rassemble.

— Tu verras, me dit-elle, comme nous nous amusons !... c'est un bruit, un train !... on ne s'entend pas ! mais on rit !... Ah !... c'est à qui sera le plus gai ! Enfin quelquefois le temps passe si vite, que l'on est encore chez moi à dix heures et demie.

— A dix heures et demie... du matin !

— Mais non, du soir : es-tu fou ?

— Est-ce que cela est tard ?

— Je le crois bien !... l'habitude est de se retirer à dix heures précises.

— Ah ! mon Dieu !... je ne m'étonne plus si tes enfants vont te réveiller avant sept heures ! Enfin, le dimanche ?

— Ah ! le dimanche on se réunit chez M. le maire. Il y a toujours beaucoup de monde. On a la jouissance d'un billard, et outre cela on fait danser la jeunesse. Tu juges combien on doit s'y divertir. Voilà, mon cher Eugène, l'emploi de toute notre semaine. Tu vois que ce sont tous les jours de nouveaux plaisir et que nous n'avons pas le temps de nous ennuyer.

— Vous n'avez point de spectacles ?

— C'est fort rare, mais on s'en passe.

— Point de concerts ?

— Bah ! et ceux que nous faisons entre nous !... et puis, dans les beaux jours, les promenades dans les environs, qui sont charmants !... le petit bois de la Rochette, Trois-Moulins, mille endroits délicieux ! et la pêche, et la chasse, et les nouvelles de la ville, les petites intrigues que tout le monde connaît au bout de huit jours, les querelles, les propos, les caquets, les modes, dont on s'occupe encore plus ici qu'à Paris ; et les fêtes, les dîners ! les baptêmes, les mariages... Oh ! les mariages surtout !... qui nous donnent de l'occupation pour un mois !... Ah ! tu verras, mon frère, que l'on s'amuse en province beaucoup plus qu'à Paris.

Ma sœur ne s'interrompt dans son récit des agréments de la province que parce qu'elle s'aperçoit que son mari fait boire du café à ses petits garçons, ce qui amène une legère *discussion*.

Madame de Pontchartrain.

— Pourquoi fais-tu prendre du café à ces enfants ? cela ne leur vaut rien...

— Bah !...

— Cela leur agite les sens.

— Bah !

— Et puis ils ne dorment pas de la nuit...

— Bah ! bah !

— Ah ! que tu m'ennuies avec tes bah ! bah !... enfin je ne veux pas qu'ils en prennent.

— Pour une goutte...

— C'est égal !

— Il y a plus des trois quarts de lait.

— Quand il y en aurait le double, cela ne fait rien. Venez ici, messieurs, et n'en buvez plus...

— J'en veux, moi !...

— Tiens, bois, mon garçon...

— Voulez-vous m'obéir bien vite !...

— Allons, laisse-les donc tranquilles.

— Non, je ne veux pas qu'ils en boivent.

Et ma sœur saisit la tasse, et son mari la retient, et les enfants pleurent. Heureusement la tasse tirée par chacun finit par se casser ; le café est répandu, ce qui met fin à cette scène de plaisirs domestiques, auxquels j'ai de la peine à m'habituer. Cette journée est employée à me faire voir la ville et à me conduire chez les intimes connaissances. Je me laisse mener partout où l'on veut ; je suis d'une complaisance, d'une docilité qui enchantent ma sœur. Elle me trouve beaucoup plus sage et plus raisonnable que lors de mon dernier voyage.

Après le dîner, Denneterre me fait faire une poule à son café ; puis nous allons ensuite chercher ma sœur pour nous rendre à une réunion. Nous sommes au jeudi ; c'est malheureux pour moi. Je tombe précisément sur la soirée de l'ancien conseiller, où je ne vois que des mines froides, pincées, et des tournures roides et compassées. Heureusement l'on n'y va qu'à huit heures et demie, et l'on en sort à dix heures moins un quart, ce qui réduit la soirée à cinq quarts d'heures, dont le premier tiers doit être compté en saluts et révérences, le second en approbations de tête et échanges de lieux communs, et le troisième en bâillements que l'on dissimule avec sa main, son mouchoir ou sa tabatière.

La soirée du lendemain est chez l'électeur ; elle me dédommage un peu de l'ennui de la veille : là je trouve quelques jolies femmes et un peu plus d'aisance et de gaieté. En une semaine je parcours le cercle des réunions et je connais toute la ville ; partout je suis bien reçu : je suis riche et garçon ; en voilà plus qu'il n'en faut pour me faire bien accueillir.

Je commence à m'accoutumer aux discussions conjugales et aux espiègleries de mes neveux, qui sont en effet de vrais diables. A tout prendre, je conçois que ma sœur et son mari soient heureux : dans le plus beau temps de la vie il survient des orages, il faut des ombres à un tableau pour en faire ressortir la lumière. Leurs querelles ne les empêchent pas de s'aimer, et les défauts de leurs enfants sont des grâces à leurs yeux. Si je me marie cependant, j'espère ne point avoir autant de petites *discussions* avec ma femme, et je compte élever mes enfants d'une toute autre manière ; mais peut-être aurai-je des chagrins que ma sœur et son époux ne connaissent point.

Voilà quinze jours que j'habite la province. Je ne puis pas dire précisément que je m'y amuse mais enfin je ne m'y déplais pas. La nouveauté du genre de vie, les figures originales que je vois chaque soir, l'amitié de ma sœur et de son mari, tout cela me distrait : le temps fait son effet, ma tristesse se dissipe, je redeviens ce que j'étais autrefois. Cependant je n'ai pas oublié entièrement Nicette ; je l'aime toujours, je le sens ; mais lorsque son souvenir se présente à ma pensée, j'ai la force de l'éloigner, et j'impose silence à mon cœur.

Je voudrais bien devenir amoureux de nouveau... ne fût-ce qu'un caprice, une de ces flammes qui m'embrasaient si vite autrefois; peut-être cela me guérirait-il entièrement; mais maintenant c'est en vain que j'en ai le désir, je ne puis plus éprouver tout cela!... Je regarde autour de moi... Je vois cependant quelques jolies femmes... quelques figures faites pour plaire, mais je ne vois rien qui ressemble à Nicette.

CHAPITRE XXIX

MADEMOISELLE PÉLAGIE. — ON VEUT ME MARIER.

Ma sœur qui est vraiment fort bonne femme (à ses petits entêtements près), est enchantée de ce que je ne parle point de retourner à Paris. Elle se met en quatre pour me procurer chaque jour de nouveaux plaisirs. Elle serait si contente de me fixer à Melun. De temps à autre, elle me demande mon opinion sur les demoiselles que j'ai vues la veille; elle entre dans de grands détails sur les vertus, les talents et les qualités de chacune... puis elle vante les douceurs de l'hymen, le bonheur d'avoir des enfants, ce qui ne l'empêche pas le moment suivant de crier après ses garçons et de se disputer avec son mari; mais il est convenu que cela entre dans les douceurs du mariage. Ah! ma chère sœur! je vous vois venir? vous en revenez à votre projet favori, vous voulez enfin que je fasse comme les autres, car c'est là votre refrain continuel; et puis marier son frère est une affaire si importante dans une petite ville!... Quelle source d'entretiens, de confidences, de visites, de fêtes, de toilettes nouvelles!... et par conséquent quelle source de plaisirs!...

Jusqu'à présent je ne me suis pas laissé tenter. Je commence cependant à croire aussi qu'il faut faire comme les autres, surtout lorsqu'on a perdu ce désir de voltiger, cette envie de toutes les belles si commune aux jeunes gens. Depuis longtemps il n'y en a plus qu'une dont j'ai envie!..... mais, puisqu'elle m'a trompé, il faut bien l'oublier aussi.

Je remarque depuis quelques jours que ma sœur paraît plus satisfaite; je la vois souvent chuchoter avec Denneterre, qui finit toujours par faire tout ce qu'elle veut. On me vante encore davantage les douceurs de l'hymen, mais on ne me fait plus l'éloge d'aucune des demoiselles que j'ai vues... On a quelque nouvel espoir : je saurai bientôt à quoi m'en tenir.

— Ce soir, me dit Amélie, je soignerai davantage ma toilette. Tu m'accompagneras, n'est-ce pas, mon cher Eugène? C'est le jour de madame Lépine (la femme de l'électeur); et on dit qu'il y aura beaucoup de monde

— Mais il me semble que je vois toujours les mêmes personnes...

— Oh! ce soir il y aura de nouvelles figures

On m'a vu m'asseoir près de Pélagie. (Page 134.)

pour toi; madame de Ponchartrain est revenue de sa campagne, elle sera à la réunion.

— Quelle est cette madame de Pontchartrain?

— Une personne fort respectable qui a sept mille livres de rente et soixante-dix ans.

Tout cela est très-respectable en effet, mais je ne vois pas ce qu'il y aura d'intéressant pour moi à voir madame de Pontchartrain : attendons la soirée; je saurai sans doute le mot de l'énigme.

Après le dîner, ma sœur se met à sa toilette. Je croyais à Paris que les femmes y étaient coquettes, mais depuis que j'habite la province je rends justice aux belles de la capitale, qui passent deux heures de moins devant leur miroir que les beautés d'une petite ville. Denneterre est allé faire sa poule; je me promène dans le jardin pendant que ma sœur s'habille : pour la première fois je m'impatiente de sa lenteur; il me tarde d'arriver chez madame Lépine, moi qui d'ordinaire n'accompagne Amélie que par complaisance... mais on a quelquefois des pressentiments.

Enfin ma sœur est prête; Denneterre revient, nous partons; nous sommes bientôt arrivés; le chemin ne peut être long dans une petite ville. On nous annonce, car en province vous n'entrez pas dans un salon de bonne compagnie sans vous faire annoncer. Je promène mes regards sur la société... je ne remarque rien de nouveau; j'en ai presque de l'humeur : mais, pendant que madame Lépine arrange les parties, je vois ma sœur aller près d'elle, je l'entends lui dire.

— Mon frère ne jouera pas aux cartes ce soir : ne comptez pas sur lui pour le boston ni le reversi; il préfère les petits jeux.

Je n'ai pas dit un mot de cela a ma sœur : d'où vient donc qu'elle agit ainsi sans me consulter! Je vais aller lui en demander l'explication lorsque le domestique annonce :

— Madame de Pontchartain et sa nièce...

Ah! il y a une nièce!... je commence à deviner. Tous les regards se tournent vers la porte : je fais comme tout le monde, et je vois entrer une grande femme sèche, maigre, jaune, mais qui, malgré son âge, se tient fort droite et paraît avait conservé toute la vivacité de la jeunesse : c'est la tante; glissons vite sur elle, et occupons-nous de la nièce.

Un murmure flatteur se fait entendre à son entrée dans le salon. En effet, cette nièce est fort jolie, d'une taille moyenne, mais bien prise, se tenant un peu roide, mais cela tient à l'éducation : du reste, ses traits sont réguliers, son teint rosé, ses cheveux très-beaux et ses yeux fort grands; quant à leur couleur, je ne puis encore la connaître, car on les tient constamment baissés.

Pendant que madame Lépine va au-devant de madame de Pontchartrain et de sa nièce, et que toutes les jeunes personnes chuchotent ensemble en examinant la nouvelle venue, à laquelle elles cherchent à coup sûr quelques défauts, qu'elles ne tarderont pas à trouver, car les femmes ont une grande adresse pour voir d'un coup d'œil ce qui peut nuire à leurs rivales, je vois ma sœur me regarder à la dérobée, et chercher dans mes yeux l'impression que la vue de mademoiselle de Pontchartrain a produite sur mon cœur.

Ah! ma pauvre Amélie!... mon cœur est bien tranquille!... tranquille... hélas! non, il ne l'est pas encore, mais ce n'est point cette jeune personne qui l'agite!... Je le voudrais : elle est fort jolie, elle doit plaire, et je serais enchanté de l'aimer.

La nièce se nomme Pélagie; je viens de l'entendre appeler ainsi par sa tante, qui est allée se placer à une table de whist et n'en bougera pas jusqu'au moment de se retirer. Elle exhorte sa nièce à s'amuser, à être moins timide; Pélagie rougit et répond bien doucement :

— Oui, ma tante.

Cette jeune personne paraît être la candeur même.

Madame Lépine s'empare de mademoiselle Pélagie et la conduit au cercle des petits jeux. Je me place à côté d'elle : je suis curieux de faire connaissance avec cette jeune innocente; je m'aperçois que toutes les demoiselles se regardent en me voyant mettre ma chaise près de celle de Pélagie; le dépit et la jalousie brillent déjà dans leurs yeux!... En province on interprète si vite la moindre action, la plus légère préférence! mais peu m'importe ce que pensent ces demoiselles, je suis bien le maître de faire ce qui me plait.

Comme les jeunes personnes sont peu charitables entre elles!... Les demoiselles qui viennent d'habitude aux soirées jouissent de l'embarras, de la timidité de la nouvelle venue, et cherchent à l'augmenter encore en lui proposant au jeu les questions les plus difficiles, en lui faisant faire ce qui doit le plus l'embarrasser. Je m'aperçois de ce petit manége, et je tâche de mettre mademoiselle Pélagie plus à son aise. Une fois elle a voulu me remercier, elle a commencé une phrase dont je n'ai pu entendre la fin; mais elle a levé un moment les yeux, et j'ai pu voir qu'ils sont d'un bleu fort tendre et d'une expression assez douce.

Madame Lépine, qui est fort aimable et s'occupe de tout ce qui peut amuser sa société, demande à madame de Pontchartrain si sa nièce est musicienne.

— Oui, madame, répondit la vieille tante : Pélagie chante et s'accompagne sur le forte.

Aussitôt toutes les demoiselles supplient Pélagie de se faire entendre, de leur chanter quelque chose. Elles espèrent trouver matière à critiquer. Pélagie se défend bien gauchement; elle examine sa tante; celle-ci lui lance un regard qui signifie clairement *chantez*, et la jeune personne se lève; je la conduis au piano, je lui propose de l'accompagner.

— Non, monsieur, me répond-elle; je m'accompagnerai bien moi-même.

A coup sûr une autre m'eût remercié tout autrement; mais Pélagie est l'innocence même, et je vois qu'elle ne sait pas farder ses discours.

Elle nous chante une vieille romance en six couplets. On y parle d'amour : on ne s'en douterait pas en écoutant Pélagie, qui ne donne aucune expression ni à son chant ni à son instrument. Certainement une demoiselle de Paris, même en sortant de son pensionnat, aurait joué et chanté beaucoup mieux que cela; elle aurait tourné les yeux avec grâce, tandis que celle-ci ne les a pas levés de dessus les touches; elle aurait mis de l'âme aux expressions de tendresse, tandis que celle-ci les a débitées bien froidement. La comparaison ne semble pas d'abord avantageuse à Pélagie; mais, en réfléchissant que ce qui l'empêche de briller prouve son innocence et sa candeur, je trouve, moi, que sa gaucherie tourne entièrement à son avantage.

Ma sœur est dans le ravissement. Elle m'a vu m'asseoir près de Pélagie, lui adresser souvent la parole, la conduire au piano, la ramener à sa chaise !... en voilà plus qu'il n'en faut pour annoncer un commencement d'amour, et cela doit naturellement finir par un mariage.

La soirée se termine; chacun va se retirer, mais Amélie trouve auparavant le moment de me présenter à la grand'tante, qui m'honore d'un coup d'œil presque gracieux. En descendant l'escalier, je me trouve près de Pélagie; je ne puis faire autrement que de lui offrir la main : la demoiselle regarde sa tante; un coup d'œil lui permet d'accepter, et on me tend la main bien gauchement. J'ai soin de ne prendre que le bout des doigts; je me forme aux manières et aux usages de la ville. Enfin, ces dames, qui demeurent à deux pas, sont bientôt devant leur porte, où nous les laissons après les trois saluts de rigueur, et je remarque que mademoiselle Pélagie est très-forte sur les révérences.

Quand nous sommes rentrés, Amélie amène la conversation sur mademoiselle Pélagie; je m'y attendais; je la laisse parler avec son mari. C'est à qui renchérira sur son éloge :

— C'est une jeune personne charmante !...

— Vraiment ! c'est bien la plus jolie demoiselle de Melun.

— Et cela est parfaitement élevé !...

— Supérieurement !... une éducation sévère; mais aussi quelle tenue !... quelle décence dans le monde !...

— C'est la candeur personnifiée.

— Elle est excellente musicienne.

— Et on ne s'en douterait pas, parce qu'elle n'y met aucune prétention.

— Sa tante n'a qu'elle pour héritière... c'est un excellent parti !

— Le mari qui l'aura ne fera pas une mauvaise affaire !

— Et il pourra compter sur la vertu de sa femme...

Impatientée de ce que je ne dis rien, ma sœur s'adresse enfin à moi.

— Eh bien ! Eugène, dis-nous donc ce que tu penses de mademoiselle de Pontchartrain ?

— Ma chère amie, que veux-tu que j'ajoute après l'éloge que tu viens d'en faire ?

— Est-ce que tu n'es pas de notre avis?

— Mais à peu près...

— Oh ! tu ne veux pas en convenir, mais j'ai fort bien vu que tu la trouves jolie...

— Jolie, sans doute...

— Bien élevée...

— Pour bien élevée, je le crois, mais...

— Enfin elle te plaît, mon cher frère...

— Elle me plaît... ah ! par exemple... je n'ai rien dit qui prouve...

— Mais je ne vois rien là que de très-naturel. Va, tes demoiselles de Paris ne pourront jamais ressembler à la charmante Pélagie.

— Lui ressembler ! oh ! pour cela je suis de ton avis !...

Amélie paraît fort contente, j'ai beau lui dire qu'elle se trompe; elle est persuadée que je suis amoureux de Pélagie. Denneterre répète à chaque instant que ce serait un excellent mariage, et ne pouvant mettre fin à leurs discours, je prends le parti d'aller me coucher.

Pendant plusieurs jours rien de nouveau ne vient déranger le genre de vie établi chez ma sœur. Tous les soirs je l'accompagne à quelque soirée; car, lorsque je veux m'en défendre, elle finit toujours par trouver le moyen de me faire céder à ses désirs. Je vois donc tous les soirs mademoiselle Pélagie, qui accompagne aussi sa tante, laquelle ne manque jamais de venir faire son whist ou son reversi, auquel elle joue même le matin avec trois douairières qui ne font plus autre chose depuis quinze ans, et pour lesquelles le jeu est une affaire si importante, que l'une pleure quand on lui coupe un roi, et qu'une autre a fait une maladie pour avoir *regorgé le quinola.*

Pélagie se place aux petits jeux, mais elle est toujours aussi timide, aussi embarrassée que le premier jour où je l'ai vue. Comme elle est fort jolie, les autres demoiselles n'ont point pitié d'elle; quelques-uns des jeunes séducteurs de la ville sont venus lui adresser de ces galanteries, de ces jolies choses, que les gens d'esprit n'osent plus dire, parce qu'elles sont trop usées. Mais l'esprit des petits-maîtres de Melun ne paraît faire aucune impression sur celui de Pélagie, qui écoute bien froidement les compliments de ces messieurs, et ne leur fait pour toute réponse qu'une profonde révérence. Les jeunes gens, piqués de ne point produire plus d'effet, sont allés papillonner ailleurs. Seul, je suis resté fidèle à mademoiselle de Pontchartrain, et seul aussi j'obtiens d'elle des réponses un peu moins laconiques. Il est vrai que je ne lui fais pas de compliments embarrassants, et que je me mets à sa portée en ne l'entretenant que de sujets bien simples. Elle paraît un peu moins craintive près de moi ; elle commence à lever les yeux en me répondant ; je crois même qu'elle m'a souri deux fois !... Décidément elle m'a distingué.

La nouveauté de cette manière de faire sa cour m'amuse et me distrait. Mon cœur est toujours aussi calme près de Pélagie, et cependant, depuis que je la vois, je pense moins à Nicette. Cette jeune Agnès m'occupe, et, sans avoir pour elle de l'amour, je me trouve avec plaisir à ses côtés : sa jolie figure ne nuit pas, mais sa timidité, sa candeur m'attirent encore davantage.

Ma sœur ne dit plus rien, mais je vois qu'elle est fort satisfaite. La grand'tante m'accueille avec des manières très-aimables ; elle interrompt quelquefois son jeu pour me demander des nouvelles de ma santé, ce qui annonce l'extrême faveur dont je jouis près d'elle. Les demoiselles, à la vérité, ne me témoignent plus le même intérêt, ne font plus voir autant de plaisir à mon arrivée, et ne m'imposent plus de pénitence où l'on va s'embrasser ; mais comme je n'y attache aucun prix, je ne fais pas attention à leur indifférence. Les mamans enfin chuchotent en me regardant, tandis que les papas me sourient avec malice ; tout annonce que l'on s'attend à un grand événement, et je suis peut-être le seul qui ne pense pas à ce qui occupe toute la ville.

C'est Denneterre qui le premier m'ouvre les yeux.

— A quand la noce ? me dit-il un soir en se frottant les mains.

— Comment ! quelle noce ?

— Eh ! parbleu ! la tienne !...

— La mienne !... et avec qui ?...

— Avec qui ! avec qui !... Ah ! tu fais le discret !... mais nous avons des yeux, mon cher, et nous savons à quoi nous en tenir.

— Mais il me semble que j'ai des yeux aussi, et je n'ai rien vu qui annonce...

— Allons, mon cher Eugène, me dit à son tour ma sœur, pourquoi feindre davantage avec nous, tes bons amis ? Tu aimes Pélagie ; que dis-je ? tu l'adores ; j'en suis assurée... Toute la ville le sait de même ; oh ! ce n'est pas un mystère.

— Ah ! toute la ville sait que...

— Oui, mon ami... De son côté la jeune personne t'a distingué ; cela est aussi très-facile à voir : d'ailleurs personne ne devait prétendre l'emporter sur toi... La tante te trouve fort convenable ; elle connaissait notre mère ; elle fait grand cas de notre famille. En mariant sa nièce, elle lui assure mille écus de rente, et le reste de sa fortune à sa mort. Il me semble que cela n'est pas à dédaigner : avec ce que tu possèdes déjà, vous serez à votre aise, et vous ferez un ménage charmant. Dis-moi, maintenant, quand veux-tu que j'aille faire la demande ?

J'écoute ma sœur, et j'avoue que je suis fort étonné de ce que j'entends. Cependant, en y réfléchissant bien, je conçois que ma conduite, qui à Paris n'eût pas même été remarquée, a pu, dans une petite ville, faire naître toutes les conjectures sur lesquelles on s'appuie pour me marier à mademoiselle de Pontchartrain.

Amélie et son mari me répètent tant et si souvent que j'aime Pélagie, qu'ils finiront par me le faire croire. Après tout, ferais-je si mal en épousant cette jeune Agnès ?... Si je n'en suis pas amoureux, je n'en serai peut-être que plus heureux ; je sais bien d'ailleurs que je ne puis plus éprouver un nouvel amour... tout ce que je puis faire, c'est d'éteindre celui qui me tourmente encore malgré moi.

Près de cette innocente Pélagie, je coulerai des jours tranquilles : elle est timide, sage, bien élevée ; un mari en fera tout ce qu'il voudra. L'amitié est, dit-on, plus durable que l'amour ; je commencerai avec ma femme par de l'amitié, afin de l'aimer plus longtemps. Je ne serai point jaloux ; c'est un tourment de moins : j'aurai des enfants que j'élèverai d'une autre manière que ceux de ma sœur. Enfin, en ayant une épouse douce, candide et point bavarde, je ne serai pas exposé à ces petites discussions qu'Amélie nomme les douceurs conjugales, et qui ne sont pour moi que des querelles fort désagréables.

Toutes ces réflexions me jettent dans une indécision que ma sœur interprète suivant son idée favorite. Persuadée que j'aime en secret Pélagie, que Pélagie m'adore, que cette union me rendra le plus heureux des époux et assurera ma tranquillité à venir, Amélie me presse, me tourmente, me persécute pour que je l'autorise à demander la main de mademoiselle de Pontchartrain. A chaque instant elle me fait un nouveau tableau des douceurs de l'hymen ; Denneterre m'en dit autant, d'abord pour satisfaire sa femme, ensuite parce qu'il trouve que ce serait un bon parti pour moi ; enfin il n'y a pas jusqu'à messieurs mes neveux, auxquels on a appris leur leçon, et qui, tous les jours en grimpant sur mes genoux ou mes épaules, me disent :

— Mon oncle, quand nous feras-tu aller à la noce ?

Je suis d'un naturel assez faible, comme vous avez dû vous en apercevoir : fatigué d'être tourmenté du matin au soir pour me marier, je vois qu'il faut me décider à en passer par là, ou quitter la petite ville, dans laquelle on me désigne

Tout est fini; je suis marié. (Page 144.)

déjà comme le futur mari de mademoiselle de Pontchartrain.

Mais si je retourne à Paris, qu'y ferai-je, maintenant que la vie de garçon m'ennuie, que j'ai besoin d'aimer, de m'attacher à quelqu'un... et de me détacher de celle que j'ai tant aimée?... Allons... marions-nous!... adorons ma femme, si cela est possible; qu'elle soit pour moi l'ancre de salut.

Le résultat de ces réflexions me fait un jour répondre aux sollicitations de ma sœur:

— Fais tout ce que tu voudras.

Amélie ne m'en demande pas davantage : elle me saute au cou, m'embrasse, sans me laisser la faculté d'ajouter un seul mot, et court sur-le-champ chez madame de Pontchartrain faire la demande de Pélagie pour son frère. Elle revient au bout d'une demi-heure m'apporter la réponse, qui est favorable.

— On te la donne! me crie-t-elle du bas de l'escalier; elle est à toi : tout est arrangé, convenu; dès demain je vais m'occuper des bans.

Je trouve ma sœur un peu expéditive : il n'y a plus moyen de reculer; la demande est faite et agréée, je suis engagé!... Comment! je vais me marier? je vais épouser Pélagie, que je connais à peine?... Vraiment, il me semble encore que tout ceci n'est qu'une plaisanterie; je ne puis pas me faire à l'idée d'être le mari de mademoiselle de Pontchartrain.

CHAPITRE XXX

ENTRETIEN AVEC MA FUTURE.

Depuis que mon mariage est arrêté, j'ai la permission d'aller seul chez madame de Pontchartrain faire ma cour à Pélagie, en présence de sa tante. Le soir je donne quelquefois le bras à ces dames pour aller en société, et je les reconduis chez elles. Tout cela ne m'amuse pas infiniment : cette étiquette, ces cérémonies, ces puérilités de province commencent à me lasser; mais lorsqu'une fois je serai marié, je compte bien retourner à Paris, et apprendre à ma femme une autre manière de vivre.

Malgré toutes les peines que ma sœur se donne pour avancer ce qu'elle appelle l'instant de mon bonheur, je ne puis être l'époux de Pélagie que dans un mois; d'ici là j'espère faire plus ample connaissance avec ma future. Je la vois, à la vérité, tous les soirs; mais c'est en société, c'est en jouant aux petits jeux, où toutes les personnes ont les yeux attachés sur nous, pour deviner ce que l'on dit quand on va se marier. Pauvres petites! c'est en vain que vous prêtez l'oreille, que vous tendez le cou, que vous voulez saisir nos moindres mots; vous n'entendrez rien qui puisse vous instruire sur ce sujet, car nous n'en avons pas encore parlé, mademoiselle Pélagie et moi.

Il peut paraître étonnant qu'un futur n'ait pas encore parlé amour et mariage à celle avec qui il va s'engager; mais j'avoue que je n'aime pas mettre tout le monde dans la confidence de mes pensées, et en société il me serait bien difficile de dire à Pélagie quelque chose qui ne fût pas entendu par toutes ces oreilles qui nous entourent sans cesse. Comment, d'ailleurs, causer sur un chapitre intéressant en jouant à la *sellette* ou à *monsieur le curé?* J'espérais être plus à mon aise auprès d'elle le matin, mais la tante est toujours là; souvent même survient quelque autre connaissance. Je ne puis voir un instant Pélagie seule; impossible d'avoir avec elle une conversation suivie! cela commence à m'impatienter. Avant de se marier, il me semble fort naturel de faire connaissance avec sa femme : je me sens l'envie d'envoyer au diable ce cérémonial de province qui n'a pas le sens commun; c'est à ma sœur que je vais m'adresser pour obtenir une entrevue avec ma future.

— Amélie, je voudrais cependant bien causer un peu avec Pélagie.

— Eh bien! qui t'en empêche, mon ami! ne la vois-tu pas tous les soirs et tous les matins, si cela te plaît?

— Oui, sans doute, je la vois les matins, mais c'est en présence de sa tante et de trois ou quatre vieilles têtes qui ôteraient l'envie de parler d'amour à l'amant le plus enflammé. D'ailleurs Pélagie est fort timide, comment veux-tu qu'elle s'explique sur ses sentiments devant le monde?

— Mais, mon ami, tu dois facilement les deviner par les demi-mots qu'elle laisse échapper.

— Ma chère amie, au point où nous en sommes, je ne puis pas me contenter de demi-mots, je veux du positif : enfin je veux savoir à qui j'ai affaire.

— Mais on vous laisse causer librement, il me semble!

— Oui, oh! c'est charmant! mais je te répète que cela ne me suffit pas...

— Le soir, tu es toujours assis près d'elle; tu peux lui parler bas, lui serrer la main!

— Ma pauvre Amélie, tu me fais rire avec tes faveurs de province... on en obtient bien davantage à Paris de jeunes personnes avec qui l'on ne se marie point.

— Tant pis pour les demoiselles de Paris, mon frère.

— Tant pis ou tant mieux, car enfin un excès de sévérité est souvent nuisible : les principes de l'honnêteté une fois gravés dans l'âme d'une jeune fille, je ne vois pas pourquoi on lui refuserait une douce liberté : celles qui commettraient quelques fautes les auraient à coup sûr faites plus tard; mais celles qui se conduiraient toujours bien et n'abuseraient point de la facilité d'écouter les fleurettes, celles-là, ma chère Amélie, apporteraient déja en se mariant une garantie de leur sagesse; car tu conviendras qu'il n'y a pas grand mérite à être innocente lorsqu'il est impossible de cesser de l'être.

— Ah! mon frère, quelles idées vous avez des femmes! on voit bien que vous avez été gâté à Paris.

— Ma sœur, j'ai de l'éducation des demoiselles des idées moins étroites que les tiennes : par exemple, j'approuve beaucoup la méthode des Anglais, qui laissent aux jeunes filles la faculté de faire tout ce qu'elles veulent avant le mariage. A Londres, une demoiselle sort seule de chez ses parents pour aller voir ses amis, ses connaissances. Elle peut se rendre au concert, au spectacle, avec un jeune homme, sans que l'on suppose pour cela que ce jeune homme soit son amant. Elle va au bal sans mentor, et peut, en société, rire, parler, tenir la conversation, sans être rappelée à l'ordre par ses parents : mais une fois mariée, c'est tout différent; elle doit être rangée, tranquille, occupée entièrement du soin de son ménage et de ses enfants; elle ne sort plus qu'avec son mari, ne reçoit aucun homme qu'en sa présence, et dans les fêtes, dans les assemblées, se place parmi les personnes de son sexe, qui, comme elle, ne se reunissent plus aux hommes, que la plupart du temps elles quittent l'après-dînée pour leur laisser la faculté de boire et de dire des folies. Eh bien! trouves-tu cette manière de se conduire si mauvaise? Je suis persuadé, moi, qu'il y a moins d'hommes trompés en Angleterre qu'en France.

— Bah! ils le sont avant le mariage, voilà tout.

— Et ici nous le sommes après.

— Mon frère!...

— Oh! ne te fâche pas! je ne dis pas cela pour toi.

— Enfin, où voulez-vous en venir?

— Je veux que tu me procures un tête-à-tête avec Pélagie.

— Un tête-à-tête! y pensez-vous?

— Avec ma future, cela sera en tout bien, tout honneur.

— Mais la décence... les mœurs...

— La décence et les mœurs ne peuvent être blessées là-dedans...

— Mais l'usage...

— Tes usages commencent à m'ennuyer beaucoup; et si tu ne me procures pas l'entrevue que je te demande, je suis capable de partir un de ces matins, et de te laisser sur les bras ma future, sa tante et tous les commérages de la ville!

— Ah! mon Dieu! l'étourdi! il me fait frémir!... Allons, je vais tâcher d'arranger cela... D'ailleurs, c'est dans huit jours que vous vous mariez, et... au fait... Mais il me vient une idée : je vais aller chez madame de Pontchartrain; je lui demanderai la permission d'emmener sa nièce faire les emplettes nécessaires pour le mariage : elle ne peut me refuser; alors j'amènerai Pélagie ici, et tu lui pourras lui parler tout à ton aise...

— C'est bien heureux...

— Mais j'espère, mon ami, que tu te conduiras avec sagesse, et que...

— Sois donc tranquille!... tu as vraiment une bien mauvaise opinion de moi.

— La preuve du contraire, c'est que je vais chercher ta future.

Ma sœur se rend en effet chez madame de Pontchartrain. Ma menace de partir a fait trembler cette pauvre Amélie; elle n'a pas voulu me laisser aller à Paris pour y acheter les présents indispensables; c'est Denneterre qui s'est chargé de tout cela. Je n'ai pas insisté, car j'aurais pu faire à Paris quelque rencontre capable de me faire oublier mon mariage.

Amélie a réussi dans son projet : elle revient bientôt avec Pélagie, qui, en me voyant, rougit et me fait la révérence, comme si j'étais un étranger.

— Voilà mon frère qui sera charmé de causer avec vous, dit ma sœur en faisant entrer Pélagie. J'ai mille choses à faire, je suis obligée de vous quitter quelques instants; mais dans huit jours vous serez unis, ainsi je ne vois pas grand mal à vous laisser ensemble.

Amélie s'éloigne, et je suis enfin seul avec ma future. Pélagie s'est assise à une lieue de moi. Je commence par aller placer ma chaise tout contre la sienne, et je m'empare de ses deux mains... Je vois avec plaisir qu'elle ne fait aucun effort pour les retirer de dedans les miennes. Je la regarde pendant quelques minutes; elle tient ses yeux baissés et ne dit mot... Je crois que si je ne commençais pas l'entretien, nous resterions comme cela toute la journée en silence et sans bouger : au fait, c'est à moi à commencer.

— Mademoiselle, vous savez que nous allons nous marier?

— Oui, monsieur.

— Dans huit jours je serai votre époux...

— Oui, monsieur.

— Cela vous fait-il plaisir?

— Oui, monsieur.

— Vous m'aimez donc un peu?

— Oui, monsieur.

Allons, voilà qui ne va pas mal. Je voudrais cependant obtenir autre chose que ces éternels : *Oui, monsieur*... Tâchons de nous y prendre de manière à la faire répondre moins brièvement.

— Quand vous m'avez vu pour la première fois, est-ce que vous m'avez distingué... préféré à d'autres jeunes gens?...

Cette question lui paraît sans doute embarrassante; elle est quelque temps sans me répondre... enfin j'entends un

— *Oui, monsieur.*

— Votre cœur n'avait jamais parlé avant de me voir?...

— Je ne sais pas, monsieur...

— Comment! est-ce que vous aviez déjà éprouvé de l'amour?...

— Oh! non, monsieur; je ne connais pas cela!

— Mais vous le connaissez maintenant?

— Non, monsieur.

— Vous ne m'aimez donc pas?

— Mais si, monsieur...

— En aimeriez-vous mieux un autre que moi?

— Je ne sais pas, monsieur.

— Si l'on vous mariait avec un autre, en seriez-vous fâchée?

— Je ne sais pas, monsieur.

— Mais pourquoi donc m'épousez-vous?

— Je ne sais pas, monsieur.

Ah! je suis près de perdre patience... Voilà une femme qui, avec sa douceur, me fera donner au diable!... Je commence à craindre d'avoir pris de la bêtise pour de la candeur... et de la gaucherie pour de la timidité!... Mais sa main tremble... sans doute elle craint de m'avoir fâché. Allons, remettons-nous; il ne faut pas l'effrayer; ce ne serait pas le moyen de lui plaire et de gagner sa confiance.

— Pélagie...

— Monsieur...

— Ma chère amie, quand on va épouser quelqu'un, on ne l'appelle plus monsieur.

Pélagie

— Comment donc faut-il dire?

— Nommez-moi votre ami... je désire l'être toujours.

— Oui, mon ami.

— Votre tante vous a élevée bien sévèrement?

— Oui, mon ami.

— Vous ne recevez pas de jeunes gens chez vous ?

— Non, mon ami.

— Le monde vous plait-il?

— Oui, mon ami.

— Quand nous serons mariés, que voulez-vous faire?

— Tout ce que vous voudrez, mon ami.

— Resterons-nous dans cette ville ou irons-nous habiter Paris?

— Ah! cela m'est égal... Cependant...

— Eh bien!... allons, parlez sans crainte...

— Je crois que j'aimerais mieux Paris...

— En ce cas, je suis charmé de me rencontrer avec vous.

Et je lui baise la main, afin de lui témoigner un peu d'amour. Elle retire sa main bien vite.

— Pélagie, un futur époux peut baiser la main à sa prétendue tant que cela lui fait plaisir.

— Vraiment?

— Je vous le jure.

Aussitôt elle me présente ses deux mains. Elle est d'une docilité charmante : c'est toujours quelque chose.

— Pélagie, que vous a dit votre tante à mon sujet?

— Elle m'a dit qu'elle me permettait de vous écouter.

— Et puis?...

— Que vous aviez demandé ma main, et qu'elle vous l'avait accordée.

— Elle ne vous a donc pas consultée auparavant?

— Non, mon ami... Pourquoi faire?

— Mais pour savoir si je vous convenais.

— Oh! ce n'était pas la peine...

— Mais il me semble que si.

— Je suis trop bien élevée pour ne pas obéir à ma tante.

— Mais si j'avais été vieux, laid, goutteux...

— Ah! c'est égal...

— Vous m'auriez épousé de même?

— Sans doute, si ma tante l'avait voulu.

— Mais vous n'avez alors aucune inclination pour moi.

— Qu'est-ce que c'est que de l'inclination?

— Quoi! votre tante ne vous a pas dit que l'on doit aimer son mari?

— Oh! si.

— Lui être fidèle?

— Oh! si.

— Faire toutes ses volontés.

— Oh! si.

— N'en jamais écouter d'autres...

— Oh! si.

Je n'y puis plus tenir, je saute de dessus ma chaise... Pélagie, effrayée, se lève aussi et me regarde. Je me promène à grands pas dans la chambre... Elle vient à moi cependant.

— Est-ce que vous vous êtes fait mal? me demande-t-elle en ouvrant ses grands yeux de toute sa force.

— Je ne puis m'empêcher de sourire de sa question. Je l'entoure de mes bras, je la serre assez tendrement... je veux à tout prix tâcher de l'animer. D'abord elle cherche à se dégager; mais je lui dis qu'un futur mari a le droit de presser sa prétendue dans ses bras.

— Ah! c'est différent! me répond-elle, et elle se laisse aller dans les miens.

— Il peut aussi vous embrasser, lui dis-je, et je prends plusieurs baisers sur ses joues, sur ses lèvres...

Elle me laisse faire... Voyez cependant comme l'ignorance est souvent dangereuse! voilà une Agnès dont on ferait tout ce qu'on voudrait avec de faux raisonnements.

Mais j'entends ma sœur; je quitte Pélagie, qui se laisse embrasser avec une docilité charmante. Je crois même que cela commençait à l'animer.

— Allons, dit ma sœur en arrivant, il est temps de retourner chez votre tante, ma chère Pélagie; elle pourrait se fâcher d'une plus longue absence. Vous avez eu tout le loisir de vous parler, et vous l'aurez encore bien plus quand vous serez mariés; prenez votre châle, et partons.

Pélagie prend son châle sans rien dire, et se dispose à suivre ma sœur. Je lui dis adieu; elle me regarde alors assez tendrement... Je crois que les baisers ont fait quelque effet sur son cœur, et cela me rend un peu d'espoir pour l'avenir.

Je vois maintenant que ma future n'a point d'esprit : peut-être même pourrais-je ajouter quelque chose de plus ; mais il faut s'en consoler. Je crois que pour être heureux il n'est pas nécessaire d'avoir pour femme un génie; les femmes d'esprit sont d'ordinaire bien ennuyeuses dans leur ménage, et celle qui s'occupe sans cesse à faire briller les dons qu'elle a reçus de la nature songe bien rarement à soigner ses enfants et à plaire à son époux. Du moment qu'une femme se croit plus d'esprit que son mari, elle ne se laisse pas gouverner par lui. D'ailleurs, j'ai déjà eu beaucoup de liaisons avec des femmes spirituelles, et le résultat n'en a pas été meilleur pour moi. Agathe, Caroline, madame de Marsan, avaient de l'esprit... Et Nicette?... elle en avait aussi, et cependant... Allons, il est très-heureux que ma femme n'en ait point. Je sais bien que d'un génie à une bête il y a une grande distance, et que si les prétentions sont fatigantes, la sottise l'est encore davantage. Mais le mariage, qui fait tant de métamorphoses, parviendra, je l'espère, à former le jugement de Pélagie. J'ai déjà cru m'apercevoir que mes caresses l'avaient émue : il est un moment où la nature semble engourdie; une crise est alors nécessaire. Le cœur et l'esprit de Pélagie n'attendent peut-être que cette crise-là pour se développer.

CHAPITRE XXXI.

JE ME MARIE.

Le grand jour est arrivé; c'est aujourd'hui que je dois prononcer ce *oui* solennel qui m'engagera pour toujours... C'est bien long, toujours... c'est bien court quand on est heureux!

Quelquefois des pensées mélancoliques viennent m'attrister. Je ne suis pas amoureux de celle que je vais épouser, et je sens que c'est là ce qui doit nous faire marcher si légèrement vers l'autel!... L'amour, qui charme le présent et embellit

Voilà une femme qui, avec sa douceur, me fera donner au diable. (Page 139.)

l'avenir, est un dieu bien nécessaire le jour d'un mariage; il devrait toujours y présider. Cependant je vais me passer de lui... Il le faut bien... qui aimerais-je maintenant?... Je ne dois plus y penser... et j'y pense encore. Elle ne m'aimait pas!... et d'ailleurs, pouvais-je l'épouser?... C'eût été une folie... mais une folie qui rend heureux est-elle donc si blâmable?...

Je sens des larmes mouiller mes paupières... Est-ce donc ainsi que je dois inaugurer ce jour?... C'est un dernier souvenir que je lui donne... Désormais je ne veux plus penser à tout cela... Allons, tâchons d'être gai... aimable près de Pélagie... Aimable!... elle ne s'en apercevra pas! N'importe... étourdissons-nous.

C'est ma sœur qui entre la première dans ma chambre... Je crois qu'elle s'aperçoit de ma tristesse... elle m'embrasse, elle me presse dans ses bras, elle m'assure que je serai bien heureux... Ainsi soit-il! Je ne l'ai pas été jusqu'à présent en amour; peut-être le serai-je en ménage.

Je surmonte ma faiblesse et je reviens à moi. Cette pauvre Amélie!... elle est si contente quand elle me voit sourire!

A propos, où logerai-je avec ma femme? Je n'y ai pas encore songé; mais je suis bien tranquille, ma sœur s'est chargée de tout, et elle n'est pas femme à oublier quelque chose. Je serais bien aise cependant de savoir où je dois conduire ma moitié ce soir.

— Ma sœur, tu ne m'as pas encore dit où j'habiterai...

— Mon ami, cela va sans dire!...

— Il faut pourtant que tu me le dises, parce que je ne le devine pas...

— Madame de Pontchartrain n'a-t-elle pas une maison superbe dont elle n'occupe que la moitié?... C'est là que tu logeras avec ton épouse.

— Chez la tante!... cela ne me plaît pas beaucoup.

— Sois tranquille! ton appartement est à part et fort éloigné du sien : vous ne communiquerez ensemble que lorsque cela vous fera plaisir. Oh! j'ai bien pensé que tu voudrais être chez toi; j'ai tout fait disposer en conséquence.

— A la bonne heure... Ah çà! ma future a-t-elle reçu tous les cadeaux d'usage?

— Oui, mon ami : tu ne te souviens donc plus que je t'ai montré hier la corbeille, et que je t'ai dit que Denneterre a dépensé mille écus sur les fonds que tu lui as remis!...

— Ah! c'est vrai!... cela m'était sorti de la tête.

— Oh! je t'assure que Pélagie sera enchantée!... Il y a une parure délicieuse!... des châles... des étoffes...

— Fort bien... Je n'ai donc plus rien à faire aujourd'hui qu'à me marier?

— Oh, mon Dieu, oui, mon ami!

— Tant mieux. Pour quelle heure est-ce?

— A onze heures tu iras prendre ta femme pour la conduire à la mairie... Nous aurons deux voitures; je les ai commandées...

— Deux voitures!... Il me semble que c'est bien peu...

— Il n'y en a pas davantage à louer dans la ville.

— Oh! alors, c'est différent.

— Mais pour ce soir nous aurons plusieurs chaises à porteurs et des brouettes...

— Ah! on a encore de tout cela ici?

— Oui, certainement : c'est fort commode et bien moins dangereux que tes voitures à chevaux, qui me font toujours trembler.

— Il est certain que dans une brouette on ne prend pas le mors aux dents. Et de la mairie nous irons à l'église?

— Oui : c'est pour une heure.

— Et après?

— Après on reviendra ici, où l'on causera jusqu'à trois heures.

— Où donc se fait la noce?

— Ici, mon ami.

— Madame de Pontchartrain voulait d'abord qu'on la fît chez elle, mais j'ai fini par l'emporter. Tu sens bien qu'ici nous serons plus libres!... Nous pourrons rire, chanter, faire des folies...

— J'avoue que je serai charmé que tu me fasses faire des folies... Et le bal est aussi chez toi, sans doute?

— Oh! non, mon ami; pour le bal, il se donnera chez madame de Pontchartrain, qui a un salon superbe, où l'on peut à l'aise former trois contredanses. D'ailleurs, il est plus convenable que le soir on soit tout porté pour coucher la mariée!...

— Comment? coucher la mariée! mais je pense que c'est mon affaire.

— Non, mon ami : n'est-il pas d'usage que ce soient les proches parents qui la conduisent dans la chambre nuptiale, qui la déshabillent... qui la couchent enfin?

— Tu me feras le plaisir d'abréger le plus possible tout ce cérémonial, que je trouve ridicule. Il me semble que ce devrait être au marié à déshabiller sa femme et à la coucher... ou à ne la pas coucher tout de suite si cela les amuse... Ils sont bien libres de faire ce qu'ils veulent!...

— Ah! mon frère, la décence!...

— Ma chère amie, à force d'être décent on finit par être indécent, comme à force d'avoir de l'esprit on finit par dire des bêtises. Les extrêmes se touchent : la trop grande sévérité entraîne la débauche, comme l'extrême rigidité dans les mœurs conduit souvent à leur dissolution. *Summum jus, summa injuria.* Les sauvages qui habitent les contrées où l'homme policé n'est point leur maître doivent avoir des mœurs pures, puisqu'ils suivent les inspirations de la nature; et cependant cette extrême pureté qui les fait aller nus et les porte à ne rien cacher les uns les autres, ressemble chez nous à un raffinement de libertinage. Ce Diogène, qui voulait être sage, n'était qu'un fou; et Cratès, qui se croyait philosophe, n'était que dégoûtant; et combien d'écrivains qui, à force de vouloir s'élever au sublime, tombent dans le pathos! de savants qui, en voulant être profonds, ne sont plus qu'amphigouriques! d'acteurs qui, en voulant être naturels, deviennent ridicules! et de danseurs qui, pour vouloir s'élever trop haut, se laissent tomber par terre! Tout ceci est pour te dire qu'il faut un juste-milieu en tout, et que lorsque deux époux ont satisfait aux lois et à la religion, il doit leur être permis d'aller se coucher sans attendre qu'on aille les mettre solennellement entre deux draps, ce qui, à mon avis, doit blesser la pudeur au lieu de leur faire plaisir.

— Mon ami, j'en suis bien fâchée; mais l'usage...

— Va, si j'étais amoureux de ma femme, je t'escamoterais cet usage-là! mais n'en parlons plus : j'en passerai par tout ce qu'on voudra.

— C'est très-bien! habille-toi et viens déjeuner.

Il faut soigner ma toilette : c'est bien le moins qu'on cherche à se faire beau le jour de ses noces. Quoique Pélagie m'ait dit qu'elle m'aurait épousé de même si j'avais été vieux et laid, j'aime à croire cependant qu'elle s'aperçoit de la différence. Me voilà prêt; un homme, à moins d'être fat, ne peut pas rester fort longtemps à sa toilette, et je ne suis pas, comme Raymond, un quart d'heure à réfléchir où je placerai une épingle et dans quel sens je mettrai le nœud de ma cravate. A propos de mon voisin, c'est dommage qu'il ne soit pas à Melun; il se serait fait le premier garçon de ma noce, et aurait certainement inventé quelque chose de nouveau; mais probablement cela aurait mal tourné pour moi, je crois qu'il vaut mieux qu'il n'y soit point.

Mes neveux viennent en sautant et en gambadant m'avertir que le déjeuner m'attend; ils ont déjà leur belle toilette, et sont dans une si grande joie que l'on ne s'entend pas dans la maison. Heureux âge où la moindre nouveauté, un changement dans les habitudes, l'idée d'une fête, d'une noce, d'un grand dîner, tout ce qui a un air de désordre, de dérangement, porte l'ivresse, le plaisir dans notre cœur! Nous devrions conserver plus longtemps ce qui tient au premier âge.

Je trouve Denneterre en grande tenue; il vient à moi, m'embrasse, me serre la main d'un air de satisfaction, et me dit d'un ton moitié grave, moitié comique.

— Eh bien! te voilà des nôtres!...

Je le regarde en souriant. et j'étouffe un soupir qui répondait fort mal à son petit compliment.

— Allons, mangeons... et mangeons bien... dit mon beau-frère en se mettant à table. Mon ami, tu as besoin aujourd'hui de prendre des forces...

Voilà le chapitre des plaisanteries qui va commencer; mais il ne sera pas long dans une petite ville où l'on ne se permet point les mots à double entente : d'ailleurs, que l'on dise ce qu'on voudra, je suis déterminé à entendre tout de bonne grâce. Mais suivons le conseil de Denneterre : mangeons beaucoup; c'est ce que j'ai de mieux à faire jusqu'à ce soir.

— Dépêchons-nous, a dit Amélie; il est bientôt onze heures; il ne faut pas faire attendre ta femme, mon cher Eugène.

— Non, sans doute; cela ne serait pas honnête : mais je suis prêt à partir.

— Allons, Denneterre... as-tu fini?...

— Donne-moi donc le temps d'avaler!...

— Ah! que tu es long à tout ce que tu fais!... Mets donc les chapeaux à ces enfants!

— Comment? tu les emmènes à la mairie?...

— Certainement.

— C'est une folie; cela ne les amusera pas : ils gêneront dans la voiture; il vaut mieux ne les prendre que pour aller à l'église.

— Et moi je veux qu'ils viennent maintenant! Est-ce que je les ai habillés pour qu'ils restent à la maison?

— Mais je te dis que nous les viendrons chercher tout à l'heure...

— Je te dis que je veux les emmener tout de suite...

— Il n'y aura pas de place pour eux...

— Tu les mettras sur tes genoux...

— Pour qu'ils me donnent des coups de pieds... et salissent les robes des dames!...

— Ils se tiendront tranquilles...

— Cela serait du nouveau!...

— Ah! que tu m'ennuies avec tes raisons!

— C'est toi qui es une entêtée!

Onze heures sonnent, et je mets fin à la discussion en annonçant que je pars; les époux en font autant, et nous emmenons les petits garçons. J'étais bien sûr que cela finirait comme cela.

Les deux voitures sont devant la maison. Les cochers ont les gants blancs et de gros bouquets. Tous les voisins sont aux portes et aux fenêtres : c'est un si grand événement qu'un mariage dans une petite ville!... il y a de quoi parler pour plus de huit jours.

Nous mettons cinq minutes à faire un trajet de la longueur d'un petit boulevard de Paris; mais les chevaux ne sont pas habitués aux carrosses, et les cochers vont tout doucement pour avoir l'air de faire une course. Nous arrivons cependant : nous voici dans le grand salon où sont les intimes, les personnages les plus distingués invités à la première cérémonie. Je ne vois pas ma future... Je veux aller la chercher... on m'arrête; je ne dois pas encore pénétrer dans sa chambre.

— Elle va venir, me dit madame de Pontchartrain : modérez-vous, mon cher Dorsan ; vous allez la voir.

Je me modère très-facilement : cependant je voudrais que tout fût déjà terminé ; je commence à être assommé de tous ces compliments que chacun m'adresse, et auxquels je ne sais plus que répondre, parce qu'on me dit toujours la même chose.

Enfin Pélagie paraît, conduite par sa tante et ma sœur. Sa toilette est magnifique, et sa figure encore plus jolie qu'à l'ordinaire : tout le monde l'admire ; les compliments recommencent. Cette fois je les entends avec plus de plaisir ; la présence d'une jolie femme m'en inspire toujours, et je ne suis pas fâché de l'admiration que la mienne fait naître,

Je cours prendre la main à ma future : elle tient ses yeux baissés et paraît décidée à ne point les lever d'aujourd'hui. Je l'entraîne vers la porte et je la conduis à la voiture sans écouter les représentations de sa tante et de ma sœur, qui me crient :

— Ce n'est pas cela !... attendez donc... Ce n'est pas à vous à lui donner la main !... Vous dérangez l'ordre !...

Je ne m'embarrasse pas de l'ordre des cérémonies. Madame de Pontchartrain est près de se fâcher ; ma sœur l'apaise en mettant mon étourderie sur le compte de mon excessif amour. On monte en voiture, ce qui est l'affaire d'un demi-quart d'heure, parce que c'est à qui n'entrera pas le premier dans le carrosse, puis à qui se cédera les places du fond. Il faut que je me retienne pour ne point pousser dans la voiture ces maudits cérémonieux qui restent une heure sur le marchepied. Pauvres amants qui vous mariez en province, que vous devez vous faire de mauvais sang ! Enfin on est placé. Denneterre est obligé de s'en aller à pied avec ses enfants, qui ont déjà accroché trois garnitures et crotté plusieurs souliers de satin blanc. Ces petits drôles-là sont vraiment bien divertissants.

Nous arrivons à la mairie. Comme en province on n'est pas à la queue pour se faire marier, nous n'attendons point pendant une heure que notre tour arrive. La cérémonie se fait assez promptement : me voilà marié suivant la loi ; il n'y a déjà plus à s'en dédire.

Pour nous rendre à l'église, il faut subir le même cérémonial relativement aux voitures : l'ordre de la marche est encore plus long à régler. car plusieurs personnes nous ont rejoints à la mairie, et il y a déjà trois chaises à porteurs et deux brouettes à ajouter au cortège. Mon hymen a mis en l'air toute la ville ; l'église est remplie de monde ; nous pouvons à peine percer la foule pour trouver un passage. Ceux qui ne sont pas de la noce sont venus pour critiquer, ceux qui en sont pour admirer, et les flâneurs, les oisifs, les petites ouvrières, les mamans et les vieilles femmes, pour dire leur mot sur le marié et l'épousée.

Tout le monde sait ce que c'est qu'un mariage, car il est facile de se procurer à Paris ce plaisir-là. Je ne ferai donc point le détail du mien ; il ressemble aux autres pour la forme ; et j'entends dire plusieurs fois :

— Voilà un joli couple ; ils sont très-bien tous deux !... On aime toujours à entendre ces choses-là.

Enfin le oui fatal est prononcé : Pélagie l'a dit si bas qu'on ne peut l'avoir entendu. Pour moi, j'ai montré de la fermeté ; on nous a fait un sermon, un peu long peut-être. mais fort touchant, fort attendrissant. Quand on se lie pour la vie, comment n'éprouverait-on pas d'émotion !... J'ai regardé Pélagie... elle n'a pas pleuré ; ses yeux sont baissés ; son maintien est aussi réservé, sa tenue aussi modeste, mais elle n'est pas plus émue qu'à l'ordinaire : cela me contrarie ; il me semble qu'elle aurait dû pleurer.

Tout est fini, je suis marié !... Nous quittons l'église en passant entre un triple rang de curieux. Nous nous rendons chez ma sœur ; nous mettons trois quarts d'heure à faire un chemin d'une portée de fusil : il est vrai que la moitié de la ville a grossi notre cortège, et qu'il faut rendre à chaque instant des saluts et des révérences.

Nous sommes arrivés : il n'est qu'une heure et demie ; on ne dîne qu'à trois : que fera-t-on d'ici là ? Voilà le temps le plus difficile à employer. Quelques vieilles proposent déjà un boston ou un whist ; mais madame de Pontchartrain pense que ce serait manquer à l'étiquette de jouer le matin d'un jour de noce : il est du bon ton de ne rien faire ; c'est assez de s'amuser à causer, en se tenant bien roide de peur de chiffonner sa toilette.

Sans prendre l'avis de la chère tante, je descends au jardin avec ma femme. Je voudrais la mener dans quelque allée solitaire... non que je veuille déjà user de mes droits d'époux, mais je voudrais tâcher de lire dans le cœur de Pélagie et savoir ce qu'elle éprouve maintenant... Impossible d'être libre !... toutes les demoiselles nous ont suivis ; les petites curieuses ne nous perdent pas de vue : cela donne tant à penser ! Deux jeunes mariés, cela est si gentil à voir !... quand ils sont gentils ; mais vous savez que nous le sommes.

Je ne puis que prendre la main de ma femme : je la serre tendrement... bien tendrement... elle

Elle ouvre aussitôt..... elle est en chemise. (Page 148.)

me regarde en souriant... Bon ! entendrait-elle ce langage !

— Vous me faites mal aux doigts, me dit-elle bien doucement en retirant sa main. Ah ! c'est vraiment désespérant !... je n'ai plus envie de me promener seul avec elle.

Heureusement l'heure du repas est venue. On se rend, toujours en cérémonie, dans la salle à manger; on se place dans l'ordre voulu par les convenances. Je suis à un bout de la table; ma femme est à l'autre : c'est le moyen d'entretenir l'harmonie entre nous, et puis on sait que nous finirons par nous rapprocher.

Le plus grand calme règne pendant le premier service, on se tient bien droit, on se regarde, on se passe les mets, on mange, on trouve tout divin, exquis, délicieux : voilà à peu près à quoi se borne la conversation. Je ne me sens pas envie de l'animer; je suis sérieux, pensif même; quelquefois je regarde ma femme... Ses yeux sont constamment fixés sur son assiette... Ceux de madame de Pontchartrain peignent la satisfaction que lui fait éprouver la tenue décente des mariés : il est certain qu'on ne nous reprochera pas d'avoir l'air de deux fous.

En examinant tous les convives, je m'aperçois que j'ai à ma droite une jeune blonde assez jolie, assez gaie, et avec qui j'ai plusieurs fois ri en société, autant qu'il est permis de rire dans les cercles où nous allons. Je lui adresse la parole pour me distraire, mais elle me répond maintenant avec une froideur, une réserve, une sécheresse !... D'où vient cela ?... Eh ! mon Dieu ! j'oublie que je suis à présent un *homme marié*. Je veux encore faire l'aimable près des demoiselles; mais j'ai perdu ma qualité de garçon, qui valait cent fois mieux à leurs yeux que toutes les galanteries que je pourrais leur adresser maintenant.

Je veux cependant m'égayer à quelque prix que ce soit... Mangeons; mais je n'ai pas faim... Buvons... ah! prenons garde! un marié doit conserver sa tête. Enfin voilà le second service : les appétits sont un peu calmés; les beaux esprits commencent à se mettre en train, les plaisants à lâcher quelques bons mots, quelques remarques bien fines; les jeunes gens tâchent de rire, et les dames s'efforcent de trouver tout cela drôle. Ma sœur est dans l'enchantement; elle fait de son mieux pour maintenir cette aimable gaieté. Quand à Dennelerre, il est tellement occupé à découper et à soigner la petite table, où sont ces garçons avec six autres enfants, qu'il n'a pas le temps de placer une parole.

Le dessert et les vins de liqueur mettent le comble à cette hilarité générale, augmentée encore par quelques petites espiégleries de mes neveux, qui font tomber deux piles d'assiettes, cassent trois verres, renversent de la sauce sur quelques robes en venant prendre ce qu'on va leur envoyer et qui n'arrive jamais assez tôt pour les satisfaire. Mais ils savent que dans un aussi grand jour ils ont carte blanche, et ils en profitent. Tout le monde s'accorde à les trouver bien gentils, même les dames qui seront obligées de changer de robe : le papa et la maman sont dans le ravissement; c'est bien naturel.

Le signal est donné : on se lève de table.

— Eh quoi! dis-je tout bas à ma sœur, point de chanson?...

— Mon ami, tu sais bien que ce n'est plus le bon genre... Est-ce qu'on chante aux grandes noces de Paris?

— Non... mais on chante à celles où l'on s'amuse.

Nous tenons aux usages.

— Et la jarretière?...

— Fi donc!... nous avons supprimé cela!... c'était indécent!...

— Ah! c'était indécent!... Je vois que je ne ferai à ma noce et à ma femme que les choses strictement permises par la chasteté. J'espère cependant que tu n'as plus rien à supprimer..

— Oh! non.. mon frère!... d'ailleurs je pense bien qu'aujourd'hui tu n'as pas envie de...

— De?...

— Mais de...

— De quoi donc!... achève...

— Mais envie... avec ta femme... enfin tu sais bien...

— Ah çà! est-ce que tu plaisantes, ma chère amie? ne se marie-t-on plus pour cela ici?... est-ce que c'est aussi supprimé?

— Non, mon ami, non!... mais ordinairement, le premier jour on laisse sa femme tranquille... La pauvre petite a été si agitée!...

— Oui, c'est étonnant comme elle a l'air agité!...

— On lui accorde le temps de se remettre...

— Va te promener, ma chère Amélie, avec toutes tes balivernes! Qui signifient ces simagrées?... ne faut-il pas toujours finir par là? Je n'aime point cette pruderie, qui n'annonce que de la dissimulation. Je sais par expérience que ceux qui crient le plus haut au scandale sont ceux qui en secret ont le moins de vertu. La pudeur des libertins et des femmes entretenues est beaucoup plus facile à effaroucher que celle des hommes sages et des femmes honnêtes. Les éventails cachent plus de catins que d'innocentes, et les voiles se mettent par coquetterie et non par modestie; enfin celles qui font tant de façons et qui reculent toujours sont celles qui sautent le mieux après.

— Au reste, tu es le maître, mon frère.

— C'est bien heureux!

Cette pauvre Amélie!... combien elle est changée depuis qu'elle habite cette petite ville! Voilà donc ce festin où l'on devait tant rire et s'amuser!.. Quant à moi, qui ai été de beaucoup de noces, j'avoue que les plus gaies sont celles de bonnes gens qui ne craignent pas à chaque instant de blesser l'étiquette et les convenances. Vivent les pauvres diables pour s'amuser! Mais il faut aujourd'hui que je dise comme la chanson :

« Quand je serai gueux, nous rirons. »

Ma femme a disparu... Ah! la toilette du bal!... c'est cela. Je n'ai rien à dire contre cet usage : je n'ai garde de le faire ; je me mettrais toutes les jeunes filles à dos. Deux toilettes... trois toilettes quelquefois!... c'est une des jolies choses de ce jour-là.

On retourne chez madame de Pontchartrain pour le bal. Voilà la première fois que je vois faire une noce en deux parties; mais j'apprends bien des choses ici.

On va se placer dans le salon éclairé par des lustres qui doivent avoir servi du temps du roi Pepin le Bref. Les personnes invitées pour le bal arrivent en foule : on n'a garde de manquer une fête dans une petite ville. La mariée revient dans sa toilette de bal, qui est d'un assez bon goût. Je regarde Pélagie... mais ses yeux sont toujours *in statu quo*. Je me hasarde à lui dire tout bas :

— Levez donc un peu les yeux... vous les avez si beaux!...

— Ma tante ma l'a défendu!...

C'est tout ce que j'obtiens. Je n'ai rien à dire à cela; j'aurais mauvaise grâce à faire déjà le maître.

L'orchestre se fait entendre : nous avons deux violons et une clarinette, plus un petit fifre pour imiter Colinet; c'est superbe, c'est du moins ce qu'on peut avoir de meilleur ici. Ils nous jouent des contredanses que je n'ai jamais entendues à Paris... Je devine que c'est de la composition du chef d'orchestre de l'endroit ; on ne peut pas s'y tromper et les confondre avec celles de Rubner, de Weber et de Tolbecque.

On danse beaucoup, et là du moins le plaisir n'est pas feint, car la jeunesse aime tant à sauter!... On se dispute à qui dansera avec la mariée qui est toujours retenue pour douze ou quinze quadrilles; le tour du mari n'arrive jamais; mais ce jour-là il s'en console, et ce qui la veille l'eût désolé ne lui fait plus rien depuis qu'il est mari!... Comme un titre change la manière de voir et de sentir!...

Je danse aussi; je suis bien aise d'avoir cette ressource pour m'occuper et je ne quitte pas plus la place que ma femme.

— Prenez donc un peu de repos, me disent quelquefois les jeunes gens; vous allez vous fatiguer. Mais je ne les écoute pas; car je pense moins qu'eux à ce qui me reste à faire.

Vers la fin de la soirée, je danse avec Pélagie : le bal l'a un peu échauffée; son teint est animé, son sein palpite avec plus de précipitation : elle est vraiment fort jolie, et je devrais me trouver fort heureux de posséder tant de charmes. Je commence à regarder à ma montre et à trouver le temps long.

Mais l'heure s'avance; déjà beaucoup de personnes ont fait retraite : il est une heure du matin!... c'est pousser fort avant dans la nuit. Madame de Pontchartrain fait un signe à ma sœur... elles emmènent ma femme. Je devine ce que cela veut dire, et j'attends que l'on me permette d'aller retrouver Pélagie.

Il me paraît que la cérémonie est longue! ce n'est qu'au bout de trois quarts d'heure qu'Amélie revient et me fait signe que je puis enfin me coucher près de ma femme.

Tout le monde part; j'en fais autant; et, me dérobant à des plaisanteries qui m'ennuient, je quitte la salle du bal et me dirige vers le corps de logis que je vais désormais habiter.

Je me suis fait indiquer le chemin de ma chambre à coucher; j'ai eu soin de prendre de la lumière, car je me casserais le cou dans les enfilades de pièces de cette vieille maison, et le moment serait fort mal choisi pour faire une chute. Ah! j'aperçois de la lumière... ce doit être là... J'ouvre une porte, et j'entre dans une fort belle chambre à coucher, meublée un peu à l'antique, mais où rien ne manque. Deux bougies brûlent sur la cheminée... je reconnais sur une table plusieurs objets qui m'appartiennent, car ma sœur a eu soin de faire transporter dans mon nouveau domicile toute ma garde-robe. Je suis chez moi; c'est fort bien. Pour qu'on ne vienne plus me déranger, je vais pousser les verrous de la porte, puis je m'avance vers le lit, dont les rideaux sont tirés... par pudeur, cela va sans dire.

Je n'entends rien... Dormirait-elle déjà?... elle fait semblant... voyons... Je tire les rideaux... et je ne vois personne dans le lit, qui n'est pas défait.

Qu'est-ce que cela signifie?... Je suis bien dans mon appartement, tout ce que j'y trouve me le prouve. Où peut donc être ma femme?... Aurions-nous chacun notre chambre?... Oh! sans doute!... et voilà pourquoi on espérait que je laisserais ma femme tranquille. Que le diable les emporte avec leurs usages, leurs ridicules!... Ah! si j'avais su tout cela plus tôt.... Mais enfin je veux ma femme, je la veux absolument, il me la faut. Je n'ai pas épousé une jolie poupée qui n'ouvre pas la bouche et tient ses yeux baissés toute la journée, pour être seul la nuit et faire lit à part; c'est bien le moins que j'aie un petit dédommagement des ennuis que j'ai éprouvés... Je coucherai avec ma femme, c'est une chose résolue, dussé-je mettre pour cela toute la maison sens dessus dessous.

Je réfléchis d'abord que la chambre de ma femme ne peut pas être bien éloignée de la mienne... Cherchons, et tâchons, s'il se peut, d'éviter le bruit; cela causerait du scandale chez madame de Pontchartrain, qui croit peut-être que je n'ai épousé sa nièce que pour avoir le droit de lui faire la cour aux petits jeux innocents.

Je regarde autour de moi : j'aperçois une porte que je n'avais pas remarquée d'abord; je prends une bougie, j'ouvre, et je me trouve dans un beau salon; voilà qui est fort bien; continuons la visite de mon appartement. Cette porte en face, où conduit-elle?... dans une salle à manger; cette autre issue?... c'est un couloir... allons toujours... des lieux à l'anglaise fraîchement décorés; c'est fort agréable, mais ce n'est pas ce que je cherche maintenant. Retournons au salon.

Où conduit cette autre porte? chez ma femme, sans doute; car, depuis que je tourne et retourne dans cet appartement, où j'ai l'air de jouer à cache-cache, je dois en avoir approché plus d'une fois.

Je veux ouvrir en tournant le bouton... la porte résiste : elle est fermée en dedans. Plus de doute, c'est là qu'est ma femme... on lui aura conseillé de se barricader... Ah ! qu'ils sont espiègles dans ce pays-ci !

Je frappe, on ne me répond pas; je refrappe plus fort :

Nous prenons une cuisinière et une femme de chambre. (Page 151.)

— Qui est là? demande-t-on enfin, et j'ai reconnu la voix de Pélagie.

— C'est moi, ma chère amie.

— Ah ! c'est vous... monsieur mon mari.

— Oui, ma chère amie; allons, ouvre-moi vite...

— Pourquoi faire?

— Parbleu ! je te l'apprendrai tout à l'heure; ouvre donc...

— Oh ! je ne peux pas !...

— Qu'est-ce à dire, tu ne peux pas !... voilà du nouveau !...

— Ma tante me l'a défendu.

— Ta tante ne sait ce qu'elle dit. Comme il y a trente-trois ans qu-elle est veuve, elle a peut-être oublié qu'un mari et une femme couchent ensemble.

— Oh ! si, je sais bien que vous devez finir pour coucher avec moi, maie on m'a dit que la décence m'ordonnait de reculer ce moment-là tant que je pourrais.

— Je te dis, moi, que nous devons coucher ensemble tout de suite : la décence n'a plus rien à faire dans nos amours ; l'hymen a ses droits, c'est lui maintenant qui doit être écouté; les plaisirs qu'il permet ne doivent pas alarmer ta pudeur.

— Je ne comprends pas trop tout cela.

— Je te le ferai comprendre quand je serai près de toi; mais ouvre-moi, je t'en prie; ce n'est pas en ayant cette porte entre nous que je puis commencer à t'instruire.

— Ah ! j'ai peur que ma tante...

— Ah çà ! madame, je suis votre mari, après tout ; vous m'avez juré ce matin obéissance et soumission, et vous manquez déjà à vos serments !... Je t'en prie, Pélagie ; tiens, ne nous fâchons pas, ouvre-moi cette porte bien vite; si tu tardes encore, je mets le feu à la maison.

— Ah! mon Dieu !...

Elle ouvre aussitôt... elle est en chemise; elle court se cacher dans son lit, mais maintenant il me sera facile de la retrouver. J'ai bien encore quelques obstacles à vaincre... du moins ceux-ci n'ont plus rien que d'agréable, et je serais fort mécontent au contraire si je n'en trouvais pas !... Rassurons-nous, cette fois la rose n'est pas sans épines.

Tirons le rideau sur les mystères de l'hymen, quoique ce soit le secret de Polichinelle.

CHAPITRE XXXII

RETOUR A PARIS

On appelle lune de miel les premiers jours du mariage. Moi, pour tout miel, j'ai, le lendemain de mes noces, une grande scène avec madame de Pontchartrain, parce qu'elle s'aperçoit, par les yeux battus de ma femme, par sa démarche par mille choses enfin qui n'échappent pas aux regards d'une douairière, que j'ai déjà cueilli la rose de l'hymen. Elle se permet de m'en faire des reproches, m'accuse d'impudeur, de brutalité, d'amour purement animal, et prétend que je veux tuer sa nièce. Il faudrait une patience de chérubin pour écouter de sang-froid de semblables sottises; mais, comme je ne suis pas un ange, j'envoie la tante promener; je lui défends de se mêler à l'avenir des affaires de mon ménage, et lui enjoins surtout de ne plus donner de conseils à sa nièce. Madame de Pontchartrain crie, tempête, s'emporte ; je me retire dans mon appartement, et nous voilà brouillés.

Les vieilles femmes sont bavardes, notre tante est de plus méchante et vindicative. Au lieu de chercher à oublier cette scène, elle ne pense qu'à se venger de ce qu'elle appelle mes mauvais procédés. Dès le surlendemain toute la ville sait que je suis un emporté, un malhonnête, un libertin, et que je rends déjà ma femme très-malheureuse.

Cependant ma sœur, qui m'aime et me connaît, s'empresse de démentir tous les bruits que la vieille tante fait courir sur mon compte; elle se brouille avec madame de Pontchartrain, parce qu'elle ne partage pas sa manière de voir. Dans la ville, les uns croient ma tante, les autres ma sœur; les opinions sont partagées, les avis différents; cela ferait presque naître deux factions, si l'on n'était généralement d'accord sur le fond, qui est le plaisir de faire des propos et l'amour du scandale.

Je ne m'embarrasse guère de ce que pensent et disent de moi les habitants de Melun, mais je m'occupe de ma femme, et je tiens à ce qu'elle ne pense pas comme sa tante.

Pélagie se trouve dans une position embarrassante : sa tante lui dit de ne point m'écouter, moi je lui dis de ne pas écouter sa tante; celle-ci fait tout ce qu'elle peut pour l'attirer sans cesse chez elle, je fais mon possible pour qu'elle n'y aille que rarement. Madame de Pontchartrain dit à ma femme qu'elle doit commander, se faire obéir, être la maîtresse enfin, et je tâche de faire comprendre à Pélagie que quand on ne sait encore que jouer aux petits jeux, danser, broder et chanter des romances, il faut s'adjoindre son mari pour conduire sa maison.

Tout cela jette souvent ma femme dans une grande incertitude. Je ne suis son mari que depuis quelques jours, et sa tante la dirige depuis l'enfance. Elle la craint, et je serais bien fâché de lui inspirer un pareil sentiment. D'après cela, c'est plutôt à sa tante qu'elle obéit qu'à moi, ce qui amène entre nous de ces petites *discussions* que je voulais éviter. Si Pélagie avait de l'esprit, du jugement, elle sentirait que sa tante a tort. Mais, hélas!... elle n'a rien de tout cela, et les bêtes sont bien plus difficiles à conduire que les gens d'esprit. J'espérais que cela lui viendrait, et qu'en se déniaisant sur certaine chose elle serait moins bornée pour les autres, mais je commence à perdre cette espérance.

Il y a cependant un point sur lequel nous sommes maintenant d'accord : c'est le droit que nous avons de coucher ensemble. Oh! pour cela, Pélagie est à présent entièrement de mon avis; elle ne songe plus à faire lit à part, et n'a jamais l'envie de me fermer sa porte. Je l'aurais parié : ces petites Agnès!... quand une fois cela est en train... on ne peut plus les arrêter!

Je n'ai pas envie de rester à Melun; mais avant de conduire ma femme à Paris, il faudrait que j'y eusse un logement préparé pour la recevoir... Je ne puis la mener à mon petit appartement de garçon... cela ne nous convient pas... et je ne veux point qu'elle le connaisse.

Le temps de trouver un logement convenable, de le faire meubler, disposer, d'arrêter des do-

Ma femme va faire sa toilette. (Page 146.)

mestiques, tout cela me retiendrait huit jours au moins à Paris; et si je laisse ma femme huit jours au pouvoir de sa tante, Dieu sait comment je la trouverai disposée pour moi à mon retour! Une heure passée près de madame de Pontchartrain amène toujours une querelle entre Pélagie et moi. Quand elle quitte sa tante, qui lui a persuadé quelle ne doit pas m'écouter, elle s'attache à faire tout le contraire de ce que je lui dis, à me taquiner, à me donner de l'humeur; j'ai une peine extrême à la ramener à d'autres idées, à lui faire sentir ses torts!... Si elle était huit jours sans me voir, il n'y aurait plus moyen de vivre ensemble!

Comment donc faire?... Je ne veux cependant pas rester davantage dans ce pays : je commence à avoir de la province par-dessus la tête, et, s'il me fallait y vivre, j'y mourrais.

Mais ma sœur voit mon embarras; et, malgré son désir de me fixer près d'elle, comme elle s'aperçoit que je ne goûte pas assez à Melun les douceurs de l'hymen, elle m'offre d'envoyer Danneterre à Paris, pour m'y faire arranger un appartement. J'accepte avec reconnaissance, et mon beau-frère part, chargé de mes instructions.

Ah! puisse-t-il revenir bien vite! Le temps me semble terriblement long!... Je suis obligé de ne point quitter ma femme, et être sans cesse près de quelqu'un qui n'a rien à dire, qui souvent ne comprend pas ce que vous lui dites... quel supplice!... Dans les commencements, j'espérais... les nuits me dédommageaient un peu; mais à présent je n'espère plus, et les nuits même me paraissent quelquefois fatigantes. Ah! c'est maintenant que je sens que la beauté est bien peu de chose!... On s'habitue à tout, à une figure laide comme à un charmant visage; mais auprès de ce charmant visage, quand on ne trouve rien pour l'âme, pour l'esprit, quand une petite bouche est muette ou ne dit que des niaiseries, quand de grands yeux n'ont pas d'expression, quand le sourire est toujours le même, quand la voix n'exprime aucun sentiment, alors il faut bâiller et dormir près de ce petit chef-d'œuvre de la nature.

Mais en écoutant quelqu'un d'aimable, qui sait peindre ce qu'il sent, exprimer ce qu'il éprouve, dont les yeux et la voix ont aussi de l'éloquence, qui nous charme par ses pensées, nous attache par sa conversation, fait-on attention à sa laideur? Non, on l'oublie : il y a mieux, elle disparaît à nos yeux, et nous trouvons agréable la figure qui nous avait déplu d'abord...

Les personnes d'esprit sont-elles jamais laides?

Sans doute, la beauté réunie à l'esprit est un charme de plus pour nous séduire; mais quand on ne peut rencontrer que l'un des deux, je sens bien qu'en se mariant il ne faut pas s'attacher aux dehors. Que l'on prenne une maîtresse jolie sans s'inquiéter de ce qu'elle sait dire, c'est tout naturel; on peut la quitter dès qu'elle vous ennuie; mais une femme!... mais une compagne pour le reste de sa vie!... quelle différence!... Je sais bien qu'il y a beaucoup de maris qui sont moins souvent avec leur femme qu'avec leur maîtresse, mais ce n'est pas pour ceux-là que je parle. En me mariant j'avais l'intention de faire bon ménage, de ne point quitter ma femme pour aller sans cesse courir de côté et d'autre!... et vous verrez cependant que c'est ce que je serai obligé de faire.

Danneterre est parti depuis douze jours, et il ne revient pas!... Madame de Pontchartrain, qui sait que j'emmène ma femme à Paris, est plus furieuse que jamais; elle cherche chaque jour à me jouer quelque nouveau tour; elle guette sa nièce comme le chat guette la souris, et lorsqu'elle l'aperçoit elle lui monte la tête contre moi. Je ne suis occupé qu'à déjouer ses petits complots; nous jouons *Guerre ouverte* dans la maison, cela me procure un peu de distraction.

A force de médire de moi, la vieille tante a fait croire une partie de ses calomnies; et maintenant, lorsque par hasard je vais à quelque réunion, ce qui m'arrive plus que rarement, j'entends un murmure confus, un chuchotement continuel, qui s'élève dès mon entrée. Les uns me regardent, les autres détournent les yeux; les vieilles douairières et les matrones, qui sont de chaudes amies de madame de Pontchartrain, s'éloignent bien vite de moi; il y en a même qui font un mouvement d'effroi à mon approche, comme si j'étais pestiféré.

Je ris de tout cela avec les gens sages et raisonnables, mais ils ne sont pas en majorité : d'ailleurs il est bien plus facile de dire du mal que du bien de quelqu'un; il semble que les défauts sautent aux yeux et que les bonnes qualités se cachent.

Enfin Danneterre revient : mon logement m'attend sur le boulevard Montmartre : je puis aller l'habiter; tout est prêt pour nous recevoir, ma femme et moi : nos domestiques sont arrêtés.

Eh! vite, ne tardons pas. Je presse Pélagie pour ses malles, ses paquets, ses cartons. Elle me seconde assez bien; je crois qu'au fond elle n'est pas fâchée de se soustraire à l'autorité de sa tante, de voir du pays; et quel pays! Paris!... le paradis des femmes!... et l'enfer des... Ah! mon Dieu! j'oubliais que je le suis.

Tout est fini; j'ai dit adieu à ma sœur, à son mari, à mes neveux. Pélagie va dire adieu à sa tante, car il ne faut pas manquer à la politesse. Madame de Ponchartrain ne veut pas laisser partir sa nièce; il faut que j'aille la chercher; elle prétend que je n'ai pas le droit de l'emmener!... elle veut la retenir de force; je suis forcé d'enlever ma femme; la vieille tante nous poursuit jusqu'à la porte de la rue et me menace de venir me trouver à Paris! mais elle n'en fera rien : on n'y joue pas au boston le matin.

Nous sommes en route!... et dans ma joie, j'embrasse ma femme!... Il y a juste six semaines que je suis marié, et cinq mois que j'ai quitté Paris.

Je la revois enfin, cette cité brillante, et je m'écrie :

Salut! ville de bruit, de boue et de fumée!

Je préfère ton bruit au caquetage, aux propos,

aux petitesses de la province, ta boue à l'herbe qui croît dans les rues solitaires d'une petite ville, et ta fumée à ces plaisirs solides... que je n'ai pas trouvés ailleurs.

CHAPITRE XXXIII

RAYMOND REPARAIT

Nous sommes installés dans notre nouveau logement; il est grand, commode, bien distribué. Je m'aperçois qu'il y a une chambre touchant à mon cabinet où je pourrai facilement faire un lit, dans le cas où ma femme serait incommodée et préférerait coucher seule, car il faut tout prévoir.

Nous prenons deux domestiques, une femme de chambre et une cuisinière : c'est tout ce qu'il nous faut. Je n'ai ni chevaux ni intrigues, par conséquent je n'ai pas besoin d'un Frontin ou d'un Lafleur qui, n'ayant rien à faire chez moi, serait obligé de vider ma cave, d'engrosser mes bonnes et de me voler pour passer son temps.

Pendant les quinze premiers jours de notre arrivée à Paris, ma femme ne me laisse pas un moment de repos : il faut que je la conduise partout, aux promenades, aux spectacles, aux concerts, aux monuments, aux curiosités de tout genre. Elle me force, tous les matins, de lui faire parcourir la ville, dont elle veut connaître tous les quartiers; elle ne se lasse pas d'admirer le Palais-Royal, et s'arrête pendant des demi-heures entières devant les boutiques de modes, de cachemires, de nouveautés : elle est dans l'enchantement, dans le ravissement !... Tout ce monde, ce bruit, ces voitures, ces toilettes et ces jeunes gens qui, dans les promenades ou les spectacles, lorgnent les femmes d'une manière si respectueuse et font de si jolies petites mines à celles qui leur plaisent, tout cela charme madame Dorsan, qui commence à lever les yeux et même à lancer de petites œillades bien innocentes... Oh ! quant à cela, j'étais bien sûr que cela viendrait.

Je connais Paris, je le sais par cœur; je suis un peu las de le parcourir tous les jours, mais enfin un mari doit avoir de la complaisance. Grâce au ciel, nous n'avons plus rien à voir, à moins de recommencer, ce dont ma femme ne serait pas éloignée, mais j'ai besoin de me reposer. D'ailleurs elle voit qu'à Paris une jeune femme peut, sans inconvénient, aller se promener seule le matin; elle connait déjà fort bien notre quartier, et je vois qu'elle profitera de la liberté que je lui accorde.

Respirons enfin !... Je suis vraiment las de spectacles, de promenades et de questions; je me retrouve seul avec plaisir. Je n'ai pas encore eu le temps d'aller à mon petit logement de la rue Saint-Florentin. Si ma femme savait que j'ai un appartement de garçon, si sa tante l'apprenait, je serais convaincu d'entretenir des intrigues clandestines !... Cependant je n'en ai nulle envie... Je ne mènerai plus de femme dans mon ancien logement !... Je voudrais bien n'en avoir jamais mené.

Il y encore un endroit où je désire et où je crains de passer. Tout en faisant parcourir à ma femme les rues de Paris, j'ai su constamment éviter de passer par là. Pourquoi?... je n'en sais trop rien... mais je voudrais d'abord y aller seul... je serais plus libre de m'y arrêter... je retrouverais mon commissionnaire et je pourrais... Mais non, je ne le questionnerai plus : qu'ai-je besoin maintenant de l'interroger?

Ma femme dort : il n'est que huit heures, nous ne déjeunerons qu'à dix; j'ai le temps de sortir un moment, Je veux aller à mon logement : c'est par là que je me dirige, mais c'est aussi par là que demeure Nicette... En passant dans la rue Saint-Honoré, je n'ai pas la force de résister au sentiment secret qui me pousse vers la boutique de fleurs; je marche d'abord très-vite... mais, plus j'en approche, plus je ralentis mes pas... Je ne veux pas entrer... je ne veux plus lui parler... mais je voudrais la voir...

J'aperçois les arbustes placés devant la boutique... je traverse la rue, pour ne pas rester du côté de sa demeure. Si je passais tout près, elle pourrait me parler, et, à sa voix, je m'arrêterais malgré moi.

Je me décide enfin... je passe fort vite en jetant un coup d'œil... mais je ne la vois pas. J'aperçois une femme d'une figure commune : oh ! cela ne ressemble pas à Nicette !... Cette fois je me rapproche de la boutique... je passe tout contre... elle n'y est pas... je retourne encore, je m'arrête, feignant d'examiner des fleurs... Cette femme qui est là maintenant vient à moi :

— Monsieur veut-il acheter quelque chose?

— Non... lui dis-je en m'éloignant, et je vais à la place de mon commissionnaire; il me tarde de le questionner. Mais il n'y est pas... je l'attends près d'une heure... il arrive enfin, il me reconnait sur-le-champ.

— Vot' serviteur, monsieur; si j'avais su que vous étiez là... Il y a bien longtemps que je ne vous ai aperçu, monsieur...

— C'est vrai... et depuis ce temps...

— Oh ! dame ! il y a du changement ! ça n'est plus la jolie bouquetière qui est là !

— Ce n'est plus elle?

— Non, monsieur; elle a vendu son fonds à la mère Thomas que vous voyez à sa place.

— Elle a vendu!...

— Oui, monsieur, et bien vendu; car la boutique est bonne!... mais on dit que mamzelle Nicette n'avait pas besoin de ça, qu'elle avait fait fortune... hérité...

— Et où est-elle maintenant?

— Ma foi, monsieur, je n'en sais rien; elle n'a pas dit où elle allait, et nous ne la revoyons plus!

— Et cet homme qui venait chaque jour chez elle?

— Dame! il est toujours venu... mais moins souvent vers la fin...

— L'aurait-il enlevée?

— Je n'en sais rien, monsieur; i' m'semble pourtant qu'elle a vendu son fonds de bonne volonté.

— Et depuis quand?...

— Mais il y a six semaines approchant.

— Et vous ne savez pas de quel côté elle est allée?

— Non, monsieur.

Je paye le commissionnaire et je m'éloigne; il est inutile que je le questionne davantage. Nicette a quitté sa boutique!... qu'est-elle devenue?... que fait-elle?... vivrait-elle avec Raymond? Cela ne me semble pas possible... Lui aurait-il loué un appartement? Je ne sais que penser, mais je cours rue Saint-Florentin.

Ma portière fait un cri de surprise en me voyant.

— Ah! vous voilà, monsieur; vraiment nous vous avons cru mort!... Savez-vous qu'il y a bientôt six mois que vous êtes absent?...

— Je sais cela, madame Dupont; donnez-moi mes clefs, s'il vous plaît...

— Dans l'instant, monsieur, dans l'instant... J'ai eu bien soin de votre appartement; j'ai fait battre vos meubles tous les mois... j'ai nettoyé, j'ai...

— Oh! je suis bien tranquille. Dites-moi : M. Raymond demeure-t-il toujours sur mon carré?...

— Non, monsieur, non; il a quitté, et nous avons à sa place...

— Savez-vous son adresse?

— Oui, monsieur, il l'a laissée : il demeure maintenant rue Pinon, près de l'Opéra, numéro... Ah! mon Dieu! je l'ai oublié, mais cela me reviendra... Voici vos clefs, monsieur...

— Et ce numéro, madame Dupont?...

— C'est étonnant! je le savais encore l'autre jour... Mais la rue n'est pas longue...

— C'est fort heureux.

— Ah! tenez, j'oubliais... quand il y a si longtemps! j'ai une lettre à vous remettre... elle est là depuis six semaines...

— Une lettre!...

— Oui. C'est une jeune femme qui l'a apportée...

— Une femme! donnez donc...

— La voici, monsieur.

Je prends la lettre et je monte vite à mon appartement pour me soustraire au bavardage de la portière. Me voici donc dans ce logement chéri!... comme je m'y retrouve avec plaisir!... Mais lisons vite cette lettre... Cette écriture... il me semble... ah! je n'ose l'espérer... Je brise le cachet... c'est elle... c'est Nicette qui m'écrit!...

« MONSIEUR,

« Depuis longtemps vous ne veniez plus, et j'ignorais pourquoi vous m'abandonniez; vous m'avez paru en colère la dernière fois que vous m'avez parlé, et je vous croyais fâché contre moi, sans en deviner la cause. Aujourd'hui j'apprends que vous êtes marié!... je sens bien que vous ne devez plus penser à moi, ni parler à une bouquetière. Je ne me permets de vous écrire que pour vous faire mes adieux. Je vais vendre ma boutique et me retirer dans un endroit où je pourrai être seule, ne voir personne et pleurer à mon aise... car j'ai bien du chagrin et je ne puis le surmonter... ce n'est pas ma faute. J'ai beaucoup hérité de ma mère et d'une tante qui m'a laissé tout son bien, j'ai plus qu'il n'en faut pour vivre. Mais je n'oublie pas que je vous dois tout, que vous avez eu pitié de moi lorsque tout le monde m'abandonnait, que vous m'avez sauvée de la misère : ah! je ne l'oublierai jamais!... Adieu, monsieur. Je vous souhaite toutes sortes de bonheur dans votre ménage : puisse votre femme vous rendre heureux! elle doit bien vous aimer!... Adieu, mon cher bienfaiteur.

« NICETTE. »

Je relis plusieurs fois cette lettre... Je ne puis m'empêcher d'imprimer mes lèvres sur les caractères qu'elle a tracés!... Est-ce donc là le langage d'une femme perfide?... Et cependant j'ai vu... vu, de mes propres yeux, Raymond auprès d'elle... lui tenir les mains... Je sais qu'elle le voyait tous les jours... lui-même m'a dit... mais puis-je ajouter foi à ce que m'a dit Raymond?... Ah! si je ne l'avais pas vu près d'elle...

Pourquoi me tourmenter ainsi?... N'est-elle pas à jamais perdue pour moi?... ne suis-je pas marié? Ah! je ne songe point à trahir ma femme, mais je voudrais bien savoir si Nicette m'ai-

Je ne pus m'empêcher de lui appliquer un coup de pied. (Page 158.)

mait!... Je découvrirai Raymond et je tâcherai de le faire parler, cela n'est pas difficile; mais lui faire dire la vérité, cela n'est pas aisé.

Il est tard, ma femme doit être inquiète de mon absence, retournons près d'elle; mais je reviendrai ici, j'y reviendrai souvent!

Je plie soigneusement la lettre de Nicette, je l'emporte avec moi, et je sors de mon logement de garçon pour retourner dans mon ménage.

Qui a pu dire à Nicette que j'étais marié? Ma portière ne le sait pas; car, à coup sûr, elle m'en aurait parlé... C'est Raymond, sans doute... Comment l'aura-t-il su?... Je réfléchis à cela en approchant de ma demeure... lorsque je me sens frapper sur l'épaule... je me retourne... c'est Raymond! Jamais, je l'avoue, sa vue ne me fit autant de plaisir.

— Eh! vous voilà, mon cher ami!...

— Bonjour, monsieur Raymond.

— Vous êtes donc à Paris, maintenant?...

— Comme vous voyez...

— Ce cher Dorsan! il me semble qu'il y a un siècle que je ne l'ai vu!

— Je vous assure que je suis aussi fort aise de vous rencontrer.

— Vraiment?... ce tendre ami!... A propos, recevez mes compliments : je sais que vous avez fait un mariage superbe, que vous avez une femme divine!...

— Ah! vous savez cela?...

— Oui, un de mes amis, qui a passé à Melun, m'a tout conté... vous avez dû le voir en société... M. Reigner...

— En effet, je crois me rappeler...

— Eh bien ! c'est lui qui m'a tout dit... Ah ! j'étais presque fâché contre vous ; je disais : Comment, mon cher Dorsan, mon ami, s'est marié et ne me l'a pas fait savoir !... moi qui m'intéresse tant à son bonheur... Ah ! c'est fort mal...

— Vous êtes trop bon pour moi, en vérité ; mais ma femme m'attend, je ne puis m'arrêter plus longtemps... Je voudrais pourtant bien causer avec vous... voulez-vous accepter un déjeuner chez moi ?...

— Comment donc, si je le veux !...

— Je vous présenterai à ma femme.

— Je serai enchanté de faire sa connaissance.

Raymond m'accompagne ; il paraît charmé de l'accueil que je lui fais et auquel il n'est pas accoutumé de ma part. Il ne se doute pas que si je brûle de causer avec lui, c'est parce que seul il peut me parler de Nicette... peut-être me dire où elle est, ce qu'elle fait maintenant. De la prudence cependant ; ne l'interrogeons pas trop brusquement : il devinerait mes sentiments, et je dois, plus que jamais, les renfermer au fond de mon cœur.

Nous sommes chez moi. Ma femme n'était pas inquiète, car elle déjeunait en m'attendant. Je lui présente Raymond, qui se confond en hommages, en galanteries, en éloges qui devraient ennuyer Pélagie ; mais les femmes qui n'ont pas d'esprit sont celles qui attachent le plus de prix aux compliments ; auprès d'elles on peut être fort aimable avec des lieux communs, et de ce côté-là Raymond est en fonds.

La conversation ne roule donc que sur les agréments de Paris, sur la sensation qu'une femme comme la mienne doit causer dans la société ; car Raymond en revient toujours là : il ne conçoit pas qu'on puisse être si jolie, avoir une tournure si distinguée en arrivant de province ; il ne tarit pas... mais je déjeune sans l'écouter. Quant à Pélagie, comme elle sait maintenant que l'on peut sourire à un autre homme que son mari, elle sourit à chaque galanterie de Raymond, ce qui lui donne occasion de faire voir ses dents.

Je vois bien que je ne pourrai pas ce matin lui parler de Nicette ; ma femme est toujours là : il faut prendre patience.

— Où demeurez-vous ? lui dis-je.

— Rue Pinon, n° 2. J'ai quitté mon ancien logement : vous n'étiez plus mon voisin, il avait perdu tous ses charmes !...

— Je veux aller vous voir...

— Oh ! ne vous donnez pas cette peine... un garçon est rarement chez lui : c'est moi qui viendrai, si vous le permettez, faire quelquefois ma cour à madame !...

— Vous nous ferez plaisir.

— Mais il faut que je vous quitte... j'ai troi rendez-vous pour ce matin... J'ai toujours tant de connaissances !... et pas un instant à moi ! Adieu, mon cher ami... Madame, je mets à vos pieds l'hommage que méritent vos grâces.

Raymond s'éloigne, fort satisfait de son dernier compliment ; il est toujours le même !...

— Il est bien aimable, ce monsieur-là ! me dit Pélagie lorsqu'il est parti.

Il lui paraît charmant ; j'en étais sûr. Que ma femme trouve Raymond aimable, cela ne m'étonne pas ! mais Nicette !...

Je n'ose, le même jour, me rendre chez Raymond, mais le lendemain je n'y puis tenir et je vais chez lui. Il n'y est pas ; il est déjà sorti !

— Loge-t-il seul chez lui ? dis-je à la portière.

— Oui, monsieur, tout seul.

Je m'éloigne : je voudrais bien en savoir davantage : cependant me voilà déjà à peu près sûr que Nicette ne demeure pas avec lui.

J'ai laissé mon nom chez la portière, pour que Raymond sache que je suis allé le voir ; cela l'engagera à venir chez moi, et peut-être pourrai-je enfin lui parler en tête-à-tête.

Il ne manque pas en effet de venir le lendemain. Il est extraordinairement sensible à l'attention que j'ai eue d'aller chez lui. Il me promet de me témoigner tout son attachement en venant me voir souvent.

Je ne fais guère attention à toutes les jolies choses qu'il me débite : ce qui m'impatiente, c'est que ma femme est toujours là... Comment trouver le temps de causer de Nicette !... Eh ! parbleu ! engageons Raymond à dîner ; je proposerai pour le soir le spectacle ; ma femme ira s'habiller après le dîner ; elle est toujours trois quarts d'heure au moins à sa toilette ; et pendant ce temps-là... C'est cela.

J'invite Raymond à dîner sans façon avec nous : il s'empare de ma main et la serre à me faire mal, tant il est satisfait de mes procédés ; je lis dans ses yeux qu'il n'en revient pas. Il est certain qu'il doit me trouver considérablement changé. Il présume, sans doute, que c'est l'effet du mariage.

Le dîner est assez gai ; Raymond parle toujours : cela m'ennuyait autrefois, cela me distrait aujourd'hui ; je ne suis plus habitué à entendre parler, et je commence à être fort content quand quelqu'un me sauve un tête-à-tête avec ma femme.

Tout se passe comme je l'avais prévu. Je propose le spectacle, on l'accepte ; ma femme va faire sa toilette, et je suis enfin seul avec Raymond.

J'amène insensiblement la conversation sur ses conquêtes.

— A propos, lui dis-je, qu'avez-vous fait de la petite bouquetière?

— Qui? la petite Nicette?

— Oui, la petite Nicette, que vous alliez courtiser tous les soirs.

— Oh! il y a longtemps que c'est fini et que je n'y pense plus!... J'en ai eu tant d'autres depuis!...

— Elle a donc été votre maîtresse?

— Oui... pendant trois ou quatre jours, et puis je l'ai laissée là...

— Vous ne la voyez plus?

— Jamais; je ne sais pas même où elle est, car elle a quitté sa boutique... Oh! c'est sans doute entretenu maintenant... Cette petite fille avait des prétentions tout à fait ridicules!... elle voulait faire la dame! cela m'a ennuyé. Quand je veux avoir une petite-maîtresse, je ne m'adresse pas à une bouquetière; il faut qu'on garde son rang!... Ah! par exemple, en parlant de petites-maîtresses, parlons de votre femme... c'est vraiment une beauté!... et puis, une amabilité!... elle pétille d'esprit! J'ai vu cela dès le premier abord!... Peste!... que vous êtes heureux, mon cher!

Depuis qu'il parle de ma femme, je ne l'écoute plus; je pense à ce qu'il m'a dit de Nicette; il assure qu'elle a été sa maîtresse: serait-il vrai?... Ah! si je ne l'avais pas vu chez elle, je rejetterais cette idée comme un affreux mensonge. Il m'est donc impossible de savoir ce qu'elle est devenue!... je ne la reverrai peut-être jamais!...

Cette idée m'attriste, et je ne puis l'éloigner. Ma femme revient; sa toilette est terminée; Raymond lui offre le bras... Je fais signe à Pélagie d'accepter puisque ce n'est pas l'usage ici de donner le bras à son mari lorsqu'un autre cavalier se présente. Ah! si j'étais amoureux de ma femme, je me moquerais de ces usages-là; mais maintenant, je suis charmé au contraire de pouvoir aller seul et de rêver à mon aise.

Raymond est enchanté de donner le bras à une jolie femme qui trouve tout ce qu'il dit charmant. Il vient avec nous au spectacle, et se charge à lui seul d'entretenir la conversation.

Je fais ce que je peux pour y prendre part et me distraire; mais malgré moi, je retombe toujours dans mes souvenirs. Heureusement qu'on ne s'en aperçoit pas : ma femme s'amuse du spectacle et de Raymond, et celui-ci est dans le ravissement de ce qu'il dit et de ce que Pélagie lui répond.

Le spectacle finit, chacun rentre chez soi... Ah! que je voudrais maintenant avoir un appartement séparé!... mais je n'ose le proposer.

Cette journée m'a donné une tristesse que je ne puis vaincre. Ma femme ne dit rien, mais je suis bien sûr qu'elle trouve Raymond beaucoup plus aimable que moi. Ah! quelle sottise de se lier avec des êtres qui ne sentent pas comme nous! Je me dis cela chaque jour, et chaque jour je reste un peu moins près de ma femme. Je la laisse s'amuser à la conversation de Raymond, et je vais rêver dans mon petit logement de garçon; souvent j'y écris, j'y lis, j'y travaille; je m'y trouve si bien!... Je me reporte à des temps plus doux!... à celui où je trouvais dans ma serrure des bouquets de fleurs d'oranger... Ah! que j'aurais dû être heureux alors... mais je ne savais pas bien apprécier mon bonheur. C'est maintenant, que ces moments-là sont passés, que j'en sens tout le prix!... et c'est surtout en sortant de mon petit logement pour retourner dans l'autre, que je les regrette plus vivement.

CHAPITRE XXXIV

J'AURAIS DU LE PRÉVOIR

Que l'on soit triste ou gai, heureux ou à plaindre, riche ou pauvre, la Parque n'en file pas moins la trame de nos jours. Les miens ne sont plus tissus d'or et de soie!... mais ils s'écoulent cependant; ils me paraissent plus longs que si j'étais heureux; voilà toute la différence, et, en cela, les gens qui aiment à vivre trouveraient une compensation; car les années de chagrin peuvent compter double.

Il n'y a pourtant qu'un an que je suis marié, et j'ai déjà toutes les manières d'un vieux mari. Le matin je ne sors plus avec ma femme; elle connaît maintenant Paris aussi bien que moi, et n'a plus besoin que je l'accompagne; elle va faire des visites, des emplettes, ou va se promener; je travaille chez moi, ou je vais de mon côté. A dîner, nous avons presque toujours quelqu'un, et très-souvent Raymond, qui est devenu l'ami de la maison. Ce n'est pas que j'aie pour lui plus d'amitié qu'autrefois, non, je ne le regarde nullement comme un ami; mais il m'est nécessaire, il me distrait, il tient compagnie à ma femme; il est toujours à nos ordres si l'on a besoin de lui pour quelque partie ou quelques commissions, il est vraiment d'une complaisance extrême : enfin il a connu Nicette, il est le seul avec qui je puisse quelquefois parler d'elle, et cette raison suffirait pour me faire rechercher sa société. C'est pourtant à lui que je dois une partie de mes peines; mais, en me faisant voir ce que valait Nicette, il m'a aussi rendu service. Si elle l'a écouté, elle doit en avoir écouté bien d'autres !... enfin sa présence m'est souvent pénible, et je la recherche à chaque instant... j'espère toujours qu'il se démentira sur ce qu'il m'a dit d'elle.

Pour ma femme, elle ne peut plus se passer de Raymond ; il lui tient société presque tous les soirs, pendant que je vais à mon petit logement. Ils font de la musique ; Raymond joue un peu de

Madame Dupont, la portière.

la flûte ; ma femme touche du piano ; ils chantent aussi tous deux. Raymond est mauvais musicien, mais ma femme ne va jamais en mesure ; ensemble ils se croient très-forts. Enfin Raymond a un fonds de compliments, de louanges et de galanteries qui charment ma femme, qui a de l'amour-propre, de la coquetterie, et qui aime beaucoup à s'entendre dire qu'elle tourne toutes les têtes et qu'elle a de l'esprit comme un démon.

J'avoue que je n'ai jamais pu dire à ma femme qu'elle a de l'esprit. Depuis longtemps même je ne lui dis plus qu'elle est jolie ; cela me semble superflu : je le lui ai dit en lui faisant la cour, et je ne peux pas toujours lui tenir le même discours. Une telle conversation me semble bien futile : entre époux on doit se prouver qu'on s'aime sans avoir besoin de se faire des compliments. Mais Pélagie, qui ne sait quoi répondre quand on l'entretient de choses intéressantes, sait très-bien sourire à un compliment ; et Raymond prétend que son sourire dit bien des choses : moi je veux lui parler raison, et elle bâille. Je la quitte alors, trop heureux quand Raymond vient prendre ma place.

J'ai peut-être tort de laisser ma femme faire tout ce qu'elle veut !... mais à quoi me servirait de la gêner, de la contraindre dans ses goûts ? A nous rendre tous deux malheureux !... Nous nous sommes mariés sans nous aimer, et nous n'étions pas nés pour vivre ensemble. Ma femme s'ennuie seule avec moi, et je ne m'amuse pas avec elle. Quand je veux lui parler raison, l'engager à s'occuper un peu plus de son ménage, de sa maison, au lieu de ne penser qu'à sa toilette, aux plaisirs et aux colifichets, alors Pélagie pleure et prétend que sa tante avait raison de m'appeler un tyran ! Que répondre à cela ?... rien !... je ne puis pas voir pleurer une femme. Si je n'ai pas d'amour pour la mienne, je veux qu'elle ne puisse se plaindre de mes procédés ; je la laisse donc s'acheter tout ce qui lui fait plaisir, et aller au bal et à toutes les fêtes qu'on lui propose. Pélagie dépense en toilette, en parures, en voitures, en chiffons, beaucoup plus qu'elle ne m'a apporté, mais je me tais pour éviter les petites *discussions!* Je veux au moins tâcher de conserver la paix.

Je devrais peut-être la quitter moins souvent, ne pas la laisser écouter les sornettes des petits-maîtres et les doux propos des séducteurs de salon ; mais, en vérité, il m'est impossible d'être jaloux ! D'ailleurs je suis tranquille sur cet article : Pélagie, élevée très-sévèrement, a des principes, des mœurs, une décence !... une pudeur !... Il est vrai que maintenant elle ne tient plus ses yeux baissés et qu'elle fait même un peu la coquette ; mais je n'en suis pas moins en repos sur sa fidélité !... Après tout, ces jeunes gens qui lui font la cour en société ne viennent pas chez moi ; je ne reçois guère, en fait d'homme, que Raymond ; et ma foi ! s'il fallait se tourmenter d'avance, on ne serait jamais tranquille.

J'espérais avoir des enfants ; je les aurais beaucoup aimés ; je me serais occupé de leur éducation : c'eût été un grand plaisir pour moi ; mais jusqu'à présent je n'ai pas cette satisfaction, et ma plus douce distraction est toujours d'aller m'enfermer dans mon petit appartement de la rue Saint-Florentin. Là, je me trouve tout autre, je crois être encore garçon. Dans cette maison, on ignore que je suis marié ; cependant je n'y couche jamais, et ma portière doit trouver ma manière de vivre bien singulière ; mais je la paye généreusement, et elle ne se permet aucune réflexion. Qui pourrait, d'ailleurs, se plaindre de moi dans la maison ? je n'y amène personne, je ne fais aucun bruit, je n'y parle à qui que ce soit, et, depuis que Raymond n'est plus mon voisin, je ne sais pas même quelle est la personne qui loge sur mon carré.

Depuis quelque temps, ma femme va plus que jamais au bal et dans les réunions où l'on veille fort tard, Je ne suis point ennemi des plaisirs, mais je crains que l'abus quelle en fait ne nuise à sa santé; je lui adresse quelques reproches, elle me répond avec aigreur; une discussion s'élève, et madame, qui a pris un ton que je ne lui avais jamais vu et qui m'étonne dans une femme que j'ai connue si timide, la modeste Pélagie enfin, termine en m'annonçant qu'elle veut avoir un appartement séparé, afin d'être plus libre de ses actions.

Cette fois je ne demande pas mieux. Je fais placer un lit dans la pièce qui tient à mon cabinet, et qui est séparée de la chambre de ma femme par un salon, une antichambre et un cabinet de musique. Dès le même soir, je prends possession de mon logement. Raymond qui voit ce nouvel arrangement, dit que c'est très-bien vu, et qu'il ne nous manquait que cela pour faire un ménage délicieux.

Pélagie dépense considérablement d'argent : pour essayer de mettre un frein aux folies qu'elle commence à faire, je l'accompagne en société. Il me serait encore facile de lier des intrigues, de faire des conquêtes; car un jeune mari est aussi bien accueilli à Paris qu'un garçon en province; mais je n'ai plus de penchant pour ces amourettes qui n'occupent point le cœur, et je suis fidèle sans être amoureux.

Raymond est aussi très-fidèle dans l'extrême amitié qu'il prétend ressentir pour nous ; souvent il a la complaisance de me ramener ma femme lorsque je ne me soucie point de veiller aussi tard qu'elle, et comme nous ne couchons plus ensemble, madame Dorsan peut rentrer à l'heure qu'il lui plait, sans que je le sache. Je ne lui dis plus rien, car j'ai remarqué qu'elle fait constamment le contraire de ce que je l'engage à faire.

Je crains cependant que sa poitrine, qui est délicate, ne souffre de ces veilles continuelles. Demain elle doit encore aller au bal : je lui conseille de rester chez elle, elle ne m'écoute pas. Je l'accompagnerai, et je tâcherai de la faire revenir de bonne heure.

Raymond vient avec nous dans cette soirée, qui est très-brillante, et surtout très-nombreuse. A minuit, rassasié de poussière et d'écarté, j'engage ma femme à se retirer.

— Moi! monsieur, me répond Pélagie, que je m'en aille dans le moment le plus agréable!... oh! je compte bien rester jusqu'à la fin!... Vous pouvez aller vous coucher... M. Raymond me reconduira.

Que dire à une petite femme qui paraît si déterminée? Je m'approche de Raymond ; il va lui-même au-devant de mes vœux :

— Mon cher ami, si vous êtes fatigué, rentrez; je vous ramènerai madame.

— Oui? eh bien! vous me ferez plaisir.

— C'est donc vous, Nicette? (Page 163.)

Je m'éloigne en me disant : On a tort de se moquer de ces pauvres maris! car, vraiment, si l'on était à leur place, on ferait tout comme eux.

Je rentre chez moi et je me couche. Je dors trois heures à peu près : je ne sais alors quelle cause me réveille, mais sans doute il était écrit que je me réveillerais. Je fais sonner ma montre : trois heures... Je voudrais savoir si ma femme est rentrée; jamais, ordinairement, je ne m'inquiète de cela, mais aujourd'hui son rhume me fait craindre pour sa santé : si elle ne se ménage pas, cela peut devenir grave, et, quoique je n'aie pas d'amour pour elle, quoiqu'elle ne me rende pas très-heureux, puisque je suis plus sage qu'elle, c'est à moi de veiller sur ses jours.

Cette idée m'empêche de me rendormir; il me semble que je serai plus tranquille lorsque je la saurai rentrée. Qui m'empêche d'aller m'en assurer?... Cela ne m'est jamais arrivé depuis que nous avons chacun notre appartement; mais aujourd'hui ma sollicitude ne doit point la fâcher;

et d'ailleurs je puis me rendre près d'elle sans l'éveiller : elle ne saura même pas que j'ai été la voir. J'ai une double clef de sa chambre, que j'avais fait faire lorsque nous couchions ensemble, afin de rentrer près d'elle sans l'éveiller; car, dans les commencements de notre mariage, elle se couchait avant que je fusse rentré, et s'enfermait, parce qu'elle avait peur. J'ai oublié de lui rendre cette clef, qui est restée dans mon bureau, et elle a probablement oublié que je la possède.

Je me lève à tâtons, car je ne conserve point de lumière la nuit. Je cherche la clef dans mon secrétaire, je la trouve, et je sors doucement de ma chambre pour aller dans celle de ma femme.

Je traverse en silence les pièces qui nous séparent. Je marche avec précaution ; on croirait que je vais en bonnes fortunes, et cependant c'est bien différent... Me voici enfin près de ma femme ; j'aperçois de la lumière à travers la serrure... Bon! me dis-je, elle est rentrée; je suis sur le point de m'éloigner... lorsque je crois entendre parler... Avec qui peut-elle causer?... les domestiques sont toujours couchés quand nous rentrons, nous avons notre clef... J'écoute... je ne distingue pas bien... Cependant il me semble que cette voix... Parbleu! cela serait singulier! mille idées viennent m'assaillir... Je glisse doucement la clef dans la serrure, je tourne brusquement les deux tours... j'entre... et je vois Raymond couché avec ma femme!...

La surprise me rend un moment immobile... Raymond a sauté hors du lit... il court comme un fou dans la chambre ; il ne trouve plus la porte... il y en a pourtant deux dans l'appartement... Je reviens à moi... je ne puis m'empêcher de lui appliquer un coup de pied qui le renverse sur le plancher... Mais bientôt je me repens de mon imprudence... faire du bruit... du scandale... faire savoir à toute la maison que je suis... Il ne me manquerait plus que cela! Je relève Raymond; je le pousse dehors, et, lui jetant au nez son habit, je lui donne même une lumière pour qu'il ne se casse point le cou dans l'escalier : il est impossible d'être plus poli que je le suis.

— A demain! lui dis-je.

Je crois qu'il ne m'entend pas : n'importe, il est parti, et je reviens vers ma femme.

Elle est restée couchée; elle ne bouge pas.

— Vous le voyez, lui dis-je, je ne veux pas ébruiter tout ceci; cependant, madame, je ne suis pas d'humeur à rester avec vous : je puis bien vouloir cacher votre inconduite, mais je ne veux pas en être le témoin. Désormais nous vivrons séparés, puisqu'on ne divorce plus, et qu'il faut qu'on reste uni toute sa vie par les lois lorsqu'on ne l'est plus par aucun sentiment. On mettra peut-être les torts de mon côté; on dira que je vous abandonne après vous avoir rendue malheureuse, car c'est ainsi que l'on juge souvent les actions des autres; mais peu m'importe, je vous laisse tout ce qui est ici, vous avez votre fortune, j'ai la mienne; que désormais il n'y ait plus rien de commun entre nous!

Pélagie ne me répond pas un mot; je pourrais même croire qu'elle s'est endormie pendant mon discours. Je prends une bougie, je referme sa porte, et je rentre chez moi : je veux me recoucher... mais je sens bien que je ne pourrai pas dormir. On a beau n'avoir pas d'amour, ne pas être jaloux, on ne peut pas voir ces choses-là de sang-froid!... je suis pourtant assez content de celui que j'ai montré : excepté le coup de pied dans le derrière appliqué à Raymond, je me suis conduit comme un véritable philosophe... mais j'éprouve au fond du cœur qu'on ne l'est jamais pour ce qui tient à l'amour-propre... à l'honneur!... A l'honneur! Ah! Figaro a bien raison : où diable a-t-on été le placer!...

Faisons mes paquets... cela m'occupera... je pourrai emporter tout cela au point du jour, et quitter pour jamais cette femme que j'ai épousée il y a dix-huit mois à peu près, et qui déjà m'a fait..... On n'aime pas à prononcer ce mot-là quand il s'agit de soi, et on aime beaucoup à le donner aux autres!

Voilà donc le résultat de cet heureux mariage!... Ah! ma sœur... pourquoi t'ai-je écoutée? pourquoi ai-je épousé une femme qui ne m'aimait pas... une femme qui ne me convenait nullement enfin?... Si nous avions fait bon ménage, si je m'étais plu près d'elle, si je l'avais moins livrée à elle-même, peut-être que cela ne serait pas arrivé!... Ainsi donc cette jeune innocente, cette Agnès, cette petite niaise, m'a trompé au bout de dix-huit mois! Bah! il y a peut-être déjà longtemps que je le suis, et c'est encore Raymond!... mais en vérité j'aurais dû le prévoir; cela devait arriver... Ah! ce sera votre dernière espièglerie, monsieur Raymond; demain j'irai vous trouver avec des pistolets que je chargerai moi-même.

Le jour commence à poindre; je descends dans la rue, je fais monter avec moi un commissionnaire, je lui fais emporter tous mes effets, et je dis adieu à mon ménage; je vais revivre en garçon.

Je fais porter mes paquets à mon petit logement. Ah! que je suis aise maintenant de l'avoir conservé! Il semble que je devinais qu'un jour je reviendrais l'habiter. Madame Dupont regarde les paquets qu'on apporte.

— Est-ce que monsieur va maintenant coucher chez lui? me dit-elle d'un air malin.

— Oui, madame Dupont; désormais je vais vivre comme autrefois.

Cette affaire terminée, je prends mes armes et me rends chez Raymond.

— Où allez-vous, monsieur? me dit la portière en me voyant monter précipitamment.

— Chez M. Raymond...

— Eh! monsieur, vous ne savez donc pas qu'il est parti!...

— Comment! parti!...

— Sans doute, il ne s'est pas couché!... il a emporté lui-même des paquets cette nuit, m'a payé son terme, en me chargeant de vendre ses meubles, dont il enverra dans quelque temps chercher le produit. Oh! je ne sais pas ce qui lui est arrivé, mais il avait l'air si troublé que je l'ai cru fou d'abord; il était si pressé qu'il ne s'est pas donné le temps de prendre les choses les plus nécessaires... Enfin il s'est enfui sans me dire où il allait.

— Le lâche!... malheur à lui si jamais je le rencontre! mais il est capable d'avoir quitté Paris!

Je laisse la portière de Raymond tout ébahie, et je retourne rue Saint-Florentin disposer tout dans mon petit logement pour y reprendre mes anciennes habitudes.

CHAPITRE XXXV

MA VOISINE

Au bout de quelques jours j'ai recouvré ma tranquillité; ma gaieté même, que j'avais perdue, semble revenir avec moi dans mon petit logement; quelquefois je me crois encore garçon; au fait, ce que j'ai de mieux à faire, maintenant que je n'ai plus de femme, c'est d'oublier que je suis marié.

Comme je l'avais bien prévu, c'est à moi que l'on jette la pierre; je reçois une lettre de ma sœur, qui me dit que c'est affreux d'avoir quitté ma femme, qu'il faut absolument nous raccommoder, que madame de Pontchartrain est furieuse, et que Pélagie lui demande sans cesse de l'argent. Pour toute réponse j'écris à ma sœur, le détail exact des événements, en la priant d'en garder le secret : elle n'en fera rien; mais à Melun cela m'est égal que l'on sache que je suis cocu; je n'ai pas envie d'y retourner.

J'ai repris dans mon petit appartement le train de vie d'autrefois, hors les folies que je ne fais plus; mais il faut d'ailleurs que je sois rangé, que j'économise; ma chère épouse mène sa fortune vite, je prévois que bientôt elle aura recours à moi, et je serai bien obligé de lui faire une pension.

Je me félicite de la tranquillité que je goûte dans ma maison; je m'aperçois que je n'ai plus Raymond pour voisin... Je voudrais pourtant bien le trouver!... mais c'est en vain que je l'ai cherché dans Paris; il faut qu'il ait quitté cette ville.

A propos de voisin, qui donc ai-je maintenant sur mon carré? Je n'ai jamais aperçu personne entrer ou sortir; il faut que ce soit quelqu'un de bien sédentaire : je ne suis pas curieux; cependant on aime assez à savoir qui l'on a près de soi : madame Dupont me dira cela.

Ma portière fait toujours mon ménage; elle vient comme à son ordinaire, et elle est enchantée lorsque je veux bien faire un peu la conversation.

— Madame Dupont, il me semble que vous m'avez dit que le logement qu'occupait autrefois M. Raymond était loué?...

— Certainement, monsieur, qu'il l'est; il n'a pas été à louer huit jours; on est venu l'arrêter tout de suite.

— C'est que je ne vois jamais âme qui vive entrer ou sortir; je n'entends aucun bruit...

— Oh! la personne est fort tranquille, ne sort jamais, ne reçoit aucune visite... ce n'est pas l'embarras, mais elle ne doit guère s'amuser.

— C'est une dame?

— Oui, monsieur... et pour l'honnêteté et les mœurs! oh! il n'y a rien à dire.

— Est-ce que ce n'est pas une vieille femme?

— Non, pas du tout, monsieur; c'est une jeune et très-jeune femme...

— Ah! et jolie?...

— Oui, fort jolie... autant que j'ai pu voir à travers le grand chapeau qu'elle porte toujours.

— Quoi! une jeune et jolie femme vivre seule! point d'amants, de mari!

— Personne, vous dis-je!... Oh! s'il en venait, je le saurais bien.

— Mais elle sort quelquefois?

— Le matin, de très-bonne heure, pour acheter ce qu'il lui faut... vous dormez encore, vous ne pouvez la rencontrer. Après cela, elle ne bouge pas de chez elle.

— C'est singulier!

— J'ai voulu quelquefois causer avec elle; mais elle ne parle pas!... impossible d'en tirer deux mots. Cependant, comme elle se conduit honnêtement et paye exactement, il n'y a rien à dire... Il me semble pourtant qu'on devrait obliger les gens à faire connaître ce qu'ils sont.

Je ne puis m'empêcher de sourire de la réflexion

de ma portière. Ce qu'elle m'a dit de ma voisine pique un peu ma curiosité; j'ai d'abord envie de chercher à la connaître; mais pourquoi contrarier cette jeune femme? elle n'aime pas le monde: peut-être a-t-elle des raisons pour le fuir; respectons sa solitude.

Je ne vais plus en société : ce serait m'exposer à rencontrer ma femme, ou à m'entendre accabler de questions qui ne m'amuseraient pas sur le motif de notre séparation; les gens du monde sont tellement indiscrets qu'ils vous demandent toujours de préférence, ce qui peut vous être désagréable à raconter : je ne veux pas leur procurer ce plaisir-là.

Je vais au spectacle dans tous les endroits où l'on est libre. Quelquefois j'aperçois ma femme en calèche ou dans une loge avec deux ou trois jeunes gens; il me paraît qu'elle n'a pas beaucoup regretté Raymond, et cela ne me surprend pas; elle n'est pas d'un caractère à regretter quelqu'un.

Lorsque je la vois de loin, je m'éloigne bien vite!... elle en fait autant de son côté; c'est la seule chose sur laquelle nous nous accordons.

Pourvu maintenant qu'elle ne me fasse point d'enfants!... Il faudrait bon gré mal gré que je fusse leur père. Comme cela doit être agréable de se voir arriver ainsi une petite famille qu'il faut nourrir! On me dira à cela :

— Retournez avec votre femme; vous pourrez vous croire le père de vos enfants.

Bien obligé : j'aime encore mieux vivre en paix et recevoir les cadeaux que mon épouse voudra bien me faire.

Voilà trois mois que je suis garçon; ce temps a passé bien vite; l'ennui ne pénètre jamais chez moi : j'ai repris mes livres, ma musique... la musique!... si douce à l'âme et qui s'unit si bien à nos peines et à nos plaisirs! Tous les soirs je me mets à mon piano, j'y passe plusieurs heures : il me semble que Nicette est près de moi, qu'elle m'écoute; je rêve qu'elle m'aime toujours, qu'elle n'a jamais aimé que moi, et je me retrouve heureux en me berçant de chimères : les hommes sont de grands enfants qui se bercent toute la vie.

Quelquefois j'oublie l'heure; le calme de la nuit dispose le cœur aux illusions, et je me laisse aller à celles qui me charment. Personne d'ailleurs ne s'est plaint, dans la maison,de ce que je fais si tard de la musique; je n'ai au-dessus de moi que des bonnes que cela n'empêche pas de dormir; au-dessous, qu'une vieille rentière un peu sourde : il n'y aurait donc que ma voisine de carré que cela pourrait incommoder; mais j'ai demandé à la portière si elle lui en avait parlé, et elle n'a rien dit. Cette femme-là est vraiment invisible; plusieurs fois cependant il m'a semblé lui entendre ouvrir sa porte... je suis sorti bien vite... car j'avoue que je voudrais la voir... mais sa porte était déjà refermée.

Si cette dame avait passé deux ou trois fois devant moi, je ne l'aurais pas remarquée, mais rien ne pique tant la curiosité que ce qui a un air de mystère. Il faut que je me lève un matin de très-bonne heure et que je tâche de l'apercevoir... Je dis cela le soir, mais je m'endors et je l'oublie. Je ne suis pas homme à faire sentinelle sur mon carré, ni à regarder pendant un quart d'heure par le trou de la serrure; il faut laisser ces moyens-là à Raymond.

Je ne reçois plus de nouvelles de Melun; depuis quelque temps je ne rencontre plus ma femme, on me laisse enfin en repos. J'apprends parfois, par ces amis officieux que l'on rencontre malgré soi et que l'on veut éviter en vain, que madame Dorsan ne devient pas plus sage, qu'elle a toujours la même fureur de bals et de plaisirs, que sa coquetterie augmente chaque jour, et mille autres nouvelles aussi agréables. Il y en a qui me conseillent d'agir de rigueur et de solliciter un ordre pour la faire enfermer!... je les remercie et leur tourne le dos : je gage que les mêmes personnes disent à Pélagie que je suis un tyran, un ours, un homme indigne d'être le mari d'une femme si jolie et si intéressante, et qu'on devrait me faire interdire.

Afin d'éviter la rencontre de ma femme, je vais assez souvent me promener à la campagne, non pas du côté que la mode a choisi, mais de celui où vont se divertir les bons bourgeois et les petites grisettes... les grisettes! que je suivais jadis!... mais maintenant je suis sage!... le mariage a considérablement *mûri* ma tête!... je pourrais même dire fleuri.

Je me sens aujourd'hui plus content que de coutume; je sors à cheval, et je prolonge ma promenade plus longtemps qu'à mon ordinaire. La nuit me surprend à Vincennes; je fais galoper ma monture, et je reviens à Paris assez à temps pour éviter un orage qui me rappelle la soirée de Montmorency.

Après avoir rendu mon cheval, je rentre chez moi; je me sens fatigué, j'ai besoin de repos. Je monte avec peine mon escalier... je vais ouvrir ma porte... mais qu'ai-je senti sous ma main?... se pourrait-il!... Je n'ose le croire, et pourtant je tiens dans mes mains le bouquet. Je le respire... je m'enivre de son odeur... Oui, c'est un bouquet qui était là... à cette même place où elle les mettait jadis... Ah! c'est elle qui m'a aussi apporté celui-ci!... quelle autre aurait pu me faire ce

Dernier exploit de mon ami Raymond. (Page 166.)

présent?... mais entrons vite; il me tarde de l'examiner.

Je suis dans ma chambre, j'ai de la lumière; je considère, je baise ce bouquet charmant... il est de fleurs d'oranger, absolument semblable à ceux qu'elle m'apportait... Ah! c'est bien elle qui m'a envoyé celui-ci!... mais elle est donc à Paris? elle pense donc encore à moi?... elle m'aime donc toujours?...

Toutes ces idées se croisent dans ma tête; je cherche dans le bouquet s'il n'y a pas un mot d'écrit... mais rien... Je retourne à ma porte... je je regarde à terre... dans ma serrure... rien. Je n'ai que le bouquet!... ah! c'est beaucoup!... il faut bien qu'elle soit venue : courons questionner madame Dupont.

Je descends rapidement mon escalier : je ne songe plus à ma fatigue; je cours chez la portière.

— Il est venu quelqu'un pour moi?...

— Non, monsieur...

— Quoi! on n'est pas venu me demander... une jeune dame?...

— Je vous assure, monsieur, que je n'ai vu personne pour vous, et je n'ai pas quitté ma porte...

— Ah! vous ne voyez jamais rien!... autrefois vous ne l'aperceviez pas non plus!...

— Qui, monsieur?...

— Quelqu'un est venu pourtant... j'ai trouvé ce bouquet dans ma serrure...

— Ah! c'est bien drôle... il faut que ce soit quelqu'un qui se soit trompé de porte.

— Trompé!... non, on ne s'est pas trompé... c'est elle qui est venue...

— Elle! comment, elle?

— Tirez-moi le cordon, madame Dupont...

— Quoi! monsieur, vous allez sortir maintenant?... Mais attendez donc que l'orage soit passé... il pleut à verse...

— Ouvrez-moi, vous dis-je...

La portière n'ose plus me faire d'observations. Je sors... je ne sais où je vais aller, mais je veux absolument avoir des nouvelles de Nicette, je veux savoir où elle est... Je cours dans la rue... je regarde autour de moi... personne! il fait un temps affreux... Je vais rue Saint-Honoré, à son ancienne boutique; il me semble qu'en allant à l'endroit qu'elle habitait je pourrai apprendre quelque chose... mais la boutique est fermée... bien fermée... Je frappe, on ne me répond pas. J'entre dans le café en face; je demande aux garçons si l'ancienne bouquetière a repris sa boutique. Ils me regardent, et ne savent pas trop ce que je veux leur dire; je suis tellement agité, l'eau qui imbibe mes vêtements, la crotte qui couvre mes bottes, me donnent un tel air de désordre, que l'on me prend sans doute pour un insensé. Je sors du café sans avoir pu obtenir aucun renseignement... Où aller maintenant?... je veux cependant la retrouver... Ah! peut-être où demeurait sa mère... C'est horriblement loin; mais je cours sans m'arrêter. Il est déjà bien tard; je ne trouve plus qu'un épicier d'ouvert près de la maison qu'occupait la mère Jérôme. Je questionne, je m'informe; là, du moins, on est plus poli qu'au café, parce qu'on est habitué à voir des gens mouillés et crottés. Mais je n'en apprends pas davantage : depuis la mort de madame Jérôme on n'a pas revu ses filles dans le quartier.

Il faut donc renoncer à l'espoir de découvrir ce qu'elle est devenue!... Cependant espérons! elle m'a envoyé un bouquet, peut-être reviendra-t-elle!

Je retourne tristement chez moi... Je me sens accablé, mes habits sont collés sur mon corps; je ne puis plus marcher... Mais je cherche en vain une voiture : il pleut à seaux; je n'en rencontre pas! J'arrive chez moi enfin... Madame Dupont m'attendait : la pauvre femme est effrayée de l'état dans lequel je suis; elle veut monter bassiner mon lit, me faire prendre quelque chose, mais je refuse ses soins : j'espère que le repos me remettra. Je rentre chez moi. Mes dents claquent avec violence, mes jambes tremblent sous moi... Je ne me sens pas bien : je me couche, et je mets sur mon cœur le bouquet de Nicette... il me semble que cela doit me guérir.

Le lendemain ma portière me trouve en proie au plus violent délire, je ne reconnais personne; ma tête est en feu, mon palais desséché, une fièvre ardente me consume. La fatigue, l'orage, l'agitation que j'ai éprouvée la veille, tout s'est réuni pour faire déclarer une violente maladie... en peu de jours je suis aux portes du tombeau.

Qui me soignera?... qui veillera près de moi?.. Mes parents ne sont pas à Paris. J'ai une épouse... mais, loin d'approcher de mon lit, elle le fuirait en craignant la contagion; il faudra que des étrangers me tiennent lieu de parents et d'amis.

Pendant neuf jours j'ignore qui veille près de moi : je n'entends rien, je ne vois rien. Ce n'est qu'au bout de ce terme qu'une crise heureuse se déclare; je suis sauvé, mon délire cesse : il ne me faut plus que des soins, du calme et du repos.

J'entr'ouvre les yeux... je les promène avec peine autour de moi, je cherche à rappeler mes idées... J'aperçois madame Dupont près de moi.

— Ai-je été longtemps en délire? lui dis-je.

— Neuf jours, monsieur : oh! vous avez été bien malade!... A la mort enfin!... Mais, grâce au ciel, vous voilà sauvé; il ne vous faut plus que de la patience et beaucoup de repos. Ah! j'étais bien sûr que vous feriez une maladie!... Sortir par cet orage! vous étiez déjà en nage... et quand vous êtes revenu!... ah! les yeux vous sortaient de la tête!... mais les jeunes gens ne veulent jamais écouter!... Et puis mettre un bouquet sous son nez pour dormir..... c'est très-mauvais!... très-malsain!...

— Qu'en a-t-on fait de ce bouquet?...

— Il est là... dans l'autre chambre : soyez tranquille; vous le retrouverez...

— Et qui m'a gardé pendant ma maladie?

— C'est moi, et puis... la voisine...

— La voisine!...

— Oui, cette dame sur votre carré... Oh! elle a eu pour vous tous les soins imaginables... Dès qu'elle a su que vous étiez malade, elle a voulu être votre garde, et, ma foi, elle aurait gardé des malades toute sa vie qu'elle ne s'en acquitterait pas mieux.

— Où est-elle donc?... que je la remercie...

— Oh! vous la remercierez plus tard... Elle vient d'aller chez elle... Mais vous causez là, le médecin qui a défendu qu'on vous fasse parler!... Dormez, monsieur, dormez... cela vous fera du bien.

Madame Dupont tire mes rideaux et ne veut plus me répondre. Je ne conçois rien à la conduite de cette dame; mais je n'ai pas encore la force de réfléchir longtemps; je me rendors avec le désir de la voir. Vers le soir je m'éveille. Quelqu'un est près de moi... Au mouvement que je fais, on veut s'éloigner bien vite... mais il n' plus temps... mes yeux ont rencontré les siens... je l'ai reconnue... c'est Nicette.

Je pousse un cri : elle revient près de moi...

— Ah! de grâce, lui dis-je, parlez-moi; que je sois bien sûr que c'est vous!...

— Oui... oui... c'est bien moi, c'est votre Nicette... Ah! monsieur Dorsan... je vous en prie, ne parlez plus... on l'a bien défendu... Je ne voulais pas me montrer à cause de cela!

— Chère Nicette... ah! votre vue n'est-elle pas plus puissante que tous leurs secours?... C'est vous!... quoi!... c'est vous!...

Je lui prends les mains, je les presse je les serre sur mon cœur... je n'ai plus la force de parler... Elle cherche à me calmer, mais elle est aussi émue que moi, ses larmes coulent, elles retombent sur moi! mais qu'elles sont douces pour tous deux!

— C'est donc vous, Nicette, qui m'avez gardé pendant ma maladie?...

— N'était-ce pas un devoir? aurais-je pu confier ce soin à d'autres?...

— Vous étiez donc ma voisine?...

— Oui, monsieur...

— Cruelle! et vous vous cachiez de moi!...

— Je ne croyais pas que ma vue vous ferait plaisir...

— Vous ne le croyiez pas!...

— Vous êtes marié...

— Vous voyez bien que je n'habite pas avec ma femme...

— Je n'osais me montrer à vous... de crainte que cela ne vous fît quitter votre logement.

— Quelle idée! ah! Nicette!...

— Je n'ai pu cependant résister au désir de me rappeler à votre pensée... et voilà pourquoi vous avez trouvé ce bouquet.

— Ah! c'est à lui que je dois de vous avoir retrouvée... Nicette, je vous en prie!... ne me quittez plus!...

— Oh! non, monsieur... je ne vous quitterai plus, puisque vous me le permettez!... Mais je vous en conjure... calmez-vous, ne parlez plus... et reposez-vous un peu.

Je cède à ses sollicitations; j'ai en effet besoin de me remettre. Nicette est près de moi, c'est à ses soins que je dois la vie!... J'ai peine à revenir de mon bonheur. Ah! que je me sens bien maintenant!... quelquefois cependant des regrets se mêlent à ma joie... quand je pense que Raymond!... mais si cela n'était pas, je serais trop heureux.

Chaque jour avance ma convalescence; mais, pour que je sois bien, il faut que Nicette soit près de moi : aussi ne me quitte-t-elle plus. Elle semble étonnée des sentiments que je lui témoigne; je vois dans ses yeux toute l'ivresse qu'ils lui causent : elle m'aime donc encore!...

Souvent je m'en flatte, je me livre alors à toute la tendresse qu'elle m'inspire, je m'enivre du feu de ses regards, je repose ma tête sur son sein, je respire sa douce halaine... mais lorsque l'image de Raymond se présente à ma pensée, tout mon bonheur s'évanouit, mon cœur se gonfle, et je m'éloigne de Nicette.

Elle remarque ces passages subits du bonheur à la tristesse, ces changements qui s'opèrent brusquement dans mes manières avec elle.

— Vous pensez à votre femme?... me dit-elle un jour que je viens de m'éloigner d'elle en soupirant.

— Non, dis-je en la regardant avec douleur; je pense à Raymond.

— A M. Raymond... et cela vous fait soupirer...?

— Devez-vous vous en étonner..? ne m'a-t-il pas ravi le plus grand des biens!...

— Que voulez-vous dire? je ne vous comprends pas...

— Ah! Nicette, vous l'avez aimé et vous ne m'entendez pas!...

— Moi!... je l'ai aimé... grand Dieu! qui vous a dit cela!...

— Je l'ai vu... je sais qu'il a été votre amant...

— Mon amant! ô ciel! je suis donc bien méprisable à vos yeux!... Et vous l'avez pensé?...

Les pleurs la suffoquent... elle ne peut plus parler... Je cours près d'elle, je la serre dans mes bras, je la couvre de baisers : l'idée seule que Raymond m'a trompé est déjà le bonheur.

— Nicette... chère Nicette... réponds-moi... Mais comment se fait-il?... Cependant je l'ai vu chez vous; il vous prenait les mains; vous même l'avez avoué...

— Ah! pouvez-vous croire que j'en aimais un autre que vous!... moi qui donnerais ma vie pour vous,... moi qui depuis que je vous ai vu n'ai pensé qu'à vous!... Ah! pardonnez-moi de vous aimer tant... cela vous offense peut-être; mais il faut bien maintenant que je vous fasse connaître le fond de mon cœur... Lorsque j'habitais ma boutique, mon seul bonheur était de vous voir... chaque jour, je vous attendais ou j'espérais vous apercevoir passer... mais cela arrivait bien rarement... Je vous apportais des bouquets comme gage de ma reconnaissance, et je saisissais le moment où la portière n'était pas là pour venir les attacher à votre porte!... Quelquefois je vous voyais passer avec une dame sous le bras... Je pleurais alors, car je me disais : Jamais je n'irai comme cela avec lui..., Quand j'étais longtemps sans vous apercevoir, je désirais avoir de vos nouvelles, mais je n'osais pas aller en demander chez vous. Un jour M. Raymond vint m'acheter des fleurs; il me regarda beaucoup, me reconnut sans doute et revint le lendemain. Tout en regardant mes fleurs, il me fit des compliments; je ne l'écoutais pas; il me parla de vous... oh! alors, j'eus beaucoup de plaisir à l'entendre. Il s'aperçut de cela, car toutes les fois qu'il revenait il parlait de vous, et je l'engageais toujours à rester... Il était le seul par qui j'avais de vos nouvelles; ce qu'il me disait me chagrinait, et pourtant je voulais l'entendre!... Il me disait que vous aviez vingt maîtresses... que vous aimiez toutes les femmes.. et que vous aviez bien ri de moi... puis il me montrait les bouquets que je vous portais et dont il disait que vous lui faisiez présent!...

— Quand je vous ai vu venir chercher des fleurs avec cette dame. (Page 164.)

— Le misérable!... et vous l'avez cru... Nicette...

— Hélas! quand je vous ai vu venir chercher des fleurs avec cette dame... qui vous appelait son bon ami... et me regardait d'un air moqueur, j'ai bien pensé qu'il me disait la vérité. Cela m'avait fait tant de peine que je ne pus pas rester chez moi... je sortis... je me promenai toute seule une partie de la nuit... ne sachant plus ce que je faisais : c'est pendant ce temps-là que vous êtes venu. Le lendemain matin, quand vous êtes revenu, vous aviez l'air bien en colère... et vous savez bien que vous m'avez quitté très-brusquement : j'aurais voulu vous retenir, mais je n'osai pas. Le soir M. Raymond revint; il me parla de vous; je pleurais, il voulut me consoler; il a pu prendre mes mains dans les siennes... Ah! je ne le sentais pas!... je ne songeais qu'à vous. Il revint encore le lendemain; il voulut alors me parler de lui : il me dit qu'il m'adorait, et mille autres choses, mais il ne parlait plus de vous; je ne voulus pas l'écouter. Je ne le reçus plus; il m'écrivit une grande lettre d'amour, en me traitant de cruelle, de méchante... Ah! je l'ai conservée pour vous la montrer... Enfin il me laissa en repos. Je ne vous voyais plus... Je vins dans cette maison : j'appris que vous étiez parti, mais que vous aviez conservé votre logement; cela me faisait espérer votre retour. Mais un jour M. Raymond passa devant ma boutique, et, charmé de me faire de la peine, il m'apprit que vous étiez marié. Hélas! je devais bien m'y attendre... je savais bien que d'autres devaient vous aimer, et pourtant je devins si triste que je n'eus plus le courage de garder ma boutique; j'étais d'ailleurs devenue assez riche pour m'en passer. Je suis venue dans cette maison; j'ai appris que le logement sur votre carré était vacant, je l'ai loué bien vite. Cela me rapprochait de cet appartement où j'ai passé cette nuit qui a décidé du reste de ma vie... Enfin, quand vous êtes revenu l'habiter, je n'ai pas osé me montrer à vos yeux, parce que je ne croyais pas que ma vue vous ferait plaisir. Voilà la vérité : croyez-vous maintenant que j'en aie aimé un autre que vous?...

En terminant son récit, Nicette court chercher la lettre de Raymond et me l'apporte. Je n'en avais plus besoin pour la croire; mais cette dernière preuve achève de me convaincre que j'ai été dupe des apparences et des mensonges de Raymond.

Ah! qu'il est doux ce moment qui me fait retrouver ma Nicette digne de tout mon amour!... Je m'empresse de lui raconter, à mon tour, tout ce qui m'est arrivé, tout ce que j'ai éprouvé en la croyant la maîtresse de Raymond. En m'écoutant elle pleure de joie et d'amour, elle me regarde, me prend les mains, les pose sur son cœur.

— Vous m'aimiez ainsi, me dit-elle, et vous m'aimez toujours! ah! que je suis heureuse!

Le récit de mon mariage et de la conduite de Pélagie la jette dans le plus grand étonnement; elle ne conçoit pas que ma femme puisse ne pas m'aimer! Chère Nicette!... sans ce misérable Raymond je serais libre encore!... mais les nœuds qui m'enchaînent à Pélagie sont rompus par la nature, s'ils ne le sont point par les hommes.

— Quoi ! me dit-elle, vous ne retournerez pas avec votre femme !...

— Jamais. Cette résolution était irrévocable avant que je vous eusse retrouvée ; elle ne peut vous attirer aucun reproche.

— Et vous voulez bien que je reste avec vous?...

— Si je veux!... Pourrais-je maintenant exister sans toi?...

— Ah!... monsieur... que je vais être heureuse!...

— Chère Nicette! plus de monsieur, plus de vous entre nous!... Je suis ton ami, ton amant... tu es l'univers pour moi!... Appelle-moi Eugène... ton Eugène!...

La soirée s'est écoulée dans ce doux entretien.

— Il faut que je rentre chez moi, dit Nicette : voici l'heure du repos : tu en as besoin...

— Ah! le bonheur m'a rendu la santé!... mais tu es ma garde, et tu ne dois pas me quitter.

Elle rougit, elle me regarde... mais elle n'a plus la force de me rien refuser...

— Cher Eugène, me dit-elle, je suis à toi!... Ah! c'est bien ici que je te dois le prix de ton amour!

Ivresse si pure d'un amour véritable, je ne vous avais pas encore goûtée! Ah! ce n'est que d'aujourd'hui que je crois exister!

CHAPITRE XXXVI

GRANDS ÉVÉNEMENTS. — CONCLUSION

Des jours nouveaux luisent pour moi ; près de Nicette le temps vole, l'amour seul reste. Il me semble chaque jour que je l'aime davantage. La pauvre petite craint quelquefois que son bonheur ne soit un songe. Que nos plaisirs sont vifs, que nos entretiens sont doux! Nicette n'est plus cette petite bouquetière, telle que je l'ai rencontrée autrefois. Depuis qu'elle m'a connu, elle s'est constamment attachée à perdre les manières, le langage qui pouvaient me déplaire ; elle a cherché à acquérir les connaissances indispensables qui lui manquaient. Pendant tout le temps qu'elle a vécu solitaire près de moi, c'est à l'étude qu'elle a consacré les instants qu'elle ne donnait pas à mon souvenir. Maintenant elle parle, s'exprime avec facilité ; ses manières sont gracieuses ; sa tournure simple, mais décente : elle ne se tient pas roide, ne garde pas ses yeux baissés et ne se donne point les airs sévères qu'avait Pélagie (avant d'être ma femme) ; mais son maintien est honnête, son regard doux ; toute sa personne doit plaire ; et son cœur... ah! son cœur est un trésor.

Six mois ont passé comme un jour depuis que j'ai retrouvé Nicette ; notre bonheur serait parfait, si elle n'avait pas quelquefois des instants de mélancolie : je devine ce qui les fait naître :

— Cher Eugène, me dit-elle, je suis à toi! (Page 165.

— Tu es marié, me dit-elle souvent ; c'est peut-être bien mal à moi d'habiter avec toi... Si un jour tu allais me mépriser!...

— Chère Nicette! chasse ces idées que mon cœur repousse... Que le monde pense et dise ce qu'il voudra!... Il a tort, s'il me blâme : de bonne foi, qui doit-on mépriser de la femme qui trompe son mari ou de la maîtresse qui est fidèle à son amant?

Mais un matin, pendant que nous déjeunons, on sonne chez moi avec violence ; Nicette va ouvrir, elle revient suivie d'une femme que je reconnais : c'est Justine, la femme de chambre de Pélagie.

Mon sang se glace : que vient-elle m'apprendre?

— Monsieur, me dit Justine, madame votre épouse est très-mal : en revenant, il y a trois jours, d'un bal, elle a eu un vomissement de sang ; on craint pour ses jours, et elle désire vous voir.

Nicette pâlit : je la vois chanceler, mais elle court me chercher mon chapeau.

— Allez, mon ami, me dit-elle, allez vite... votre femme vous attend... Ah! s'il le faut, restez près d'elle, ne revenez plus!... mais tâchez de conserver ses jours!

Je me hâte de suivre Justine; je rentre dans cette maison où je ne croyais plus retourner!... Comme tout est changé! quel désordre règne partout! Je pénètre enfin dans l'appartement de ma femme, j'approche de son lit; j'ai peine à la reconnaître. Est-ce donc là cette Pélagie que j'ai vue si fraîche, si jolie!... J'oublie ses torts, et je ne me sens plus pour elle que de la pitié.

Elle me tend la main.

— J'ai voulu vous voir avant de mourir, me dit-elle d'une voix éteinte. Eugène, pardonnez-moi mes fautes... Vous le voyez, j'en suis punie... Si je vous avais écouté, je ne serais pas maintenant sur le bord de ma tombe!

Je veux la consoler, j'essaie de ranimer l'espérance dans son cœur; mais je ne puis y réussir : elle sent trop bien que les principes de sa vie sont détruits.

Je m'établis près d'elle. La journée se passe sans apporter de changements à son état, mais la nuit est terrible; et sur les cinq heures du matin Pélagie cesse d'exister.

Je verse des larmes sur les cendres d'une femme dont la vie fut si courte et le bonheur si faux.

Après avoir terminé les affaires que me suscite cet événement et payé les dettes contractées par ma femme, je retourne près de Nicette.

— Eh bien! me dit-elle, votre femme?...

— Elle n'est plus!

— Ah! mon ami! pleurons sur sa destinée! elle pouvait être si heureuse en vous aimant!

Pour me distraire de cet événement, je forme le projet de faire un voyage avec Nicette; cela achèvera de la former : la vue de la Suisse et de l'Italie est toujours profitable pour quelqu'un qui sait penser et se souvenir.

Nicette est prête à me suivre; partout où elle sera avec moi elle se trouvera heureuse, peu lui importe sous quel ciel, dans quel climat nous devions vivre! Je suis pour elle le monde, les plaisirs, le bonheur. Ah! Nicette! aime-moi toujours ainsi!.. Si jamais tu me trahissais!... oh! c'est alors qu'il ne faudrait en aimer ni en croire aucune.

Nous partons dans une berline que j'ai achetée, libres de nous arrêter partout où un monument nous étonnera, où un fait nous intéressera : c'est ainsi qu'il est agréable de voyager et que cela peut servir à quelque chose.

Nous traversons la Suisse; je veux faire voir à Nicette le superbe mont Cenis. Nous nous arrêtons à une auberge au pied de la montagne; je remarque beaucoup de mouvement dans la maison. Je demande une chambre; la jeune servante qui nous conduit pousse à chaque instant des exclamations.

— Qu'est-il donc arrivé chez vous? lui dis-je; vous paraissez tous bien occupés : vous avez sans doute beaucoup de voyageurs?

— Oui, monsieur; il est arrivé ce matin une compagnie d'étrangers qui venaient pour gravir la montagne : il y a des Anglais, des Français... des Russes, tout plein de curieux enfin... mais ce n'est pas là ce qui nous chagrine... Faut vous dire que ce matin tous ces messieurs étaient rassemblés avant le déjeuner; on est venu à parler des tables d'hôte. L'un d'eux a dit qu'il s'y amusait beaucoup parce qu'il mangeait très-vite; un autre a prétendu qu'il était plus habile que personne, et qu'il avalerait six œufs durs avant de déjeuner et mangerait encore plus vite que tout le monde : on s'est moqué de lui; il a parié dix louis, un Anglais a tenu le pari. Le pauvre cher homme s'est fait apporter des œufs durs; il les a avalés, et puis s'est mis à déjeuner... Oh! ça! il allait bon train!... si ben qu'il a gagné les dix louis. Mais v'là qu'après il est devenu jaune, rouge, bleu... il a fallu le porter sur son lit, et, au lieu de gravir la montagne, il pourrait ben crever cheux nous.

— C'est sans doute un Anglais qui a voulu faire cette gentillesse-là!

— Non, monsieur, c'est un Français!

— Un Français!

— Si vous voulez le voir, tout le monde entoure son lit... chacun invente un remède pour le sauver.

Je suis curieux de voir cet homme. Je laisse Nicette, et me fais conduire à la chambre du moribond. A l'instant où j'y entre, il venait de mourir des suites de son pari; je jette un regard sur lui... je reconnais mon voisin Raymond.

FIN DE MON VOISIN RAYMOND

TABLE DES MATIÈRES

Sceaux. — Imp. Charaire et fils.

A
B

www.ingramcontent.com/pod-product-compliance
Lightning Source LLC
LaVergne TN
LVHW010607110826
845149LV00003B/808

* 9 7 8 2 0 1 1 8 7 4 0 3 0 *